MHC 79

MALTE KOHLS

Nachwirkende Zustandsverantwortlichkeit

AF869686

C/M/S/ Hasche Sigle
RECHTSANWÄLTE STEUERBERATER
05. Feb. 2003
FRANKFURT/MAIN

AUSGESONDERT

Schriften zum Umweltrecht

Herausgegeben von Prof. Dr. Michael Kloepfer, Berlin

Band 121

AUSGESONDERT

Nachwirkende Zustandsverantwortlichkeit

Insbesondere zur verfassungsrechtlichen Dimension der Sanierungsverantwortlichkeit ehemaliger Grundstückseigentümer nach dem Bundes-Bodenschutzgesetz

Von

Malte Kohls

Duncker & Humblot · Berlin

Die Juristische Fakultät der Humboldt-Universität zu Berlin
hat diese Arbeit im Jahre 2001 als Dissertation angenommen.

Bibliografische Information Der Deutschen Bibliothek

Die Deutsche Bibliothek verzeichnet diese Publikation in
der Deutschen Nationalbibliografie; detaillierte bibliografische
Daten sind im Internet über <http://dnb.ddb.de> abrufbar.

Alle Rechte vorbehalten
© 2002 Duncker & Humblot GmbH, Berlin
Fremddatenübernahme: Klaus-Dieter Voigt, Berlin
Druck: Berliner Buchdruckerei Union GmbH, Berlin
Printed in Germany

ISSN 0935-4247
ISBN 3-428-10906-6

Gedruckt auf alterungsbeständigem (säurefreiem) Papier
entsprechend ISO 9706 ♾

Vorwort

Die Altlastenproblematik stellt nach wie vor eines der brisantesten Problemfelder des Umweltrechts dar. Im Kern geht es um die Frage, wer die finanzielle Verantwortung für die Sanierung kontaminierter Grundstücke tragen soll. Fallen die Umweltsünden der Vergangenheit der Allgemeinheit oder dem Einzelnen zur Last?

Der Gesetzgeber hat sich mit dem am 1. März 1999 vollständig in Kraft getretenen Bundes-Bodenschutzgesetz dafür entschieden, die Kosten der Altlastensanierung durch Ausweitung der umweltrechtlichen Störerverantwortlichkeit weitgehend zu privatisieren. So ist nunmehr nach § 4 Abs. 3 bzw. Abs. 6 BBodSchG auch der frühere Grundstückseigentümer zur Sanierung von schädlichen Bodenveränderungen und Altlasten verantwortlich. Diese nachwirkende Zustandsverantwortlichkeit, die ein Novum im Polizei- und Umweltrecht darstellt, wirft vielerlei Detail-, aber vor allem auch Grundsatzfragen auf, die in der Rechtspraxis relevant, bislang noch nicht höchstrichterlich geklärt und im Schrifttum umstritten sind.

In diese Diskussionsphase tritt die vorgelegte Untersuchung ein, die sich sowohl den einfachgesetzlichen als auch den umstrittenen verfassungsrechtlichen Fragen der bodenschutzrechtlichen nachwirkenden Zustandsverantwortlichkeit zuwendet.

Die Arbeit wurde im Wintersemester 2001/2002 von der Juristischen Fakultät der Humboldt-Universität zu Berlin als Dissertation angenommen. Rechtsprechung und Literatur konnten für die Drucklegung noch bis zum März 2002 berücksichtigt werden.

Mein Dank gilt an erster Stelle meinem verehrten Lehrer, Prof. Dr. Michael Kloepfer, der mich fachlich wie menschlich stets unterstützt und wissenschaftlich gefördert hat. Ihm verdanke ich meine Liebe zum Umweltrecht. Prof. Dr. Bernhard Schlink bin ich für die zügige Erstellung des Zweitgutachtens verbunden.

Darüber hinaus danke ich meinen Eltern für ihre kontinuierliche Unterstützung, die über finanzielle Hilfe weit hinausging. Meinen Freunden, Marc Müller, Dr. Thilo Brandner, Tim Weber und Katharina Borchert, danke ich für ihr persönliches Engagement für diese Arbeit. Marc Müller, Dr. Thilo Brandner und Tim Weber waren mir unschätzbar wertvolle Diskussionspartner und strenge Korrektoren. Katharina Borchert verdanke ich ein professionelles Lektorat und eine nochmalige kritische Prüfung der Arbeit. Frau Dr. Birgit Spießhofer hat mich freundlicherweise mit Materialien zum US-amerikanischen Recht versorgt. Besonders danken möchte ich schließlich meiner Freundin Maren Spöhring, die mich immer unterstützt und beraten hat, sowie Sapay.

Hamburg, im April 2002 *Malte Kohls*

Inhaltsverzeichnis

Erster Teil

Nachwirkende Zustandsverantwortlichkeit als neue Form öffentlich-rechtlicher Umwelthaftung

A. Einführung

Die Verantwortlichkeit des Bürgers für die Vermeidung von Umweltgefahren sowie für die Beseitigung von Umweltschäden ist im Laufe der Umweltrechtsentwicklung sukzessive ausgeweitet worden. Dies betrifft vor allem auch die zeitliche Dimension der Verantwortlichkeit.

Als Ausfluss des im umweltrechtlichen Prinzipienkanon seit längerem etablierten Vorsorgeprinzips[1] greift bereits im Vorfeld umweltbelastender Aktivitäten die öffentlich-rechtliche Verpflichtung zum Unterlassen vermeidbarer, jedenfalls aber zur Minimierung unvermeidbarer Umweltbeeinträchtigungen bzw. -risiken ein.[2]

Darüber hinaus endet heute die Umweltverantwortlichkeit zunehmend nicht mehr automatisch mit der Beendigung der umweltgefährdenden Aktivität bzw. mit der Aufgabe des Eigentums an einem umweltgefährdenden Objekt. Zahlreiche öffentlichrechtliche Umweltgesetze statuieren insbesondere für die Betreiber industrieller Anlagen, zum Teil aber auch für den Privatbürger, weit reichende Nachsorge- und Nachbetriebspflichten.[3] Es

---

[1] Vgl. hierzu *Kloepfer,* Umweltrecht, 2. Aufl. 1998, § 4 Rn. 5 ff.

[2] Vgl. § 5 Abs. 1 Nr. 2 BImSchG; § 4 Abs.1 und Abs. 2, § 7 BBodSchG; § 1a Abs. 2 WHG; § 6 Abs. 2 GenTG; § 8 Abs. 2 Satz 1, Abs. 3 BNatSchG; §§ 4 Abs. 1 Nr. 1, 5 Abs. 1, 22 Abs. 1 Satz 2 KrW-/AbfG; §§ 1, 6 UVPG.

[3] Diese Terminologie hat sich inzwischen durchgesetzt, vgl. BVerwG v. 2.5.1995 – 7 B 270.94 –, DVBl. 1996, 38 ff., 39; BVerwGE 89, 215 ff. (218); VGH München, v. 6.6.1997 – 20 CS 95.3693 –, NuR 1998, 101 ff., 102; *Ebling,* in: Fluck, Kreislaufwirtschafts-, Abfall- und Bodenschutzrecht, Bd. 1, § 36 KrW-/AbfG Rn. 22; *Fluck,* BB 1991, 1797 ff., 1797; *Frenz,* Kreislaufwirtschafts- und Abfallgesetz, 2. Aufl. 1998, § 36 Rn. 7; *Hansmann,* NVwZ 1993, 921 ff.; *Hendler,* in: Bodenschutz und Umweltrecht (UTR Bd. 53), 2000, S. 87 ff., 98; *Heuvels,* NVwZ 1995, 972 ff.; *Jarass,* Bundes-Immissionsschutzgesetz, 4. Aufl. 1999, § 5 BImSchG Rn. 105; *Köster,* ZUR 1995, 298 ff.; *v. Lersner,* in: Hösel/v. Lersner, Recht der Abfallbeseitigung, Bd. 1, § 36 Abs. 2 KrW-/AbfG Rn. 18; *Paetow* in: Kunig/Paetow/Versteyl, Kreislaufwirtschafts- und Abfallgesetz (KrW-/AbfG), 1998, § 36 Rn. 2; *Roßnagel,* in: Koch/Scheuing (Hrsg.), Gemeinschaftskommentar zum BImSchG, § 5 Rn. 770.

lässt sich konstatieren, dass neben das Vorsorgeprinzip – gewissermaßen als sein Pendant – inzwischen als neue umweltrechtliche Grundmaxime das (anlagen- und grundstücksbezogene) Nachsorgeprinzip getreten ist.[4]

Umweltrechtliche Nachsorgeverantwortlichkeit[5] privater Rechtssubjekte, die noch näher zu definieren ist,[6] baut – wie die Pflichtigkeit im Umweltrecht generell – auf der klassischen „Störerverantwortlichkeit“ des landesrechtlichen Polizei- und Ordnungsrechts auf.[7] Dort werden nach tradierter Dogmatik, ausgehend von der Dichotomie Störer und Nichtstörer[8], zwei Arten der Verantwortlichkeit unterschieden: die Verhaltensverantwortlichkeit und die Zustandsverantwortlichkeit.[9]

Dieser „klassische“ Kreis der Störerverantwortlichen ist durch neuere Umweltgesetze, insbesondere durch das am 1. März 1999 vollständig in Kraft getretene Bundes-Bodenschutzgesetz (BBodSchG)[10], erheblich erweitert worden. Neben dem Verhaltens- und Zustandsverantwortlichen können zur Sanierung von schädlichen Bodenveränderungen nunmehr bundeseinheitlich auch der Gesamtrechtsnachfolger des Verhaltensstörers (§ 4 Abs. 3 Satz 1 BBodSchG), derjenige, der aus handels- oder gesellschaftsrechtlichen Gründen für den gegenwärtigen Eigentümer einzustehen hat (§ 4

[4] So *Spieth/Laitenberger,* BB 1996, 1893 ff., 1893. Zur Begründung und Funktion von Rechtsprinzipien allgemein *Di Fabio,* NVwZ 1999, 1153 ff., 1154 f.; *Voßkuhle,* Das Kompensationsprinzip, 1999, S. 386 f.

[5] Diesen Terminus verwenden *Spieth/Laitenberger,* BB 1996, 1893 ff., 1893.

[6] Siehe hierzu sub B.I.

[7] Das Umweltrecht ist aus dem Polizeirecht, insbesondere aus dem Gewerbepolizeirecht hervorgegangen, vgl. *Kloepfer,* Umweltrecht, 2. Aufl. 1998, § 2 Rn. 19 ff.; *ders.,* Zur Geschichte des deutschen Umweltrechts, Berlin 1994, passim. Nicht zu Unrecht ist im Zusammenhang mit der Altlastensanierung daher von einer „Renaissance des Polizeirechts“ gesprochen worden. Vgl. zu dieser einhelligen Beobachtung etwa *Breuer,* JuS 1986, 359 ff., 360, *Knopp,* DÖV 1990, 683 ff., 684 und *Papier,* in: Altlasten und Umweltrecht (UTR Bd. 1), 1986, 59 ff., 59 f.

[8] Vgl. hierzu *Poscher,* S. 18; *Selmer,* Gedanken zur polizeilichen Verhaltensverantwortlichkeit, in: Gedächtnisschrift für Wolfgang Martens, hrsg. von Peter Selmer und Ingo v. Münch, 1987, S. 483 ff., 486 f., 498, 502.

[9] Die Begriffe (polizeilicher) „Störer“, „Polizeipflichtiger“ und „Verantwortlicher“ werden überwiegend synonym gebraucht. Vgl. zur Uneinheitlichkeit der Terminologie *Denninger,* in: Lisken/Denninger, Handbuch des Polizeirechts, 2. Aufl. 1996, Abschn. E Rn. 55; *Drews/Wacke/Vogel/Martens,* Gefahrenabwehr, 9. Aufl. 1986, S. 290 ff.; *Götz,* Allgemeines Polizei- und Ordnungsrecht, 12. Aufl. 1995, Rn. 191.

[10] Gesetz zum Schutz vor schädlichen Bodenveränderungen und zur Sanierung von Altlasten (Bundes-Bodenschutzgesetz – BBodSchG) vom 17. März 1998, BGBl. I 1998, S. 502, geänd. durch G. v. 9.9.2001, BGBl. I S. 2331. Nach Art. 4 BBodSchG sind die Vorschriften des Gesetzes, die zum Erlass von Rechtsverordnungen ermächtigen, sowie § 20 BBodSchG am Tage nach der Verkündung (am 24.3.1998) in Kraft getreten. Im Übrigen ist das Gesetz am 1.3.1999 in Kraft getreten.

Abs. 3 Satz 4 Alt. 1 BBodSchG) sowie der ehemalige Eigentümer, der sein Grundeigentum aufgegeben (§ 4 Abs. 3 Satz 4 Alt. 2 BBodSchG) oder auf einen Dritten übertragen hat (§ 4 Abs. 6 BBodSchG), herangezogen werden. Hintergrund ist das seit langem bestehende Bedürfnis nach einer bundeseinheitlichen Regelung der Altlastensanierung, das nach der deutschen Wiedervereinigung und dem Bekanntwerden des Ausmaßes der Verunreinigung ostdeutscher Böden umweltpolitisch neuen Auftrieb erhalten hatte.[11] Der Gesetzgeber des Bundes-Bodenschutzgesetzes hat sich, anstatt wie etwa nach dem Vorbild des US-amerikanischen „*Hazardous Substances Superfund*“[12] ein öffentliches Finanzierungsmodell zu verwirklichen, für eine Ausweitung der privaten Sanierungsverantwortlichkeit entschieden.[13]

Eine besondere Form der im Bundes-Bodenschutzgesetz geregelten erweiterten Sanierungsverantwortlichkeit stellt die „*nachwirkende Zustandsverantwortlichkeit*“[14] ehemaliger Grundstückseigentümer dar. Die nachwirkende Sanierungsverantwortlichkeit ist dadurch gekennzeichnet, dass die Adressaten der umweltrechtlichen Pflichten zum Zeitpunkt der behördlichen Inanspruchnahme nicht mehr Eigentümer des gefahrverursachenden Objekts sind, so dass ihre Verantwortlichkeit als Zustandsstörer ausscheidet. Auch lässt sich ihre Einstandspflicht unter dem Gesichtspunkt der Verhaltensverantwortlichkeit nicht ohne Weiteres begründen: Der ehemalige Eigentümer, der als Derelinquent (§ 4 Abs. 3 Satz 4 Alt. 1 BBodSchG) oder als Verkäufer (§ 4 Abs. 6 BBodSchG) eines Altlastengrundstücks sanierungsverantwortlich ist und nicht selbst die schädlichen Bodenveränderungen verursacht hat, scheidet als Verhaltensstörer im klassischen polizeirechtlichen Sinne aus.[15] Gleichwohl ermöglicht das Bundes-Bodenschutzgesetz seine Inanspruchnahme, um eine „Flucht aus dem Eigentum“, d.h. das willkürliche Beenden der Zustandsverantwortlichkeit durch Dereliktion oder Verkauf des Altlastengrundstücks, zu verhindern.[16]

---

[11] Siehe im Einzelnen hierzu im Zweiten Teil sub D.I.

[12] Vgl. zu dem überwiegend unternehmenssteuerfinanzierten US-amerikanischen „Superfund“-Modell, *Ochsenfeld,* Direkthaftung von Konzernobergesellschaften in den USA, 1998, S. 33 ff.; *Spießhofer,* in: Ress/Stein (Hrsg.), Vorträge, Reden und Berichte aus dem Europa-Institut, Nr. 291, 1992, S. 29 ff.

[13] Kritisch dazu *SRU,* Umweltgutachten 2000, BT-Drs. 14/3363, Tz. 115; *Griesbeck,* Die materielle Polizeipflicht des Zustandsstörers, 1991, S. 79; *Schink,* DÖV 1999, 797 ff., 807; instruktiv auch *Hilger,* in: Holzwarth/Radtke/Hilger/Bachmann, Bundes-Bodenschutzgesetz/Bundes-Bodenschutz- und Altlastenverordnung, 2. Aufl. 2000, § 4 Rn. 113c f.

[14] Zur Begriffsbestimmung unten sub B.II.

[15] Siehe im Einzelnen hierzu im Dritten Teil sub C.III.4.b)cc)(3).

[16] Vgl. die Unterrichtung des Bundestages über die Anrufung des Vermittlungsausschusses durch den Bundesrat, BT-Drs. 13/8182, S. 3; *Vierhaus,* NJW 1998, 1262 ff., 1266.

Die bodenschutzrechtlichen Vorschriften der nachwirkenden Zustandsverantwortlichkeit sind in der Literatur erheblich kritisiert worden. Ein Teil des Schrifttums hält namentlich § 4 Abs. 6 BBodSchG für verfassungswidrig.[17] Allerdings sind die hierfür gegebenen Begründungen nicht immer schlüssig. Die Unsicherheit in der rechtlichen Beurteilung beruht nicht zuletzt darauf, dass die in dieser Arbeit untersuchten Vorschriften nachwirkender Zustandsverantwortlichkeit aus dem herkömmlichen Schema polizei- und umweltrechtlicher Pflichtigkeit herausfallen.

Während die Verhaltensverantwortlichkeit verfassungsrechtlich relativ unproblematisch durch das inzwischen auch rechtlich anerkannte umweltrechtliche Verursacherprinzip[18] begründet werden kann bzw. durch dieses sogar gefordert wird,[19] treten bei der Analyse der bisherigen Versuche einer verfassungsrechtlichen Rechtfertigung der Zustandsverantwortlichkeit nicht unerhebliche Argumentationsdefizite zutage. Keine dieser Theorien vermag für sich genommen eine überzeugende Erklärung des eigentlichen verfassungsrechtlichen Zurechnungsgrundes der Zustandsverantwortlichkeit zu liefern.[20]

Im Umweltrecht, welches hier als „Referenzgebiet“[21] exemplarisch betrachtet werden soll, stellt sich die Frage der Zulässigkeit der Inanspruchnahme des Zustandsverantwortlichen mit gesteigerter Intensität aufgrund der mit grundstücksbezogenen Umweltgefährdungen oftmals verbundenen weiträumigen und kostenintensiven Auswirkungen. Nicht selten übersteigen die Kosten der Beseitigung der Umweltgefahr den Verkehrswert der ehemals bodenbelasteten Grundstücke nach Vornahme der Sanierung. Namentlich in Fällen, in denen der nach dem einschlägigen Gesetzeswortlaut Zustandsverantwortliche die von seiner Sache ausgehende Gefahr nicht selbst verursacht oder ermöglicht hat und nur als „Opfer“[22] fremder Einwirkung

---

[17] Siehe hierzu eingehend den Dritten Teil.

[18] Vgl. Art. 174 Abs. 2 EGV; Art. 34 Abs. 1 des Einigungsvertrages. Die Prinzipientrias aus Vorsorge-, Verursacher- und Kooperationsprinzip als Leitvorstellung deutscher Umweltpolitik wurde rechtlich erstmals in Art. 16 Abs. 1 Satz 2 des (Staats-)Vertrages über die Schaffung einer Währungs-, Wirtschafts- und Sozialunion zwischen der Bundesrepublik Deutschland und der Deutschen Demokratischen Republik (SV), BGBl. 1990 II S. 518, fixiert. Diese Rechtslage wird durch Art. 34 Abs. 1 des Einigungsvertrages fortgeschrieben. Vgl. hierzu im Einzelnen *Kloepfer,* Umweltrecht, 2. Aufl. 1998, § 4 Rn. 3, sowie allg. zum umweltrechtlichen Verursacherprinzip *Frenz,* Das Verursacherprinzip im Öffentlichen Recht, 1997; *Kloepfer,* Umweltrecht, 2. Aufl. 1998, § 4 Rn. 28 ff.; grundlegend *Rehbinder,* Politische und rechtliche Probleme des Verursacherprinzips, 1973.

[19] *Frenz,* BBodSchG, 2000, § 4 Abs. 3 Rn. 10.

[20] Vgl. hierzu ausführlich im Dritten Teil sub C.III.4.a)bb)(1)(a).

[21] Vgl. zu dem Begriff des Referenzgebietes *Schmidt-Aßmann,* in: Hoffmann-Riem/Schmidt-Aßmann/Schuppert (Hrsg.), Reform des Allgemeinen Verwaltungsrechts, 1993, S. 11 ff., 14 f.

oder von Kriegs- oder Naturkatastrophen dasteht, sind Forderungen nach einer Korrektur der bisherigen Störerdogmatik erhoben worden.[23] Hierzu hat inzwischen das Bundesverfassungsgericht in einer Grundsatzentscheidung[24] anlässlich zweier Altlastenfälle einen relativ ausdifferenzierten Kriterienkatalog aufgestellt: Die Inanspruchnahme des Zustandsverantwortlichen zur Sanierungsvornahme sei zwar im Grundsatz verfassungsrechtlich zulässig, die Pflicht zur Übernahme der Sanierungskosten aber aus Gründen der Verhältnismäßigkeit – von engen Ausnahmen abgesehen – auf den Verkehrswert des sanierten Grundstücks zu begrenzen. In Fällen der Existenzbedrohung des Grundeigentümers könne die zulässige Kostentragungsobergrenze sogar unterhalb des Verkehrswertes des sanierten Grundstücks liegen.

Wenn damit hinsichtlich der Grenzziehung der Verantwortlichkeit des *gegenwärtigen* Zustandsverantwortlichen für Umweltgefahren von höchstgerichtlicher Stelle recht handhabbare Kriterien aufgestellt wurden, so sind demgegenüber die Zulässigkeit und die Grenzen der (Nachsorge-)Verantwortlichkeit des *ehemaligen* Zustandsverantwortlichen bislang noch nicht Gegenstand gerichtlicher Verfahren gewesen. Bedarf bereits die Rechtfertigung der „klassischen" Zustandsverantwortlichkeit des gegenwärtigen Eigentümers eines erheblichen Begründungsaufwandes, so stellt sich die verfassungsrechtliche Rechtfertigung einer „nachwirkenden Zustandsverantwortlichkeit" als noch diffiziler und fragwürdiger dar. Sollte sich dieses neuartige Haftungsinstrument überhaupt als verfassungsrechtlich tragfähig erweisen, so stellt sich – im Anschluss an den Beschluss des Bundesverfassungsgerichts zu den Grenzen der Zustandsverantwortlichkeit in Altlastenfällen[25] – jedenfalls die Frage nach den Grenzen einer *nachwirkenden* Zustandsverantwortlichkeit.[26]

---

[22] Zum Begriff der „Opferposition" s. bereits *Papier,* Altlasten und polizeirechtliche Störerhaftung, 1985, S. 48.

[23] Vgl. vor allem *Friauf,* in: Festschrift für Wacke, 1972, S. 293 ff.; *ders.* Diskussionsbeitrag, VVDStRL 35 (1977), 350 f.; *Ossenbühl,* Diskussionsbeitrag, VVDStRL 35 (1977), 345 f. Einen guten Überblick über die Problematik verschafft der VGH München, Beschl. v. 13.5.1986 – 20 CS 86.00 338 –, NVwZ 1986, 942 ff., 944 ff.

[24] BVerfG, Beschl. v. 16.2.2000 – 1 BvR 242/91 und 1 BvR 315/99 –, BVerfGE 102, 1 = NJW 2000, 2573 ff. Siehe hierzu die Anmerkungen von *Bickel,* NJW 2000, 2562 f.; *Müggenborg,* NVwZ 2001, 39 ff. und *Lepsius,* JZ 2001, 22 ff., sowie die ausführlichen Darstellungen der Entscheidung bei *Knoche,* GewArch 2000, 448 ff. und *Knopp,* DÖV 2001, 441 ff., 449 f. Der Beschluss korrigiert das Versäumnis des Gesetzgebers, in das Bundes-Bodenschutzgesetz eine entsprechende Haftungsbegrenzungsvorschrift einzufügen. Eine solche war in § 25 Abs. 2 des Referentenentwurfes eines Bundes-Bodenschutzgesetzes von 1994 noch enthalten, wurde aber später im Vermittlungsausschuss gestrichen, vgl. BT-Drs. 13/9637, S. 5. Vgl. hierzu *Knoche,* GewArch 2000, 448 ff., 450.

Ziel dieser Untersuchung ist es, ausgehend von einer Bestandsaufnahme nachwirkender Zustandsverantwortlichkeiten im nationalen Umweltrecht insbesondere am Beispiel der bodenschutzrechtlichen Sanierungspflichten für ehemalige Eigentümer, das neuartige Haftungsinstrumentarium der „nachwirkenden Zustandsverantwortlichkeit“ zu erläutern, es in den Kontext polizei- und umweltrechtlicher Verantwortlichkeit einzuordnen und auf seine Vereinbarkeit mit geltendem Verfassungsrecht zu überprüfen. Zwar kann die grundrechtliche Rechtfertigung weitgehend parallel zu der Rechtfertigung tradierter Störertypen verlaufen; sie muss aber, da es keinen verfassungsrechtlichen Typenzwang für die Regelung von Störerverantwortlichkeiten gibt, selbständig betrachtet werden.[27]

B. Begriffliche Vorklärungen

Der Begriff der nachwirkenden Zustandsverantwortlichkeit[28], der hier als Bezeichnung einer neu zu begründenden umweltrechtlichen Haftung[29] pri-

---

[25] BVerfGE 102, 1.

[26] Siehe hierzu im Dritten Teil sub E.

[27] *Grzeszick,* NVwZ 2001, 721 ff., 725 f.

[28] Den Begriff der nachwirkenden Zustandsverantwortlichkeit verwenden: VGH Mannheim, Beschl. v. 4.8.1995 – 10 S 828/95 –, NVwZ 1996, 1036 ff., 1038; VG Kassel, Beschl. v. 28.10.1997 – 2 G 3244/97 –, NVwZ-RR 1998, 648 ff., 649; VG Freiburg, Urt. v. 11.12.1997 – 1 K 620/96 –, ZUR 1998, 42 ff., 44; *Kahl,* Die Verwaltung, Bd. 33 (2000), S. 29 ff., 56, Fn. 154; *Neun,* NJ 1999, 123 ff., 125; *Schlette,* VerwArch 91 (2000), 41 ff., 58 („Nachwirkung der Zustandshaftung“); *Sparwasser/Geißler,* DVBl. 1995, 1317 ff., 1322 („nachwirkende Zustandsstörerhaftung“); *Wagner/Ruder,* Polizeirecht, 1999, S. 193.

[29] Der Begriff der Zustandshaftung ist nicht unumstritten. Nach Auffassung von *Denninger,* in: Lisken/Denninger, Abschn. E Rn. 55, ist er zu eng, weil dieser Begriff im allgemeinen juristischen Sprachgebrauch das Einstehenmüssen für eigene oder fremde Schuld bedeute, während die Polizeipflicht in erster Linie auf eine Gefahrenabwehr*leistung,* nämlich auf ein Handeln, Dulden oder Unterlassen des Verantwortlichen, und erst sekundär auf seine finanzielle Haftung gerichtet sei. Es handelt sich auch nicht um eine wirkliche Haftung im Sinne des Einstehens für Schadensfolgen durch Schadensersatzpflicht. Polizeiliche Haftung ist nicht Haftung sondern Mitwirkungsverantwortlichkeit bei polizeilichen Maßnahmen, die der Gefahrenabwehr dienen. In diesem Sinne auch *Götz,* Allg. POR, Rn. 191; *Kirchhof,* DÖV 1976, 449 ff., 454; *Selmer,* in: GS Martens, S. 483 ff., 498; *Spießhofer,* Der Störer im allgemeinen und im Sonderpolizeirecht, 1989, S. 1; *Kränz,* Zustandsverantwortlichkeit im Recht der Gefahrenabwehr, 1990, S. 24; *Scholler/Broß,* Grundzüge des Polizei- und Ordnungsrechts in der Bundesrepublik Deutschland, 3. Aufl. 1981, S. 195. *Drews/Wacke/Vogel/Martens* haben dagegen keine Bedenken, den Begriff der „Haftung“ zu gebrauchen, wenn man darunter nicht das Einstehen für fremde Verbindlichkeiten, sondern die Verantwortlichkeit für eigenes Verhalten und eigene Sachen versteht. Der Ausdruck sei auch eingebürgert. Vgl. *Drews/Wacke/Vogel/Martens,* S. 290. Allerdings ist streng genommen der Begriff der Zustandsver-

vater Rechtssubjekte verwendet werden soll, bedarf der näheren Konturierung. Die Einordnung der nachwirkenden Zustandsverantwortlichkeit in das System umweltrechtlicher Pflichtenbegründung erfordert zunächst eine negative Abgrenzung gegenüber dem Begriff der *(umweltrechtlichen) Nachsorgeverantwortlichkeit.*

I. Umweltrechtliche Nachsorgeverantwortlichkeit

Insbesondere Industrieanlagen, die einem immissionsschutzrechtlichen oder wasserrechtlichen Genehmigungs- oder Zulassungsvorbehalt unterliegen, sowie Abfalldeponien können nicht nur während ihrer Errichtung und ihres Betriebes Umweltgefahren und andere schädliche Umwelteinwirkungen herbeiführen, sondern auch noch in der Zeit nach der Betriebseinstellung. Die an vielen aufgegebenen Industriestandorten verbliebenen Altlasten haben diese Problematik Anfang der achtziger Jahre deutlich gemacht. Der Gesetzgeber hat in Reaktion hierauf besondere Nachsorge- oder Nachbetriebspflichten in das Umweltrecht aufgenommen.[30]

So trifft seit dem Dritten Gesetz zur Änderung des Bundes-Immissionsschutzgesetzes vom 11. 5. 1990[31] die Betreiber immissionsschutzrechtlich genehmigungsbedürftiger Anlagen die Pflicht, diese so stillzulegen, dass auch nach einer Betriebseinstellung von der Anlage oder dem Anlagengrundstück keine schädlichen Umwelteinwirkungen und sonstige Gefahren, Nachteile und Belästigungen für die Allgemeinheit und die Nachbarschaft hervorgerufen werden können (§ 5 Abs. 3 BImSchG).[32] Darüber hinaus haben die Betreiber dafür zu sorgen, dass vorhandene Abfälle ordnungsgemäß und schadlos verwertet bzw. gemeinwohlverträglich beseitigt werden. Diese Pflichten, die per behördlicher Anordnung noch während eines Zeitraumes von einem Jahr nach Betriebseinstellung durchgesetzt werden können (§ 17

antwortung ebenfalls zu eng, da er nicht deutlich genug zum Ausdruck bringt, dass nicht nur der Zustand der Sache als solcher die Ursache der Gefahr bilden kann, sondern auch ihr Verhältnis zu anderen Sachen, insbesondere ihre Lage im Raum. Es geht um die von der Sache ganz allgemein ausgehende Gefahr, vgl. *Denninger,* in: Lisken/Denninger, Abschn. E Rn. 89; *Götz,* Allg. POR, Rn. 214.

30 Die Aufnahme von Nachsorgepflichten in das Bundes-Immissionsschutzgesetz wird vielfach als Antwort des Gesetzgebers auf die Altlastenproblematik angesehen, vgl. *Fluck,* BB 1991, 1797 ff., 1797; *Oerder,* NVwZ 1992, 1031 ff., 1032; *Peters,* NVwZ 1994, 879 f., 879; *Vallendar,* UPR 1991, 91 ff., 92; differenzierend *Hansmann,* NVwZ 1993, 921 ff., 921.

31 BGBl. I S. 870.

32 Vor der Gesetzesänderung war zweifelhaft, ob die immissionsschutzrechtlichen Pflichten des (früheren) Betreibers auch nach einer Betriebseinstellung fortbestanden. Ablehnend VGH Mannheim, NVwZ 1990, 781 ff., 781. Es sollte insoweit zumindest eine klarstellende Regelung getroffen werden, vgl. die Entwurfsbegr. d. BReg. BT-Drs. 11/4909, S. 13 f., 15.

Abs. 4a BImSchG),[33] werden aus folgendem Grund als Nachsorgepflichten bezeichnet: Sie treffen denjenigen, der eine (potentiell) umweltgefährdende Aktivität angestrengt hat, zu einem Zeitpunkt, in dem er diese Aktivität bereits beendet hat oder gerade im Begriff ist, diese zu beenden.[34]

Vergleichbare Nachsorgepflichten obliegen auch dem Betreiber einer gentechnischen Anlage (§ 6 Abs. 2 Satz 2 GenTG[35]), dem Betreiber einer Anlage zum Umgang mit wassergefährdenden Stoffen (§ 19i Abs. 2 Satz 3 Nr. 5 WHG[36]), dem Betreiber eines bergbaulichen Betriebes (§§ 53, 55 Abs. 2, 58 BBergG[37]), dem Betreiber oder Inhaber einer kerntechnischen Anlage (§ 7 Abs. 3 AtomG[38]) sowie dem Inhaber einer Abfallbeseitigungsanlage (§ 36 Abs. 2 KrW-/AbfG[39]). Letzterer kann sogar zur Rekultivierung der stillgelegten Abfalldeponie verpflichtet werden (§ 36 Abs. 2 Satz 1 Alt. 1 KrW-/AbfG).[40]

---

[33] Die Begrenzung des Anordnungszeitraums auf ein Jahr bedeutet nicht, dass dadurch zugleich eine zeitliche Befristung der materiell-rechtlichen Pflichten eintritt. Vgl. *Fluck,* BB 1991, 1797 ff., 1804; *Hansmann,* NVwZ 1993, 921 ff., 925; *Jarass,* § 5 BImSchG Rn. 114; *Pietrzak,* Umweltrechtliche Grundpflichten – Möglichkeiten und Grenzen, 1999, S. 52; *Roßnagel,* in: Koch/Scheuing (Hrsg.), § 5 Rn. 795; a. A. *Spieth/Laitenberger,* BB 1996, 1893 ff., 1894; *Vallendar,* in: Feldhaus (Hrsg.), Bundes-Immissionsschutzgesetz, Bd. 1, Teil 1, 2. Aufl., § 17 BImSchG Anm. 6.

[34] Die Pflichten nach § 5 Abs. 3 BImSchG entstehen allerdings nicht erst mit der Stilllegung der Anlage, sondern bereits mit Erteilung der Genehmigung. Vgl. Stellungnahme des Bundesrates, BT-Drs. 11/4909, S. 27 f.; Bericht des BT-Umweltausschusses, BT-Drs. 11/6633, S. 44; *Fluck,* BB 1991, 1797 ff., 1797; *Köster,* ZUR 1995, 298 ff., 299; *Vallendar,* UPR 1991, 91 ff., 92; differenzierend *Jarass,* § 5 BImSchG Rn. 113. Siehe im Einzelnen zu § 5 Abs. 3 BImSchG im Zweiten Teil sub B.I.

[35] Gesetz zur Regelung der Gentechnik (Gentechnikgesetz – GenTG), in der Fassung der Bekanntmachung vom 16.12.1993, BGBl. I S. 2066, zul. geänd. durch VO v. 29.10.2001, BGBl. I S. 2785.

[36] Gesetz zur Ordnung des Wasserhaushalts (Wasserhaushaltsgesetz – WHG), in der Fassung der Bekanntmachung v. 12.11.1996, BGBl. I S. 1695, zul. geänd. durch G. v. 9.9.2001, BGBl. I S. 2331.

[37] Bundesberggesetz v. 13.8.1980, BGBl. I S. 1310, i. d. F. v. 12.2.1990, BGBl. I S. 215. Vgl. zu bergrechtlichen Nachsorgepflichten i. E. im Zweiten Teil sub B.III.

[38] Gesetz über die friedliche Verwendung der Kernenergie und den Schutz gegen ihre Gefahren (Atomgesetz), in der Fassung der Bekanntmachung v. 15.7.1985, BGBl. I S. 1565, zul. geänd. durch G. v. 27.7.2001, BGBl. I S. 1950. Zu den mit der atomrechtlichen Stilllegungsgenehmigung verbundenen Auslegungsproblemen und für eine Anpassung de lege ferenda an § 5 Abs. 3 BImSchG *Rebentisch,* DVBl. 1992, 1255 ff., 1256 f.

[39] Gesetz zur Förderung der Kreislaufwirtschaft und Sicherung der umweltverträglichen Beseitigung von Abfällen (Kreislaufwirtschafts- und Abfallgesetz – KrW-/AbfG) v. 27.9.1994, BGBl. I S. 2705, zul. geänd. durch VO v. 29.10.2001, BGBl. I S. 2785.

[40] Vgl. hierzu im Einzelnen im Zweiten Teil sub B.II.

Zu beachten ist schließlich neuerdings auch die zivilrechtliche Konsequenz der Vernachlässigung von Nachsorgepflichten. Der letzte Inhaber einer stillgelegten Anlage nach Anhang 1 des Umwelthaftungsgesetzes[41] haftet zivilrechtlich auf Schadensersatz, wenn jemand aufgrund von betriebstypischen Umwelteinwirkungen, die von einer nicht mehr betriebenen Anlage ausgehen, zu Schaden kommt (§ 2 Abs. 2 i. V. m. § 1 UmweltHG). Geht von einer nicht mehr betriebenen Anlage eine besondere Gefährlichkeit aus, so kann die Behörde den letzten Inhaber auch unabhängig von einem Schadenseintritt für die Dauer von bis zu zehn Jahren zur Deckungsvorsorge verpflichten (§ 19 Abs. 1 Satz 2 UmweltHG).[42] Damit besteht seit Ende 1990 eine umfassende Gefährdungshaftung für Altlasten.[43]

Unter den Begriff der Nachsorgeverantwortlichkeit lässt sich auch die naturschutzrechtliche Ausgleichsregelung in § 8 Abs. 2 Satz 1 Alt. 2 BNatSchG[44] fassen, wonach der Verursacher eines Eingriffs in Natur und Landschaft im Sinne von § 8 Abs. 1 BNatSchG verpflichtet ist, unvermeidbare Beeinträchtigungen innerhalb einer bestimmten Frist durch erforderliche Maßnahmen des Naturschutzes und der Landschaftspflege auszugleichen. Die Ausgleichspflicht ist auch hier der Umweltbeeinträchtigung nachgeschaltet, trifft den Verursacher also erst zu einem Zeitpunkt, in dem die Umweltbeeinträchtigung bereits erfolgt ist.

Ein weiteres Beispiel für umweltrechtliche Nachsorgeverantwortlichkeit – und zugleich Ausdruck der Weite dieses Begriffs – sind die auf der Grundlage von §§ 22 Abs. 2 Nr. 5, 24 Abs. 1 Nrn. 2 u. 3 KrW-/AbfG in bestimmten Bereichen eingeführten abfallrechtlichen Rücknahme- und Pfanderhebungspflichten. So werden etwa aufgrund von §§ 4–7 Verpackungsverordnung die Hersteller und Vertreiber zur Rücknahme und anschließenden Verwertung, respektive Beseitigung, gebrauchter Transport-, Um- und Verkaufsverpackungen verpflichtet.[45] Rücknahmepflichten sind ein Kerninstru-

---

[41] Umwelthaftungsgesetz (UmweltHG) v. 10.12.1990, BGBl. I S. 2634.

[42] Zu den versicherungsrechtlichen Fragen der Umwelthaftung *Kloepfer,* Umweltrecht, 2. Aufl. 1998, § 6 Rn. 157 ff.

[43] *Rehbinder,* in: Landmann/Rohmer, Umweltrecht, Bd. III, § 2 UmweltHG Rn. 5.

[44] Gesetz über Naturschutz und Landschaftspflege (Bundesnaturschutzgesetz – BNatSchG), in der Fassung der Bekanntmachung v. 21.9.1998, BGBl. I S. 2994.

[45] Rücknahmepflichten bestehen de lege lata ferner für gebrauchte Batterien und Altöle. Für den Bereich der Altautos und der Elektroaltgeräte existierten in Deutschland bislang lediglich Selbstverpflichtungen der Wirtschaft. Zur Umsetzung der EU-Altfahrzeug-RL wird nunmehr allerdings die nationale Altfahrzeug-VO novelliert und voraussichtlich ab dem 1.7.2002 Rücknahmepflichten für neu auf den Markt gebrachte PKW statuieren. – Eine Verordnung über Elektronikschrott ist derzeit noch in der Entwurfsphase. Als vorläufiges Ergebnis eines mittlerweile zehn Jahre andauernden Normentstehungsprozesses hat die Bundesregierung im Jahr 1998 einen Verordnungsentwurf einer IT-Altgeräte-Verordnung (BT-Drs. 13/10769

ment zur Verwirklichung der 1994 neu in das Abfallrecht eingeführten Produktverantwortung, die den Übergang des ehemaligen Abfallbeseitigungsrechts in ein modernes Stoffkreislaufrecht vollziehen soll. Produktbezogene Nachsorgeverantwortlichkeit ist Ausdruck des so genannten „Cradle-to-grave-Prinzips“[46], demzufolge die Hersteller als Urheber potentiell umweltgefährdender Produkte während des gesamten Stoffzyklus, „von der Wiege bis zur Bahre“, also vor- und nachsorgend, für die von den Produkten ausgehenden Umweltgefahren verantwortlich gemacht werden sollen. Der Gesetzgeber verfolgt damit das direkte Steuerungsziel der Internalisierung externer Umweltkosten[47] sowie das indirekte Steuerungsziel, marktwirtschaftlichen Druck zur Herstellung abfallarmer und recyclinggerechter Produkte zu erzeugen (sog. „Rückkoppelungs-“ oder „Bumerangeffekt“).[48]

Bereits der kurze Blick auf diese Nachsorge- oder Nachbetriebspflichten zeigt, dass der in dieser Untersuchung maßgebliche Begriff der nachwirkenden Zustandsverantwortlichkeit nicht mit dem Begriff der Nachsorgeverantwortlichkeit identisch ist. Die bisher aufgeführten Nachsorgepflichten sind *aktivitäts- und verursacherbezogen,* korrelieren also vornehmlich mit dem umweltgefährlichen oder -gefährdenden *Verhalten* der Betreiber industrieller Anlagen, knüpfen aber nicht ausschließlich an den *Zustand* der im rechtlichen oder tatsächlichen Machtbereich der Verantwortlichen liegenden Grundstücke oder Gegenstände an.[49] Die (frühere) Zustandsverantwortlichkeit der Inpflichtgenommenen – Anknüpfungspunkt jeder *nachwirkenden*

---

und BR-Drs. 638/98) vorgelegt, der vom Umweltausschuss des Bundesrates hinsichtlich seines Anwendungsbereiches erheblich erweitert und als Entwurf einer Elektroaltgeräte-Verordnung am 24.6.1999 beschlossen wurde (BRat-Grunddrs. 638/98; Empfehlung des Umweltausschusses, Niederschrift 161.U v. 24.06.1999). Die Europäische Kommission hat am 13.6.2000 den Entwurf einer Elektro- und Elektronikaltgeräterichtlinie (Proposal for a Directive of the European Parliament and of the Council on Waste Electrical and Electronic Equipment – WEEE, KOM (2000) 347, geänd. am 6.6.2001, KOM (2001) 315 u. 316) vorgelegt, der in einigen Teilen noch über den deutschen Vorschlag hinausgeht. Vgl. zu den verschiedenen Regelungsvorschlägen für den Erlass einer Elektroaltgeräte-Verordnung *Kloepfer/Kohls,* DVBl. 2000, 1013 ff., 1014 sowie *Kloepfer,* Produktverantwortung für Elektroaltgeräte, Berlin 2001, S. 43 ff.

[46] Vgl. hierzu *Kloepfer,* Umweltrecht, 2. Aufl. 1998, § 4 Rn. 25.

[47] Vgl. hierzu *Kloepfer,* Umweltrecht, 2. Aufl. 1998, § 5 Rn. 275 ff.

[48] Zu der Steuerungsidee von Rücknahmepflichten vgl. *Bauernfeind,* Rücknahme- und Rückgabepflichten im Umweltrecht, 1999, S. 33 ff.; *Kloepfer,* Produktverantwortung, S. 29 ff.

[49] So ging es bei der Einführung der Nachsorgepflichten des § 5 Abs. 3 BImSchG vorrangig auch um die Durchsetzung des Verursacherprinzips bei Altlasten, vgl. Nr. 24 des Maßnahmekatalogs zum Umweltprogramm Nordrhein-Westfalen, hrsg. vom Presse- und Informationsamt der Landesregierung Nordrhein-Westfalen, November 1983.

Zustandsverantwortlichkeit – ist jedenfalls nicht zwingende Voraussetzung für die Begründung von Nachsorgepflichten.

Dies bedeutet nicht, dass eine bestehende Zustandsverantwortlichkeit nicht auch zum Anknüpfungspunkt von Nachsorgepflichten gemacht werden könnte. Dies gilt beispielsweise für bodenschutzrechtliche Entsiegelungspflichten. Im Bundes-Bodenschutzgesetz (§ 5) sowie im Baugesetzbuch[50] (§ 179 Abs. 1 Satz 2) finden sich Regelungen, nach denen Grundeigentümer verpflichtet werden können, dauerhaft nicht mehr genutzte Flächen zu entsiegeln, um so die Leistungsfähigkeit der betreffenden Böden zu erhalten oder wiederherzustellen.[51] Die Pflichtenauferlegung knüpft in diesen Fällen nicht an die Verursachung der umweltgefährdenden Aktivität, sondern an die Eigentümerstellung der Normadressaten an: Der jeweils zustandsverantwortliche Eigentümer kann nach diesem Modell unabhängig davon, ob er die Bodenversiegelung selbst vorgenommen oder veranlasst hat, zur Entsiegelung seiner Grundfläche verpflichtet werden. Solche eigentümerbezogenen Entsiegelungspflichten sind zugleich auch als Nachsorgepflichten zu qualifizieren, da sie erst zu einem Zeitpunkt aktuell werden, in dem die – schon wegen des mit ihr verbundenen Flächenverbrauchs umweltbelastende – Nutzung von Grundstücken seit längerer Zeit beendet ist. Nachsorgeverantwortlichkeit kann also – im Sinne der polizeirechtlichen Terminologie – sowohl dem Handlungs- als auch dem Zustandsstörer auferlegt werden.

In diesem Sinne werden nach § 4 Abs. 3 Satz 1 BBodSchG sowohl der Verursacher einer schädlichen Bodenveränderung oder Altlast als auch der Grundstückseigentümer sowie der Inhaber der tatsächlichen Gewalt zur Sanierung verpflichtet. Die bodenschutzrechtliche Sanierungspflicht ist ebenfalls Nachsorgeverantwortlichkeit, da sie zur Behebung einer Umweltgefahr verpflichtet, die ursächlich auf eine bodenschädigende Tätigkeit in der Vergangenheit zurückgeht.

Mit Blick auf die angeführten Beispiele lässt sich umweltrechtliche Nachsorgeverantwortlichkeit somit zusammenfassend definieren als *eine umweltrechtliche Handlungs- oder Kostentragungspflicht des Bürgers, die erst nach Beendigung einer umweltgefährdenden Tätigkeit oder zur Beendigung eines umweltgefährdenden Zustands – quasi nachgeschaltet – zur Wirkung gelangt.*

---

[50] Baugesetzbuch (BauGB), in der Fassung der Bekanntmachung v. 27.8.1997, BGBl. I S. 2141, ber. BGBl. 1998 I S. 137, zul. geänd. durch G. v. 15.12.2001, BGBl. I S. 3762.

[51] Zum Verhältnis dieser beiden Vorschriften, vgl. *Hasche,* DVBl. 2000, 91 ff., 97 ff.; *Hendler,* in: UTR Bd. 53, S. 87 ff., 107 ff.; *Schlabach/Heck,* VBlBW 1999, 406 ff., 412 (Fn. 116).

Dabei zeigen die Beispiele der anlagenbezogenen Nachsorgepflichten sowie der abfallrechtlichen Rücknahmepflichten, dass die Auferlegung von Nachsorgepflichten sich nicht, wie ihr Name vermuten lässt, auf die Schadensbeseitigung beschränkt, sondern häufig gerade auch ein Instrument zur (vorsorgenden) Gefahrenabwehr darstellt:[52] Nachsorgepflichten sollen durch ihr zeitlich nahtloses Anknüpfen an die umweltbezogenen Betreiberpflichten verhindern, dass durch die Beendigung einer umweltrelevanten Tätigkeit Umweltgefahren überhaupt erst entstehen können. Sie entfalten weiter gehend auch insofern eine Präventiv- oder Vorwirkung[53], als sie Betreiber von Anlagen zum Teil bereits bei der Errichtung der Anlage bzw. bei der Aufnahme des Anlagenbetriebs (latent) zur Nachsorge verpflichten („Vorsorge zur Nachsorge“[54]).[55] In diesen Fällen ist es auch möglich, bereits im Genehmigungsbescheid entsprechende Auflagen vorzusehen.[56] Lässt sich der konkrete Gehalt der nachbetrieblichen Pflichten zum Zeitpunkt der Genehmigung noch nicht abschätzen, so ist auch eine Pflichtenkonkretisierung in nachträglichen Anordnungen zulässig.[57] Handelt es sich bei den Nachsorgepflichten hingegen nur um Ermessens- bzw. „Soll“-vorschriften (wie z.B.

---

[52] *Dierkes,* Die Grundpflichten bei der Einstellung des Betriebes genehmigungsbedürftiger Anlagen gemäß § 5 Abs. 3 BImSchG, 1994, S. 87 f.; *Fluck,* BB 1991, 1797 ff., 1797; *Hansmann,* NVwZ 1993, 921 ff., 921, 923; *Jarass,* § 5 BImSchG Rn. 105, 111; *v. Lersner,* in: Hösel/v. Lersner, § 36 Abs. 2 KrW-/AbfG Rn. 18; *Roßnagel,* in: Koch/Scheuing (Hrsg.), § 5 Rn. 772, 806; *Schink,* DVBl. 1985, 1149 ff., 1156; streng zwischen Schutz- und Vorsorgepflichten differenzierend hingegen *Hendler,* in: UTR Bd. 53, S. 87 ff., 98.

[53] Der Begriff der Vorwirkung wird hier nicht im Sinne *Kloepfers* als Bezeichnung für die Beeinflussung der drei staatlichen Gewalten und des Bürgers durch künftige Rechtssetzungsakte verwendet, sondern als Bezeichnung für die indirekte Steuerung des Verhaltens von (potentiellen) Normadressaten durch geltendes Recht. Vgl. *Kloepfer,* Vorwirkung von Gesetzen, 1974, S. 1 ff.

[54] *Roßnagel,* in: Koch/Scheuing (Hrsg.), § 5 Rn. 774, 806; ähnlich *Fluck,* BB 1991, 1797 ff., 1797 fn 7.

[55] Vgl. für § 5 Abs. 3 BImSchG die Entwurfsbegr. d. BReg., BT-Drs. 11/4909, S. 27 und 11/6633, S. 44, sowie *Hansmann,* NVwZ 1993, 921 ff., 924; *Jarass,* § 5 BImSchG Rn. 113; *Köster,* ZUR 1995, 298 ff., 301; *Peters,* NVwZ 1994, 879 f., 880; *Roßnagel,* in: Koch/Scheuing (Hrsg.), § 5 Rn. 770, 807 f.; *Sellner,* NVwZ 1991, 305 ff., 307. – Zu § 10 Abs. 2 AbfG bzw. § 36 Abs. 2 S. 1 KrW-/AbfG, vgl. BVerwG, Beschl. v. 2.5.1995 – 7 B 270.94 –, DVBl. 1996, 38 ff., 40; *Paetow* in: Kunig/Paetow/Versteyl, § 36 Rn. 20; *Schoeneck,* in: Brandt/Ruchay/Weidemann, Kreislaufwirtschafts- und Abfallgesetz, Bd. II, § 36 KrW-/AbfG Rn. 58. Vgl. auch die Begründung des Gesetzentwurfs zum Umwelthaftungsgesetz, BT-Drs. 11/7104, sowie zu dem darin genannten Präventivzweck *Kloepfer,* Umweltrecht, 2. Aufl. 1998, § 6 Rn. 62, 64.

[56] *Hansmann,* NVwZ 1993, 921 ff., 924; *Jarass,* § 5 BImSchG Rn. 113; *Roßnagel,* in: Koch/Scheuing (Hrsg.), § 5 Rn. 808.

[57] *Jarass,* § 5 BImSchG Rn. 113; *Roßnagel,* in: Koch/Scheuing (Hrsg.), § 5 Rn. 809; differenzierend *Fluck,* BB 1991, 1797 ff., 1798 f.

bei § 36 Abs. 2 Satz 1 KrW-/AbfG[58]), so können sie eine Vorwirkung durch ihre bloße Existenz entfalten, indem ihr Normenprogramm genügend „Drohpotential" bereithält, um schon zu einem frühen Zeitpunkt Druck auf die Betreiber zur Vermeidung der Produktion von nachbetrieblichen Abfällen oder gar Altlasten auszuüben.[59]

II. Nachwirkende Zustandsverantwortlichkeit

Ausgehend von der so gewonnenen Definition umweltrechtlicher Nachsorgeverantwortlichkeit lässt sich auch der im Rahmen dieser Untersuchung interessierende Begriff der nachwirkenden Zustandsverantwortlichkeit bestimmen. Ein Beispiel für eine nachwirkende Zustandsverantwortlichkeit stellt die bereits genannte in das Bundes-Bodenschutzgesetz eingeführte Sanierungsverantwortung früherer Eigentümer (§ 4 Abs. 3 Satz 4 Alt. 2, Abs. 6 BBodSchG) dar. Danach ist, wie bereits in der Einleitung erwähnt, zur Sanierung schädlicher Bodenveränderungen oder Altlasten verpflichtet, wer das Eigentum an einem derart belasteten Grundstück aufgibt oder wer in dem Wissen (bzw. fahrlässigen Nichtwissen) um das Vorhandensein einer Belastung ein solches Grundstück an einen Dritten weiterveräußert hat, es sei denn, er selbst durfte bei Erwerb des Grundstücks darauf vertrauen, dass es unbelastet ist.

Diese Form der Sanierungsverantwortung ist zunächst ein Fall der Nachsorgeverantwortlichkeit im oben definierten Sinn, denn sie ist – ebenso wie die Sanierungsverantwortung des Verursachers und des Zustandsverantwortlichen nach § 4 Abs. 3 Satz 1 BBodSchG – eine dem Zeitpunkt der Herbeiführung der Umweltgefahr nachgeschaltete Verantwortlichkeit. Als nachwirkende Zustandsverantwortlichkeit sei jedoch nur die umweltrechtliche Handlungs- oder Kostentragungsverantwortlichkeit solcher Privatrechtssubjekte bezeichnet, die *ehemals* zustandsverantwortlich für eine umweltgefährdende Sache waren, es zum Zeitpunkt der behördlichen Inanspruchnahme aber nicht mehr sind. In den Fällen der im Bundes-Bodenschutzgesetz geregelten nachwirkenden Zustandsverantwortlichkeit (§ 4 Abs. 3 Satz 4 Alt. 2,

---

[58] Die Fassung des § 36 Abs. 2 Satz 1 KrW-/AbfG als Soll-Vorschrift wurde allerdings nur aus dem Grund gewählt, nicht erforderliche oder sinnlose Rekultivierungsauflagen zu vermeiden. Für alle sonstigen Fälle enthält die Vorschrift hingegen die Verpflichtung der Behörde, den Inhaber einer stillzulegenden oder stillgelegten Deponie zu Rekultivierungs- und Sicherungsmaßnahmen zu veranlassen. Vgl. VGH München v. 6.6.1997 – 20 CS 95.3693 –, NuR 1998, 101 ff., 102; *v. Lersner,* in: Hösel/v. Lersner, § 36 Abs. 2 KrW-/AbfG Rn. 18; *Schink,* DVBl. 1985, 1149 ff., 1156; *Paetow* in: Kunig/Paetow/Versteyl, § 36 Rn. 14. Noch weitergehend *Schoeneck,* in: Brandt/Ruchay/Weidemann, § 36 KrW-/AbfG Rn. 60 f., der von einer echten Rechtspflicht ausgeht.

[59] In diesem Sinne auch *Jarass,* § 5 BImSchG Rn.105.

Abs. 6 BBodSchG) trifft die Verantwortlichkeit solche Personen, die zum Zeitpunkt der behördlichen Inanspruchnahme zivilrechtlich nicht mehr Eigentümer eines mit schädlichen Bodenveränderungen oder Altlasten belasteten Grundstücks sind, es aber zu einem früheren Zeitpunkt einmal waren.

Während also der Begriff der Nachsorgeverantwortlichkeit auf den zeitlichen Abstand zwischen der Vornahme der umweltgefährdenden Tätigkeit bzw. dem Eintritt der Umweltgefahr und der nachgeschalteten Inanspruchnahme des Verantwortlichen hinweist, *beinhaltet der Begriff der nachwirkenden Zustandsverantwortlichkeit als ein Unterfall umweltrechtlicher Nachsorgeverantwortlichkeit die – bereits eingetretene – zivilrechtliche oder tatsächliche Loslösung des (nachwirkend) Zustandsverantwortlichen von dem die Zustandsverantwortlichkeit ursprünglich begründenden umweltgefährdenden Objekt.*

Ob diese Form der umweltrechtlichen Verantwortlichkeit, die ein Novum im allgemeinen Ordnungsrecht darstellt, im Ergebnis eher der Zustandsverantwortlichkeit – etwa in Form einer „verlängerten Zustandsverantwortlichkeit“[60] – oder der Verhaltensverantwortlichkeit zuzuordnen ist, oder ob *nachwirkende Zustandsverantwortlichkeit* eine vollkommen neue Kategorie ordnungsrechtlicher Verantwortlichkeit bedeutet, sei an dieser Stelle noch offen gelassen. Erst die verfassungsrechtliche Untersuchung der bodenschutzrechtlichen Sanierungspflichten früherer Eigentümer wird hierzu eine fundierte Aussage ermöglichen.

---

[60] So *Giesberts,* in: Fluck, Bd. 2, § 4 BBodSchG Rn. 367; *Kohte,* DÖV 1994, 716 ff., 724 (zu § 20 Abs. 1 Nr. ThAbfAG).

Zweiter Teil

Erscheinungsformen nachwirkender Zustandsverantwortlichkeit im nationalen Umweltrecht

Neben den angesprochenen Sanierungspflichten ehemaliger Grundstückseigentümer im Bundes-Bodenschutzgesetz, die im Mittelpunkt der verfassungsrechtlichen Analyse der nachwirkenden Zustandsverantwortlichkeit stehen werden, sind möglicherweise noch weitere umweltrechtliche Pflichten im geltenden Bundesrecht vorhanden, die in die Kategorie der nachwirkenden Zustandsverantwortlichkeit einzuordnen sind. Die folgende Bestandsaufnahme wird auch die bereits vorliegenden Vorschläge für ein Umweltgesetzbuch miteinbeziehen.

A. Entsiegelungspflichten

Legt man die oben herausgearbeitete Definition der nachwirkenden Zustandsverantwortlichkeit zugrunde, so zählen hierzu jedenfalls *nicht* die Entsiegelungspflichten nach § 5 BBodSchG und § 179 Abs. 1 Satz 2 BauGB. Diese können nach der gesetzlichen Ausgestaltung nur *gegenwärtige,* nicht aber ehemalige Eigentümer treffen.

B. Anlagenbezogene Nachbetriebspflichten

Die Beschränkung des Anwendungsbereichs auf gegenwärtige Zustandsverantwortliche ist demgegenüber für die Nachsorgepflichten ehemaliger Betreiber genehmigungsbedürftiger Anlagen nach dem Bundes-Immissionsschutzgesetz, für ehemalige Betreiber stillgelegter Abfallbeseitigungsanlagen nach dem Kreislaufwirtschafts- und Abfallgesetz, sowie für ehemalige Betreiber bergbaulicher Betriebe nicht so eindeutig. Es bedarf der näheren Untersuchung, ob diese Nachsorgepflichten auch eine nachwirkende Zustandsverantwortlichkeit statuieren.

I. Immissionsschutzrechtliche Nachbetriebspflichten

Die bereits vorgestellten immissionsschutzrechtlichen Nachsorgepflichten (§ 5 Abs. 3 BImSchG) richten sich an die Betreiber immissionsschutzrechtlich genehmigungsbedürftiger Anlagen.[1] Betreiber ist nach der vorherrschenden Definition derjenige, der den bestimmenden bzw. maßgeblichen Einfluss auf die Lage, Beschaffenheit und den Betrieb der Anlage ausübt.[2] Hiermit ist regelmäßig der Betriebs- bzw. Unternehmensinhaber gemeint, also derjenige, der die rechtliche oder tatsächliche Verfügungsgewalt über die Anlage besitzt.[3] Nach der vollständigen und endgültigen Einstellung[4] des Betriebs der Anlage ist ein Betreiber im eigentlichen Sinne aber nicht mehr vorhanden.[5] Da die Pflichten aus § 5 Abs. 3 BImSchG jedoch nicht nur während der Errichtungs- und Betriebsphase, sondern gerade auch danach noch gelten, ist Betreiber im Sinne der Vorschrift auch der *ehemalige* Betreiber.[6]

Dem Bundesverwaltungsgericht zufolge muss der (ehemalige) Betreiber allerdings nicht zwingend zugleich auch Eigentümer der Anlage (gewesen) sein, da sich Eigentümer der Verfügungsgewalt über die Anlage begeben können.[7] Für diese Auslegung spricht auch, dass das Gesetz in § 52 Abs. 2 BImSchG diese beiden Personen nebeneinander aufführt. Die immissionsschutzrechtlichen Nachsorgepflichten sind damit in erster Linie betreiber- und nicht eigentümerorientiert, weshalb ihre Bezeichnung als Nach*betriebs*pflichten insofern präziser ist.

Eine nachwirkende Verantwortlichkeit für ehemalige *Eigentümer* von genehmigungsbedürftigen Anlagen kommt gemäß § 5 Abs. 3 BImSchG folglich nur dann in Betracht, wenn der betreffende Eigentümer zugleich auch

---

1 Aus Gründen des verfassungsrechtlichen Rückwirkungsverbots sind von den Nachsorgepflichten solche Anlagen nicht erfasst, die bereits vor Einführung des § 5 Abs. 3 BImSchG am 1.9.1990 vollständig eingestellt waren. Vgl. *Hansmann,* NVwZ 1993, 921 ff., 923; *Jarass,* § 5 BImSchG Rn. 106.

2 *Fluck,* in: Ule/Laubinger, Bundes-Immissionsschutzgesetz, § 16 Rn. C3; *Jarass,* § 3 BImSchG Rn. 70; *Kutscheidt,* in: Landmann/Rohmer, Bd. I: Bundes-Immissionsschutzgesetz, § 5 Rn. 25; *Lüke,* in: Kölner Schrift zur Insolvenzordnung, 2. Aufl. 2000, S. 859 ff., 864 Rn. 15; *Roßnagel,* in: Koch/Scheuing (Hrsg.), § 5 Rn. 11; *Spindler,* in: Festschrift für Feldhaus, 1999, S. 25 ff., 26 ff., 35.

3 *Jarass,* § 3 BImSchG Rn. 70; *Laubinger,* in: Ule/Laubinger, § 51b Rn. C2. Nach Art. 2 Nr. 12 IVU-Richtlinie (96/61/EG) ist Betreiber „jede natürliche oder juristische Person, die die Anlage betreibt oder besitzt oder der – sofern in den nationalen Rechtsvorschriften vorgesehen – die ausschlaggebende wirtschaftliche Verfügungsmacht über den technischen Betrieb der Anlage übertragen worden ist."

4 Zu den Problemen der Einordnung von bloßen Betriebsunterbrechungen oder Teileinstellungen vgl. *Fluck,* BB 1991, 1797 ff., 1800; *Roßnagel,* in: Koch/Scheuing (Hrsg.), § 5 Rn. 789 ff.

5 *Czajka,* in: Feldhaus, § 17 BImSchG Anm. 6; *Sellner,* NVwZ 1991, 305 ff., 309. Zum Problem der immissionsschutzrechtlichen Betreiberhaftung des Insolvenzverwalters, vgl. *Lüke,* in: Kölner Schrift zur Insolvenzordnung, S. 859 ff., 866 Rn. 20 ff.

6 *Dierkes,* S. 158; *Peters,* NVwZ 1994, 879 f., 880.

7 BVerwG 90, 255 (262).

Betreiber der Anlage, also Verhaltensverantwortlicher war.[8] In jenem Fall handelte es sich indes um gewöhnliche Nachbetriebspflichten, nicht um den hier interessierenden besonderen Fall nachwirkender Zustandsverantwortlichkeit.

Möglicherweise kommt aber für bestimmte frühere Betreiber von genehmigungsbedürftigen Anlagen eine nachwirkende Zustandsverantwortlichkeit für das *Anlagengrundstück* in Betracht. Die rechtsdogmatische Einordnung der immissionsschutzrechtlichen Nachsorgepflichten, insbesondere die Frage, ob § 5 Abs. 3 BImSchG überhaupt eine Zustandsverantwortlichkeit begründet, und falls das zutrifft, wer Adressat dieser Pflicht sein soll, ist in der Literatur umstritten.

1. Meinungsstand

Zum Teil wird die Auffassung vertreten, die Pflichten aus § 5 Abs. 3 BImSchG würden im Falle der Betriebseinstellung nur für den letzten Anlagenbetreiber in der Stilllegungsphase gelten, allerdings im Sinne einer umfassenden Verhaltens- und Zustandsverantwortlichkeit.[9]

Die Gegenauffassung geht davon aus, dass § 5 Abs. 3 BImSchG den jeweils für eine Umweltgefahr verhaltensverantwortlichen Anlagenbetreiber (pro rata) treffe, unabhängig davon, ob dieser der letzte oder ein sonstiger früherer Betreiber sei.[10] Eine darüber hinaus gehende – eigenständige – Zustandsverantwortlichkeit können die Vertreter dieser Ansicht der Vorschrift hingegen nicht entnehmen.[11] Nach Auffassung von *Fluck* muss der letzte Anlagenbetreiber für von ihm nicht verursachte Gefahrenzustände und Reststoffprobleme selbst dann nicht haften, wenn er eine Altanlage aufgrund einer neuen Genehmigung weiterbetrieben hat.[12]

Eine noch weiter reichende Haftung sieht *Hansmann*[13], ausgehend von der in § 5 Abs. 3 Nr. 1 BImSchG enthaltenen Aneinanderreihung der Begriffe

---

[8] *Fluck,* BB 1991, 1797 ff., 1799; *Sellner,* NVwZ 1991, 305 ff., 309; *Spindler,* in: FS Feldhaus, S. 25 ff., 36.

[9] *Hendler,* in: Bodenschutz und Umweltrecht (UTR Bd. 53), 2000, S. 87 ff., 98; *Jarass,* § 5 BImSchG Rn. 107, 109, § 17 Rn. 66; *Vallendar,* UPR 1991, 92 ff., 95, *ders.* in: Feldhaus, § 17 BImSchG Anm. 6; *Wiester,* Altlastensanierung im Konkurs, 1996, S. 61.

[10] *Dienes,* NWVBl. 1990, 404 ff., 406; *Dierkes,* S. 161 f.; *Fluck,* BB 1991, 1797, 1800; *Peters,* NVwZ 1994, 879 f., 880; *Schink,* GewArch 1996, 6 ff., 13. Allerdings wollen einige Autoren, die dieser Auffassung anhängen, die Haftung früherer Betreiber auf die Folgen begrenzen, die sich aus ihrer jeweiligen Betriebsphase ergeben haben, vgl. *Dienes,* NWVBl. 1990, 404 ff., 406.

[11] *Dierkes,* S. 161 f.

[12] *Fluck,* BB 1991, 1797 ff., 1799; weitergehend aber *Dierkes,* S. 169 f.

„Anlage“ und „Anlagengrundstück“, gegeben. Die Vorschrift begründe neben der Handlungshaftung für sämtliche früheren Betreiber zugleich eine umfassende Zustandsverantwortlichkeit für den letzten Betreiber. Diese setze sich als nachwirkende Zustandsverantwortlichkeit auch über den Zeitpunkt der Aufgabe der tatsächlichen Sachherrschaft oder der Veräußerung des Anlagengrundstücks hinaus fort. Dabei sei der Entstehungsgrund für die grundstücksbezogenen Gefahren unerheblich, d.h. gehaftet werde auch für betreiberfremde Gefahren, die etwa auf Handlungen früherer Anlagenbetreiber oder auf den Grundstückseigentümer zurückgingen.[14]

2. Stellungnahme

Zur Auseinandersetzung mit dieser Problematik sind die beiden angesprochenen Fragenkomplexe zu trennen. Der erste betrifft den Adressatenkreis der durch § 5 Abs. 3 BImSchG unstreitig begründeten Verhaltensverantwortlichkeit früherer Betreiber. Es ist klärungsbedürftig, ob sich die mit dem Betrieb bzw. der Einstellung des Betriebs der Anlage verbundenen Nachsorgepflichten des § 5 Abs. 3 BImSchG nur an den letzten Betreiber richten oder ob sie für sämtliche früheren Betreiber gelten sollen. Der zweite Komplex betrifft die Frage, ob die Vorschrift neben der Verhaltensverantwortlichkeit auch eine (nachwirkende) Zustandsverantwortlichkeit früherer Betreiber begründet.

a) Kreis der nachsorgepflichtigen Betreiber

Das Gesetz gibt keine eindeutige Auskunft darüber, welcher Betreiberkreis von den immissionsschutzrechtlichen Nachsorgepflichten erfasst sein soll, wenn eine Anlage nacheinander von verschiedenen Personen betrieben worden ist oder wenn auf einem Anlagengrundstück nacheinander verschiedene genehmigungsbedürftige Anlagen betrieben worden sind.

Für die Auffassung, die eine Beschränkung auf den letzten Betreiber fordert[15], spricht vor allem ihre Praktikabilität. Die zwingende Orientierung der Verpflichtung zur Nachsorge an den Verursachungsbeiträgen der jeweiligen Betreiber wäre nur schwer handhabbar, zumal einzelne Anlagen zum

---

[13] *Hansmann,* NVwZ 1993, 921 ff., 923 f.; *ders.* in: Hansmann, Bundes-Immissionsschutzgesetz, 18. Aufl. 1999, Einführung 5.3; ebenso *Köster,* ZUR 1995, 298 ff., 301; *Roßnagel,* in: Koch/Scheuing (Hrsg.), § 5 Rn. 776, 784; *Spieth/Laitenberger,* BB 1996, 1893 ff., 1894; ähnlich auch *Schink,* GewArch 1996, 6 ff., 13; *Sellner,* NVwZ 1991, 305 ff., 309.

[14] So auch *Jarass,* § 5 BImSchG Rn. 109; *Köster,* ZUR 1995, 298 ff., 301, Fn. 8; *Roßnagel,* in: Koch/Scheuing (Hrsg.), § 5 Rn. 787; *Schink,* GewArch 1996, 6 ff., 13.

[15] Vgl. die Nachweise in Fn. 9.

Teil über Jahrhunderte hinweg betrieben wurden.[16] Die Verursachung einer bestimmten Umweltgefahr durch einen bestimmten Betreiber könnte kaum je nachgewiesen werden.[17] Für die alleinige Verantwortlichkeit des letzten Betreibers spricht seit der Neufassung des § 5 Abs. 3 BImSchG[18] auch der Wortlaut der Vorschrift, der die nachbetrieblichen Grundpflichten *tätigkeitsbezogen* formuliert („... sind ... stillzulegen“): Für die Tätigkeit der Anlagenstilllegung, die gemäß § 5 Abs. 3 BImSchG in einer bestimmten, umweltschützenden Art und Weise zu erfolgen hat, kann sinnvollerweise nur der jeweils *letzte* Betreiber verantwortlich gemacht werden, da nur er Einfluss auf den Ablauf der Stilllegung hat.

Allerdings kommt in Anbetracht der Genese des § 5 Abs. 3 BImSchG dem tätigkeitsbezogenen Wortlaut der Vorschrift („... sind ... stillzulegen“) nicht allzu starkes Gewicht zu. Die ursprüngliche Fassung der Vorschrift enthielt noch eine Formulierung, die nicht auf den Stilllegungsvorgang an sich abstellte, sondern schlicht die Nachsorgepflicht der Betriebseinstellung nachschaltete („Der Betreiber hat sicherzustellen, dass auch nach einer Betriebseinstellung ...“). Dass durch die im Zuge der Neufassung geänderte Formulierung in § 5 Abs. 3 BImSchG eine Beschränkung des Adressatenkreises erfolgen sollte, kann den Materialien zu der Gesetzesneufassung nicht entnommen werden. Anlass der Neufassung dürfte vielmehr die für erforderlich gehaltene präzisere Hervorhebung gewesen sein, dass die Nachsorgepflichten nicht erst zum Zeitpunkt der Stilllegung, sondern bereits bei der Errichtung und während des Betriebes der Anlage zu beachten sind („... sind so zu errichten, zu betreiben und stillzulegen, ...“).[19]

Entscheidend gegen eine Beschränkung der Nachsorgepflicht auf den letzten Betreiber sprechen Lastenverteilungsgesichtspunkte. Hielte man nur den letzten Betreiber einer Anlage für nachsorgepflichtig, so ermöglichte man vorigen Betreibern, die schädliche Umwelteinwirkungen durch den Anlagenbetrieb verursacht haben, eine „Flucht aus der Verantwortlichkeit“ durch Übertragung der stillgelegten bzw. stillzulegenden Anlage auf einen nicht leistungsfähigen Rechtsnachfolger, der dann als „letzter Betreiber“ im Sinne von § 5 Abs. 3 BImSchG alleinverantwortlich wäre.[20] Hieraus folgte entgegen dem umweltrechtlichen Verursacherprinzip eine Belastung der Allgemeinheit mit den Kosten der Gefahrbeseitigung. Die immissionsschutz-

---

16 *Spieth/Laitenberger,* BB 1996, 1893 ff., 1897.

17 *Pohl,* NJW 1995, 1645 ff., 1648.

18 § 5 Abs. 3 BImSchG wurde geändert durch G. v. 17.3.1998, BGBl. I S. 502, sowie durch G. v. 27.7.2001, BGBl. I S. 1950.

19 Vgl. die Begründung zum Gesetzentwurf der Bundesregierung für ein Bodenschutzgesetz, BT-Drs. 13/6701, S. 47; *Jarass,* § 5 BImSchG Rn. 113.

20 *Fluck,* BB 1991, 1797, 1800; *Hansmann,* NVwZ 1993, 921 ff., 923 f.; *Pohl,* NJW 1995, 1645 ff., 1648; *Roßnagel,* in: Koch/Scheuing (Hrsg.), § 5 Rn. 784.

rechtlichen Betreiberpflichten blieben dann noch hinter dem allgemeinen Polizei- und Ordnungsrecht zurück, da dort eine einmal begründete Verhaltensverantwortlichkeit nicht durch Entledigung der gefahrbegründenden Sachen ausgeschlossen werden kann.[21] Zudem bestünde ein eindeutiger Wertungswiderspruch zu den sich an die immissionsschutzrechtlichen Nachsorgepflichten anschließenden Sanierungspflichten nach dem Bundes-Bodenschutzgesetz.[22] Gemäß § 4 Abs. 3 Satz 1 BBodSchG sind *sämtliche* Verursacher von schädlichen Bodenveränderungen oder Altlasten zur Sanierung des Bodens verpflichtet. Eine Flucht aus dieser Verantwortlichkeit ist ebenfalls ausgeschlossen. Es wäre ein widersinniges Ergebnis, wenn die Behörde für den Fall, dass der letzte Betreiber die stillzulegende oder stillgelegte Anlage auf einen mittellosen neuen Betreiber übertragen hat, gezwungen sein sollte, ein Jahr zu warten, bevor sie gegen den ehemaligen Betreiber aufgrund des Instrumentariums des Bodenschutzrechts vorgehen dürfte.[23]

Zu bedenken ist schließlich, dass die alleinige Verantwortlichkeit des letzten Betreibers erheblich über die Verhaltens- und Zustandsverantwortlichkeit nach allgemeinem Ordnungsrecht hinausginge: Müsste der letzte Betreiber – unabhängig von seiner rechtlichen oder tatsächlichen Herrschaft über die Anlage – auch für solche Verschmutzungen einstehen, die nachweislich von einem anderen Vorbetreiber herbeigeführt worden sind, so bedeutete dies eine verfassungsrechtlich bedenkliche Garantiehaftung des letzten Anlagenbetreibers.[24]

---

[21] *Dierkes,* S. 162; *Hansmann,* NVwZ 1993, 921 ff., 924; *Schink,* GewArch 1996, 6 ff., 13. Zur Fortgeltung der polizeirechtlichen Verantwortlichkeit trotz Dereliktion siehe im Einzelnen sub D.II.

[22] Nach Einstellung des gesamten Betriebes kann die Immissionsschutzbehörde gemäß § 17 Abs. 4 a BImSchG Anordnungen zur Erfüllung der sich aus § 5 Abs. 3 BImSchG ergebenden Pflichten nur noch während eines Zeitraums von einem Jahr (statt ehemals 10 Jahren) treffen. In dem Stilllegungsjahr entfaltet das Bundes-Immissionsschutzgesetz Sperrwirkung gegenüber der Anwendung des Bundes-Bodenschutzgesetzes (§ 3 Abs. 1 Nr. 11 BBodSchG). Danach geht die Verantwortlichkeit für Anordnungen zur Sanierung des Betriebsgrundstücks auf die Bodenschutzbehörde über, die dann nach § 4 Abs. 3 Satz 1 BBodSchG gegen sämtliche verhaltensverantwortlichen früheren Betreiber vorgehen kann. Vgl. die Begründung zum Gesetzentwurf der Bundesregierung für ein Bodenschutzgesetz, BT-Drs. 13/6701, S. 47. Für eine parallele Anwendbarkeit der bundesbodenschutzrechtlichen Regelungen neben den Vorschriften des Bundes-Immissionsschutzgesetzes im Stilllegungsjahr hingegen *Hendler,* in: UTR Bd. 53, S. 87 ff., 99; *Schönfeld,* in: Oerder/Numberger/Schönfeld, Bundes-Bodenschutzgesetz, 1999, § 3 Rn. 45.

[23] Gegen eine darüber hinaus gehende bodenschutzrechtliche Ausweitung des Kreises der ursprünglich immissionsschutzrechtlich Verantwortlichen sprechen allerdings Rückwirkungsgesichtspunkte, vgl. *Versteyl,* in: UTR Bd. 53, S. 147 ff., 184 f.

[24] *Peters,* NVwZ 1994, 879 f., 880; kritisch auch *Pohl,* NJW 1995, 1645 ff., 1648.

Insgesamt ist daher eine pro-rata-Haftung sämtlicher früherer Betreiber ungeachtet der mit ihr verbundenen praktischen Probleme die vorzugswürdige Variante. Sie ist insgesamt die für alle Beteiligten gerechteste Lösung und trägt dem umweltrechtlichen Verursacherprinzip Rechnung. Als Zwischenergebnis ist somit festzuhalten, dass sich der Anwendungsbereich des § 5 Abs. 3 BImSchG auf sämtliche früheren Betreiber erstreckt.[25]

b) Nachwirkende Zustandsverantwortlichkeit früherer Betreiber

Die zweite Frage ist, ob § 5 Abs. 3 BImSchG neben der Verhaltensverantwortlichkeit auch eine (nachwirkende) Zustandsverantwortlichkeit für frühere Betreiber begründet.[26] § 5 Abs. 3 Nr. 1 BImSchG bezieht sich in seinem Anwendungsbereich sowohl auf Gefahren, die von der „Anlage" selbst ausgehen als auch auf solche, die von dem „Anlagengrundstück" ausgehen. Die Nachsorgepflichten aus § 5 Abs. 3 BImSchG sollen damit unzweifelhaft auch eine Haftung für den Zustand des Anlagengrundstücks bewirken.[27]

Solange der eine Anlage stilllegende Betreiber noch Eigentümer oder Inhaber der tatsächlichen Gewalt ist, bedeutet dies nur eine Konkretisierung der allgemeinen polizeirechtlichen Zustandsverantwortlichkeit, was von daher – unter Berücksichtigung der allgemeinen Störerauswahlkriterien – unproblematisch zulässig ist.[28]

Rechtlich problematisch ist hingegen die Konstellation, in der ein früherer Betreiber, der zum Zeitpunkt der behördlichen Inanspruchnahme weder Eigentümer des Betriebsgrundstücks noch länger Inhaber der tatsächlichen Gewalt ist, aufgrund von § 5 Abs. 3 BImSchG (i. V. m. § 17 Abs. 4a BImSchG) zu Nachsorgemaßnahmen herangezogen wird, die allein aufgrund des umweltgefährdenden Zustands des Anlagengrundstücks erforderlich sind. Seine Heranziehung wird insbesondere fragwürdig, wenn die Ursache des Grundstückszustands nicht im Betrieb der Anlage oder im sonstigen Verhalten des herangezogenen Betreibers begründet liegt, sondern etwa auf das Verhalten früherer Betreiber zurückzuführen ist (betreiberunabhängige oder betreiberfremde Grundstücksgefahren).

---

25 Ebenso *Hansmann,* NVwZ 1993, 921 ff., 923 f.; *Fluck,* BB 1991, 1797, 1800; *Pohl,* NJW 1995, 1645 ff., 1648; *Roßnagel,* in: Koch/Scheuing (Hrsg.), § 5 Rn. 776, 782. Die Probleme der Auswahl des verantwortlichen ehemaligen Betreibers stellen sich damit ebenso wie bei der Störerbestimmung und -auswahl im Rahmen der Altlastenproblematik. Vgl. *Fluck,* BB 1991, 1797 ff., 1800.

26 So *Hansmann,* NVwZ 1993, 921 ff., 924; *Köster,* ZUR 1995, 298 ff., 301, Fn. 8.

27 Vgl. Entwurfsbegr. d. BReg., BT-Drs. 11/4909, S. 15; *Hansmann,* NVwZ 1993, 921 ff., 923 f.; *Köster,* ZUR 1995, 298 ff., 301, Fn. 8.

28 Ebenso *Peters,* NVwZ 1994, 879 f., 880.

Eine Möglichkeit, diese weit gehende Haftungsfolge auszuschließen, besteht darin, den Begriff des Anlagengrundstücks gegenständlich auf den Umfang des (jeweiligen) Anlagenbetriebs zu beschränken.[29] Eine über die Verhaltensverantwortlichkeit hinaus gehende (nachwirkende) Zustandsverantwortlichkeit des früheren Betreibers schiede dann aus.

Nach Auffassung von *Hansmann* ist hingegen der *letzte* Betreiber einer immissionsschutzrechtlich genehmigungsbedürftigen Anlage nach § 5 Abs. 3 BImSchG auch für betreiberunabhängige Grundstücksgefahren stets verantwortlich und bleibt es selbst dann, wenn er die Anlage oder das Anlagengrundstück weiterveräußert, sich also der Zustandsverantwortlichkeit begibt.[30] Legt man die Vorschrift in diesem Sinne aus, so wäre sie konstruktiv vergleichbar mit der in § 4 Abs. 6 BBodSchG geregelten nachwirkenden Sanierungsverantwortlichkeit früherer Grundstückseigentümer,[31] allerdings ohne dem Pflichtenadressaten die in § 4 Abs. 6 BBodSchG enthaltene doppelte Haftungsprivilegierung[32] zu gewähren.

Für die Begrenzung der grundstücksbezogenen Nachsorgepflichten auf solche, die im Zusammenhang mit dem Betrieb der Anlage stehen, sprechen die Entstehungsgeschichte des Gesetzes[33] sowie systematisch-teleologische Überlegungen. Mit der Aufnahme des Begriffs des Anlagengrundstücks in die Vorschrift sollte keine flächenmäßige Ausdehnung der Haftung auf das gesamte Grundstück im bürgerlich-rechtlichen Sinne erfolgen. Vielmehr dient die Erwähnung des Anlagengrundstücks der Klarstellung, dass jedenfalls auch die Grundstücksteile von den Nachsorgepflichten erfasst sein sollten, auf denen die Anlage bzw. Teile der Anlage errichtet und betrieben wurden, da nicht jedes Anlagengrundstück automatisch von dem Anlagenbegriff des § 3 Abs. 5 Nr. 3 BImSchG erfasst ist.[34] Die für das Anlagengrundstück bestehende (Zustands-)Verantwortlichkeit aus § 5 Abs. 3 BImSchG beschränkt sich somit auf die Flächen, die zur Erreichung des Anlagenzwecks durch den jeweiligen Betreiber genutzt worden sind.[35] Für diese Auslegung spricht auch, dass im Hinblick auf die Umsetzung von Artikel 3 Buchstabe f der IVU-Richtlinie[36] eine Ausdehnung der Verantwort-

---

[29] So *Dierkes,* S. 73 ff., 116 ff.; *Fluck,* BB 1991, 1797 ff., 1800 f.; *Jarass,* § 5 BImSchG Rn. 109; *Roßnagel,* in: Koch/Scheuing (Hrsg.), § 5 Rn. 779 („... müssen sich die Nachsorgepflichten auch auf alle Grundstücksteile oder Grundstücke erstrecken, die zur Erreichung des Anlagenzwecks genutzt worden sind.").

[30] *Hansmann,* NVwZ 1993, 921 ff., 923; zustimmend *Roßnagel,* in: Koch/Scheuing (Hrsg.), § 5 Rn. 782, 787.

[31] Dazu ausführlich sub D.III.

[32] Siehe hierzu im Einzelnen sub D.III.2.a).

[33] Vgl. dazu *Dierkes,* S. 73 f.

[34] *Dierkes,* S. 74.

[35] Ebenso *Fluck,* BB 1991, 1797, 1801; *Roßnagel,* in: Koch/Scheuing (Hrsg.), § 5 Rn. 779 f.

lichkeit auf das *Betriebsgelände* zur „Wiederherstellung eines ordnungsgemäßen Zustands“ desselben für erforderlich gehalten wurde.[37] Wäre das Betriebsgelände bereits von dem Begriff des Anlagengrundstücks in § 5 Abs. 3 Nr. 1 BImSchG erfasst, so wäre die vorgenommene Ergänzung von § 5 Abs. 3 BImSchG überflüssig gewesen.

Was die von *Hansmann* in § 5 Abs. 3 BImSchG hineingelesene nachwirkende Zustandsverantwortlichkeit für den letzten Anlagenbetreiber betrifft, so erscheint es unter grundrechtlichen und rechtsstaatlichen Gesichtspunkten höchst fraglich, ob eine derartig folgenreiche Vorschrift nicht ausdrücklicher gesetzlicher Normierung bedürfte. Dies gilt umso mehr, als es *verfassungsrechtlich* überhaupt nur mit erheblichem Begründungsaufwand zu rechtfertigen ist, dass ein früherer Zustandsverantwortlicher, der zum Zeitpunkt der behördlichen Inanspruchnahme in keiner rechtlichen oder tatsächlichen Beziehung zu dem (Betriebs-)Grundstück mehr steht, zur Beseitigung von Gefahren herangezogen werden kann, die er nicht verursacht hat.[38] Der rechtsstaatliche Bestimmtheitsgrundsatz[39] fordert in diesem Fall eine gesetzliche Regelung, die ihr Normenprogramm mit hinreichender Erkennbarkeit und Klarheit abbildet. Diesen Anforderungen genügt § 5 Abs. 3 BImSchG hinsichtlich der Statuierung einer – besonders grundrechtsrelevanten – nachwirkenden Zustandsverantwortlichkeit jedoch nicht.

In Betracht kommt nur eine verfassungskonforme Auslegung der Vorschrift. Nach dem ursprünglich vom amerikanischen Supreme Court entwickelten und vom Bundesverfassungsgericht[40] schon früh übernommenen

36 Richtlinie 96/61/EG des Rates über die integrierte Vermeidung und Verminderung der Umweltverschmutzung v. 24.9.1996, ABl. EG Nr. L 257, S. 26. Art. 3 Buchst. f IVU-Richtlinie lautet: „Die Mitgliedstaaten treffen die erforderlichen Vorkehrungen, damit die zuständigen Behörden sich vergewissern, dass die Anlage so betrieben wird, dass bei einer endgültigen Stilllegung die erforderlichen Maßnahmen getroffen werden, um jegliche Gefahr einer Umweltverschmutzung zu vermeiden und um einen zufriedenstellenden Zustand des Betriebsgeländes wiederherzustellen.“

37 Vgl. den durch das Gesetz zur Umsetzung der UVP-Änderungsrichtlinie, der IVU-Richtlinie und weiterer EG-Richtlinien zum Umweltschutz vom 27.7.2001 neu eingeführten § 5 Abs. 3 Nr. 3, der lautet: „3. die Wiederherstellung eines ordnungsgemäßen Zustands des Betriebsgeländes gewährleistet ist.“.

38 Zur verfassungsrechtlichen Rechtfertigung von § 4 Abs. 3 und 6 BBodSchG ausführlich im Dritten Teil.

39 Vgl. hierzu *Ossenbühl,* in: Isensee/Kirchhof (Hrsg.), HdBStR III, 1988, § 62 Rn. 23 und § 64 Rn. 17 ff.

40 Die verfassungskonforme Auslegung wird vom Bundesverfassungsgericht im Zusammenhang mit der Normenkontrolle angewendet. Ob sie darüber hinaus auch als ein eigenständiges Regelprinzip jedweder Rechtsanwendung Geltung beanspruchen kann, wird unterschiedlich beurteilt. Überwiegend wird die verfassungskonforme Auslegung nicht als Sonderinstrument der Verfassungsgerichtsbarkeit, sondern als ein Teil herkömmlicher Gesetzesauslegungsmethodik, vorwiegend als ein Unter-

Grundsatz der verfassungskonformen Auslegung darf ein Gesetz nicht für nichtig erklärt werden, wenn es im Einklang mit der Verfassung ausgelegt werden kann.[41] Solange die Verfassungswidrigkeit nicht evident ist, sondern nur Bedenken bestehen, spricht eine Vermutung dafür, dass ein Gesetz mit dem Grundgesetz vereinbar ist.[42] Dieser *favor legis* kann erst dann als widerlegt gelten, wenn die geprüfte Norm in keiner möglichen Auslegung mit dem Grundgesetz vereinbar ist. Grenzen setzen einer verfassungskonformen Auslegung allerdings der Sinn und Wortlaut der betreffenden Norm, um eine Überschreitung der funktionell-rechtlichen Grenzen der Gerichtsbarkeit in Richtung einer Normvariation zu verhindern.[43] Angesichts der Unbestimmtheit von § 5 Abs. 3 BImSchG wird man die Vorschrift verfassungskonform so auslegen müssen, dass für betreiberunabhängige, rein grundstücksbezogene Gefahren die Zustandsverantwortlichkeit nach Aufgabe des Eigentums und der tatsächlichen Sachherrschaft an dem Anlagengrundstück endet.

---

fall der systematischen Auslegung angesehen. In diesem Sinne BVerfGE 48, 40 (45); *Löwer,* in: Isensee/Kirchhof (Hrsg.), HdbStR II, 1987, § 56 Rn. 111; *Michel,* JuS 1961, 274 ff., 275; *Park,* Die verfassungskonforme Auslegung als richterliche Verfassungskonkretisierung, 2000, S. 44; *Sachs,* in: ders. (Hrsg.), Grundgesetz, 2. Aufl. 1999, Einf. Rn. 53; *Schlaich,* Das Bundesverfassungsgericht, 5. Aufl. 2001, Rn. 406. Nach anderer Auffassung setzt die verfassungskonforme Auslegung die Kompetenz zur (teilweisen) Normverwerfung voraus, weshalb ihre Anwendung den Fachgerichten verwehrt sei. *Bettermann,* Die verfassungskonforme Auslegung, 1986, S. 31 f.; *Skouris,* Teilnichtigkeit von Gesetzen, 1973, S. 108 f.; *Stern,* Das Staatsrecht der Bundesrepublik Deutschland, Bd. I, 2. Aufl. 1984, S. 136. Vorzugswürdig dürfte die herrschende Auffassung sein, da die Vereinbarkeit mit dem Verfassungsrecht zwingend die letzte Stufe jeder Normauslegung darstellen muss. Hiervon unberührt bleiben allerdings das Verwerfungsmonopol des Bundesverfassungsgerichts sowie die teilkassatorische Wirkung höchstrichterlicher Judikate, wenn in diesen eine mögliche Auslegungsvariante verworfen wird. Vgl. *Löwer,* in: Isensee/Kirchhof (Hrsg.), HdbStR II, 1987, § 56 Rn. 112.

[41] St. Rspr., BVerfGE 2, 266 (282); 48, 40 (45 f.); 64, 229 (241 f.); 88, 145 (166); 90, 263 (274 f.); vgl. aus der Literatur hierzu *Bettermann,* Die verfassungskonforme Auslegung, 1986; *Heun,* Funktionell-rechtliche Schranken der Verfassungsgerichtsbarkeit, 1992, S. 27 ff.; *Hesse,* Grundzüge des Verfassungsrechts der Bundesrepublik Deutschland, 20. Aufl. 1999, Rn. 79 ff.; *Löwer,* in: Isensee/Kirchhof (Hrsg.), HdbStR II, 1987, § 56 Rn. 111 ff.; *Park,* Die verfassungskonforme Auslegung als richterliche Verfassungskonkretisierung, 2000; *Pestalozza,* Verfassungsprozessrecht, 3. Aufl. 1991, § 20 Rn. 9; *Schlaich,* Das Bundesverfassungsgericht, 5. Aufl. 2001, Rn. 405 ff.; *Skouris,* Teilnichtigkeit von Gesetzen, 1973; *Starck,* in: Isensee/Kirchhof (Hrsg.), HdbStR VII, 1992, § 164 Rn. 31 f.; *Stern,* Staatsrecht, Bd. I, S. 135 ff.; *ders.,* Staatsrecht, Bd. III/2, 1994, S. 1147 ff.

[42] BVerfGE 32, 373 (383 f.); 64, 229 (242); 90, 263 (274 f.).

[43] Vgl. zu diesem Aspekt *Heun,* S. 29; *Löwer,* in: Isensee/Kirchhof (Hrsg.), HdbStR II, 1987, § 56 Rn. 111; *Schlaich,* Das Bundesverfassungsgericht, 5. Aufl. 2001, Rn. 414.

Hat der frühere Betreiber das Anlagengrundstück allerdings in dem Wissen um das Vorhandensein betreiberunabhängiger schädlicher Bodenveränderungen oder Altlasten nach dem Stichtag am 1. März 1999 veräußert und war er selbst bei Erwerb des Anlagengrundstücks bösgläubig hinsichtlich des Vorhandenseins schädlicher Bodenveränderungen oder Altlasten, so ist die Bodenschutzbehörde nach Ablauf eines Jahres nach Betriebsstilllegung nicht gehindert, ihn als früheren Eigentümer gemäß § 4 Abs. 6 BBodSchG zur Sanierung des Betriebsgrundstücks in Anspruch zu nehmen. Ein früherer Anlagenbetreiber ist insofern nicht anders zu behandeln als ein früherer Eigentümer eines Privatgrundstücks. Für sonstige schädliche Umwelteinwirkungen i.S.d. § 3 Abs. 1 BImSchG, die unabhängig von dem ehemaligen Betrieb der Anlage von dem Anlagengrundstück ausgehen, haftet der frühere Betreiber, der nicht mehr Zustandsverantwortlicher ist, hingegen nach § 5 Abs. 3 BImSchG nicht. Es gilt hier wegen des verfassungsrechtlichen Bestimmtheitsgrundsatzes die allgemeine ordnungsrechtliche Regel, dass mit der Aufgabe der tatsächlichen Sachherrschaft bzw. des Eigentums zugleich die Beendigung der Zustandsverantwortlichkeit erfolgt.

3. Ergebnis

Eine nachwirkende Zustandsverantwortlichkeit für betreiberunabhängige Gefahren enthält § 5 Abs. 3 BImSchG somit nicht.[44] Die Anordnung einer betriebsunabhängigen nachwirkenden Zustandsverantwortlichkeit bedürfte wegen des Vorbehalts des Gesetzes ausdrücklicher gesetzlicher Normierung. Die Verantwortlichkeit gemäß § 5 Abs. 3 BImSchG bleibt aber insoweit auch nach Betriebseinstellung bestehen, als nach wie vor nur feststehen muss, dass die betreffende Gefahr durch den (ehemaligen) Anlagenbetrieb verursacht worden ist, nicht hingegen, dass der Betreiber sie selbst verursacht hat.[45] Der Betreiber haftet in diesem Sinne also durchaus für den Zustand der Anlage und des Anlagengrundstücks, allerdings nur aufgrund seines vorausgegangenen gefährlichen Verhaltens, dem gefährlichen Betrieb der Anlage, und beschränkt auf die Folgen des Anlagenbetriebs.[46] Diese Form der Haftung, die für sämtliche früheren Betreiber, nicht nur für den letzten Betreiber gilt, lässt sich aber treffender als erweiterte Verhaltensverantwortlichkeit oder als Gefährdungsverantwortlichkeit ohne personenbezogene Verursachungselemente[47] denn als nachwirkende Zustandsverantwort-

[44] Im Ergebnis auch *Peters,* NVwZ 1994, 879 f., 880.

[45] BVerwG, Urt. v. 22.10.1998 – 7 C 38.97 –, ZIP 1998, 2167 ff., 2168.

[46] *Dierkes,* S. 165; *Fluck,* BB 1991, 1797 ff., 1800; *Peters,* NVwZ 1994, 879 f., 880.

[47] *Dierkes,* S. 167.

lichkeit bezeichnen, da ihr maßgeblicher Anknüpfungspunkt das Verhalten des Verantwortlichen in Form des ehemaligen Betriebs der Anlage ist.[48]

II. Abfallrechtliche Nachbetriebspflichten für Deponien

Das Parallelproblem zu § 5 Abs. 3 BImSchG stellt sich hinsichtlich der nachbetrieblichen Rekultivierungs- und Sicherungsmaßnahmen für Deponien nach § 36 Abs. 2 Satz 1 KrW-/AbfG. Es ist gesetzlich nicht eindeutig geregelt, wer als „Inhaber" einer Deponie in welchen Grenzen verpflichtet werden kann.[49] Möglicherweise begründet das Gesetz eine nachwirkende Zustandsverantwortlichkeit ehemaliger Deponieinhaber für das Deponiegelände.

1. Meinungsstand

Nach überwiegender Auffassung ist der abfallrechtliche Inhaberbegriff des § 36 Abs. 2 Satz 1 KrW-/AbfG mit dem des immissionsschutzrechtlichen Betreiberbegriffs gleichzusetzen.[50] Umstritten ist allerdings, ob der Begriff des „Inhabers" in § 36 Abs. 2 Satz 1 KrW-/AbfG weiter geht als derselbe in Absatz 1 verwendete Ausdruck. Es wird vertreten, er erfasse nicht nur den Betreiber als Inhaber der Deponie, sondern auch den Grundstückseigentümer als *Inhaber des Grundstücks,* auf dem eine Deponie betrieben wird.[51] Die Folge wäre, dass dann Eigentümer von Deponien unab-

---

[48] Kritisch zu solchen „Verursachungsfiktionen" bei ineinander übergehenden Verursachungs- und Zustandshaftungen hingegen *Leisner,* in: *ders.,* Eigentum, 1996, S. 395 ff., 407.

[49] Uneinheitlich beurteilt wird auch der mögliche Umfang der nach § 36 Abs. 2 S. 1 KrW-/AbfG anzuordnenden Rekultivierungs- und Sicherungsmaßnahmen. Vgl. dazu *v. Lersner,* in: Hösel/v. Lersner, § 36 KrW-/AbfG Rn. 33; *Paetow* in: Kunig/Paetow/Versteyl, § 36 Rn. 17; *Schoeneck,* in: Brandt/Ruchay/Weidemann, § 36 Rn. 76.

[50] So – zum Teil noch zu der Vorgängerregelung § 10 Abs. 2 AbfG – VGH Kassel v. 30.3.1987 – 9 U E 114/86 –, NVwZ 1987, 815 f., 815; VGH Mannheim, Urt. v. 15.12.1987 – 10 S 240/86 –, NVwZ 1988, 562 f., 563; VG Gera, Urt. v. 20.3.1996 – 2 K 772/94 GE –, ZUR 1997, 94 ff., 95 mit Anm. *Schoeneck,* ZUR 1997, 97 ff.; VGH München v. 6.6.1997 – 20 CS 95 3693 –, NVwZ 1998, 1195 ff., 1196; VGH München, Beschl. v. 2.2.2001 – 20 ZB 00.3551, NuR 2001, 276 ff., 277; *Kloepfer,* in: UTR Bd. 1, S. 17 ff., 54; *ders.* NuR 1987, 7 ff., 7; *Koch,* Bodensanierung nach dem Verursacherprinzip, 1985, S. 78; *Kränz,* S. 51; *v. Lersner,* in: Hösel/v. Lersner, § 36 KrW-/AbfG Rn. 8; *Paetow* in: Kunig/Paetow/Versteyl, § 36 Rn. 8, 15; *Pohl,* Abfallrechtliche Sicherungs- und Rekultivierungspflichten, 1993, S. 156; *Schink,* DVBl. 1985, 1149 ff., 1156; *ders.* GewArch 1996, 6 ff., 10; *Schrader,* Altlastensanierung nach dem Verursacherprinzip?, 1988, S. 103.

[51] So *Schink,* DVBl. 1985, 1149 ff., 1156; ihm folgend *Niemuth,* DÖV 1988, 291 ff., 293; *Schrader,* S. 103.

hängig davon, ob sie selbst die Deponie betrieben haben, als Zustandsverantwortliche zu Sicherungs- und Rekultivierungsmaßnahmen herangezogen werden könnten. Erstreckte man die Haftung auch auf ehemalige (Grundstücks-)Inhaber,[52] so gelangte man auf diese Weise zu einer nachwirkenden Zustandsverantwortlichkeit ehemaliger Deponieeigentümer.[53]

2. Stellungnahme

a) Zum Inhaberbegriff des § 36 Abs. 2 Satz 1 KrW-/AbfG

Bereits gegen den Ausgangspunkt, den Inhaberbegriff des § 36 Abs. 2 Satz 1 KrW-/AbfG auch auf solche Grundstückseigentümer auszudehnen, die nicht Deponiebetreiber sind, lassen sich jedoch erhebliche Einwände vorbringen. Gegen diese weite Lesart sprechen vor allem der Wortlaut des § 36 Abs. 2 KrW-/AbfG sowie der systematische Zusammenhang von § 36 Abs. 1 und Abs. 2 KrW-/AbfG. § 36 Abs. 1 KrW-/AbfG legt dem Inhaber einer Deponie eine Anzeigepflicht bei beabsichtigter Betriebsstilllegung auf. Diese Anzeigepflicht ist verbunden mit einer Pflicht zur Beibringung von Unterlagen über Art, Umfang und Betriebsweise sowie über die beabsichtigte Rekultivierung und eventuell erforderliche Sicherungsmaßnahmen (§ 36 Abs. 1 Satz 2 KrW-/AbfG). Solche Unterlagen kann aber allein der Betreiber der Deponie zur Verfügung stellen. § 36 Abs. 1 KrW-/AbfG richtet sich daher eindeutig nur an den Betreiber und nicht zugleich an den Eigentümer. Wenn sich Absatz 2 im Folgenden verkürzt nur noch an „den Inhaber" richtet, so kann damit dem Wortsinn nach und systematisch folgerichtig ebenfalls ausschließlich der in Absatz 1 genannte Inhaber, also der Deponiebetreiber, gemeint sein.[54] Auf diese Weise zeichnet das Normenprogramm des § 36 KrW-/AbfG eine zeitliche Abfolge der Nachsorgepflichten des Betreibers einer Abfalldeponie vor: Anzeige an die Behörde mit Unterlagenbeibringung, im Regelfall Vornahme von Sicherungs- und Rekultivierungsmaßnahmen, eventuell Sanierung nach Maßgabe des Bundes-Bodenschutzgesetzes. Ebenso wie die Nachsorgepflichten aus § 5 Abs. 3 BImSchG sind somit auch die Nachsorgepflichten des § 36 Abs. 2 Satz 1

---

[52] Anordnungen nach § 36 Abs. 2 Satz 1 KrW-/AbfG können auch gegenüber den Inhabern bereits stillgelegter Deponien ergehen, und zwar unabhängig davon, ob diese eine Stilllegungsanzeige nach § 36 Abs. 1 KrW-/AbfG erstattet haben. Vgl. nur BVerwG, Beschl. v. 6.5.1997 – 7 B 142/97 –, NVwZ 1997, 1000 f., 1001; Beschl. v. 14.4.1986 – 7 B 18.86 –, DVBl. 1986, 687 f., 688; VGH Kassel, UPR 1990, 69 f., 69; VGH München, Beschl. v. 2.2.2001 – 20 ZB 00.3551, NuR 2001, 276 ff., 277; *Ebling,* in: Fluck, Bd. 1, § 36 KrW-/AbfG Rn. 53; *Paetow,* in: Kunig/Paetow/Versteyl, Kreislaufwirtschafts- und Abfallgesetz, 1998, § 36 Rn. 23.

[53] So *Schink,* DVBl. 1985, 1149 ff., 1156.

[54] Ebenso *v. Lersner,* in: Hösel/v. Lersner, § 36 Abs. 2 KrW-/AbfG Rn. 21.

KrW-/AbfG betreiber- und nicht eigentümerorientiert. Die Pflicht aus § 36 Abs. 2 Satz 1 KrW-/AbfG ist eine Fortsetzung der Betreiberpflicht über den Zeitpunkt der Stilllegung hinaus.[55] Daraus folgt, dass der Deponieeigentümer, der nicht zugleich Betreiber ist bzw. war[56], nicht aufgrund des Kreislaufwirtschafts- und Abfallgesetzes zu Rekultivierungs- oder Sicherungsmaßnahmen herangezogen werden kann.[57]

Damit erübrigt sich die weiter gehende Fragestellung, ob sich aus § 36 Abs. 2 Satz 1 KrW-/AbfG auch eine *nachwirkende* Zustandsverantwortlichkeit für Deponieeigentümer ergibt. Allerdings bleibt die Inanspruchnahme des Grundstückseigentümers nach Landesrecht von dieser einschränkenden Auslegung des § 36 Abs. 2 Satz 1 KrW-/AbfG unberührt.[58] Auch können gemäß § 4 Abs. 6 BBodSchG (i. V. m. § 36 Abs. 2 Satz 2 KrW-/AbfG[59])

---

[55] BVerwG, Beschl. v. 6.5.1997 – 7 B 142/97 –, NVwZ 1997, 1000 f., 1001; *Frenz,* KrW-/AbfG, § 36 Rn. 7; *Schoeneck,* in: Brandt/Ruchay/Weidemann, § 36 KrW-/AbfG Rn. 64; *ders.* ZUR 1997, 97 ff., 99. Dementsprechend unterscheiden auch Nr. 9.7 der TA Abfall und Nr. 10.7 der TA Siedlungsabfall zwischen einer „Betriebsphase" und einer „Nachsorgephase".

[56] Vgl. Fn. 52.

[57] Ebenso *Dombert,* Altlastensanierung in der Rechtspraxis, 1990, S. 25; *Enders,* DVBl. 1993, 82 ff., 83; *Frenz,* KrW-/AbfG, § 36 Rn. 11; *Kloepfer,* NuR 1987, 7 ff., 20; *v. Lersner,* in: Hösel/v. Lersner, § 36 KrW-/AbfG Rn. 21; *Oerder,* NVwZ 1992, 1031 ff., 1032; *Paetow* in: Kunig/Paetow/Versteyl, § 36 Rn. 8; *Pohl,* Abfallrechtliche Sicherungs- und Rekultivierungspflichten, S. 161 f.; *Schoeneck,* in: Brandt/Ruchay/Weidemann, § 36 KrW-/AbfG Rn. 63 f.; *ders.* ZUR 1997, 97 ff., 98. Inzwischen auch *Schink,* in: Erbguth (Hrsg.), Aktuelle Fragen des Altlasten- und Bodenschutzrechts, 1997, S. 83 ff., 91, *ders.* GewArch 1996, 6 ff., 10; *Schlabach,* VBlBW 1996, 41 ff., 42 f.; a. A. *Ziehm,* Die Störerverantwortlichkeit für Boden- und Wasserverunreinigungen, 1989, S. 97 f.

[58] *v. Lersner,* in: Hösel/v. Lersner, § 36 Abs. 2 KrW-/AbfG Rn. 21 mit Hinweis auf § 12 Abs. 1 Nr. 6 HAltlastG, § 22 Abs. 1 Satz 2 LAbfWAG, § 12 Abs. 2 S. 2 Nr. 2 SächsAbG, § 20 Abs. 1 Nr. 5 ThAbfAG.

[59] Unklar ist das Verhältnis der abfallrechtlichen Rekultivierungs- und Sicherungspflichten zu den Sanierungspflichten des Bundes-Bodenschutzgesetzes. *Frenz,* KrW-/AbfG, § 36 Rn. 14 f., *ders.,* BBodSchG, 2000, § 3 Rn. 23 f., vertritt, es handele sich bei § 36 Abs. 2 S. 2 KrW-/AbfG um eine Rechtsfolgenverweisung. Dies hätte zur Konsequenz, dass bereits bei dem Verdacht auf schädliche Bodenveränderungen oder sonstige Gefahren der Deponieinhaber zur Sanierung der altlastenverdächtigen Fläche herangezogen werden könnte. Damit würde sich § 36 KrW-/AbfG in Widerspruch zu dem abgestuften Pflichtenprogramm des Bundes-Bodenschutzgesetzes setzen und in verfassungsrechtlich bedenklicher Weise ohne hinreichende Gewissheit auf das Vorhandensein schädlicher Bodenveränderungen oder Altlasten eine Sanierungspflicht begründen. Richtigerweise muss § 36 Abs. 2 S. 2 KrW-/AbfG daher als Rechtsgrundverweisung verstanden werden, so dass nur bei Bestätigung des Altlastenverdachts nach Maßgabe des Bundes-Bodenschutzgesetzes saniert werden muss. So auch die Begründung zum Gesetzentwurf der Bundesregierung für ein Bodenschutzgesetz, BT-Drs. 13/6701, S. 47: „und *gegebenenfalls* als Altlast saniert werden" (Hervorhebung durch den Verfasser); ebenso OVG Münster, Urt. v.

ehemalige Eigentümer unter den genannten Voraussetzungen zur Sanierung der auf einem Deponiegrundstück aufgetretenen schädlichen Bodenveränderungen oder Altlasten herangezogen werden.

b) Nachwirkende Zustandsverantwortlichkeit früherer Deponiebetreiber

Eine nachwirkende Zustandsverantwortlichkeit ist allenfalls für den letzten Betreiber bzw. für frühere Betreiber einer Deponie denkbar.[60] Voraussetzung dafür wäre zum einen, dass man die sich aus § 36 Abs. 2 Satz 1 KrW-/AbfG ergebenden Nachsorgepflichten zugleich als Zustandsverantwortlichkeit für betreiber*fremde* Grundstücksgefahren verstünde und zum anderen, dass diese Verantwortlichkeit sich über den Zeitpunkt der Aufgabe der tatsächlichen Sachherrschaft oder des Eigentums durch den zustandsverantwortlichen Betreiber hinaus erstreckte.

Unter betreiberfremden Grundstücksgefahren sind zum einen solche Gefahren zu verstehen, die von Teilen des Deponiegeländes ausgehen, auf denen keine Abfälle gelagert wurden. Zum anderen bezeichnet der Ausdruck solche Gefahren, die zwar von der eigentlichen Deponiefläche ausgehen, die aber nicht durch das Verhalten des in Anspruch genommenen Betreibers, sondern etwa durch Naturkatastrophen oder das Verhalten früherer Deponiebetreiber verursacht wurden.

§ 36 Abs. 2 Satz 1 KrW-/AbfG begrenzt den Haftungsgegenstand jedoch – noch deutlicher als § 5 Abs. 3 BImSchG – auf *„das Gelände, das für eine Deponie nach Absatz 1 verwandt worden ist"*. Damit scheidet eine (nachwirkende) Zustandsverantwortlichkeit für das gesamte Betriebsgrundstück aus, denn die Beeinträchtigungen müssen adäquat kausal auf den Betrieb zurückzuführen sein.[61]

Was solche Gefährdungen angeht, die durch andere frühere Deponiebetreiber verursacht wurden, so gilt zumindest für eine hierauf bezogene denkbare[62] *nachwirkende* Zustandsverantwortlichkeit nichts anderes als für

---

16.11.2000 – 20 A 1774/99 –, UPR 2001, 194 ff., 195. Zu in diesem Zusammenhang auftretenden Rückwirkungsproblemen vgl. *Schink,* GewArch 1996, 6 ff., 11; *ders.* DÖV 1999, 797 ff., 801; *Versteyl,* in: UTR Bd. 53, S. 147 ff., 183 f.

60 Vgl. zu dieser Problematik in Bezug auf § 5 Abs. 3 BImSchG bereits oben sub B.I.

61 *Frenz,* KrW-/AbfG, § 36 Rn. 8. Im Ergebnis auch *Ebling,* in: Fluck, Bd. 1, § 36 KrW-/AbfG Rn. 57.

62 *v. Lersner,* in: Hösel/v. Lersner,§ 36 KrW-/AbfG Rn. 27, hält eine Verpflichtung des Inhabers u.U. für nicht mehr zumutbar, wenn er keine Ursache für den gefährlichen Zustand gesetzt hat und alle zumutbaren Vorkehrungen zu seiner Vermeidung getroffen hat.

§ 5 Abs. 3 BImSchG: Eine so weit gehende Haftungsfolge bedürfte ausdrücklicher gesetzlicher Regelung.[63] Dies gilt sowohl für eine nachwirkende Zustandsverantwortlichkeit des *letzten* wie auch für nachwirkende Zustandsverantwortlichkeiten *früherer* Deponiebetreiber. Zu dem sich – wiederum in Parallele zu § 5 Abs. 3 BImSchG[64] – um die Frage rankenden Streit, ob bei einem Wechsel der Inhaberschaft während der Betriebszeit der Deponie neben dem derzeitigen bzw. dem letzten Betreiber auch ehemalige Betreiber von § 36 Abs. 2 Satz 1 KrW-/AbfG in die Pflicht genommen werden können,[65] braucht deswegen nicht weiter Stellung genommen zu werden.

3. Ergebnis

§ 36 Abs. 2 Satz 1 KrW-/AbfG statuiert weder eine Zustandsverantwortlichkeit für (ehemalige) Deponieeigentümer noch eine nachwirkende Zustandsverantwortlichkeit für frühere Betreiber einer Deponie hinsichtlich der von ihnen nicht verursachten Gefahren. Eine solche Regelung bedürfte aufgrund des verfassungsrechtlichen Vorbehalts des Gesetzes ausdrücklicher gesetzlicher Normierung.

III. Bergrechtliche Nachbetriebspflichten

Das Bergrecht entwickelte als erstes Rechtsgebiet überhaupt formelle Nachsorgeregelungen, nämlich die Fortdauer der Bergaufsicht auch über die Betriebseinstellung hinaus (vgl. § 69 Abs. 2 BBergG).[66] Mit dem Institut des Abschlussbetriebsplanes gemäß §§ 53, 55 Abs. 2 BBergG sah es zudem die ursprünglich weitestgehende Vorsorge gegen das Entstehen von Altlasten vor. Inzwischen hat allerdings die Entwicklung der immissionsschutzrechtlichen und abfallrechtlichen Nachbetriebspflichten die Rechtsentwicklung im Bergrecht überholt.[67]

Die Problematik der bergrechtlichen Nachsorgepflichten hat insbesondere nach der Wiedervereinigung an Brisanz gewonnen. Umfangreiche bergbauliche Aktivitäten zur Zeit der DDR haben eine Vielzahl von untertägigen

---

[63] Vgl. oben sub B.I.2.b).

[64] Siehe oben sub B.I.2.a).

[65] Die Auffassung, nur der letzte Inhaber einer Deponie könne nach § 36 Abs. 2 S. 1 KrW-/AbfG verpflichtet werden, vertreten *v. Lersner,* in: Hösel/v. Lersner, § 36 KrW-/AbfG Rn. 25; *Paetow* in: Kunig/Paetow/Versteyl, § 36 Rn. 8; *Ziehm,* S. 97 f. Für die Erstreckung des § 36 Abs. 2 S. 1 KrW-/AbfG auch auf ehemalige Inhaber hingegen *Schoeneck,* in: Brandt/Ruchay/Weidemann, § 36 KrW-/AbfG Rn. 68; *ders.,* ZUR 1997, 97 ff., 99.

[66] Siehe hierzu etwa *Vallendar,* UPR 1991, 91 ff., 91 f. u. 96.

[67] *Spieth/Laitenberger,* BB 1996, 1893 ff., 1895.

Grubenbauten, übertägigen Gewinnungsstätten und Produktionsanlagen, Halden, Absetzbecken und Restlöchern hinterlassen. Allein der Braunkohletagebau hinterließ 60 000 ha verwüsteter Fläche.[68] Wie weit die bergrechtlichen Nachsorgepflichten des Betreibers eines Bergbauunternehmens reichen, wird allerdings unterschiedlich beurteilt.

1. Meinungsstand

Zum Teil wird unter Bezugnahme auf den Wortlaut von § 55 Abs. 2 Satz 1 Nr. 1 BBergG vertreten, die bergrechtlichen Nachsorgepflichten des Betreibers beschränkten sich hinsichtlich ihres Schutzzwecks auf die Abwehr von Gefahren für Leib und Leben von Menschen und ihres Ursprungs nach auf solche Gefahren, die der Bergbauunternehmer unmittelbar durch die Stilllegungsmaßnahmen selbst verursacht habe.[69] Nach dieser Auffassung ließe sich eine betriebsunabhängige, nachwirkende Zustandsverantwortlichkeit des ehemaligen Bergbauunternehmers nicht begründen.

Gegen eine derartige Beschränkung der bergrechtlichen Nachsorgepflicht wendet sich unter anderem das *Bundesverwaltungsgericht*. In einem vom ihm entschiedenen Fall[70] ging es um die an einen Bergbauunternehmer gerichtete Anordnung zur Ableitung und Behandlung so genannten Sauerwassers, das auch nach Stilllegung eines bergbaulichen Betriebes anfiel bzw. weiterhin austrat und dadurch großräumig Gewässer, nicht aber unmittelbar Leib und Leben von Menschen zu gefährden drohte. Das Bundesverwaltungsgericht folgte dem Berufungsgericht[71] in seiner Einschätzung, die drohende Gewässerverunreinigung werde – unter Berücksichtigung der Wertungen des Wasserrechts – als *gemeinschädliche Einwirkung* von § 55 Abs. 1 Satz 1 Nr. 9 BBergG erfasst. Die Nachsorgeverantwortlichkeit des Betreibers für die über den Zeitpunkt der Betriebseinstellung hinausgehende Behandlung des Sauerwassers ergebe sich daraus, dass in § 55 Abs. 2 BBergG angeordnet sei, dass Abschlussbetriebspläne den gleichen Anforde-

---

[68] *Beckmann,* UPR 1995, 8 ff., 8, der allerdings darauf hinweist, dass das Bundesberggesetz nach § 169 Abs. 2 Satz 1 BBergG auf zum Zeitpunkt des Abschlusses des Einigungsvertrages vom 3.10.1990 bereits endgültig eingestellte Betriebe nicht mehr anwendbar ist. Dies gilt nach Auffassung von *Beckmann* auch, wenn diese Betriebe vor dem In-Kraft-Treten des Bundesberggesetzes noch der Bergaufsicht der DDR unterlagen.

[69] *Heuvels,* NVwZ 1995, 972 ff., 973 f.

[70] BVerwG, Urt. v. 9.11.1995 – 4 C 25/94 –, NVwZ 1996, 712. Vgl. auch VG Braunschweig, Urt. v. 19.8.1992 – 10 A 10037/91 –, n. veröff.; OVG Lüneburg, Urt. v. 6.6.1994 – 7 L 5295/92 –, ZfB 135 (1994), 27 = NVwZ 1995, 1026; *Spieth/ Laitenberger,* BB 1996, 1893 ff., 1896 ff.

[71] OVG Lüneburg, Urt. v. 6.6.1994 – 7 L 5295/92 –, ZfB 135 (1994), 27 = NVwZ 1995, 1026.

rungen wie Betriebspläne unterliegen sollten, also auch die Vorsorge vor gemeinschädlichen Einwirkungen i.S.d. § 55 Abs. 1 Satz 1 Nr. 9 BBergG in der Stilllegungsphase sicherstellen müssten.

Was den Ursprung des Gefahrenherdes angeht, so lässt das Bundesverwaltungsgericht den Einwand des fehlenden eigenen Verursachungsbeitrags ebenso wenig gelten: § 55 Abs. 2 BBergG stelle nicht darauf ab, ob die nach dieser Vorschrift gebotenen Vorsorgemaßnahmen der Verursachungssphäre des letzten Unternehmers zuzurechnen seien.[72] Insofern sei es gleichgültig, ob die aus der früheren Nutzung des Betriebes stammenden Konflikte von dem aktuellen oder von einem früheren Bergwerksunternehmer herrührten. Der Sache nach scheint das Bundesverwaltungsgericht damit eine bergbauliche Zustandsverantwortlichkeit des Betreibers zu statuieren. Erstreckte sich – worüber das Bundesverwaltungsgericht in seiner Entscheidung nicht zu urteilen brauchte – diese Verantwortlichkeit für betriebsunabhängige bzw. fremdbetriebsbezogene Gefahren über den Zeitpunkt des Eigentums- bzw. Sachherrschaftsverlustes hinaus, so begründeten die bergrechtlichen Nachsorgepflichten zugleich eine nachwirkende Zustandsverantwortlichkeit für frühere Betreiber.

2. Stellungnahme

a) Unerheblichkeit des Gefahrentstehungszeitpunktes

Im Hinblick auf seine Ausführungen zur Unerheblichkeit des Gefahrentstehungszeitpunktes ist dem Bundesverwaltungsgericht zuzustimmen. Gegen die These von der nur auf die Abwehr von im Zuge der Stilllegungsmaßnahmen verursachten Umweltgefahren beschränkten Nachsorgepflicht des Bergbauunternehmers spricht bereits § 53 Abs. 1 BBergG, der im Abschlussbetriebsplan ausdrücklich den Nachweis der Einhaltung der in § 55 Abs. 1 Satz 1 Nr. 3 bis 13 und Absatz 2 bezeichneten Voraussetzungen fordert. Die Ausklammerung von Vorsorgemaßnahmen gegen „gemeinschädliche Einwirkungen" aus der Nachsorgepflicht machte auch § 69 Abs. 2 BBergG unverständlich, der die Bergaufsicht auch nach Durchführung des Abschlussbetriebsplanes fortbestehen lässt, solange nach allgemeiner Erfahrung noch damit zu rechnen ist, dass betriebsbedingt gemeinschädliche Einwirkungen eintreten werden.[73] Der Bergwerksbetreiber haftet also auch für Umweltauswirkungen, die bereits zu Zeiten des Betriebes des Bergwerkes entstanden sind und nach dem Zeitpunkt der Stilllegung noch fortwirken.

---

[72] BVerwG, Urt. v. 9.11.1995 – 4 C 25/94 –, NVwZ 1996, 712 ff., 715.

[73] BVerwG, Urt. v. 9.11.1995 – 4 C 25/94 –, NVwZ 1996, 712 ff., 715.

b) Nachwirkende Zustandsverantwortlichkeit früherer Bergwerksbetreiber

Schwieriger zu beantworten ist die Frage, ob das Bundesberggesetz auch eine nachwirkende Zustandsverantwortlichkeit früherer Bergwerksbetreiber für betreiberfremde Umweltgefahren statuiert.

Auf den ersten Blick scheint die Annahme einer „uferlosen Ewigkeitshaftung“[74] für ehemalige Betreiber bergbaulicher Betriebe unbegründet zu sein. Die Stilllegung eines bergbaulichen Betriebes erfordert eine behördliche Entscheidung, nämlich die Zulassung des bergrechtlichen Abschlussbetriebsplans (§§ 53 Abs. 1, 55 BBergG). Der entsprechende Zulassungsbescheid kann nur an den *gegenwärtigen* Betreiber des bergbaulichen Betriebes ergehen. Damit sind die bergrechtlichen Nachsorgepflichten – im Gegensatz zu den als Grundpflichten ausgestalteten immissionsschutzrechtlichen und abfallrechtlichen Nachbetriebspflichten[75] – grundsätzlich auf ihre jeweilige im Abschlussbetriebsplan vorgenommene Ausgestaltung begrenzt und richten sich zunächst nur an den letzten Betreiber, der noch Inhaber der tatsächlichen Gewalt über den Bergbaubetrieb ist. Dies bedeutet, selbst wenn man mit dem Bundesverwaltungsgericht unter die betriebsbedingten Einwirkungen auch solche fassen wollte, die durch frühere Betreiber hervorgerufen wurden, nur eine Konkretisierung der allgemeinen polizeirechtlichen Zustandsverantwortlichkeit und wäre – zumindest aus verfassungsrechtlicher Warte – nicht zu beanstanden.[76]

Problematisch wird es hingegen, wenn der frühere Bergwerksunternehmer den Besitz bzw. das Eigentum an dem Betrieb bereits aufgegeben hat. Das Bundesberggesetz ermöglicht der Bergaufsicht, auch nachträgliche Anordnungen zur Durchsetzung der im Abschlussbetriebsplan festgelegten Nachsorgepflichten (§ 71 Abs. 1 Satz 1 BBergG) zu erlassen bzw. darüber hinaus gehende Anordnungen zu treffen, soweit dies zum Schutz von Leben, Gesundheit und Sachgütern Beschäftigter oder Dritter erforderlich ist (§ 71 Abs. 1 Satz 2 BBergG).

Die Bezugnahme auf den Abschlussbetriebsplan stellt klar, dass nachträgliche Anordnungen grundsätzlich nur an denjenigen zu richten sind, an den bereits zuvor ein Abschlussbetriebsplan ergangen ist, es sei denn, die Betriebseinstellung erfolgte gänzlich ohne zugelassenen Abschlussbetriebsplan (vgl. § 71 Abs. 3 BBergG). Andererseits kann nach dem offenen Wortlaut des Gesetzes die Inanspruchnahme des früheren Betreibers unabhängig davon erfolgen, ob dieser noch im Besitz oder Eigentum des Bergwerks ist.

---

74 So *Spieth/Laitenberger,* BB 1996, 1893 ff., 1897 f.

75 Vgl. die Nachweise im Ersten Teil, Fn. 55.

76 Vgl. zu der analogen Problematik bei § 5 Abs. 3 BImSchG oben sub B.I.2.b).

Ebenso wenig lässt sich aus der Vorschrift eine Beschränkung des Adressatenkreises auf den *letzten* Betreiber herauslesen. Insofern besteht jedenfalls hinsichtlich der Verhaltensverantwortlichkeit früherer Bergbauunternehmer keine zeitliche Grenze.[77]

Was die inhaltliche Reichweite nachträglicher Einzelanordnungen nach § 71 BBergG, insbesondere ihr Potential zur Konkretisierung einer *nachwirkenden Zustandsverantwortlichkeit* gegenüber früheren Bergwerksbetreibern angeht, so wird man diese – dem Bundesverwaltungsgericht folgend[78] – allerdings auf die Pflicht zur Abwehr *betriebsbedingter* Gefahren zu beschränken haben. Dies ergibt sich zwar nicht unmittelbar aus § 71 BBergG, aber aus dem System der von dieser Vorschrift in Bezug genommenen bergrechtlichen Nachsorgepflichten, wie es in §§ 53, 55 BBergG vorgezeichnet ist. Gegen eine nachwirkende Zustandsverantwortlichkeit früherer Betreiber für betriebsfremde bzw. fremdverursachte Gefahren spricht zunächst der Wortlaut des § 55 Abs. 2 Satz 1 Nr. 1 BBergG, der hinsichtlich potentieller Gefahren, die nach der Stilllegung neu entstehen können,[79] explizit auf „durch den Betrieb verursachte Gefahren" abstellt. Auch die durch § 55 Abs. 2 Satz 1 BBergG in Bezug genommenen Vorsorgepflichten des § 55 Abs. 1 Satz 1 Nr. 2–13 BBergG sind sämtlich *betriebs-*, da *zukunftsbezogen*: Wenn etwa § 55 Abs. 1 Satz 1 Nr. 9 BBergG die Genehmigung des Betriebsplanes davon abhängig macht, dass „gemeinschädliche Einwirkungen der Aufsuchung oder Gewinnung nicht zu erwarten sind", so sind damit mögliche Einwirkungen gemeint, die der zukünftige Bergbaubetrieb mit sich bringen kann, nicht aber solche Einwirkungen, die aufgrund des Betriebes durch frühere Inhaber in der Vergangenheit verursacht worden sind. Entsprechend muss für die Zulassung des Abschlussbetriebsplanes gelten, dass dieser nur dann erteilt werden soll, wenn die Einstellung des (laufenden!) Betriebes keine „gemeinschädlichen Einwirkungen der Aufsuchung oder Gewinnung" *erwarten lässt*. Eine Verantwortlichkeit für betreiberfremde Gefahren statuieren die bergrechtlichen Nachsorgepflichten somit zumindest nach Aufgabe der Sachherrschaft oder des Eigentums nicht. Die bergrechtliche Nachsorgeverantwortlichkeit ist in diesem Sinne zunächst eine rein betriebsbezogene Verhaltensverantwortlichkeit, die sich nicht auch auf den Zustand des Betriebsgrundstücks als solchen erstreckt, soweit von ihm betreiberunabhängige oder betreiberfremde Gefahren ausgehen. Dies befindet auch das Bundesverwaltungsgericht, das seine zunächst in Richtung auf eine allgemeine Zustandsverantwortlichkeit hindeutenden Ausfüh-

---

[77] Darauf weist auch das BVerwG, Urt. v. 9.11.1995 – 4 C 25/94 –, NVwZ 1996, 712 ff., 716, hin.

[78] BVerwG, Urt. v. 9.11.1995 – 4 C 25/94 –, NVwZ 1996, 712 ff., 715.

[79] Für diese Auslegung *Piens/Schulte/Graf Vitzthum*, Bundesberggesetz, 1983, § 53 Rn. 7; *Spieth/Laitenberger*, BB 1996, 1893 ff., 1897.

rungen dahin gehend wieder einschränkt, dass das Bergrecht Nachsorgepflichten im Fall der Betriebseinstellung nur insoweit statuiere, als es um die Abwehr von Risiken gehe, die aus dem Bergwerksbetrieb selbst herrühren. Allerdings sieht es als betriebsbedingte Folgen auch durch das Verhalten früherer Betreiber hervorgerufene Gefährdungen an, wenn der durch dieses Verhalten betroffene Betriebsteil weiterhin im Betrieb war und der Nachfolger aus ihm noch Nutzen gezogen hat.[80] Diese Interpretation des Betriebsbegriffs deutet darauf hin, die Nachsorgepflicht des Bergbauunternehmers – vergleichbar der Nachsorgeverantwortlichkeit früherer Betreiber von immissionsschutzrechtlichen Anlagen – eher als erweiterte Verhaltensverantwortlichkeit bzw. als Gefährdungsverantwortlichkeit ohne personenbezogene Verursachungselemente denn als Zustandsverantwortlichkeit zu verstehen. Letztlich schiede eine nachwirkende Zustandsverantwortlichkeit früherer Bergbauunternehmer für betriebsfremde Gefahren mangels ausdrücklicher gesetzlicher Regelung auch aus verfassungsrechtlichen Gründen aus.[81]

3. Ergebnis

Auch die bergrechtlichen Nachsorgepflichten sind grundsätzlich Ausdruck einer betreiberbezogen Verantwortlichkeit. Eine nachwirkende Zustandsverantwortlichkeit früherer Bergbauunternehmer für nicht betriebsbedingte Gefahren statuiert das Bergrecht nicht.

IV. Zusammenfassung

Die anlagen- bzw. betriebsbezogenen Nachsorgepflichten in § 5 Abs. 3 BImSchG, § 36 Abs. 2 Satz 1 KrW-/AbfG und §§ 53, 55 BBergG richten sich im Grundsatz an sämtliche früheren Betreiber, nicht aber an bloße Eigentümer der Anlagen- bzw. Betriebsgrundstücke.

Die zum Teil befürwortete Zustandsverantwortlichkeit der Betreiber für das Betriebsgrundstück ist so lange unproblematisch, als sie sich auf die Stilllegungsphase beschränkt, in der der Betreiber noch Inhaber der tatsächlichen Gewalt bzw. Eigentümer des Grundstücks ist. Sie bedeutet insoweit nur eine spezialgesetzliche Konkretisierung der allgemeinen polizeirechtlichen Zustandsverantwortlichkeit.

Eine über die Stilllegungsphase hinaus gehende *nachwirkende Zustandsverantwortlichkeit* ehemaliger Betreiber, die sich auch auf betriebsunabhängige bzw. fremdverursachte Gefahren bezieht, bedürfte hingegen aus Grün-

80 BVerwG, Urt. v. 9.11.1995 – 4 C 25/94 –, NVwZ 1996, 712 ff., 715 f.

81 Vgl. die diesbezüglichen Ausführungen zu § 5 Abs. 3 BImSchG sub B.I.2.b).

den des verfassungsrechtlichen Bestimmtheitsgrundsatzes einer eindeutigen gesetzlichen Regelung. Da die angeführten Nachbetriebspflichten diese vermissen lassen, beschränkt sich ihr Haftungsumfang nach Aufgabe der tatsächlichen Sachherrschaft bzw. des Eigentums auf eine erweiterte Verhaltensverantwortlichkeit im Sinne einer Gefährdungsverantwortlichkeit ohne personenbezogene Verursachungselemente, die begrenzt ist auf die umweltschädigenden Folgen des jeweiligen Anlagenbetriebs.

C. Abfallrechtliche Rücknahmepflichten

Auch abfallrechtliche Rücknahmepflichten knüpfen in gewisser Weise an das ehemalige Eigentum an den inzwischen zu Abfall gewordenen Produkten an: Hersteller von Produkten verlieren ihr Eigentum an den von ihnen hergestellten Erzeugnissen im Augenblick der Veräußerung der Produkte an Vertreiber oder Konsumenten. Wenn den Herstellern nun die Entsorgungsverantwortung für Produktabfälle auferlegt wird, die längst nicht mehr in ihrem Eigentum stehen, so liegt darin gewissermaßen gleichsam die Anordnung einer nachwirkenden Zustandsverantwortlichkeit.

Im Ergebnis bedürfen allerdings die abfallrechtlichen Rücknahmepflichten ebenso wenig wie die anlagenbezogenen Nachsorgepflichten des § 5 Abs. 3 BImSchG, des § 36 Abs. 2 Satz 1 KrW-/AbfG sowie der §§ 53, 55, 58 BBergG einer *besonderen* verfassungsrechtlichen Rechtfertigung,[82] weil die Hersteller abfallrelevanter Produkte, auch wenn sie über den Zeitpunkt der Aufgabe des Eigentums an ihrem Produkt hinaus verpflichtet werden, stets zugleich *Verhaltensverantwortliche* sind.[83] Die Verursachung einer (potentiellen) Umweltgefahr, welche materiell die Heranziehung des Verhaltensverantwortlichen rechtfertigt, wird durch die Aufgabe des Eigentums oder der tatsächlichen Sachherrschaft über die umweltgefährdende Sache nicht unterbrochen.[84] Insofern besteht keine Notwendigkeit, diese Fälle, in denen die Umweltpflichtigen im Sinne der polizeirechtlichen Terminologie „Doppelstörer“[85] sind, hier näherer Betrachtung zu unterziehen. Interessant und verfassungsrechtlich höchst fragwürdig sind vielmehr allein die Fälle nachwirkender Zustandsverantwortlichkeit, in denen gerade keine (offen-

---

[82] Zur verfassungsrechtlichen Rechtfertigung von Rücknahmepflichten am Beispiel der geplanten Elektroaltgeräte-Verordnung, vgl. *Kloepfer,* Produktverantwortung, S. 60 ff. Besonderen Begründungsaufwand erfordern allerdings Rücknahmepflichten, die den Herstellern neben der Rücknahme von herstellereigenen Produkten auch die Rücknahme von Produkten fremder Hersteller auferlegen. Vgl. hierzu auch *Kloepfer/Kohls,* DVBl. 2000, 1013 ff., 1020 ff.

[83] Ebenso *Hösch,* Eigentum und Freiheit, 2000, S. 50.

[84] *Drews/Wacke/Vogel/Martens,* § 21 2c, S. 328; *Götz,* Allg. POR, Rn. 227.

[85] Zu diesem Terminus *Drews/Wacke/Vogel/Martens,* § 19 6d, S. 305.

sichtliche) Verhaltensverantwortlichkeit der In-Anspruch-Genommenen besteht. Dies sind im geltenden Bundesrecht[86] bislang lediglich die im Folgenden dargestellten bodenschutzrechtlichen Sanierungspflichten ehemaliger Eigentümer, wenn man richtigerweise nicht verhaltensverantwortliche Eigentümer aus dem Betreiber- bzw. Inhaberbegriff von § 5 Abs. 3 BImSchG, § 36 Abs. 2 Satz 1 KrW-/AbfG bzw. § 58 BBergG ausklammert.[87]

D. Bodenschutzrechtliche Sanierungspflichten ehemaliger Grundeigentümer

I. Vorbemerkung

Während im neueren Umweltrecht, insbesondere im europäischen Umweltrecht, zunehmend ein medienübergreifender, integrierter Umweltschutzansatz[88] verfolgt wird, ist das am 1. März 1999 in Kraft getretene[89] Gesetz zum Schutz vor schädlichen Bodenveränderungen und zur Sanierung von Altlasten (Bundes-Bodenschutzgesetz – BBodSchG)[90] – nicht zuletzt aus Unsicherheit hinsichtlich der politischen Durchsetzungskraft eines Umweltgesetzbuches[91] – noch dem herkömmlichen System sektoraler Schutzge-

[86] Zu den entsprechenden Vorschlägen in einem Umweltgesetzbuch, vgl. Abschnitt E.

[87] Dazu ausführlich oben sub B.I und sub B.II.2.a).

[88] Zu den unterschiedlichen Sprachgebräuchen verschiedener Systematisierungsansätze im Umweltrecht, vgl. *Hendler,* in: UTR Bd. 53, S. 87 ff., 90 f.; *Breuer,* in: Schmidt-Aßmann (Hrsg.), Besonderes Verwaltungsrecht, 11. Aufl. 1999, 5. Abschn. Rn. 36 ff.

[89] Gemäß Art. 4 des Gesetzes zum Schutz des Bodens v. 17.3.1998, BGBl. I S. 502, sind die Vorschriften, die zum Erlass von Rechtsverordnungen ermächtigen, sowie Artikel 1 § 20 bereits am Tag nach der Verkündung, am 24.3.1998, in Kraft getreten.

[90] BGBl. I S. 502.

[91] Die Verwirklichungschancen des Kodifikationsprojektes Umweltgesetzbuch sind nach wie vor zweifelhaft. Am 31.8.1998 legte das Bundesministerium für Umwelt, Naturschutz und Reaktorsicherheit (BMU) einen Referentenentwurf für ein UGB Teil I vor, der in seinen wesentlichen Elementen dem Entwurf der Unabhängigen Sachverständigenkommission (UGB-KomE) folgt. Die neue Bundesregierung wandelte diesen Entwurf durch einen neuen Referentenentwurf des BMU vom 22.4.1999 nur geringfügig ab. Nachdem die Umsetzungsfrist für die IVU-Richtlinie am 31. Oktober 1999 abgelaufen war, stellte das BMU das Projekt Umweltgesetzbuch aufgrund von politischen Widerständen und kompetenzrechtlichen Bedenken bezüglich der Bereiche Naturschutz und Wasserrecht vorläufig zurück, um den drängenden Umsetzungserfordernissen nunmehr mittels eines Artikelgesetzes nachzukommen. Vgl. dazu *Schwartmann/Maus,* EuZW 2000, 74 ff.; *Stüer/Rude,* DVBl. 2000, 250 ff., 252; *Wasielewski,* NVwZ 2000, 15 ff. Zu den Möglichkeiten einer

setze verhaftet. Als drittes medienspezifisches Umweltschutzgesetz folgt es mit beträchtlicher Verspätung dem die Umweltgüter Wasser und Luft schützenden Wasserhaushaltsgesetz von 1957[92] und dem Bundes-Immissionsschutzgesetz von 1974[93] in seinen ursprünglichen Fassungen und zählt von nun an zum Kerngebiet des Besonderen Umweltrechts.

In rechtsinhaltlicher Hinsicht ist das Bundes-Bodenschutzgesetz allerdings ein bloßes „Ergänzungsgesetz"[94], das weitreichenden Geltungsrestriktionen unterliegt. Der Anwendungsbereich des Bundes-Bodenschutzgesetzes bezieht sich zwar gemäß § 3 Abs. 1 Satz 1 Halbs. 1 BBodSchG scheinbar umfassend auf schädliche Bodenveränderungen und Altlasten. Jedoch enthält der darauf folgende Halbsatz 2 einen umfangreichen Katalog von Fachgesetzen, welche hinsichtlich von Einwirkungen auf den Boden vorrangig vor dem Bundes-Bodenschutzgesetz anzuwenden sind und damit den Anwendungsbereich des Gesetzes erheblich einschränken. Die Subsidiarität des Bundes-Bodenschutzgesetzes gilt insbesondere gegenüber den anlagenbezogenen Vorschriften des Umwelt- und sonstigen Zulassungsrechts, gegenüber dem Bauordnungsrecht sowie gegenüber fast dem gesamten Planungsrecht.[95] Auch finden sich nach wie vor – dem Querschnittscharakter des Regelungsgegenstandes Rechnung tragend – bodenschützende Regelungen auch in Gesetzen, die per se nicht bodenschützend sind, sondern im Gegenteil bodenbelastende Tätigkeiten ermöglichen und daher nur relativen

---

richtlinienkonformen Auslegung des deutschen Rechts bzw. einer unmittelbaren Wirkung der IVU-Richtlinie, vgl. *Kühling/Röckinghausen,* DVBl. 1999, 1614 ff. Gleichzeitig wurde in Aussicht gestellt, die Arbeit am Umweltgesetzbuch nach Vornahme einer Verfassungsänderung bezogen auf den Bereich Wasser wieder aufzunehmen, vgl. BMU-Pressemitteilung 139/99 v. 2.9.1999 sowie auch die diesbezüglichen Aussagen von Staatssekretär *Baake,* zit. bei Stüer/Rude, DVBl. 2000, 250 ff., 251.

[92] Gesetz zur Ordnung des Wasserhaushalts (Wasserhaushaltsgesetz – WHG) v. 27.7.1957, BGBl. I S. 1110, 1386), neu bekannt gemacht am 12.11.1996, BGBl. I S. 1695, zuletzt geänd. durch Gesetz v. 9.9.2001, BGBl. I S. 2331.

[93] Gesetz zum Schutz vor schädlichen Umwelteinwirkungen durch Luftverunreinigungen, Geräusche, Erschütterungen und ähnliche Vorgänge (Bundes-Immissionsschutzgesetz – BImSchG) v. 15.3.1974, BGBl. I S. 721, neu bekannt gemacht am 14. Mai 1990, BGBl. I S. 880, zuletzt geänd. durch VO v. 29.10.2001, BGBl. I S. 2785.

[94] *Kobes,* NVwZ 1998, 786 ff., 787.

[95] Vgl. *Hendler,* in: UTR Bd. 53, S. 87 ff.; *Vierhaus,* NJW 1998, 1262 ff., 1263. Keine Anwendung findet das Bundes-Bodenschutzgesetz ferner auf Anlagen und Tätigkeiten, die vom Atom- und Strahlenschutzrecht und Kampfmittelrecht erfasst werden (§ 3 Abs. 2 BBodSchG). Ebenfalls vorrangig bleiben die Vorschriften über die Beförderung gefährlicher Güter, des Düngemittel- und Pflanzenschutzrechts, des Gentechnikgesetzes, der Flur- und Waldgesetze sowie des Verkehrs- und Bergrechts (§ 3 Abs. 1 Nr. 3–8, Nr. 10 BBodSchG), soweit sie Einwirkungen auf den Boden regeln.

Bodenschutz vermitteln,[96] wie beispielsweise das Baugesetzbuch[97], das Bundesberggesetz[98] oder das Bundes-Immissionsschutzgesetz[99]. Das Bundes-Bodenschutzgesetz führt jedenfalls nicht zu einer Integration der unterschiedlichen fachrechtlichen Regelungen,[100] weshalb sich eine Vielzahl neuer Abgrenzungsprobleme ergeben. Abhilfe wird hier langfristig wohl nur die vereinheitlichende Kodifikation im Rahmen eines Umweltgesetzbuches schaffen können.

Das Bundes-Bodenschutzgesetz ist im Wesentlichen ein Recht für die Sanierung[101] von *schädlichen Bodenveränderungen,*[102] dem Kerntopos des neuen Gesetzes. Dies sind gemäß § 2 Abs. 3 BBodSchG „Beeinträchtigungen der Bodenfunktionen, die geeignet sind, Gefahren, erhebliche Nachteile oder erhebliche Belästigungen für den Einzelnen oder die Allgemeinheit herbeizuführen." Hierzu zählen auch Altlasten, die allerdings der Klarstellung halber eine eigene Definition erfahren haben.[103] Die Ausgestaltung des Bundes-Bodenschutzgesetzes als ein primär repressives Sanierungsgesetz ist vornehmlich Ausdruck des seit langem bestehenden Bedürfnisses nach einer bundeseinheitlichen Regelung der Altlastensanierung. Dieser Problembereich, mit dem sich die deutschsprachige[104] juristische Literatur im Anschluss an einige spektakuläre Entscheidungen des Bundesgerichtshofs betreffend die Haftung wegen der Überplanung von Altlasten[105] seit Ende der achtziger Jahre befasst,[106] ist insbesondere nach der deutschen Wiederverei-

---

96 Zu der Einteilung in unmittelbar, mittelbar, absolut und relativ bodenschützende Normen, vgl. *Kloepfer,* Umweltrecht, 2. Aufl. 1998, § 12 Rn. 19 ff.

97 Vgl. §§ 1 Abs. 5 S. 2 Nr. 7, 1a, 5 Abs. 3 Nr. 3, 9 Abs. 5 Nr. 3, 35 Abs. 5, 179 Abs. 1, 202 BauGB.

98 Vgl. § 1 Nr. 1 BBergG.

99 Vgl. §§ 1, 3 Abs. 2, 5 Abs. 1 Nrn. 1–3, Abs. 3 BImSchG.

100 *Wolf,* NuR 1999, 545 ff., 554.

101 Vorsorgender Bodenschutz spielt im BBodSchG hingegen nur eine untergeordnete Rolle. Lediglich in §§ 4 Abs. 1 und Abs. 2, 7, 8 Abs. 2 und 17 Abs. 1 und Abs. 2 BBodSchG finden sich Regelungen präventiv bodenschützenden Charakters.

102 *Bickel,* Bundes-Bodenschutzgesetz, 2. Aufl. 2000, § 4 Rn. 7; *Schink,* DÖV 1999, 797 ff., 807.

103 Altlasten i.S.d. BBodSchG sind gemäß § 2 Abs. 5 BBodSchG zum einen stillgelegte Abfallbeseitigungsanlagen sowie sonstige Grundstück, auf denen Abfälle behandelt, gelagert oder abgelagert worden sind (Altablagerungen), zum anderen Grundstücke stillgelegter Anlagen und sonstige Grundstücke, auf denen mit umweltgefährdenden Stoffen umgegangen worden ist, ausgenommen Anlagen, deren Stilllegung einer Genehmigung nach dem Atomgesetz bedarf (Altstandorte).

104 In den USA ist die Altlastenproblematik bereits seit 1980, dem Einführungsdatum des „Comprehensive Environmental Response, Compensation, and Liability Act (CERCLA)", Gegenstand juristischer Diskussion und ein wesentlicher Bestandteil jeder akquisitorischen Entscheidung privater Investoren. Vgl. hierzu ausführlich *Spießhofer,* in: Ress/Stein (Hrsg.), S. 29 ff.

105 BGHZ 106, 323; 108, 224; 109, 380; 113, 367.

nigung verstärkt in das Blickfeld der Öffentlichkeit geraten, als nach und nach das erschreckende Ausmaß der Bodenschädigungen durch Altlasten in der ehemaligen DDR bekannt wurde. Die Erfassung und Sanierung von Altlasten sowie die Entlassung von Flächen aus dem Altlastenverdacht sind für die Investitionssicherheit, die Regionalentwicklung und den Umweltschutz gleichermaßen bedeutsam.[107] Dabei ist die Dimension der Problematik nach wie vor nicht vollends erfasst. Der Umweltbericht 1998 der Bundesregierung nennt für den Monat August 1997 die Zahlen von 190.000 bundesweit *erfassten* zivilen altlastenverdächtigen Flächen und insgesamt 240.000 *geschätzten* zivilen altlastenverdächtigen Flächen.[108] Daneben existieren in Deutschland 3.240 Verdachtsstandorte von Rüstungsaltlasten. Die enormen Kosten der Altlastensanierung sind nur schwer quantifizierbar: Für die Altlastensanierung in den alten Bundesländern liegen die Kostenschätzungen zwischen 17 und 390 Milliarden DM.[109] Auch für die neuen Bundesländer liegen inzwischen Prognosen vor, die sich in vielfacher Milliardenhöhe bewegen. Allein der Finanzierungsrahmen in der Braunkohleregion in Nordböhmen und in der Lausitz beträgt insgesamt 6 Milliarden DM bei einer

---

[106] Vgl. etwa *Baumann,* Der Störer im Umweltrecht, dargestellt am Beispiel der Altlasten, 1991; *Becker,* DVBl. 1991, 346 ff.; *T. Brandner,* Gefahrenerkennbarkeit und polizeiliche Verhaltensverantwortlichkeit, 1990, S. 11 ff.; *Breuer,* NVwZ 1987, 751 ff.; *ders.* JuS 1986, 359 ff.; *Eckert,* NVwZ 1987, 951 ff., 954 ff.; *Kloepfer,* in: UTR Bd. 1, S. 17 ff.; *ders.* NuR 1987, 7 ff.; *Knopp,* DÖV 1990, 683 ff.; *Knorr,* VBlBW 1996, 447 ff.; *Koch,* Bodensanierung nach dem Verursacherprinzip, 1985; *Kothe,* VerwArch 88 (1997), 456 ff.; *Papier,* Altlasten und polizeirechtliche Störerhaftung, 1985; *ders.* DVBl. 1985, 873 ff.; *ders.* NVwZ 1986, 256 ff.; *ders.*, in: UTR Bd. 1, S. 59 ff.; *Pohl,* NJW 1995, 1645 ff.; *Schink,* DVBl. 1985, 1149 ff.; *Schmidt-Jortzig,* DÖV 1991, 753 ff; *Schwachheim,* Unternehmenshaftung für Altlasten, 1991; *Ziehm,* Die Störerverantwortlichkeit für Boden- und Wasserverunreinigungen, 1989.

[107] Vgl. nur *Enders,* DVBl. 1993, 82 ff., 82. Zur Entlastung privater Investoren wurde allerdings mit dem Umweltrahmengesetz der DDR vom 29. Juni 1990, GBl. I S. 649, die in modifizierter Fassung weiterhin fortgeltende so genannte Altlasten-Freistellungsklausel geschaffen. Nach Artikel 1 § 4 Abs. 3 des Umweltrahmengesetzes sind Eigentümer, Besitzer und Erwerber von Anlagen und Grundstücken „für die durch den Betrieb der Anlage vor dem 1. Juli 1990 verursachten Schäden nicht verantwortlich, soweit die zuständige Behörde im Einvernehmen mit der obersten Landesbehörde sie von der Verantwortung freistellt." (Anlage II Kap. XII Abschn. II Nr. 1 des Einigungsvertrages vom 31. August 1990, BGBl. II S. 1226, geänd. durch Gesetz v. 22.3.1991, BGBl. I S. 788). Die Frist zur Einreichung der Freistellungsanträge ist am 29.3.1992 abgelaufen, Art. 1 § 4 Abs. 3 Satz 4 DDR-URG.

[108] Umweltbericht der Bundesregierung 1998, BT-Drs. 13/10735, S. 96. Dem *Umweltbundesamt* liegen für das Jahr 1998 Angaben aus den einzelnen Bundesländern vor, die sogar von 304.000 erfassten altlastenverdächtigen Flächen ausgehen, vgl. Schwerpunkte und Stand der Altlastenbearbeitung, im Internet abrufbar unter www.umweltbundesamt.de; vgl. auch die Angaben des *BMU,* Umwelt 2000, 565.

[109] Vgl. *SRU,* Sondergutachten Altlasten II, 1995, Tz. 165.

Finanzierungsverteilung von 1,2 Milliarden DM pro Jahr und einem durchschnittlichen jährlichen Einsatz von 12.000 Arbeitnehmern.[110]

Die Länder sind kaum noch in der Lage, Finanzierungsregelungen[111] mit dem Ziel zu schaffen, die Industrie an den Aufwendungen für die Altlastensanierung zu beteiligen, insbesondere seit das Bundesverfassungsgericht die Sonderabfallabgabenregelungen mehrerer Bundesländer sowie zuletzt auch das so genannte „Lizenzmodell" in Nordrhein-Westfalen aus kompetenzrechtlichen Gründen für unzulässig erklärt hat.[112] Umso stärker war das Bedürfnis für eine bundesrechtliche Regelung der Altlastenfinanzierung. Eine Aufgabe dieses Ausmaßes bedarf aufgrund ihrer gesamtgesellschaftlichen Relevanz einer ausgewogenen und sozialverträglichen Lösung. Hierzu sind verschiedene Wege gangbar. Der deutsche Gesetzgeber hat sich im Bundes-Bodenschutzgesetz für eine Ausweitung der privaten Sanierungsverantwortlichkeit entschieden. Das Bundes-Bodenschutzgesetz regelt nunmehr abschließend, wer zur Erfüllung der bodenbezogenen Handlungsgebote verpflichtet ist.[113] Neben den „klassischen" polizeirechtlichen Adressatenvorschriften, die den Eigentümer, den Inhaber der tatsächlichen Gewalt sowie

---

[110] *Umweltbundesamt,* Umwelt 2000, 101 f.

[111] Zu den verschiedenen Modellen landesrechtlicher Finanzierungsregelungen vgl. *Kloepfer,* Umweltrecht, 2. Aufl. 1998, § 12 Rn. 83; *v. Lersner,* in: Hösel/v. Lersner, § 36 KrW-/AbfG Rn. 54 ff. Vgl. auch die von der Unabhängigen Sachverständigenkommission vorgeschlagenen Regelungen zur Erhebung einer Abgabe auf Sonderabfälle in §§ 768–773 UGB-KomE.

[112] Vgl. die Entscheidungen des Bundesverfassungsgerichts über die Unzulässigkeit der Einführung einer kommunalen Verpackungssteuer, BVerfGE 98, 106 und der Einführung landesrechtlicher Abfallabgaben, BVerfGE 98, 83, sowie zur Unzulässigkeit des nordrhein-westfälischen Lizenzmodells, Beschl. v. 29.3.2000 – 2 BvL 3/96 –, UPR 2000, 304 ff.; vgl. hierzu *Schink,* DÖV 1999, 797 ff., 807; *Versteyl,* UPR 2000, 297 ff.

[113] Ein Rückgriff auf landesrechtliche Regelungen ist neben den abschließenden Regelungen des Bundes-Bodenschutzgesetzes zur Störerverantwortlichkeit nicht zulässig. Nach Art. 31 GG treten Vorschriften – wie z.B. § 12 Abs. 1 Nr. 6 HAltlastG – mit In-Kraft-Treten des Bundes-Bodenschutzgesetzes außer Kraft, soweit die Subsumtion unter diese Vorschriften zu einem anderen Ergebnis kommt als die unter das Bundesrecht. Vgl. BVerwG Urteil v. 16.5.2000, – 3 C 2.00 –, DVBl. 2000, 1353 ff.; VGH Kassel, Urteil v. 9.9.1999 – 8 UE 656/95 –, DVBl. 2000, 210 ff., 210; *Bickel,* § 4 Rn. 35; *Jaeschke,* Das neue Bundes-Bodenschutzgesetz, S. 79; *Knopp,* DÖV 2001, 441 ff., 445 f.; *Peine,* in: Konkretisierung von Umweltanforderungen, Tagungsband der Umweltrechtstage 1998 in Düsseldorf unter der Leitung von Rüdiger Breuer, 1998, S. 163 ff.; *Rehbinder,* in: Meyer/Stolleis (Hrsg.), Staats- und Verwaltungsrecht für Hessen, 5. Aufl. 2000, S. 441 ff., 473; *Würtenberger/Heckmann/Riggert,* Polizeirecht in Baden-Württemberg, 4. Aufl. 1999, Rn. 604. – Gegen eine Sperrwirkung des Bundes-Bodenschutzgesetzes argumentieren hingegen *Bickel,* NVwZ 2000, 1133 ff., 1134; *ders.* (hinsichtlich § 4 Abs. 6 BBodSchG), Bundes-Bodenschutzgesetz, 2. Aufl. 2000, Einl. a.E.; *v. Mutius/Nolte,* DÖV 2000, 1 ff., 6; *Nolte,* NuR 2000, 258 ff., 260.

den Verursacher in die Pflicht nehmen, sind – wie bereits erwähnt – auch zwei Formen der *nachwirkenden* Zustandsverantwortlichkeit in das Bundes-Bodenschutzgesetz aufgenommen worden: Die Nachhaftung des früheren Eigentümers nach Dereliktion eines bodenbelasteten oder Altlastengrundstücks und die Nachhaftung des früheren Eigentümers nach Veräußerung eines solchen Grundstücks.

II. Nachhaftung in Fällen der Dereliktion

Fester Bestandteil der herkömmlichen Polizeirechtsdogmatik war die Beendigung der Zustandsverantwortlichkeit des Eigentümers durch Veräußerung, Eigentumsaufgabe (§§ 959, 928 BGB) oder im Wege der §§ 946 ff. BGB.[114] Die Zustandsverantwortlichkeit begann nach überkommener Auffassung mit dem originären oder derivativen Erwerb des Eigentums und endete grundsätzlich mit dem Verlust desselben.[115]

1. Problemstellung

Diskutiert wird eine *nachwirkende Zustandsverantwortlichkeit* allerdings seit langem in Fällen des Eigentumsverlustes durch Dereliktion. Die Möglichkeit der Beendigung der Zustandsverantwortlichkeit durch Dereliktion erschien zunehmend insbesondere bei Altlastengrundstücken (ökologisch und sozial) unerträglich.[116] Erkennt man die Notwendigkeit und Zulässigkeit der Zustandsverantwortlichkeit an,[117] so ist es in der Tat nur schwer einzusehen, warum es einem Eigentümer, der aus dem Grundstück (zumindest potentiell) Nutzen gezogen hat, gestattet sein sollte, durch Dereliktion der inzwischen für ihn nutzlos oder gefährlich gewordenen Sache die entstandenen Nachteile, also insbesondere die Kosten für die Gefahren- bzw. Störungsbeseitigung, auf die Allgemeinheit abzuwälzen.[118] Es stellt sich also die Frage nach einer angemessenen Risikoverteilung zwischen dem de-

---

[114] *Götz,* Allg. POR, Rn. 226; *Kahl,* Die Verwaltung, Bd. 33 (2000), S. 29 ff., 56; *Wagner/Ruder,* Rn. 270 f.

[115] *Frenz,* Das Verursacherprinzip, S. 255; *Kränz,* S. 118.

[116] *Denninger,* in: Lisken/Denninger, Abschn. E Rn. 92; *Drews/Wacke/Vogel/Martens,* S. 328.

[117] Vgl. zum Rechtsgrund der Zustandsverantwortlichkeit im Dritten Teil sub C.III.4.a)bb)(1).

[118] Vgl. *Mussmann,* Allgemeines Polizeirecht in Baden-Württemberg, 4. Aufl. 1994, Rn. 283; *v. Mutius,* Jura 1983, 298 ff., 307; *Pischel,* VBlBW 1999, 166 ff., 166; *Schmidt-Jortzig,* Beendigung polizeilicher Zustandsverantwortlichkeit durch Dereliktion?, in: Recht und Staat im sozialen Wandel, Festschrift für Scupin, 1983, S. 819 ff., 822 f.; *Schoch,* JuS 1994, 1026 ff., 1027. Eine Nachhaftung des Eigentümers wird allerdings nur dann erforderlich, wenn dieser nicht zugleich als Verhal-

relinquierenden Eigentümer und der Allgemeinheit. Obgleich die formellen Anforderungen an eine wirksame Dereliktion von Grundstücken gegenüber denen, die an die Dereliktion von beweglichen Sachen gestellt werden, sehr viel höher sind,[119] belegen Beispiele von erfolgreichen Dereliktionen altlastenbelasteter Grundstücke[120] die Notwendigkeit einer ordnungsrechtlichen Ausdehnung der Verantwortlichkeit auch auf Fälle der Dereliktion von Grundstücken.

2. Entwicklungstendenzen

Die Rechtsprechung und das Schrifttum beantworteten vor In-Kraft-Treten des Bundes-Bodenschutzgesetzes die Frage nach der willkürlichen Beendbarkeit der Zustandsverantwortlichkeit für Grundstücke durch Dereliktion uneinheitlich. Nachdem sich die Rechtsprechung und das jüngere Schrifttum zunehmend dafür aussprachen, dass die polizeirechtliche Verantwortlichkeit mit der Aufgabe des Eigentums ende,[121] nahmen die meisten

tensverantwortlicher (als sog. „Doppelstörer") zur Verantwortung gezogen werden kann. Vgl. hierzu *Schmidt-Jortzig,* in: Festschrift für Scupin, 1983, S. 819 ff., 821.

[119] Während die Dereliktion beweglicher Sachen gemäß § 959 BGB durch die Besitzaufgabe in der erkennbaren Absicht auf das Eigentum zu verzichten („animus derelinquendi") unproblematisch möglich ist, erfordert die Dereliktion von Grundstücken gemäß § 928 Abs. 1 BGB die Erklärung des Verzichts gegenüber dem Grundbuchamt und die Eintragung des Verzichts in das Grundbuch.

[120] Vgl. etwa VG Kassel, Beschl. v. 28.10.1997 – 2 G 3244/97 –, NVwZ-RR 1998, 648 ff.; VGH Mannheim, Beschl. v. 2.6.1997 – 8 S 577/97 –, NJW 1997, 3259 f.

[121] Bejahend: BVerwG, Urt. v. 9.5.1960, E 10, 282 (285); VGH Mannheim, Beschl. v. 2.6.1997 – 8 S 577/97 –, NJW 1997, 3259 f.; 3259; Beschluss v. 4.8.1995 – 10 S 828/95 –, NVwZ 1996, 1036 ff. 1037 f.; VG Kassel, Beschl. v. 28.10.1997 – 2 G 3244/97 –, NVwZ-RR 1998, 648 ff., 650; *Bender/Sparwasser/Engel,* Umweltrecht, 4. Aufl. 2000, Kap. 7/VII, Rn. 223; *Drews/Wacke/Vogel/Martens,* S. 328 f.; *Enders,* DVBl. 1993, 82 ff., 87; *Gallwas/Mößle,* Bayerisches Polizei- und Sicherheitsrecht, 2. Aufl. 1996, Rn. 456; *Götz,* Allg. POR, Rn. 226; *Kniesel,* BB 1997, 2009 ff., 2013; *Painter,* JA 1990, 133 ff., 135; *Schenke,* in: Steiner (Hrsg.), Besonderes Verwaltungsrecht, 6. Aufl. 1999, Abschn. II, Rn. 179 f.; *Schoch,* JuS 1994, 1026 ff., 1027; *Wallerath/Strätker,* JuS 1999, 127 ff., 132; *Würtenberger/Heckmann/Riggert,* Rn. 299. – Verneinend: OVG Bremen, Beschl. v. 16.8.1988 – OVG 1 BA 25/88 –, DVBl. 1989, 1008 f.; VG Karlsruhe, Urt. v. 23.2.1983 – 4 K 182/80 –, VBlBW 1985, 152 ff., 155; VG Freiburg, Urt. v. 15.2.1967 – VS I 83/66 –, DVBl. 1967, 787 ff., 788 (für bewegliche Sachen); *Berner/Köhler,* Polizeiaufgabengesetz, 15. Aufl. 1998, Art. 8 Rn. 8; *Denninger,* in: Lisken/Denninger, Abschn. E Rn. 92; *Friauf,* in: Schmidt-Aßmann (Hrsg.), 2. Abschn. Rn. 89; *Schmidt-Jortzig,* in: Festschrift für Scupin, 1983, S. 819 ff. m.w.N. auf S. 822 ff. (Fn. 8, 9); *Tettinger,* Besonderes Verwaltungsrecht/1, 5. Aufl. 1998, Rn. 343; *Trurnit,* Die Altlastenhaftung des Rechtsnachfolgers, 1998, S. 157; *Wolf/Stephan,* Polizeigesetz für Baden-Württemberg, 5. Aufl. 1999, § 7 Rn. 7; nach Risikosphären differenzierend *Pischel,* VBlBW 1999, 166 ff., 167 f.

Landespolizeigesetze – im Anschluss an § 5 Abs. 3 ME PG – ausdrückliche Regelungen auf, die eine Beendigung der Zustandshaftung in diesen Fällen ausschließen.[122]

In den Ländern, in denen eine entsprechende Forthaftungsregelung nicht eingeführt wurde, wie derzeit nur noch in Baden-Württemberg und Sachsen, ist weiterhin streitig, ob die Zustandsverantwortlichkeit durch Dereliktion beendet werden kann oder nicht.[123] Dies ist im Wesentlichen eine zivilrechtliche Frage. Eine wirksame Dereliktion (§ 928 BGB bzw. § 959 BGB) bedarf neben dem Realakt der Eigentumsaufgabe (Eintragung in das Grundbuch bei Grundstücken bzw. tatsächliche Besitzaufgabe bei beweglichen Sachen) auch eine wirksame Dereliktionserklärung (gegenüber dem Grundbuchamt).[124] Für diese gelten die allgemeinen Vorschriften über Willenserklärungen, vor allem auch die §§ 133 ff. BGB.[125] In Betracht kommt daher die zivilrechtliche Nichtigkeit der Dereliktion wegen Vorliegens eines Scheingeschäfts (§ 117 BGB), wegen Verstoßes gegen ein gesetzliches Verbot (§ 134 BGB)[126] oder wegen Sittenwidrigkeit (§ 138 BGB)[127]. Zum Teil

---

[122] Vgl. Art. 8 Abs. 3 BayPAG; § 14 Abs. 4 ASOG Bln; § 17 Abs. 3 BbgOBG, § 6 Abs. 3 BbgPolG; § 6 Abs. 3 BremPolG; § 9 Abs. 1 S. 2 HmbSOG; § 7 Abs. 3 HSOG; § 70 Abs. 3 SOG MV; § 7 Abs. 3 Nds SOG; § 5 Abs. 3 PolG NW; § 18 Abs. 3 OBG NW; § 5 Abs. 3 POG Rh.-Pf.; § 5 Abs. 3 SaarlPolG; § 8 Abs. 3 SOG LSA; § 219 Abs. 3 LVwG SH; § 8 Abs. 3 ThPAG. Auch ein Teil der zur Altlastensanierung ergangenen landesrechtlichen Spezialregelungen enthält eine entsprechende Klausel (vgl. etwa § 13 Abs. 5 S. 2 Bln BodSchG), ebenso § 303 Abs. 4 S. 2 UGB-ProfE; die Verantwortlichkeit nach § 348 Abs. 6 UGB-KomE endet nicht mit Aufgabe des Eigentums, sondern 30 Jahre danach.

[123] Vgl. *Habermehl,* Polizei- und Ordnungsrecht, 2. Aufl. 1993, Rn. 192 m.w.N.; *Pischel,* VBlBW 1999, 166 ff., 167 f.; differenzierend *Würtenberger/Heckmann/Riggert,* Rn. 299.

[124] Instruktiv hierzu *Schmidt-Jortzig,* in: Festschrift für Scupin, 1983, S. 819 ff., 827.

[125] Auch wenn weder § 928 Abs. 1 BGB noch § 959 BGB gesetzliche Dereliktionsverbote enthalten, schließen sie die Geltung der allgemeinen Regeln über Rechtgeschäfte nicht notwendigerweise aus. Vgl. *Schmidt-Jortzig,* in: Festschrift für Scupin, 1983, S. 819 ff., 828; Staudinger-*Gursky* (1995), § 959 Rn. 8.

[126] Nach *Schmidt-Jortzig* bedeutet der mit einer Eigentumsaufgabe verbundene tatsächliche Haftungsvereitelungseffekt einen Verstoß gegen ein gesetzliches Verbot i.S.d. § 134 BGB, das sich aus einer Umkehr, einer Negativfassung der Polizeipflicht ergebe: Wenn die ordnungsrechtliche Verantwortlichkeit die Pflicht, eine Sache in polizeimäßigem, störungsfreiem Zustand zu halten bzw. ihn wiederherzustellen, beinhalte, so ergebe dies umgekehrt das Verbot, sie in solchen Zustand geraten oder darin verharren zu lassen. Die rechtsgeschäftliche Umgehung dieses Verbotes sei daher nach § 134 BGB nichtig. *Schmidt-Jortzig,* in: Festschrift für Scupin, 1983, S. 819 ff., 828 f.

[127] Vgl. *Schmidt-Jortzig,* in: Festschrift für Scupin, 1983, S. 819 ff., 828 f.; *Spannowsky,* DVBl. 1994, 560 ff., 564; *Trurnit,* Die Altlastenhaftung des Rechtsnachfolgers, S. 157; *Würtenberger/Heckmann/Riggert,* Rn. 299.

wird auch vertreten, die frühere Zustandsverantwortlichkeit des Derelinquenten habe sich aufgrund des Unterlassens gebotener Gefahrenabwehrmaßnahmen (etwa der Sanierung eines Altlastengrundstücks) in eine Verhaltensverantwortlichkeit gewandelt.[128] Daraus folge, dass die Dereliktion hinsichtlich der so entstandenen (Verhaltens-)Verantwortlichkeit unbeachtlich sei.[129]

Ohne auf diese Lösungsvorschläge im Rahmen dieser Schrift im Einzelnen eingehen zu können – sowohl gegen den Lösungsweg über § 134 BGB[130] als auch gegen das Verhaltensverantwortlichkeitsmodell[131] sind beachtliche Einwände erhoben worden –, sei darauf hingewiesen, dass im Einzelfall sehr genau zu prüfen ist, ob sich eine Norm wirklich gegen die Eigentumsaufgabe als solche richtet. Jedenfalls in Fällen der bewussten Aufgabe des Eigentums an einem Altlastengrundstück zwecks einer „Flucht aus der Zustandsverantwortlichkeit", also mit dem Ziel, die Verantwortlichkeit aus dem Eigentum durch Dereliktion auf die Allgemeinheit abzuwälzen, besteht aber nach der inzwischen wohl überwiegenden Auffassung die Möglichkeit, dass die Dereliktionserklärung aufgrund „ökologischer Sittenwidrigkeit"[132] gemäß § 138 BGB nichtig ist.[133] Dabei wird man u. a. be-

---

128 VGH München, Beschl. v. 26.9.1995 – 21 B 95.1527 –, NuR 1997, 559 f., 559; VG Karlsruhe, Urt. v. 23.2.1983 – 4 K 182/80 –, VBlBW 1985, 152 ff., 155; *Belz/Mußmann,* Polizeigesetz für Baden-Württemberg, 5. Aufl. 1996, § 7 Rn. 10; *Denninger,* in: Lisken/Denninger, Abschn. E Rn. 92.

129 Zur Unbeachtlichkeit der Aufgabe des Eigentums für die Verhaltensverantwortlichkeit, vgl. OVG Münster, Beschl. v. 10.1.1985 – 4 B 1434/84 –, NVwZ 1985, 355 ff.; VGH München, Beschl. v. 13.5.1986 – 20 CS 86.00 338 –, NVwZ 1986, 942 ff., 946; *Drews/Wacke/Vogel/Martens,* § 21 Nr. 2c, S. 328.

130 Ablehnend *Jorczyk/Duesmann,* altlasten spektrum 1999, 71 ff., 71 f.; *Pischel,* VBlBW 1999, 166 ff., 167; *Schenke,* in: Steiner (Hrsg.), Abschn. II, Rn. 180; *Stöckle/Röckseisen,* NJ 1993, 67 ff., 68; *Taupitz,* in: UTR Bd. 53, S. 203 ff., 234 f.

131 Kritisch hierzu VGH Mannheim, Beschl. v. 4.8.1995 – 10 S 828/95 –, NVwZ 1996, 1036 ff., 1037; *Habermehl,* Rn. 183; *Jorczyk/Duesmann,* altlasten spektrum 1999, 71 ff., 73.

132 Zu diesem Begriff, vgl. *Heinrichs,* in: Palandt, Bürgerliches Gesetzbuch, 60. Aufl. 2001, § 138 Rn. 45; *Kloepfer,* Umweltrecht, 2. Aufl. 1998, § 6 Rn. 234.

133 So BVerwG, Beschl. v. 14.11.1996 – 4 B 205/96 –, NVwZ 1997, 577 f., 577, bestätigt durch BVerfG, Beschl. v. 24.8.2000 – 1 BvR 83/97 –, NVwZ 2001, 65 f.; VGH Mannheim, Urt. v. 20.1.1998 – 10 S 233/97 –, UPR 1998, 397 f.; VG Kassel, Beschl. v. 28.10.1997 – 2 G 3244/97 –, NVwZ-RR 1998, 648 ff., 650; VG Freiburg, Urt. v. 11.12.1997 – 1 K 620/96 –, ZUR 1998, 42 f.; s. auch *Drews/Wacke/Vogel/Martens,* S. 328, *Kahl,* Die Verwaltung, Bd. 33 (2000), S. 29 ff., 54; *Kränz,* S. 127 ff.; *Schenke,* in: Steiner (Hrsg.), Abschn. II, Rn. 180; *Spannowsky,* DVBl. 1994, 560 ff., 564; *Stöckle/Röckseisen,* NJ 1993, 67 ff., 68 f.; *Wagner/Ruder,* Rn. 267 (S. 194); sehr viel zurückhaltender noch VGH Mannheim, Beschl. v. 4.8.1995 – 10 S 828/95 –, NVwZ 1996, 1036 ff., 1037; Beschl. v. 2.6.1997 – 8 S 577/97 –, NJW 1997, 3259 f.; kritisch auch *Bickel,* § 4 Rn. 32, 59; ablehnend *Bassenge,* in: Palandt, § 928 Rn. 1, § 959 Rn. 1; *Jorczyk/Duesmann,* altlasten spektrum

rücksichtigen müssen, ob und wenn ja in welcher Höhe der Derelinquent aus dem ehemaligen Eigentum Nutzen gezogen hat, ob er selbst finanzielle Mittel zum Zweck der Gefährdungsabschätzung und Sanierung aufgewendet oder ob er das Eigentum in Kenntnis von der Belastung der Sache aufgegeben hat, so dass in der Gesamtschau eine Überwälzung des Risikos auf die Allgemeinheit unbillig erschiene.[134] In Fällen, in denen die Dereliktion eines (Altlasten-)Grundstücks insgesamt als sitten- bzw. verbotswidrig zu beurteilen ist, erübrigt sich die Begründung einer *nachwirkenden* Zustandsverantwortlichkeit: Aufgrund der ex tunc Nichtigkeitsfolge der §§ 134, 138 BGB kommt es gar nicht erst zu einer wirksamen Eigentumsaufgabe und damit auch nicht zu einer Beendigung der *gegenwärtigen* Zustandsverantwortlichkeit. Der gescheiterte Derelinquent bleibt weiterhin als Zustandsstörer verantwortlich.

An dieser Stelle zeigt sich bereits, dass über die dogmatische Verortung des neuen Haftungsinstruments der nachwirkenden Zustandsverantwortlichkeit noch keine Einigkeit besteht.[135] Die uneinheitliche Rechtsprechung zu der Frage der polizeilichen Nachhaftung trotz Dereliktion deutet darauf hin, dass die klassischen Kategorien der Zustands- und Verhaltensverantwortlichkeit auf das Institut nachwirkender Zustandsverantwortlichkeit nicht mehr uneingeschränkt anwendbar sind. Trotz dieser möglichen Inkompatibilität des polizeirechtlichen Instrumentariums ist es gleichwohl unerlässlich, einen (verfassungsrechtlich) hinreichenden Zurechnungsgrund für die Auferlegung nachwirkender Zustandspflichten anführen zu können.[136]

3. Nachwirkende Sanierungsverantwortlichkeit des Derelinquenten im Bundes-Bodenschutzgesetz

Die Frage des „Ob“ einer nachwirkenden Zustandsverantwortlichkeit bei Dereliktion bedarf für die von der Dereliktionsvorschrift des Bundes-Bodenschutzgesetzes erfassten Fälle der Aufgabe des Eigentums an einem mit einer schädlichen Bodenveränderung oder Altlast belasteten Grundstück keiner näheren Erörterung mehr. Wer sein Eigentum an einem mit einer schädlichen Bodenveränderung oder Altlast belasteten Grundstück aufgibt,[137] ist nunmehr qua Gesetz trotz der Eigentumsaufgabe zur Sanierung

---

1999, 71 ff., 72 f. Zur Frage der Sittenwidrigkeit eines Unterhaltsverzichts in einer Scheidungsvereinbarung wegen Schädigung des Trägers der Sozialhilfe, vgl. BGHZ 86, 82 (87).

[134] VGH Mannheim, Beschl. v. 4.8.1995 – 10 S 828/95 –, NVwZ 1996, 1036 ff., 1038; *Pischel,* VBlBW 1999, 166 ff., 168.

[135] Diese Einschätzung teilen auch *Bender/Sparwasser/Engel,* Kap. 7/VII, Rn. 222.

[136] Siehe hierzu im Einzelnen im Dritten Teil sub C.III.4.b)cc).

des Grundstücks verpflichtet (§ 4 Abs. 3 Satz 4 Alt. 2 BBodSchG).[138] Das im Präsens formulierte „wer ... aufgibt“ impliziert, dass der Geltungsbereich der Norm auf so genannte Neufälle beschränkt ist, d.h. sich nur auf Dereliktionen nach In-Kraft-Treten des Bundes-Bodenschutzgesetzes am 1.3.1999 bezieht.[139] Hiermit wollte der Gesetzgeber Rückwirkungsproblemen aus dem Weg gehen.[140] Dass mit der Eigentumsaufgabe im Sinne dieser Vorschrift nur die Dereliktion im zivilrechtlichen Sinne (§ 928 Abs. 1 BGB) und nicht etwa auch die Übertragung des Eigentums an einen Dritten gemeint ist, ergibt sich aus einem Umkehrschluss zu § 4 Abs. 6 BBodSchG:[141] Die Nachhaftung des Eigentümers trotz Übertragung des Grundstücks an einen Dritten ist dort einer differenzierten, Vertrauensschutzgesichtspunkte berücksichtigenden Regelung unterworfen worden. Würde der schlicht formulierte Normbefehl des § 4 Abs. 3 Satz 4 Alt. 2 BBodSchG auch die Übertragungsfälle erfassen, so unterliefe die Norm die Haftungseinschränkungen des § 4 Abs. 6 BBodSchG.[142]

Die zuvor beschriebenen Möglichkeiten der zivilrechtlichen Unwirksamkeit oder Nichtigkeit einer Dereliktion[143] können nach In-Kraft-Treten des Bundes-Bodenschutzgesetzes allenfalls für „Altfälle“, d.h. für Dereliktionen vor dem 1.3.1999, weiterhin zur Anwendung kommen, soweit man das

---

137 Die Formulierung „an einem solchen Grundstück“ bezieht sich sinnvollerweise auf sämtliche Grundstücke, die mit einer schädlichen Bodenveränderung oder Altlast belastet sind und nicht nur auf solche belasteten Grundstücke, die gemäß § 4 Abs. 3 Satz 4 Alt. 1 BBodSchG juristischen Personen gehören. Vgl. *Taupitz,* in: UTR Bd. 53, S. 203 ff., 228 (Fn. 99).

138 Zur Frage, ob die Dereliktionsnachhaftung bei Aneignung des nach Dereliktion herrenlos gewordenen Grundstücks durch den Staat entfällt, vgl. *Bender/Sparwasser/Engel,* Kap. 7/VII, Rn. 222; *Giesberts,* in: Fluck, Bd. 2, § 4 BBodSchG Rn. 319; *Kahl,* Die Verwaltung, Bd. 33 (2000), S. 29 ff., 54.

139 *Hilger,* in: Holzwarth/Radtke/Hilger/Bachmann, § 4 Rn. 94; *Kahl,* Die Verwaltung, Bd. 33 (2000), S. 29 ff., 53; *Taupitz,* in: UTR Bd. 53, S. 203 ff., 229. *Becker,* Bundes-Bodenschutzgesetz, § 4 Rn. 23a, hält demgegenüber bereits den Zeitpunkt der Verkündung des Bundes-Bodenschutzgesetzes am 24.3.1998 für maßgeblich; noch weitergehend *Giesberts,* in: Fluck, Bd. 2, § 4 BBodSchG Rn. 318, der überhaupt keine zeitliche Begrenzung des Anwendungsbereichs der Vorschrift vornehmen will.

140 *Bickel,* § 4 Rn. 33; *Droese,* UPR 1999, 86 ff., 89 f.; *Hilger,* in: Holzwarth/Radtke/Hilger/Bachmann, § 4 Rn. 94. Die rückwirkende Geltung der für Dereliktionsfälle durch § 7 Abs. 3 HessSOG angeordneten nachwirkenden Zustandsverantwortlichkeit hält das VG Kassel, Beschl. v. 28.10.1997 – 2 G 3244/97 –, NVwZ-RR 1997, 648 ff., 649, für verfassungswidrig.

141 *Droese,* UPR 1999, 86 ff., 89; zustimmend *Erbguth/Stollmann,* DVBl. 2001, 601 ff., 605; *Kahl,* Die Verwaltung, Bd. 33 (2000), S. 29 ff., 53.

142 *Bender/Sparwasser/Engel,* Kap. 7/VII, Rn. 222; *Kahl,* Die Verwaltung, Bd. 33 (2000), S. 29 ff., 53.

143 Siehe oben sub D.II.2.

Bundes-Bodenschutzgesetz nicht auch gegenüber solchen „Altfällen" als abschließend betrachtet. In Zukunft wird man jedenfalls die Dereliktion bzw. Übereignung eines Altlastengrundstücks kaum noch als ein „Sich-Herausstehlen aus der Verantwortung" ansehen und zivilrechtlich als unwirksam beurteilen können, da Verantwortungslosigkeit aufgrund der nunmehr gesetzlich angeordneten nachwirkenden Zustandsverantwortlichkeit gerade nicht mehr Folge eines solchen Verhaltens ist.[144] Die im Bundes-Bodenschutzgesetz hierzu getroffenen Regeln verdrängen daher nach richtiger Auffassung die bisherigen landesrechtlichen Regelungen bzw. versperren in Ländern, wo solche fehlten, die dort bislang beschrittenen zivilrechtlichen Lösungswege über §§ 134, 138 BGB.[145]

III. Nachhaftung in Fällen des Eigentümerwechsels

Auch wenn bereits vor dem In-Kraft-Treten des Bundes-Bodenschutzgesetzes in den meisten Bundesländern die Forthaftung des ehemals Zustandsverantwortlichen bei Dereliktion gesetzlich angeordnet war, so blieb dem Zustandsverantwortlichen – zumindest ganz überwiegend[146] – weiterhin eine gewisse Dispositionsmöglichkeit über den Fortbestand seiner polizeirechtlichen Verantwortlichkeit: Wer als Eigentümer ein altlastenverseuchtes Grundstück an einen Dritten veräußert hatte, konnte nicht mehr als Zustandsstörer zur Sanierung herangezogen werden.[147] Der Wechsel der Eigentümerstellung hatte zur Folge, dass nicht länger der alte, sondern allein der neue Berechtigte polizeirechtlich verantwortlich war. Die Übergangsfähigkeit der sachenrechtlichen Berechtigung begründete also zugleich die Übergangsfähigkeit der polizeirechtlichen Verantwortlichkeit.[148] Aus diesem Grundsatz folgte allerdings auch, dass die Allgemeinheit das finanzielle Unvermögen des neuen Zustandsverantwortlichen zu tragen hatte. Dies galt nach dem bisherigen Recht selbst in den Fällen, in denen der

---

[144] *Taupitz,* in: UTR Bd. 53, S. 203 ff., 236; a. A. offenbar *Becker,* § 4 Rn. 63.

[145] *Jorczyk/Duesmann,* altlasten spektrum 1999, 71 ff., 74.

[146] Mit Ausnahme der Länder Hessen, Thüringen und Berlin, vgl. i. E. unten, Fn. 161 ff.

[147] Vgl. OVG Münster, Urt. v. 30.5.1996 – 20 A 2640/94 –, NVwZ 1997, 507 ff., 507 f.; VGH Mannheim, Urt. v. 30.1.1990 – 5 S 1806/89 –, NVwZ-RR 1991, 27 f.; VGH München, Beschl. v. 13.5.1986 – 20 CS 86.00 338 –, NVwZ 1986, 942 ff., 946; *Drews/Wacke/Vogel/Martens,* S. 328; *Götz,* Allg. POR, Rn. 227; *Knopp,* BB 1996, 389 ff., 392; *Queitsch,* Bundes-Bodenschutzgesetz, 2. Aufl. 1999, Rn. 98; *Schenke,* in: Steiner (Hrsg.), Abschn. II, Rn. 179 f.; *Schoch,* JuS 1994, 1026 ff., 1027; *Sparwasser/Geißler,* DVBl. 1995, 1317 ff., 1322 f.; *Tettinger,* Rn. 343; *Wallerath/Strätker,* JuS 1999, 127 ff., 132; *Wiester,* S. 63, 202.

[148] *Gusy,* Polizeirecht, 4. Aufl. 2000, Rn. 284; *Wallerath/Strätker,* JuS 1999, 127 ff., 132.

Eigentümer das Altlastengrundstück bewusst auf einen insolventen Dritten zu dem Zweck übertrug, sich der polizeirechtlichen Zustandsverantwortlichkeit zu entledigen und die Sanierungskosten auf die Allgemeinheit abzuwälzen.[149]

1. Entwicklungstendenzen

Diese „Flucht aus der Zustandsverantwortlichkeit" wurde – ähnlich wie die Möglichkeit der Beendigung der Zustandsverantwortlichkeit durch Dereliktion – zunehmend für unbillig gehalten.[150] Die Kritik der Literatur wurde von einigen neueren Gerichtsurteilen aufgegriffen, welche im Ergebnis eine Nachhaftung des ehemaligen Eigentümers bei Übertragung eines Altlastengrundstücks auf einen vermögenslosen Käufer statuierten.[151]

Folgender Fall, den in der Eingangsinstanz das *VG Freiburg*[152] zu beurteilen hatte, betrifft die Übertragung eines Altlastengrundstücks an eine vermögenslose ausländische Kapitalgesellschaft:

> Ein Bauträger erwarb im Jahr 1989 ein radioaktiv verunreinigtes Grundstück einer stillgelegten Uhrenfabrik der Fa. K, um Wohngebäude darauf zu errichten. Im Jahr 1991 schloss der Bauträger – in Kenntnis der Überschuldung der Fa. K – mit einer Schweizer Aktiengesellschaft, die mit einem Grundkapital von 50.000 SFR ausgestattet und ansonsten mittellos war, einen notariellen Kaufvertrag über das Areal in Höhe von 8 Mio. DM und übertrug ihr das Eigentum an dem Grundstück, wobei der Bauträger der Schweizer AG den Kaufpreis über mehrere Jahre hinweg stundete und sich selbst zuvor eine – gegenüber möglichen Zwangshypotheken der öffentlichen Hand vorrangige – Grundschuld in Höhe von 5 Mio. DM eingeräumt hatte. Ende 1993 nahm die Behörde sowohl die Fa. K als Verursacherin als auch den Bauträger als Zustandsstörer in Anspruch.

Das *VG Freiburg* und der das erstinstanzliche Urteil in der Hauptsache bestätigende *VGH Mannheim*[153] ließen sowohl das Verpflichtungsgeschäft

---

149 Vgl. insbesondere VGH Mannheim, Beschl. v. 4.8.1995 – 10 S 828/95 –, NVwZ 1996, 1036 ff.; zustimmend *Jorczyk/Duesmann,* altlasten spektrum 1999, 71 ff., 73 f.; *Kniesel,* BB 1997, 2009 ff., 2013 f.; *Knopp,* BB 1996, 389 ff., 391 f.

150 Vgl. etwa die Kritik von *Ritgen,* GewArch 1998, 393 ff., 401.

151 Vgl. VGH Mannheim, Urt. v. 20.1.1998 – 10 S 233/97, UPR 1998, 397 f.; BVerwG, Beschl. v. 14.11.1996 – 4 B 205/96 –, NVwZ 1997, 577 f.; OVG Schleswig, Urt v. 1.8.1996 – 2 L 366/95; VG Sigmaringen, Urt. v. 12.12.1996 – 9 K 732/95; zustimmend *Kahl,* Die Verwaltung, Bd. 33 (2000), S. 29 ff., 61 f.; *Versteyl,* in: UTR Bd. 53, S. 147 ff., 174 f.; kritisch hingegen *Bickel,* § 4 Rn. 59.

152 VG Freiburg, Urt. v. 11.12.1997 – 1 K 620/96 –, ZUR 1998, 42 ff.

153 VGH Mannheim, Urt. v. 20.1.1998 – 10 S 233/97, UPR 1998, 397 f. Gegenteilig entschied der VGH allerdings noch im vorläufigen Rechtsschutz, vgl. VGH Mannheim, Beschl. v. 4.8.1995 – 10 S 828/95 –, NVwZ 1996, 1036 ff.; zustimmend *Kothe,* VerwArch 88 (1997), 456 ff., 477; vgl. auch *Knopp,* DVBl. 1999, 1010 ff.

als auch das Verfügungsgeschäft des Verkaufs an die Schweizer AG an § 138 BGB scheitern. Die Sittenwidrigkeit ergab sich nach Auffassung der Gerichte aus dem Gesamtcharakter des Rechtsgeschäfts. Dieses sei bei kollusivem Zusammenwirken von Käuferin und Verkäuferin darauf ausgerichtet gewesen, die Verkäuferin aus ihrer Sanierungsverantwortung zu befreien, die Lasten der Sanierungsvornahme auf die Allgemeinheit zu verlagern[154] und der Verkäuferin darüber hinaus auch zu weiteren wirtschaftlichen Vorteilen in Gestalt der Realisierung der Grundschuld von 5 Mio. DM zu verhelfen. Die – stets gesondert feststellungsbedürftige[155] – Erstreckung der Sittenwidrigkeit auch auf das Erfüllungsgeschäft wird in den angeführten Judikaten damit begründet, dass gerade mit der Eigentumsübertragung die Zustandsverantwortlichkeit entfalle, weshalb in dem Erfüllungsgeschäft selbst der tatsächliche Haftungsvereitelungseffekt liege.[156] Konsequenz der Anwendung von § 138 BGB ist die ex-tunc-Nichtigkeit des Übertragungsvorgangs. Die Zustandsverantwortlichkeit der Klägerin blieb damit bestehen, so dass die Behörde sie nach wie vor zur Sanierung des Grundstücks in Anspruch nehmen konnte. Die Frage, ob die Klägerin auch als ehemalige Eigentümerin unter dem Gesichtspunkt einer nachwirkenden Zustandsverantwortlichkeit hätte herangezogen werden dürfen, konnte das *VG Freiburg* daher offen lassen.[157]

2. Nachwirkende Sanierungsverantwortlichkeit des Grundstücksveräußerers im Bundes-Bodenschutzgesetz

Die bereits durch diese Rechtsprechung in Frage gestellte Konnexität zwischen der sachenrechtlichen Zuordnung eines Grundstücks zu einer bestimmten Person und seiner polizeirechtlichen Zustandsverantwortlichkeit ist durch die Einführung einer nachwirkenden Sanierungsverantwortlichkeit bei Grundstücksübertragungen nunmehr unter bestimmten Voraussetzungen kraft Gesetzes aufgehoben worden: Es bleibt gemäß § 4 Abs. 6 BBodSchG der frühere Eigentümer eines belasteten Grundstücks zur Sanierung verpflichtet, wenn er nach dem 1. März 1999 sein Eigentum auf einen Dritten übertragen hat, dabei zu diesem Zeitpunkt die schädlichen Bodenveränderungen oder Altlasten kannte oder kennen musste, es sei denn, er durfte bei

---

[154] Mit derselben Begründung bereits BVerwG, Beschluss v. 14.11.1996 – 4 B 205/96, UPR 1997, 193; OVG Schleswig, Urt. v. 1.8.1996 – 2 L 366/95. Es entspricht der höchstrichterlichen Rechtsprechung, dass Rechtsgeschäfte, deren Zweck sich darin erschöpft, Rechtsverhältnisse zum Schaden der Allgemeinheit zu regeln, im Sinne des § 138 BGB gegen das Anstandsgefühl aller billig und gerecht Denkenden verstoßen. Vgl. auch BGHZ 86, 82.

[155] *Heinrichs,* in: Palandt, § 138 Rn. 20.

[156] VGH Mannheim, Urt. v. 20.1.1998 – 10 S 233/97, UPR 1998, 397 f., 398.

[157] VG Freiburg, Urt. v. 11.12.1997 – 1 K 620/96 –, ZUR 1998, 42 ff., 44.

Erwerb des Grundstücks darauf vertrauen, dass das Grundstück ohne Belastungen war. Diese Vorschrift, die erst im Vermittlungsausschuss auf Vorschlag des Bundesrates aufgenommen wurde,[158] bedeutet sicherlich eine Neuheit gegenüber dem klassischen Polizei- und Ordnungsrecht, wenngleich ihre Betitelung als „ordnungsrechtlich revolutionär"[159] oder als „ordnungsrechtlich spektakulär"[160] angesichts der soeben vorgestellten Rechtsprechung zu § 138 BGB und der bereits existierenden landesrechtlichen Vorgängernormen (§ 12 Abs. 1 Nr. 6 HAltlastG[161], § 20 Abs. 1 Nr. 5, Abs. 2 ThAbfG[162], § 13 Abs. 4 BlnBodSchG[163], § 9 Abs. 3 HmbBodSchG-E[164], § 10 Abs. 1 Nr. 4 BWLAltG-E[165]) sicherlich übertrieben erscheint. Vergleichbare Regelungen sind auch in den Vorschlägen für ein Umweltgesetzbuch enthalten.[166] Zu erwähnen ist schließlich die im US-amerikanischen „Superfund"-Gesetz bereits seit 1980 bestehende nachwirkende Zustandsverantwortlichkeit früherer Eigentümer und Betreiber von Abfallbeseiti-

---

158 Obgleich die Regelung im Gesetzentwurf der Bundesregierung nicht vorgesehen war, so war sie anlässlich eines Änderungsantrages der SPD-Fraktion v. 11.6.1997, BT-Drs. 13/7904, dennoch bereits Gegenstand der ersten Lesung im Bundestag, fand dort jedoch zunächst keine Mehrheit (vgl. BT-Prot. 13/181 v. 12.6.1997, S. 16302B–16317C). Durchsetzen konnte sie sich erst im Vermittlungsausschuss, vgl. die Stellungnahme des Bundesrates zum Gesetzentwurf der Bundesregierung für ein Bodenschutzgesetz, BT-Drs. 13/6701, S. 51, Ziff. 20 sowie die Unterrichtung des Bundestages über die Anrufung des Vermittlungsausschusses durch den Bundesrat, BT-Drs. 13/8182, S. 3 und die abschließende Beschlussempfehlung des Vermittlungsausschusses, BT-Drs. 13/9637.

159 *Spieth/Wolfers,* altlasten spektrum 1998, 75 ff., 79 f.; ebenso *Kobes,* NVwZ 1998, 786 ff., 790.

160 *Spieth/Wolfers,* NVwZ 1999, 355 ff., 356.

161 Gesetz über die Erkundung, Sicherung und Sanierung von Altlasten (Hessisches Altlastengesetz – HAltlastG –) v. 20.12.1994, GVBl I S. 764, zuletzt geänd. durch G. vom 31.10.1998, GVBl I S. 413. Vorgänger dieser Regelung war § 21 Abs. 1 Ziff. 6 Hessisches Abfallwirtschafts- und Altlastengesetz (HAbfAG) vom 26.2.1991, GVBl. I S. 106.

162 Gesetz über die Vermeidung, Verwertung und Beseitigung von Abfällen und die Sanierung von Altlasten (Thüringer Abfallwirtschafts- und Altlastengesetz – ThAbfAG) v. 31.7.1991, inzwischen neugefasst als Gesetz über die Vermeidung, Verminderung, Verwertung und Beseitigung von Abfällen und die Sanierung von Altlasten (Thüringer Abfallwirtschafts- und Altlastengesetz – ThAbfAG) v. 15.6.1999, GVBl. S. 385.

163 Gesetz zur Vermeidung und Sanierung von Bodenverunreinigungen (Berliner Bodenschutzgesetz – BlnBodSchG) v. 10.10.1995, GVBl. S. 646.

164 Entwurf eines Hamburgischen Bodenschutzgesetzes (HBodSchG) v. 10.3. 1995, abgedruckt in: *Brandt,* Bodenschutzrecht, 1. Aufl. 1996, S. 238 ff.

165 Entwurf eines Gesetz über die Behandlung von Altlasten in Baden-Württemberg (Landesaltlastengesetz – LAltG) v. 28.10.1994, abgedruckt in *Brandt,* Bodenschutzrecht, 1. Aufl. 1996, S. 190 ff.

166 § 303 Abs. 3 UGB-ProfE und § 348 Abs. 1 Nr. 4, Abs. 6 UGB-KomE. Vgl. zu diesen Regelungen näher sub E.

gungsanlagen[167] und die 1989 ergänzend eingeführte, der deutschen Regelung sehr ähnliche Nachhaftung früherer Grundstückseigentümer.[168]

Um § 4 Abs. 6 BBodSchG verfassungsrechtlich beurteilen zu können, bedarf es zunächst einer einfachrechtlichen Analyse des Tatbestandes der Vorschrift und damit ihres – zumindest potentiellen – Anwendungsbereichs. Dabei werden sich verschiedene verfassungsrechtliche Problemfelder auftun, die im Dritten Teil dieser Arbeit näher erörtert werden.

a) Tatbestandliche Voraussetzungen

aa) Früheres Eigentum an einem Grundstück

Haftungsvoraussetzung von § 4 Abs. 6 BBodSchG ist zunächst früheres Eigentum an einem Grundstück. In dieser tatbestandlichen Offenheit unterscheidet sich die Regelung von § 13 Abs. 4 BlnBodSchG, die jenes Erfordernis dahin einschränkt, dass früheres Eigentum gerade in dem Zeitraum bestanden haben muss, in dem die Bodenverunreinigung entstanden ist. Die Berliner Vorschrift, die nunmehr durch § 4 Abs. 6 BBodSchG verdrängt wird,[169] greift damit aus dem – unter Umständen großen – Kreis ehemaliger Eigentümer als sanierungsverantwortlich diejenigen heraus, die in enger zeitlicher Beziehung zu der Verursachung schädlicher Bodenveränderungen gestanden haben.[170] Eine Haftung für „Alt-Altlasten“, also für solche Bodenverunreinigungen, die bereits zu einem Zeitpunkt vorhanden waren, in dem der frühere Eigentümer das Grundstück selbst noch nicht erworben hatte, wird dadurch ausgeschlossen. Anders aber die Regelung im Bundes-Bodenschutzgesetz: § 4 Abs. 6 BBodSchG verpflichtet – wie § 12 Abs. 1 Nr. 6 HAltlastG und § 20 Abs. 1 Nr. 5 ThAbfG – *sämtliche* früheren Eigentümer des betreffenden Grundstücks, unabhängig davon, ob die Verunreinigung während des Zeitraumes ihres Eigentums entstanden ist, oder bereits im Erwerbszeitpunkt vorhanden war.[171] Erfasst werden auch diejeni-

---

[167] Sec. 9607 (a) (2) des Comprehensive Environmental Response, Compensation and Liability Act (CERCLA)“, 42 U.S.C., Chapter 103, begründet die Verantwortlichkeit derjenigen, die zum Zeitpunkt der Ablagerung der gefährlichen Substanzen Eigentümer oder Betreiber der Anlage waren. Vgl. hierzu *Spießhofer,* in: Ress/Stein (Hrsg.), S. 29 ff., 55 ff.

[168] Sec. 9601 (35) (C) Satz 2 CERCLA bestimmt, dass derjenige, der zur Zeit seiner Eigentümerstellung positive Kenntnis von der Verunreinigung durch einen Dritten erlangt hat und später in diesem Wissen das Eigentum an einen Dritten überträgt, ohne diesen über die Verunreinigung aufzuklären, wie ein Eigentümer haftet und dass ihm nicht die Einredemöglichkeit der Drittverursachung zusteht.

[169] Zur Frage der Sperrwirkung des Bundes-Bodenschutzgesetzes gegenüber entgegenstehendem Landesrecht vgl. die Nachweise in Fn. 113.

[170] Ebenso § 303 Abs. 3 UGB-ProfE und § 348 Abs. 1 Nr. 4 UGB-KomE.

gen Fälle, in denen der frühere Eigentümer bloßer „Durchgangseigentümer“ war.[172]

Schließlich lässt sich aus dem Wortlaut von § 4 Abs. 6 Satz 1 BBodSchG („*Der* frühere Eigentümer ...“[173]) keine Beschränkung des Anwendungsbereichs der Vorschrift auf den – bezogen auf den Zeitpunkt des behördlichen Zugriffs – jeweils *letzten* früheren Eigentümer ablesen.[174] Es kann sich nach dem 1. März 1999 vielmehr eine Reihe früherer Eigentümer ergeben, von denen jeder Einzelne potentieller Adressat einer auf § 4 Abs. 6 BBodSchG gestützten Sanierungsverfügung ist, soweit in seiner Person die engen Haftungsvoraussetzungen dieser Vorschrift vorliegen.[175]

Die (zumindest potentielle) Weite des Tatbestandes von § 4 Abs. 6 BBodSchG ist in der Literatur scharf kritisiert worden. Der Vorschrift wird vorgehalten, sie statuiere aufgrund ihrer zeitlichen Unbeschränktheit eine unverhältnismäßige „Ewigkeitshaftung“ für frühere Eigentümer und sei aus diesem Grund verfassungswidrig.[176]

bb) Übertragung nach dem 1. März 1999

Allerdings besteht die nachwirkende Zustandsverantwortlichkeit des § 4 Abs. 6 BBodSchG nur für solche früheren Eigentümer, die ihr Eigentum durch rechtsgeschäftliche Übertragung nach dem 1. März 1999 verloren haben. Diese Einschränkung ist nicht so zu verstehen, dass nur solche Boden-

---

171 Ebenso *Becker,* § 4 Rn. 74; *Bickel,* § 4 Rn. 62; *Frenz,* BBodSchG, § 4 Abs. 6 Rn. 7; *Giesberts,* in: Fluck, Bd. 2, § 4 BBodSchG Rn. 370; *Hipp,* in: Hipp/Rech/Turian, Das Bundes-Bodenschutzgesetz, 2000, A III, Rn. 321; *Müggenborg,* NVwZ 2000, 50 ff., 51. *Bender/Sparwasser/Engel,* Kap. 7/VII, Rn. 226 wollen hingegen § 4 Abs. 6 BBodSchG nach Art des § 303 Abs. 3 Satz 1 UGB-ProfE auf solche Bodenbelastungen beschränken, die während der Zeit der Eigentümerstellung des nachwirkend Sanierungsverantwortlichen entstanden sind, bzw. auf Fälle, in denen der Eigentümer überhaupt Nutzungsvorteile aus dem Grundstück gezogen hat. Diese Auffassung ist angesichts der Ausnahmevorschrift § 4 Abs. 6 Satz 2 BBodSchG abzulehnen. Danach bezieht sich die Verantwortlichkeit früherer Eigentümer eindeutig auch auf von Rechtsvorgängern oder früheren Verursachern „übernommene“ Altlasten.

172 Vgl. *Bickel,* § 4 Rn. 64; *Frenz,* BBodSchG, § 4 Abs. 6 Rn. 7; *Hilger,* in: Holzwarth/Radtke/Hilger/Bachmann, § 4 Rn. 111; *Schlabach/Heck,* VBlBW 1999, 406 ff., 410.

173 Hervorhebung durch den Verfasser.

174 So aber *Droese,* UPR 1999, 86 ff., 91. Zu den Möglichkeiten einer diesbezüglichen verfassungskonformen Reduktion des Anwendungsbereiches, vgl. im Dritten Teil sub E.II.2.

175 *Becker,* BBodSchG, § 4 Rn. 74; *Frenz,* BBodSchG, § 4 Abs. 6 Rn. 8; *Giesberts,* in: Fluck, Bd. 2, § 4 BBodSchG Rn. 370.

176 Zu diesem Einwand i.E. im Dritten Teil sub E.I.

verunreinigungen erfasst wären, die erst nach dem 1. März 1999, dem Zeitpunkt des In-Kraft-Tretens des Bundes-Bodenschutzgesetzes, *entstanden* sind (sog. „Neulasten").[177] Die Sanierungsverantwortung früherer Eigentümer gilt gerade auch für Bodenverunreinigungen, die aus früherer Zeit stammen (Altlasten), solange die Übertragung des Grundstücks nach dem Stichtag erfolgt ist.[178]

Die Stichtagsregelung wirft verfassungsrechtliche Fragen auf. So ist es unter dem Aspekt des verfassungsrechtlichen Rückwirkungsverbots zweifelhaft, ob es für die verantwortungsbegründende Eigentumsübertragung nach dem 1. März 1999 ausreicht, wenn lediglich die Eintragung des neuen Eigentümers im Grundbuch nach diesem Datum vorgenommen wurde, auch wenn die Parteien die Auflassung bereits vor dem Stichtag erklärt hatten,[179] oder ob für die Nachhaftung des früheren Eigentümers nach § 4 Abs. 6 BBodSchG verlangt werden muss, dass sowohl die Auflassung als auch die Eintragung erst nach dem In-Kraft-Treten des Bundes-Bodenschutzgesetzes erfolgt sind.[180] Eine abschließende Antwort hierauf kann erst nach einer verfassungsrechtlichen Betrachtung der Norm gegeben werden.[181]

cc) Bösgläubigkeit zum Zeitpunkt der Eigentumsübertragung

Weitere Voraussetzung einer Sanierungsverantwortlichkeit des früheren Eigentümers nach § 4 Abs. 6 BBodSchG ist, dass dieser die schädliche Bodenveränderung oder Altlast zum Zeitpunkt der Eigentumsübertragung „kannte oder kennen musste".[182]

---

177 So aber *Schink,* DÖV 1999, 797 ff., 805.

178 *Ewer,* in: Landmann/Rohmer, Bd. III, Vorb. BodSchRecht, Rn. 167; *Kothe,* zit. bei *Sobczak,* in: UTR Bd. 53, S. 123 ff., 136. Die Regelung hat allerdings zur Folge, dass diejenigen Eigentümer nicht mehr erfasst werden können, die ihr Eigentum bereits vor diesem Stichtag übertragen haben, nach den – inzwischen ungültigen – landesrechtlichen Regelungen aber verantwortlich gewesen wären, vgl. *Droese,* UPR 1999, 86 ff., 90.

179 So *Frenz,* BBodSchG, § 4 Abs. 6 Rn. 10 f.; *Hipp,* in: Hipp/Rech/Turian, A III, Rn. 323; *Oerder,* in: Oerder/Numberger/Schönfeld, § 4 Rn. 25; *Schlabach/Heck,* VBlBW 1999, 406 ff., 409; *Schoeneck,* in: Sanden/Schoeneck, Bundes-Bodenschutzgesetz, 1998, § 4 Rn. 47; *Taupitz,* in: UTR Bd. 53, S. 203 ff., 254.

180 So die wohl inzwischen überwiegende Auffassung, vgl. *Bickel,* § 4 Rn. 58; *Erbguth/Stollmann,* DVBl. 2001, 601 ff., 606; *Giesberts,* in: Fluck, Bd. 2, § 4 BBodSchG Rn. 367; *Heiermann,* ZG 1999, 215 ff., 222 f.; *Kahl,* Die Verwaltung, Bd. 33 (2000), S. 29 ff., 55; *Knopp,* DVBl. 1999, 1010 ff., 1011; *ders.* ZUR 1999, 210 ff., 213; *ders.* NJW 2000, 905 ff., 906; *Vierhaus,* NJW 1998, 1262 ff., 1266; a. A. *Riedel,* ZIP 1999, 94 ff., 98 (Fn. 43), die auf den Zeitpunkt der Auflassungsvormerkung abstellt.

181 Siehe hierzu im Dritten Teil sub C.IV.3.

Mit dem Erfordernis der Kenntnis bzw. des Kennenmüssens wird ein subjektives Element in die öffentlich-rechtliche Verantwortlichkeit eingeführt, das im klassischen Polizeirecht bislang die Ausnahme ist.[183] Grundsätzlich ist Polizeirecht objektives Recht, auch wenn es bereits durch die Anerkennung subjektiver Gesichtspunkte beim Gefahrentatbestand, namentlich in Fällen der Anscheinsgefahr, Tendenzen einer „Subjektivierung" erkennen lässt.[184] Jedenfalls die Begründung polizeirechtlicher Verantwortlichkeit erfolgt im klassischen Polizeirecht bislang verschuldensunabhängig.[185] Dass der polizeiliche Zugriff auf einen Verantwortlichen allein von objektiven Gesichtspunkten abhängen sollte, wird vor allem damit begründet, dass im Dienste einer effektiven Gefahrenabwehr der Polizeibeamte „vor Ort" nicht mit einer zeitaufwendigen und mit Unsicherheiten belasteten Recherche nach subjektiven Verschuldensmomenten in der Person des Verantwortlichen aufgehalten werden dürfe. Die subjektiven Elemente in § 4 Abs. 6 BBodSchG werfen verfassungsrechtliche Probleme hinsichtlich der Geeignetheit der Norm auf, da bei der nachwirkenden Inanspruchnahme eines früheren Grundstückseigentümers in jedem Einzelfall die Ermittlung seiner „Bösgläubigkeit" hinsichtlich der Grundstücksbelastung erforderlich ist.[186]

Zunächst ist aber auf einfachgesetzlicher Ebene der genaue Inhalt der Vorschrift zu bestimmen.

(1) Maßgeblicher Zeitpunkt

Mit dem für die Kenntnis bzw. das Kennenmüssen maßgeblichen Zeitpunkt der Eigentumsübertragung ist der Zeitpunkt des vollständigen Rechtserwerbs i.S.d. § 873 BGB gemeint, also der Zeitpunkt der Grundbucheintragung des Erwerbers.[187] Zu diesem Zeitpunkt ist zu Lasten des früheren

---

182 Die Wissenszurechnung erfolgt bei juristischen Personen und Personengesellschaften, die Eigentümer eines Grundstücks waren, über die Zurechnungsnormen des Zivilrechts (insbesondere §§ 31, 89, 166 Abs. 1 BGB). Vgl. im Einzelnen *Frenz,* BBodSchG, § 4 Abs. 6 Rn. 20.

183 Ganz h.M., vgl. etwa *Bender/Sparwasser/Engel,* Kap. 7/VII, Rn. 209; *Hermes,* in: Becker-Schwarze/Köck/Kupka/v.Schwanenflügel (Hrsg.), Wandel der Handlungsformen im Öffentlichen Recht, 1991, S. 187 ff., 194, 199 f.

184 Vgl. hierzu im Dritten Teil sub C.III.4.a)bb)(2)(b).

185 Vgl. nur VGH Mannheim, Beschl. v. 14.12.1989 – 1 S 2719/89 –, NVwZ 1990, 781 ff., 783; *Bender/Sparwasser/Engel,* Kap. 7/VII, Rn. 209; *Drews/Wacke/Vogel/Martens,* S. 293; *Götz,* Allg. POR, Rn. 195; *Kloepfer,* NuR 1987, 7 ff., 8; *Knemeyer,* Polizei- und Ordnungsrecht, 8. Aufl. 2000, Rn. 322; *v. Mutius,* Jura 1983, 298 ff., 303, *Selmer,* in: GS Martens, S. 483 ff., 486; *Trurnit,* Die Altlastenhaftung des Rechtsnachfolgers, S. 84.

186 Vgl. zu dieser Problematik im Dritten Teil sub C.III.2.c)cc).

Eigentümers sein während der gesamten Eigentümerzeit angesammeltes Wissen zu berücksichtigen.[188] Eine nach dem Übertragungszeitpunkt erlangte Kenntnis von schädlichen Bodenveränderungen ist für den früheren Eigentümer hingegen unschädlich.[189]

(2) Kenntnis und „Kennenmüssen"

Kenntnis bedeutet positive Kenntnis von der schädlichen Beeinträchtigung des Bodens.[190] Positive Kenntnis kann der frühere Eigentümer insbesondere aus Erkundungsergebnissen (etwa aus selbst eingeholten Gutachten), aus Informationen des Altlastenkatasters, aber auch aus seiner Kenntnis von früheren Schadensfällen erlangt haben.[191] Schwieriger ist die Frage, welcher Maßstab an das – zur Haftungsbegründung hinreichende – „Kennenmüssen" von der schädlichen Bodenveränderung oder Altlast anzulegen ist. Bei diesem Kriterium stellen sich zwei Fragen: Erstens, welcher Art und Ausprägung die Anzeichen für eine Verunreinigung sein müssen, um dem Grundstücksveräußerer ein „Kennenmüssen" unterstellen zu können. Zweitens, ob und in welchem Ausmaß es dem Grundstückseigentümer obliegt, das Grundstück vor der Veräußerung auf mögliche Kontaminationen hin zu untersuchen.

Das Bundes-Bodenschutzgesetz gibt dem Rechtsanwender hinsichtlich beider Fragestellungen keine konkreten Kriterien an die Hand. Aus dem

---

[187] *Frenz,* BBodSchG, § 4 Abs. 6 Rn. 13. Vgl. zu dem insofern identischen Verständnis des polizeilichen und zivilrechtlichen Eigentumsbegriffs VGH Mannheim, Urt. v. 30.4.1996 – 10 S 2163/95 –, UPR 1996, 394 f., 394; VGH München, Beschl. v. 13.5.1986 – 20 CS 86.00338 –, BayVBl. 1986, 590 ff., 594; OVG Hamburg, Urt. v. 27.4.1983 – OVG B f II 15/79 –, DÖV 1983, 1016 ff., 1016.

[188] Somit besteht im Ergebnis kein Unterschied zu der ursprünglich vorgeschlagenen Formulierung, dass die ehemaligen Grundstückseigentümer die Verunreinigung während der Zeit ihres Eigentums oder des Besitzes kannten oder kennen mussten. Vgl. *Frenz,* BBodSchG, § 4 Abs. 6 Rn. 15 mit Hinweis auf die Stellungnahme des Bundesrates zum Gesetzentwurf der Bundesregierung für ein Bodenschutzgesetz, BT-Drs. 13/6701, S. 51.

[189] Andererseits kommt eine Haftung des früheren Eigentümers sogar für solche schädlichen Bodenveränderungen und Altlasten in Betracht, die von dem Grundstücks*erwerber* nach der dinglichen Einigung und Besitzüberlassung aber noch vor der Eigentumsumschreibung verursacht wurden, wenn der frühere Eigentümer vor der Eigentumsumschreibung hiervon Kenntnis erhielt. So *Frenz,* BBodSchG, § 4 Abs. 6 Rn. 14; *Oerder,* in: Oerder/Numberger/Schönfeld, § 4 Rn. 25; a.A. *Becker,* BBodSchG, § 4 Rn. 68, der den maßgeblichen Zeitpunkt der Kenntnis bzw. des Kennenmüssens in Anlehnung an das Kaufrecht auf das Verpflichtungsgeschäft, spätestens aber auf den Zeitpunkt der dinglichen Einigung (gemäß § 873 BGB) vorverlegen will.

[190] *Becker,* BBodSchG, § 4 Rn. 65; *Frenz,* BBodSchG, § 4 Abs. 6 Rn. 16.

[191] *Hipp,* in: Hipp/Rech/Turian, A III, Rn. 324.

Sinn der Vorschrift ergibt sich zunächst, dass sich sowohl die Kenntnis als auch das Kennenmüssen lediglich auf die Tatsache der Verunreinigung des Grundstücks als solcher beziehen, d.h. es müssen weder Umfang noch Art der Verunreinigung bekannt sein.[192] Hinsichtlich des anzulegenden Fahrlässigkeitsmaßstabes gestaltet sich die Norminterpretation indessen weitaus schwieriger. Teile der Literatur verlangen eine Verengung des an den Veräußerer anzulegenden Fahrlässigkeitsmaßstabes auf grobe Fahrlässigkeit[193] oder sogar Vorsatz[194]. Für eine solche Beschränkung gibt das Gesetz jedoch keinen Anhaltspunkt. „Kennenmüssen“ ist aufgrund der dem Bundes-Bodenschutzgesetz impliziten Zivilrechtsakzessorietät[195] zunächst als fahrlässige Unkenntnis im Sinne von § 122 Abs. 2 BGB zu verstehen.[196] Es setzt voraus, dass der Eigentümer – aufgrund einer „Parallelwertung in der Laiensphäre“ – die schädlichen Bodenveränderungen oder Altlasten bei verkehrsüblicher Sorgfalt hätte erkennen können.[197]

Da es bislang im Grundstücksverkehr keine einheitliche Praxis für die Untersuchung von Grundstücken auf Altlasten gibt, die Hinweise darauf geben könnte, welchen Sorgfaltsanforderungen bei der Veräußerung von Grundstücken hinsichtlich der Bodenbeschaffenheit genügt werden muss, sind diesbezügliche Kriterien erst zu entwickeln.

(3) Hinweise aus dem US-amerikanischen Recht

Anhaltspunkte dafür, in welchen Fällen eine verantwortungsbegründende fahrlässige Unkenntnis von schädlichen Bodenveränderungen anzunehmen ist, kann der Blick auf die inzwischen zwanzigjährige Entwicklung des

---

192 *Bickel,* § 4 Rn. 60.

193 *Hilger,* in: Holzwarth/Radtke/Hilger/Bachmann, § 4 Rn. 113; *Wüterich,* in: Landel/Vogg/Wüterich, Bundes-Bodenschutzgesetz, 2000, § 4 Rn. 179.

194 So offenbar *Droese,* UPR 1999, 86 ff., 91.

195 Aufgrund des Prinzips der Einheit der Rechtsordnung sind all jene zivilrechtlichen Rechtsinstitute und Begriffe, die das Bundes-Bodenschutzgesetz verwendet oder auf denen es seinen Regelungsgehalt aufbaut, im Zweifel im exakt „rechtstechnischen“ zivilrechtlichen Sinne zu verstehen. *Taupitz,* in: UTR Bd. 53, S. 203 ff., 253; differenzierend *Frenz,* BBodSchG, § 4 Abs. 2 Rn. 51. Dies gilt etwa für den Begriff der „Rechtsnachfolge“ in § 4 Abs. 3 Satz 1 Alt. 2 BBodSchG, vgl. VGH Mannheim, Beschl. v. 11.12.2000 – 10 S 1188/00 –, NuR 2001, 460 f., 461. Vgl. auch *Schmidt-Jortzig,* in: Festschrift für Scupin, 1983, S. 819 ff., 829 („inkorporiertes Zivilrecht“).

196 *Bickel,* § 4 Rn. 60; *Hipp,* in: Hipp/Rech/Turian, A III, Rn.324; *Jorczyk/Duesmann,* altlasten spektrum 1999, 71 ff., 75, sowie *Kahl,* Die Verwaltung, Bd. 33 (2000), S. 29 ff., 70, mit dem Hinweis darauf, dass § 48 Abs. 2 Satz 3 Nr. 3 VwVfG und § 45 Abs. 2 Satz 3 Nr. 3 SGB X nicht entsprechend herangezogen werden können.

197 *Becker,* BBodSchG, § 4 Rn. 66; *Frenz,* BBodSchG, § 4 Abs. 6 Rn. 17.

amerikanischen Altlastensanierungsrechts geben.[198] Der 1980 verabschiedete „*Comprehensive Environmental Response, Compensation and Liability Act (CERCLA)*“[199] in der 1986 durch den „*Superfund Amendments and Reauthorization Act (SARA)*“[200] ergänzten Form hat in den Vereinigten Staaten mit rückwirkender Kraft Haftungsregelungen für die Altlastensanierung geschaffen, die als Vorbild für spätere deutsche Regelungen dienten. Die US-amerikanischen Vorschriften stimmen in wesentlichen Punkten mit den Sanierungsvorschriften im Hessischen Abfallwirtschafts- und Altlastengesetz (HAbfAG) vom 6. Juni 1989 in der Fassung vom 10. Juli 1989[201] überein, die ihrerseits Vorlage für den Gesetzgeber des Bundes-Bodenschutzgesetzes waren.

CERCLA sieht unter anderem eine grundsätzliche Verantwortlichkeit von Grundstückseigentümern für die Sanierung von Altlasten vor.[202] Die sanierungsverantwortlichen Eigentümer können aber in bestimmten Opfersituationen eine „Unschuldseinrede“ geltend machen. Diese Einrede ist statthaft, wenn die Gefahrenlage auf höhere Gewalt oder Kriegseinwirkungen zurückzuführen ist oder ausschließlich der Handlung oder Unterlassung eines Dritten, die nicht im Rahmen einer *vertraglichen Beziehung* mit dem Verantwortlichen erfolgte, zuzuschreiben ist (sog. „*third party defense*“).[203] *SARA* hat 1986 den Begriff der „vertraglichen Beziehung“ näher definiert und damit die so genannte „*innocent landowner defense*“ eingeführt.[204] Eine die Unschuldseinrede ausschließende „vertragliche Beziehung“ umfasst danach zwar grundsätzlich auch Grundstücksübertragungen. Dies gilt aber per definitionem nicht für die Fälle, in denen der Erwerb des Grundstücks durch den verantwortlichen Eigentümer *nach* der Ablagerung des gefährlichen Stoffes erfolgte und zusätzlich eine oder mehrere der folgenden Bedingungen erfüllt ist:

(1) Der Verantwortliche hat zum Zeitpunkt des Grundstückserwerbs weder gewusst noch hätte er wissen müssen, dass eine der gefährlichen Substanzen auf dem Grundstück abgelagert worden war;

---

198 Siehe hierzu *Spießhofer,* in: Ress/Stein (Hrsg.), S. 29 ff., 63 ff.

199 42 U.S.C., Chapter 103, Sec. 9601–9675 (1982), im Folgenden zitiert als: CERCLA. Vgl. zur Entstehungsgeschichte dieses Gesetzes *Ochsenfeld,* S. 31 ff.

200 Pub. L. No. 99–499, 100 Stat. 1613 (1986).

201 GVBl. I S. 137, 198, 341; vgl. zu diesem Gesetz *Knopp,* DÖV 1990, 683 ff. Inzwischen wurde das Gesetz ersetzt durch das Hessische Altlastengesetz (HAltlastG) vom 20.12.1994, GVBl. I S. 764, zuletzt.geänd. durch Gesetz v. 31.10.1998, GVBl. I S. 413.

202 CERCLA Sec. 9607 (a) (2).

203 CERCLA Sec. 9607 (b).

204 CERCLA Sec. 9701 (35).

(2) der Verantwortliche ist eine Behörde, die das Grundstück unfreiwillig oder durch eine Enteignungsmaßnahme erworben hat;

(3) der Verantwortliche hat das Grundstück durch Erbschaft oder Vermächtnis erworben.[205]

Die Ziffer (1) der Zusatzbedingungen stellt eine Schnittstelle des US-amerikanischen Sanierungsrechts zu § 4 Abs. 6 BBodSchG dar. Das „Wissenmüssen“ in CERCLA bezieht sich anders als das „Kennenmüssen“ im Bundes-Bodenschutzgesetz zwar nicht auf die Frage, ob der *frühere* Eigentümer eines bodenbelasteten Grundstücks nachwirkend zur Sanierung herangezogen werden kann, sondern darauf, ob vertragliche Beziehungen des *gegenwärtigen* Eigentümers zum Voreigentümer bestehen, die es rechtfertigen, ihm die „Unschuldseinrede“ (innocent landowner defense) zu versagen und ihn mit der Sanierungsverantwortung zu belasten.[206] Ungeachtet dieser unterschiedlichen Intentionen sind die Regelungen in inhaltlicher Hinsicht insofern teilidentisch, als in beiden Fällen die positive Kenntnis bzw. die fahrlässige Unkenntnis des Adressaten von der Vorbelastung des Grundstücks mit schädlichen Substanzen im Ergebnis seine Verantwortlichkeit begründet.[207] Von daher können den Standards, die CERCLA hinsichtlich der Frage setzt, ob der Eigentümer zum Zeitpunkt des Grundstückserwerbs von der Kontamination hätte wissen müssen, wertvolle Hinweise für mögliche Operationalisierungen des unbestimmten Rechtsbegriffs des „Kennenmüssen“ in § 4 Abs. 6 BBodSchG entnommen werden.

Um zu beweisen, dass der nach US-amerikanischem Recht Sanierungsverantwortliche nichts von der Ablagerung schädlicher Stoffe „hätte wissen müssen“, muss dieser den Nachweis erbringen, dass er zum Zeitpunkt seines Grundstückserwerbs alle angemessenen Untersuchungen („all appropriate inquiry“) in Bezug auf die früheren Eigentümer und die früheren

---

205 CERCLA Sec. 9701 (35) (A). Vgl. im Einzelnen hierzu *Spießhofer,* in: Ress/Stein (Hrsg.), S. 29 ff., 65.

206 Die Unschuldseinrede wird früheren Eigentümern von Abfallbeseitigungsanlagen, die nach CERCLA ebenfalls sanierungsverantwortlich sind [CERCLA Sec. 9607 (1) (2)], von vornherein versagt. Dies gilt auch für sonstige frühere Grundstückseigentümer, die zur Zeit ihrer Eigentümerstellung von der Ablagerung oder drohenden Ablagerung von gefährlichen Stoffen erfahren haben und mit diesem Wissen das Grundstück an einen Dritten weiter übertragen haben, ohne diesen jedoch über die (drohenden) Bodenbelastungen aufzuklären. Solche früheren Eigentümer werden wie gegenwärtige Eigentümer behandelt, die bei ihrem Erwerb von der Belastung wussten oder fahrlässig nicht wussten [CERCLA Sec. 9601 (35) (C)].

207 Allerdings unterscheidet sich CERCLA Sec. 9601 (35) (A) auch insofern von § 4 Abs. 6 Satz 1 BBodSchG, als es bei jener Vorschrift um die Kenntnis bzw. das Kennenmüssen zum Zeitpunkt des Grundstückserwerbs geht, während bei § 4 Abs. 6 Satz 1 BBodSchG die Kenntnis bzw. das Kennenmüssen zum Zeitpunkt der Weiterübertragung maßgeblich ist. Die US-amerikanische Vorschrift ähnelt daher stärker § 4 Abs. 6 Satz 2 BBodSchG als § 4 Abs. 6 Satz 1 BBodSchG.

Grundstücksnutzungen entsprechend der gewerblichen oder üblichen Praxis durchgeführt hat.[208] Bei der Beantwortung der Frage, ob der Grundstückseigentümer „alle angemessenen Untersuchungen" vorgenommen hat, sollen folgende Faktoren Berücksichtigung finden:

- Besondere Kenntnisse oder Erfahrungen des Verantwortlichen,
- das Verhältnis von Kaufpreis und Wert des Grundstücks in unkontaminiertem Zustand,
- allgemein bekannte oder mit vernünftigem Aufwand erreichbare Informationen über das Grundstück,
- die Offensichtlichkeit des Vorliegens oder wahrscheinlichen Vorliegens einer Bodenkontamination, sowie
- die Möglichkeit, diese Kontamination durch eine angemessene Untersuchung aufzudecken.[209]

Diese Konkretisierungen des Fahrlässigkeitsmaßstabes im US-amerikanischen Sanierungsrecht können aufgrund der starken Orientierung des deutschen Sanierungsrechts am US-amerikanischen Recht auf § 4 Abs. 6 BBodSchG übertragen werden.[210] So wird gemäß § 4 Abs. 6 Satz 1 BBodSchG dem Veräußerer eines verunreinigten Grundstücks eine verantwortungsbegründende fahrlässige Unkenntnis von schädlichen Bodenveränderungen jedenfalls dann anzulasten sein, wenn zum Zeitpunkt der Grundstücksübertragung allgemein bekannte oder mit vernünftigem Aufwand erreichbare Informationen über das Grundstück vorhanden waren. Dies ist etwa der Fall, wenn es sich bei dem veräußerten Grundstück um eine Verdachtsfläche bzw. um eine altlastenverdächtige Fläche i. S. v. § 2 Abs. 4, Abs. 6 BBodSchG handelte.[211] Die kommunalen Behörden sind in der Regel per Landesgesetz verpflichtet, solche Flächen in jedermann einsehba-

---

[208] CERCLA Sec. 9601 (35) (B) – Übersetzung aus dem Englischen orientiert an *Spießhofer,* in: Ress/Stein (Hrsg.), S. 29 ff., 65 f.

[209] CERCLA Sec. 9601 (35) (B).

[210] Dabei ist hinsichtlich des Fahrlässigkeitsvorwurfs bei § 4 Abs. 6 Satz 1 BBodSchG allerdings nicht auf den Zeitpunkt des Grundstückserwerbs durch den früheren Eigentümer abzustellen, sondern auf den Zeitpunkt der Weiterveräußerung des Grundstücks an einen Dritten. Dies ändert an der Übertragbarkeit der US-amerikanischen Kriterien auch auf § 4 Abs. 6 Satz 1 BBodSchG nichts, da für die Bestimmung des Fahrlässigkeitsmaßstabs der Zeitpunkt des Fahrlässigkeitsvorwurfs unmaßgeblich ist. So setzt sich ein „Kennenmüssen" im Erwerbszeitpunkt zwangsläufig als „Kennenmüssen" im Veräußerungszeitpunkt fort.

[211] *Erbguth/Stollmann,* DVBl. 2001, 601 ff., 606; *Giesberts,* in: Fluck, Bd. 2, § 4 BBodSchG Rn. 369; *Hipp,* in: Hipp/Rech/Turian, A III, Rn. 324; *Jorczyk/Duesmann,* altlasten spektrum 1999, 71 ff., 75; *Knopp,* DVBl. 1999, 1010 ff., 1011; ders. ZUR 1999, 210 ff., 213; *ders.,* NJW 2000, 905 ff., 906; *Schoeneck,* in: Sanden/Schoeneck, § 4 Rn. 48.

ren[212] sogenannten Altlastenkatastern zu verzeichnen.[213] Hierin werden Daten über Größe, Zustand und die Lage der Altablagerungen und Altstandorte erfasst, insbesondere der Abstand zu Wasserschutzgebieten, Überschwemmungsgebieten und anderen sensiblen Bereichen. Informationen über den früheren Betrieb der stillgelegten Anlage, über Art, Menge und Beschaffenheit eventuell abgelagerter Abfälle sowie über Stoffe, mit denen man zu Zeiten des Anlagenbetriebs umging, werden ebenfalls gesammelt.[214] Ist ein Grundstück in einem Altlastenkataster verzeichnet, so ist das (wahrscheinliche) Vorliegen einer Bodenkontamination offensichtlich. Wer also früherer Eigentümer eines Grundstücks ist, das zum Zeitpunkt der Veräußerung in ein Altlastenkataster eingetragen war, gilt als „bösgläubig" im Sinne von § 4 Abs. 6 Satz 1 BBodSchG.

Auch das besondere Wissen des früheren Eigentümers um eine bestimmte bodengefährdende Vornutzung des Grundstücks kann seine fahrlässige Unkenntnis hinsichtlich seiner Belastung zum Zeitpunkt der Veräußerung begründen. Sind die Bodenverunreinigungen durch eine von dem früheren Eigentümer einem Dritten ermöglichte Nutzung verursacht worden, wird die Kenntnis des früheren Eigentümers von den Verunreinigungen vorauszusetzen sein. Zumindest fällt die Unkenntnis dann in seinen Verantwortungsbereich.[215]

Darüber hinaus können sich Indizien für ein altlastenbezogenes Problembewusstsein auch aus dem Kaufvertrag ergeben, soweit in ihm die Nutzung des Grundstücks erwähnt wird oder eventuelle Haftungsausschlüsse für Altlasten vereinbart worden sind.[216] Entsprechend der US-amerikanischen Vorgaben kann auch ein im Verhältnis zum Wert des Grundstücks in unkontaminiertem Zustand auffallend niedriger Kaufpreis die Kenntnis bzw. fahrlässige Unkenntnis des früheren Eigentümers von den Verunreinigungen indizieren.

---

212 Der Veräußerer hat die Möglichkeit, einen Informationsantrag nach § 4 Abs. 1 Umweltinformationsgesetz zu stellen. Vgl. hierzu *Kahl*, Die Verwaltung, Bd. 33 (2000), S. 29 ff., 70.

213 Art. 3 BayBodSchG; § 23 BadWürttAbfG; § 37 BbgAbfG; §§ 10, 11 Abs. 2 HAltlastG; § 23 Abs. 2 MVAbfAlG; § 6 NdsBodSchG, § 20 Abs. 1, 21 RhPfAbfWAG; § 26 SaarlAWG; § 29 SachsAnhAbfG; 17 Abs. 1 ThürAbfAG. Die Altlastenkataster werden entweder beim Umweltamt, bei der Unteren Wasserbehörde oder bei der Abfallbehörde geführt, vgl. BUND (Hrsg.), Risiken beim Grundstückskauf, Bodenbelastungen und Nutzungsbeschränkungen, 1999, S. 36. Zu den bereits bestehenden landesrechtlichen Regelungen *Freisburger*, UPR 1999, 381 ff., 381 (Fn. 11); *Pohl*, NJW 1995, 1645 ff., 1646. Die diesbezügliche Regelungsbefugnis der Landesgesetzgeber ergibt sich aus § 11 BBodSchG, vgl. *Frenz*, BBodSchG, § 11 Rn. 4.

214 *Pohl*, NJW 1995, 1645 ff., 1646.

215 *Schlabach/Heck*, VBlBW 1999, 406 ff., 409.

216 Vgl. VG Frankfurt, Beschl. v. 23.7.1999 – 14 G 212/99, NVwZ 2000, 107 ff., 109.

Schließlich darf sich der Verkäufer nicht auf seine fehlende positive Kenntnis von schädlichen Bodenveränderungen verlassen. Ihn trifft, wenn tatsächliche Anhaltspunkte auftreten, die auf das Vorliegen einer schädlichen Bodenveränderung oder Altlast hindeuten, eine Nachforschungs- und Untersuchungspflicht.[217] Der Sache nach dürften hier häufig dieselben Maßstäbe heranzuziehen sein, die auch im Rahmen der zivilrechtlichen Haftung nach §§ 459 ff. BGB Inhalt und Reichweite der den Verkäufer eines Altlastengrundstücks treffenden Aufklärungspflicht bestimmen.[218] So können im Rahmen privatrechtlicher Kaufverträge im Hinblick auf die Altlastenfreiheit des Grundstücks abgegebene Zusicherungen „ins Blaue hinein" bereits eine Arglisthaftung des Verkäufers aus § 463 Satz 2 BGB begründen.[219] Während allerdings im Zivilrecht in der Regel der bloße Hinweis des Veräußerers auf seine Unsicherheit hinsichtlich des Vorliegens von Bodenverunreinigungen gegenüber dem Vertragspartner zum Ausschluss der Arglisthaftung genügt,[220] muss der nach öffentlichem Recht Zustandsverantwortliche den Verdacht schädlicher Bodenveränderungen durch geeignete Untersuchungsmaßnahmen aktiv ausräumen. So kann bei entsprechenden Anhaltspunkten im Einzelfall etwa das Einholen eines geologischen Gutachtens erforderlich sein. Die Nachforschungspflicht hat aber Grenzen. Nicht verantwortungsbegründend dürfte eine nur leicht fahrlässige Unkenntnis von schädlichen Bodenveränderungen desjenigen Grundeigentümers sein, der vor der Veräußerung des Grundstücks bereits Kontakt zur Boden-

---

[217] *Frenz,* BBodSchG, § 4 Abs. 6 Rn. 17; *Kahl,* Die Verwaltung, Bd. 33 (2000), S. 29 ff., 70 („öffentlich-rechtliche Nachforschungs- bzw. Informationspflicht").

[218] *Erbguth/Stollmann,* DVBl. 2001, 601 ff., 606; *Giesberts,* in: Fluck, Bd. 2, § 4 BBodSchG Rn. 369; *C.-P. Martens,* ZfIR 1998, 667 ff., 671; *Oerder,* in: Oerder/Numberger/Schönfeld, § 4 Rn. 23; *Schoeneck,* in: Sanden/Schoeneck, § 4 Rn. 48; *Vierhaus,* NJW 1998, 1262 ff., 1266 m.w.N.; *Wüterich,* in: Landel/Vogg/Wüterich, § 4 Rn. 179; kritisch gegenüber der Übertragung zivilrechtlicher Maßstäbe auf die öffentlich-rechtliche Nachforschungs- bzw. Informationspflicht hingegen *Kahl,* Die Verwaltung, Bd. 33 (2000), S. 29 ff., 70.

[219] BGH, Urt. v. 20.10.2000 – V ZR 285/99 –, NJW 2001, 64 f., 64; Urt. v. 1.10.1999 – VZR 218/98, DVBl. 2000, 272 f., 272; Urt. v. 3.3.1995 – V ZR 43/94 –, NJW 1995, 1549 ff.; BGH, Urt. v. 19.3.1992 – III ZR 16/90 –, NJW 1992, 1953 ff., 1954; Urt. v. 12.7.1991 – V ZR 121/90, NJW 1991, 2900 f., 2901. Vgl. allgemein zur zivilrechtlichen Haftung für Altlastengrundstücke *Becker,* DVBl. 2000, 595 ff., 598 ff.; *Garbe-Emden,* VA 2000, 57 ff., 60; *Kothe,* VerwArch 88 (1997), 456 ff., 494 ff.; *Meyer,* Verjährung und Verursacherprinzip, 1999, S. 179 ff.; *R. Schulz,* Die Lastentragung bei der Sanierung von Bodenkontaminationen, 1995, S. 127 ff.; *Taupitz,* in: UTR Bd. 53, S. 203 ff., 208 ff.

[220] *Fluck,* UPR 2001, 253 ff., 255, erkennt einem deutlichen Hinweis sogar die Wirkung eines konkludenten Ausschlusses des Regressanspruchs aus § 24 Abs. 2 BBodSchG zu. Weitergehende Offenbarungspflichten treffen den Verkäufer allerdings dann, wenn ihm Altlasten positiv bekannt sind, vgl. BGH, Urt. v. 20.10.2000 – V ZR 285/99 –, NJW 2001, 64 f., 64.

schutzbehörde aufgenommen hatte. Der Eigentümer muss sich auf von der Behörde eingeholte Gutachten oder verbindliche behördliche Aussagen verlassen können, auch wenn ihm Restzweifel an der Unbelastetheit des Grundstücks verbleiben.[221]

dd) Kein gutgläubiger Erwerb des Grundstücks

Im Unterschied zu den entsprechenden bodenschutzrechtlichen Regelungen in Hessen und Thüringen enthält die in § 4 Abs. 6 BBodSchG angeordnete nachwirkende Zustandsverantwortlichkeit ein Haftungsprivileg für den gutgläubigen Erwerber eines bereits bodenbelasteten Grundstücks. Dieses ähnelt konstruktiv den zivilrechtlichen Vorschriften über den gutgläubigen Erwerb vom Nichtberechtigten (§§ 932, 892, 893, 1032, 1207, 2211 BGB)[222]: Nach § 4 Abs. 6 Satz 2 BBodSchG wird derjenige frühere Eigentümer von der Sanierungsverantwortung freigestellt, der ein Grundstück im Vertrauen darauf erworben hat, dass schädliche Bodenveränderungen oder Altlasten nicht vorhanden sind, soweit sein Vertrauen im Einzelfall schutzwürdig ist.

Der „Erwerb" bezieht sich nach sinngemäßer Auslegung auf den ursprünglichen Erwerb des Grundstücks durch den – grundsätzlich nach § 4 Abs. 6 Satz 1 BBodSchG sanierungsverantwortlichen – früheren Eigentümer und nicht auf den Erwerb durch den neuen Eigentümer.[223] Durfte der frühere Eigentümer zum Zeitpunkt des eigenen Grundstückserwerbs auf die Abwesenheit einer Belastung vertrauen, so ist er nicht verantwortlich – selbst wenn er die bereits vorhandenen Bodenbelastungen im späteren Zeitpunkt der (Weiter-)Übertragung auf einen Dritten kannte.[224] Hierin unterscheidet sich § 4 Abs. 6 BBodSchG von seinen Vorgängernormen § 12 Abs. 1 Nr. 6 HAltlastG und § 13 Abs. 4 BlnBodSchG und auch von der entsprechenden Regelung im US-amerikanischen CERCLA: In beiden landesrechtlichen Regelungen wirkt sich die während der Zeit des Eigentums (nachträglich) erlangte Kenntnis von der Verunreinigung haftungsbegründend aus, in der US-amerikanischen Regelung zumindest dann, wenn der frühere Eigentümer den Erwerber nicht über die Verunreinigungen aufgeklärt hat.[225]

---

221 *Frenz,* BBodSchG, § 4 Abs. 6 Rn. 17 f.

222 Ebenso *Becker,* BBodSchG, § 4 Rn. 71.

223 *Knopp,* DVBl. 1999, 1010 ff., 1012; *ders.,* NJW 2000, 905ff., 906; *Wüterich,* in: Landel/Vogg/Wüterich, § 4 Rn. 182.

224 *Frenz,* BBodSchG, § 4 Abs. 6 Rn. 22, 27; *Kahl,* Die Verwaltung, Bd. 33 (2000), S. 29 ff., 71; *Schoeneck,* in: Sanden/Schoeneck, § 4 Rn. 48; *Spieth/Wolfers,* NVwZ 1999, 355 ff., 355; weitergehend *Becker,* BBodSchG, § 4 Rn. 73.

Es ist allerdings fraglich, ob es sachgerecht ist, die Eintragung des früheren Eigentümers in das Grundbuch als den für das Vertrauen maßgeblichen Erwerbszeitpunkt anzusehen.[226] Dann könnte die Gutgläubigkeit des Erwerbers in der bisweilen sehr langen Phase, in der die Eintragung der Rechtsänderung durch das Grundbuchamt noch aussteht, durch Kenntniserlangung von der Verunreinigung des Grundstücks zerstört werden, ohne dass es ihm möglich wäre, den Eigentumserwerb – und damit zugleich seine spätere Verantwortlichkeit aus § 4 Abs. 6 BBodSchG – noch zu verhindern. Aus verfassungsrechtlichen Gründen könnte hier eine korrigierende Auslegung geboten sein.[227]

(1) Schutzwürdigkeit des Vertrauens

Vertrauen liegt vor, wenn der frühere Eigentümer bei Erwerb des Grundstücks vom Nichtvorhandensein schädlicher Bodenveränderungen oder Altlasten in gutem Glauben ausgegangen ist.[228] Die entscheidende Frage, die sich bei § 4 Abs. 6 Satz 2 BBodSchG stellt, lautet, wann jemand auf die Abwesenheit von schädlichen Bodenveränderungen oder Altlasten vertrauen *durfte,* in welchen Fällen sein Vertrauen also schutzwürdig ist.

Im Prinzip kommt es auch hier – wie bei § 4 Abs. 6 Satz 1 BBodSchG – auf ein „Kennenmüssen" an:[229] Hat der Zustandsverantwortliche bei Begründung des Eigentums Tatsachen gekannt, die auf das Vorhandensein eines ordnungswidrigen Zustands des Grundstücks schließen lassen, ist er nicht schutzwürdig.[230] Maßgeblich sind insofern grundsätzlich dieselben

---

[225] Die entsprechende Passage in CERCLA Sec. 9601 (35) (C) lautet: „[...], if the defendant obtained actual knowledge of the release or threatened release of a hazardous substance at such facility when the defendant owned the real property and then subsequently transferred ownership of the property to another person without disclosing such knowledge [...]".

[226] So *Kahl,* Die Verwaltung, Bd. 33 (2000), S. 29 ff., 71 (Fn. 237); *Taupitz,* in: UTR Bd. 53, S. 203 ff., 254.

[227] Vgl. im Dritten Teil sub C.IV.4.b).

[228] Für die reine Tatsache des „Nicht-vertraut-Habens", in der Regel also der Kenntnis des Erwerbers von der Verunreinigung, trägt die Behörde die materielle Beweislast, vgl. *Bickel,* § 4 Rn. 65.

[229] Ebenso *Wüterich,* in: Landel/Vogg/Wüterich, § 4 Rn. 182. Gemäß *Kahl,* Die Verwaltung, Bd. 33 (2000), S. 29 ff., 55, können zur Beantwortung der Frage, wann ein Vertrauen schutzwürdig ist, auch Anleihen bei der Judikatur und Literatur zu § 48 Abs. 2 Satz 1 (L)VwVfG gemacht werden.

[230] In diesem auf den Kenntnisstand des Erwerbers abstellenden Haftungsprivileg kommen die Grundsätze zum Ausdruck, die das Bundesverwaltungsgericht zu der Frage einer Haftungsbegrenzung des Zustandsstörers in so genannten „Opferpositionen" entwickelt hat und die neuerdings das Bundesverfassungsgericht näher ausgestaltet hat: Wer bei Begründung des Eigentums vom ordnungswidrigen Zustand

Kriterien, die im Zusammenhang mit § 4 Abs. 6 Satz 1 BBodSchG vor dem Hintergrund der US-amerikanischen Standards entwickelt wurden.[231] Allerdings ist der Fahrlässigkeitsmaßstab, wie sich noch zeigen wird, aus verfassungsrechtlichen Gründen in bestimmten Fällen zu reduzieren. Hier ist zu differenzieren zwischen Erwerbern, die bodenbelastete Grundstücke bereits vor In-Kraft-Treten des Bundes-Bodenschutzgesetzes erworben hatten und solchen, die erst nach diesem Zeitpunkt Grundstückseigentümer geworden sind. Welche Anforderungen an die Schutzwürdigkeit des Vertrauens zum Zeitpunkt des Eigentumserwerbs im Einzelnen zu stellen sind, kann abschließend erst beantwortet werden, nachdem die maßgeblichen verfassungsrechtlichen Determinanten, insbesondere die betroffenen Grundrechte und das verfassungsrechtliche Rückwirkungsverbot, näher beleuchtet wurden.[232]

(2) Sonderproblem: Schutzwürdiges Vertrauen des Erben eines Altlastengrundstücks

Problematisch wird die Anwendung der Vertrauensschutzregelung des § 4 Abs. 6 Satz 2 BBodSchG in Fällen, in denen der frühere Eigentümer das Grundstück nicht durch Rechtsgeschäft, sondern aufgrund Gesetzes erworben hat, namentlich in Fällen, in denen ein Altlastengrundstück geerbt wurde und der Erbe später als ehemaliger Eigentümer zur Vornahme der Sanierung herangezogen werden soll.[233] Illustriert sei dies an folgendem Beispiel:

Eine GmbH betrieb auf einem Grundstück von E eine Tankstelle. Wegen undichter Abflussrohre gelangten während der gesamten Betriebszeit gesundheitsgefährdende Chemikalien in den Boden. Hiervon wusste E zu dieser Zeit nichts. Im Juni 1999 starb E und wurde von seinem Sohn S beerbt. Bei Erdarbeiten für eine Neubebauung des Grundstücks stieß vier Wochen später der bis dahin gutgläubige S auf belastetes Erdreich. Aus Furcht, zur Sanierung herangezogen zu werden, übertrug S das Eigentum an dem Grundstück kurze Zeit später an seinen vermögenslosen Freund F. Da die GmbH nicht mehr existiert, nimmt die Behörde S als ehemaligen Eigentümer zur Sanierung in Anspruch.

---

der Sache wusste oder doch zumindest Tatsachen kannte, die auf das Vorhandensein eines solchen Zustands schließen lassen, muss die (uneingeschränkte) gesetzliche Folge der ordnungsrechtlichen Verantwortlichkeit tragen. Das bewusst übernommene Risiko mindert also die Schutzwürdigkeit des Eigentümers – und nach § 4 Abs. 6 Satz 2 BBodSchG auch die des ehemaligen Eigentümers. Vgl. BVerwG, Beschl. v. 14.12.1990 – 7 B 134.90, NuR 1991, 280 f., 281; Beschl. v. 14.11.1996 – 4 B 205/96 –, NVwZ 1997, 577 f., 578, vgl. hierzu *Knopp/Albrecht,* BB 1998, 1856; BVerfGE 102, 1 (21 f.).

231 Siehe oben sub D.III.2.a)cc)(3).

232 Siehe zu dieser Fragestellung ausführlich im Dritten Teil sub C.IV.4.b).

233 Vgl. hierzu auch *Kohls,* ZUR 2001, 183 ff.

Hier erscheint es zweifelhaft, ob der Erbe S im Rahmen seiner nachwirkenden Sanierungsverantwortlichkeit nach § 4 Abs. 6 BBodSchG in den Genuss der Vertrauensschutzregelung des § 4 Abs. 6 Satz 2 BBodSchG kommen kann. Die bereits erwähnte strukturelle Übereinstimmung dieser Regelung mit den zivilrechtlichen Gutglaubensvorschriften deutet darauf hin, dass der Gesetzgeber bei ihrer Aufnahme in das Bundes-Bodenschutzgesetz den rechtsgeschäftlichen Erwerb vor Augen hatte, nicht aber den gesetzlichen Erwerb.[234] Denn grundsätzlich besteht nur für den rechtsgeschäftlichen Erwerb ein Bedürfnis nach Vertrauensschutz.[235] Das Haftungsprivileg des § 4 Abs. 6 Satz 2 BBodSchG dient – ebenso wie die zivilrechtlichen Gutglaubensvorschriften[236] – neben dem Vertrauensschutz des redlichen Geschäftspartners[237] nicht zuletzt auch der Erleichterung und Sicherung des (Grundstücks-)Rechtsverkehrs.

Der Erbe erwirbt das Grundstückseigentum jedenfalls nicht aufgrund von Vertrauen, sondern *ipso iure* aufgrund der gesetzlich angeordneten Universalsukzession.[238] Folglich kommt es zum Zeitpunkt des Grundstückserwerbs, d.h. in der logischen Sekunde, in der sich die Gesamtrechtsnachfolge nach § 1922 BGB vollzieht, nicht auf seinen „guten Glauben" bezüglich der Altlastenfreiheit des Grundstücks an.[239] Der Erbe wird – unbeschadet seines Ausschlagungsrechts – auch ohne sein Wissen und Zutun, ja selbst gegen seinen Willen Erbe.[240] Auf das Vertrauen des Erben zu diesem Zeitpunkt abzustellen, ist daher nicht sinnvoll.[241] Auch hilft die nahe liegende Überlegung nicht weiter, wenn schon nicht der Erwerbszeitpunkt an sich maßgeblich sein soll, eben das gesamte Vorwissen des Erben bis zu diesem Zeitpunkt zu berücksichtigen. Wird nämlich der Erbe zum Zeitpunkt der Erbschaft zum ersten Mal mit der Tatsache konfrontiert, dass er Eigentümer eines Grundstücks geworden ist, so kann man schwerlich davon sprechen, er habe (bis dahin) darauf vertraut, dass auf diesem Grund-

---

[234] Ebenso *Becker,* BBodSchG, § 4 Rn. 77; *Frenz,* BBodSchG, § 4 Abs. 6 Rn. 6.

[235] Daher kennt die Zivilrechtsordnung den gutgläubigen gesetzlichen Erwerb auch nur in Ausnahmefällen (§§ 937, 955 Abs. 1, 1007 Abs. 1 und Abs. 3 BGB). Vgl. *Medicus,* Bürgerliches Recht, 18. Aufl. 1999, Rn. 547.

[236] Vgl. zum Normzweck des § 932 BGB MünchKomm-*Quack* (1997), § 932 Rn. 1.

[237] Siehe dazu näher sub D.III.2.a)dd)(2)(c).

[238] *Lange/Kuchinke,* Lehrbuch des Erbrechts, 4. Aufl. 1995, § 8 I 1. Vgl. auch *Bickel,* § 4 Rn. 65.

[239] Dies übersieht *Trurnit,* Die Altlastenhaftung des Rechtsnachfolgers, S. 83 f.; *ders.,* VBlBW 2000, 261 ff., 264 (bei Fn. 19).

[240] Vgl. *Lange/Kuchinke,* § 8 I 1.

[241] So auch *Frenz,* BBodSchG, § 4 Abs. 6 Rn. 26. Ebenso wenig ist der – identische – Zeitpunkt des gemäß § 857 BGB fingierten Besitzerwerbs für die Beurteilung der Gutgläubigkeit geeignet, vgl. MünchKomm-*Quack* (1997), § 943 Rn. 9.

stück keine schädlichen Bodenveränderungen oder Altlasten vorhanden seien. Hier die Gutgläubigkeit des Erben zu fingieren, bedeutete eine Besserstellung gegenüber dem rechtsgeschäftlichen Erwerber, den hinsichtlich des Grundstücks bestimmte Erkundigungspflichten treffen, um schutzwürdiges Vertrauen begründen zu können.[242]

Auf der anderen Seite erscheint es unbillig, den Erben generell von dem Haftungsprivileg des § 4 Abs. 6 Satz 2 BBodSchG auszunehmen.[243] Dies wäre eine – im Hinblick auf Art. 3 Abs. 1 GG zumindest rechtfertigungsbedürftige – Benachteiligung gegenüber dem rechtsgeschäftlichen Erwerber. Vom Wortlaut her erfasst das Gesetz in § 4 Abs. 6 Satz 2 BBodSchG, indem es einschränkungslos von dem „Erwerb" spricht, grundsätzlich sowohl den rechtsgeschäftlichen als auch den gesetzlichen Erwerb. Die einseitige und voraussetzungslose Nichtanwendung der Haftungsfreistellungsklausel für den gesetzlichen Erwerber käme, soweit in seiner Person die Voraussetzungen des § 4 Abs. 6 Satz 1 BBodSchG erfüllt sind, der Anordnung einer Gesamtrechtsnachfolge in die (abstrakte) Zustandsverantwortlichkeit[244] gleich. Eine solche hat das Bundes-Bodenschutzgesetz aber gerade nicht normiert.[245]

(a) Maßgeblichkeit des Kenntnisstandes des Erblassers

Das Problem der Inkompatibilität des Haftungsprivilegs in § 4 Abs. 6 Satz 2 BBodSchG mit gesetzlichen Erwerbstatbeständen wie der Erbschaft ist bislang kaum erkannt worden. Soweit sich Äußerungen hierzu in der Literatur finden, wird die Lösung des gordischen Knotens darin gesucht, statt auf den guten Glauben des Erben auf den Kenntnisstand des Erblassers zu dem Zeitpunkt, als dieser selbst das Grundstück erworben hat, abzustellen.[246] Dahinter steht die Überlegung, dass nach den allgemeinen Regeln des Erbrechts unter Umständen auch der Kenntnisstand des Erblassers auf

---

242 Siehe oben sub D.III.2.a)dd)(1) und im Dritten Teil sub C.IV.4.b).

243 So aber offenbar *Frenz,* BBodSchG, § 4 Abs. 6 Rn. 26; im Ergebnis auch *Versteyl,* in: UTR Bd. 53, S. 147 ff., 171, der auf das Wissen des Erben zum Zeitpunkt des späteren Verkaufs abstellen will und damit faktisch § 4 Abs. 6 Satz 2 für den Erben nicht zur Anwendung kommen lässt. Vgl. auch *Becker,* BBodSchG, § 4 Rn. 77.

244 Hierzu kritisch *Ipsen,* Niedersächsisches Gefahrenabwehrrecht, 2. Aufl. 2001, Rn. 206 ff.

245 Vgl. nur *Knopp,* DÖV 2001, 441 ff., 446; *Schink,* DÖV 1999, 797 ff., 801. Verantwortungsbegründend ist nach dem Bundes-Bodenschutzgesetz nunmehr allein die – bislang kontrovers behandelte – Gesamtrechtsnachfolge in die abstrakte Verhaltensverantwortlichkeit (§ 4 Abs. 3 S. 1 Alt. 2 BBodSchG). Vgl. hierzu VGH Mannheim, Beschl. v. 11.12.2000 – 10 S 1188/00 –, NuR 2001, 460 f.; Marburger, zit. von *Sobczak,* in: UTR Bd. 53, S. 123 ff., 135; *Rengeling,* in: UTR Bd. 53, S. 43 ff., 70; *Trurnit,* Die Altlastenhaftung des Rechtsnachfolgers, S. 154 ff.

den Erben übergehen kann, wie etwa im Falle des gutgläubigen Erwerbs nach den §§ 891 ff., 932 ff., 1007 Abs. 1 BGB oder im Fall des § 858 Abs. 2 BGB.[247]

Bickel überträgt diesen Gedanken auf die bodenschutzrechtliche nachwirkende Sanierungsverantwortlichkeit des Erben. Der Kenntnisstand des Erblassers sei eine vermögensrechtliche Position, in die der Erbe einrücke. Dies führe dazu, dass bei ehemals „bösgläubigem Erwerb" des Altlastengrundstücks durch den Erblasser seine damit verbundene Sanierungspflicht quasi „als am Erbe haftend" auf den Erben übergehe, mit der Konsequenz, dass dieser sich nicht nach § 4 Abs. 6 Satz 2 BBodSchG von der nachwirkenden Sanierungsverantwortung befreien könne und allein auf sein Recht der Beschränkung der Erbenhaftung verwiesen sei.[248]

Zunächst ist der Ausgangspunkt *Bickels* nicht zu beanstanden, die Lösung des Problems mangels spezieller öffentlich-rechtlicher Regelungen im zivilen Erbrecht zu suchen.[249] Richtig ist zudem, dass im Wege der erbrechtlichen Universalsukzession neben vermögensrechtlichen Positionen auch – konkrete oder abstrakte – zivilrechtliche und öffentlich-rechtliche Rechte und Pflichten übergangsfähig sind.[250] Allerdings, und hier unterliegt *Bickel* einem dogmatischen Fehlschluss, ist die bloße Kenntnis oder fahrlässige Unkenntnis des Erblassers *per se* weder eine vermögensrechtliche Position noch eine (öffentlich-rechtliche) Pflicht, die gemäß § 1922 Abs. 1 BGB übergangsfähig wäre. Sie ist nur dann „vererblich", wenn an den Kenntnisstand des Erblassers bestimmte Rechtsfolgen, genauer gesagt Haftungsfolgen bzw. Verantwortlichkeiten geknüpft werden. Hinderte beispielsweise das Wissen um das Nichteigentum des Veräußerers den gutgläubigen Erwerb einer beweglichen Sache durch den Erblasser (§ 932 BGB), so tritt der Erbe in diese Rechtsscheinstellung des Erblassers ein und muss sich den – in diesem Fall rechtshindernden – bösen Glauben des Erblassers zurechnen lassen.[251] Übertragen auf öffentlich-rechtliche Positionen bedeutet

---

[246] *Bickel,* § 4 Rn. 70; ihm folgend *Becker,* BBodSchG, § 4 Rn. 77, sowie *Frenz,* BBodSchG, § 4 Abs. 6 Rn. 31.

[247] Vgl. hierzu näher Staudinger-*Marotzke* (2000), § 1922 Rn. 45, 253 ff.; *Krämer,* NJW 1997, 2580 f.

[248] *Bickel,* § 4 Rn. 70; *Becker,* BBodSchG, § 4 Rn. 77; *Frenz,* BBodSchG, § 4 Abs. 6 Rn. 26.

[249] *Bickel,* § 4 Rn. 70 mit Hinweis auf *Gerhold,* altlasten spektrum 1998, 107 ff., 108. Zur Anwendbarkeit des zivilen Erbrechts im öffentlichen Recht vgl. MünchKomm-*Leipold* (1997), Einleitung vor § 1922 Rn. 86 ff; Staudinger-*Marotzke* (2000), § 1922 Rn. 351 f.; Staudinger-*Otte* (2000), Einl. zu §§ 1922 ff. Rn. 2.

[250] Vgl. dazu *Dietlein,* Nachfolge im Öffentlichen Recht, 1999, S. 67 ff., 86; *Lange/Kuchinke,* § 5 II a (Fn. 17); *Papier,* DVBl. 1996, 125 ff., 126; *Schlabach/Heck,* VBlBW 1999, 406 ff., 411; Staudinger-*Marotzke* (2000), § 1922 Rn. 44; Staudinger-*Otte* (2000), Einl. vor §§ 1922 ff. Rn. 2.

dies, dass der Kenntnisstand des Erblassers nur dann übergangsfähig ist, wenn der Kenntnisstand für die Begründung oder Versagung öffentlicher Rechte oder Pflichten konstitutiv ist.

Im hier interessierenden Fall des § 4 Abs. 6 Satz 2 BBodSchG müssten also der Kenntnisstand bzw. die Bösgläubigkeit des Erblassers zum Zeitpunkt seines eigenen Erwerbs für ihn hinsichtlich der grundstücksbezogenen Sanierungsverantwortlichkeit pflichtenbegründend gewesen sein.[252] Die folgenden Überlegungen widerlegen jedoch diese Annahme. Sie werden verdeutlichen, dass die Kenntnis bzw. fahrlässige Unkenntnis des Erblassers von der Bodenbelastung – von dem Ausnahmefall abgesehen, dass er selbst bereits nachwirkend Sanierungsverantwortlicher i. S. d. § 4 Abs. 6 BBodSchG war –, für ihn zu keinem Zeitpunkt pflichtenbegründend wirkte und daher nicht auf den Erben im Wege der Universalsukzession übergehen konnte.

(b) Unbeachtlichkeit des Erblasserkenntnisstandes für dessen Zustandsverantwortlichkeit

Dies gilt zunächst für die Zustandsverantwortlichkeit des Erblassers. Diese bestand zu seinen Lebzeiten unabhängig von seiner Kenntnis der Bodenbelastungen. Dabei ist es – anders als etwa im US-amerikanischen Recht[253] – unerheblich, ob der „böse Glaube“ des Erblassers bereits zum Zeitpunkt des Grundstückserwerbs vorlag oder erst zu einem späteren Zeitpunkt entstand. Maßgeblich für die Zustandsverantwortlichkeit war allein das Innehaben der tatsächlichen Sachherrschaft bzw. – wie im herangezogenen *Beispielsfall* – das Eigentum an dem Grundstück. Die klassische Zustandsverantwortlichkeit ist – zumindest hinsichtlich ihrer primärrechtlichen Begründung – frei von subjektiven Haftungselementen.[254]

(c) Keine Begründung einer Verhaltensverantwortlichkeit durch Unterlassen

Unterstellt man einmal im *Beispielsfall* die Bösgläubigkeit des Erblassers bei Erwerb des Grundstücks, so könnte man allerdings auf die Idee kommen, sein Kenntnisstand habe zur Begründung einer Verhaltensverantwortlichkeit durch Unterlassen geführt.

---

251 Vgl. Staudinger-*Marotzke* (2000), § 1922 Rn. 45.

252 So auch *Taupitz,* in: UTR Bd. 53, S. 203 ff., 254 (Fn. 188): „Bösgläubigkeit des *Erblassers* mit der Folge bestehender Sanierungspflicht des Erblassers als Eigentümer führt bereits nach § 1967 BGB dazu, dass auch der Erbe in diese Pflicht eintritt.“.

253 Siehe hierzu oben sub D.III.2.a)cc)(3).

254 Vgl. oben sub D.III.2.a)cc) (bei Fn. 183).

Zwar kann im allgemeinen Polizeirecht eine Verhaltensverantwortlichkeit grundsätzlich auch durch Unterlassen des Einsatzes eines gebotenen Gegenmittels geschehen (sog. passive Störung).[255] Unterlassen begründet die Verantwortlichkeit allerdings nur dann, wenn eine Garantenpflicht, etwa aus vorangegangenem pflichtwidrigem Tun (Ingerenz) besteht.[256] Dafür genügt der bloße Verstoß gegen eine öffentlich-rechtliche Vorschrift aber nicht, wenn diese lediglich einen bestimmten Sachzustand für rechtswidrig erklärt, ohne eine konkrete Handlung zu gebieten. Erforderlich ist vielmehr der Verstoß gegen eine öffentlich-rechtliche Handlungspflicht (Gebotsnorm).[257] Es ließe sich an einen Verstoß des Eigentümers gegen die materielle Polizeipflicht, das Eigentum in einem polizeigemäßen Zustand zu bewahren (Art. 14 Abs. 2 GG), denken.[258] Die Missachtung dieser allgemeinen „Nichtstörerpflicht" genügt zur Begründung einer Garantenpflichtverletzung

---

[255] VGH Mannheim, Beschl. v. 11.12.2000 – 10 S 1188/00 –, NuR 2001, 460 f., 460; VG Kassel, Beschl. v. 28.10.1997 – 2 G 3244/97 –, NVwZ-RR 1998, 648 ff., 650; *Drews/Wacke/Vogel/Martens,* S. 310; *Frenz,* BBodSchG, § 4 Abs. 1 Rn. 43; *Friauf,* in: Schmidt-Aßmann (Hrsg.), 2. Abschn. Rn. 72; *Kothe,* VerwArch 88 (1997), 456 ff., 465; *v. Mutius,* Jura 1983, 298 ff., 302; vgl. auch auch § 348 Abs. 4 UGB-KomE sowie die Begründung zu der Eigentümerhaftung des § 348 Abs. 1 Nr. 4 UGB-KomE auf S. 1034: „Dann kann [der Eigentümer] durch Dulden oder pflichtwidriges Unterlassen die Bodenbelastung mitverursacht haben.".

[256] VGH Mannheim, Urt. v. 18.9.2001 – 10 S 259/01 –, ZUR 2002, 227 ff.; *Frenz,* BBodSchG, § 4 Abs. 1 Rn. 50; Abs. 3 Rn. 25 f.; *Giesberts,* in: Fluck, Bd. 2, § 4 BBodSchG Rn. 178.

[257] VGH Mannheim, Beschl. v. 11.12.2000 – 10 S 1188/00 –, NuR 2001, 460 f., 460; Beschl. v. 4.8.1995 – 10 S 828/95 –, NVwZ 1996, 1036 ff., 1037; OVG Münster, Urt. v. 24.3.1971 – IV A 775/69 –, DVBl. 1971, 828 ff., 829; Beschl. v. 9.2.1979 – IV A 1251/77 –, DVBl. 1979, 735 f.; Beschl. v. 5.2.1988, – 11 B 186/88 –, NVwZ-RR 1988, 20; VGH München, Beschl. v. 26.9.1995 – 21 B 95.1527 –, NuR 1997, 559 f., 559; *Becker,* BBodSchG, § 4 Rn. 23 a; *Drews/Wacke/Vogel/Martens,* S. 307; *Frenz,* BBodSchG, § 4 Rn. 25; *Friauf,* in: Schmidt-Aßmann (Hrsg.), 2. Abschn. Rn. 72; *Götz,* Allg. POR, Rn. 211; *Griesbeck,* S. 88 m.w.N.; *v. Mutius,* Jura 1983, 298 ff., 302; *Oerder,* in: Oerder/Numberger/Schönfeld, § 4 Rn. 13; *Selmer,* in: GS Martens, S. 483 ff., 485; *Wagner/Ruder,* Rn. 260; *Würtenberger/Heckmann/Riggert,* Rn. 292.

[258] So VGH München, Beschl. v. 26.9.1995 – 21 B 95.1527 –, NuR 1997, 559 f., 559; VG Karlsruhe, Urt. v. 23.2.1983 – 4 K 182/80 –, VBlBW 1985, 152 ff., 155; dagegen mit überzeugenden Gründen *Bender/Sparwasser/Engel,* Kap. 7/VII, Rn. 211; *Kniesel,* BB 1997, 2009 ff., 2014; *v. Mutius,* Jura 1983, 298 ff., 302; *Schmidt-Jortzig,* in: Festschrift für Scupin, 1983, S. 819 ff., 824; *Würtenberger/Heckmann/Riggert,* Rn. 294. Für die Begründung einer ordnungsrechtlichen Verpflichtung unabhängig von einem sie konkretisierenden Verwaltungsakt tritt auch die verbreitete Auffassung ein, die eine Gesamtrechtsnachfolge in abstrakte Polizeipflichten bejaht. So etwa OVG Lüneburg, Beschl. v. 7.3.1997 – 7 M 3628/96 –, NJW 1998, 97 ff., 98; *Kloepfer,* NuR 1987, 7 ff., 17. Allerdings bezieht sich diese Auffassung wohl nur auf die Rechtsnachfolge in die abstrakte *Verhaltens*verantwortlichkeit, nicht in die abstrakte *Zustands*verantwortlichkeit.

jedoch nicht, denn sonst führte jede Zustandsverantwortlichkeit gleichzeitig zur Verhaltensverantwortlichkeit, und es könnten die Voraussetzungen der Zustandsverantwortlichkeit umgangen werden.[259] Das Gleiche dürfte für die im Rahmen von § 823 Abs. 1 BGB entwickelte allgemeine Verkehrssicherungspflicht gelten.[260] In die Bestimmung des Inhalts und des Umfangs der den Einzelnen treffenden „Nichtstörungspflicht“ müssen, um überhaupt von einer „Pflicht“ sprechen zu können, objektivierte Sorgfaltskriterien eingehen.

Solche begründen jetzt ausdrücklich die bodenbezogenen Pflichten der §§ 4 Abs. 1, Abs. 2 und Abs. 3, 7 BBodSchG.[261] Für den Erblasser als Grundstückseigentümer bestand ab dem 1. März 1999 die besondere bodenschutzrechtliche Pflicht, Gefahren von dem Grundstück abzuwehren (§ 4 Abs. 2 BBodSchG) und bereits entstandene Schäden zu beseitigen (§ 4 Abs. 3 Satz 1 BBodSchG). Der Verstoß gegen die Gefahrenabwehr- und Sanierungspflichten aus § 4 Abs. 2, Abs. 3 BBodSchG kann daher möglicherweise eine garantenähnliche Stellung des früheren Eigentümers begründen, die sich hinsichtlich einer Verhaltensverantwortlichkeit haftungslegitimierend auswirken könnte.[262] Zwar ist an die Nichteinhaltung der Pflichten aus § 4 Abs. 2 und Abs. 3 BBodSchG keine Sanktion geknüpft.[263] Anders als § 4 Abs. 1 BBodSchG sind diese Pflichten aber uneingeschränkt vollzugstauglich, d.h. sie können mit einer Anordnung nach § 10 Abs. 1 BBodSchG – im Fall des § 4 Abs. 2 BBodSchG etwa zur Beschränkung der land- und forstwirtschaftlichen Bodennutzung – durchgesetzt werden.[264]

---

[259] VGH Mannheim, Beschl. v. 4.8.1995 – 10 S 828/95 –, NVwZ 1996, 1036 ff., 1037; OVG Münster, Urt. v. 24.3.1971 – IV A 775/69 –, DVBl. 1971, 828 ff.; Beschl. v. 5.2.1988 – 11 B 186/88 –, NVwZ-RR 1988, 20 f.; *Bickel,* § 4 Rn. 16; *Dietlein,* S. 87 f. Fn. 237, S. 94 f.; *Fluck,* UPR 2001, 253 ff., 256; *Habermehl,* Rn. 183 mit Hinweis auf BVerwG, Urt. v. 6.9.1988 – 1 C 15.86 –, DVBl. 1989, 59 f., 60; *Kahl,* Die Verwaltung, Bd. 33 (2000), S. 29 ff., 68; *Kniesel,* BB 1997, 2009 ff., 2014. Vgl. auch *Griesbeck,* S. 88.

[260] OLG Frankfurt, Urt. v. 1.10.1991 – 22 U 222/89 –, NVwZ-RR 1992, 129 f., 129; *Kahl,* Die Verwaltung, Bd. 33 (2000), S. 29 ff., 68; a.A. wohl VGH München, Beschl. v. 26.9.1995 – 21 B 95.1527 –, NuR 1996, 559 f., 559; *Becker,* BBodSchG, § 4 Rn. 18.

[261] *Bender/Sparwasser/Engel,* Kap. 7/VII, Rn. 194; *Giesberts,* in: Fluck, Bd. 2, § 4 BBodSchG Rn. 178; *Oerder,* in: Oerder/Numberger/Schönfeld, § 4 Rn. 13.

[262] Diese Möglichkeit sehen auch *Schlabach/Heck,* VBlBW 1999, 406 ff., 412 (Fn. 114) u. 413; ähnlich auch *Hilger,* in: Holzwarth/Radtke/Hilger/Bachmann, Bundes-Bodenschutzgesetz/Bundes-Bodenschutz- und Altlastenverordnung, 2. Aufl. 2000, § 4 Rn. 113e.

[263] *Kobes,* NVwZ 1998, 786 ff., 789; *Vierhaus,* NJW 1998, 1262 ff., 1264.

[264] Da die Verletzung der „Jedermannspflicht“ aus § 4 Abs. 1 BBodSchG aufgrund ihrer Unbestimmtheit weder als Ordnungswidrigkeit sanktioniert noch selbständig durchsetzbar ist, reduziert sich die Vorschrift in ihrer faktischen Wirksamkeit – zumindest in öffentlich-rechtlicher Hinsicht – auf einen schlichten Appell.

§ 4 Abs. 2 und Abs. 3 sind also mehr als ein bloßer Appell an Grundstückseigentümer, Abwehrmaßnahmen gegenüber drohenden schädlichen Bodenveränderungen zu ergreifen. Sie begründen gesetzliche Pflichten, die – wenn bei wertender Betrachtung die Gefahrenschwelle überschritten wird[265] – unmittelbar zu erfüllen[266] und daher als bodenschutzrechtliche Grundpflichten[267] zu qualifizieren sind. Möglicherweise statuieren sie sogar als besondere gesetzliche Handlungsgebote eine bodenschutzrechtliche Garantenpflicht[268] bzw. Gefährdungshaftung[269] des Grundstückseigentümers.[270]

Gleichwohl begründet die bewusste Missachtung dieser speziellen Gefahrenabwehr- und Sanierungspflichten keine Verursacherhaftung durch Unterlassen nach § 4 Abs. 3 Satz 1 Alt. 1 BBodSchG.[271] Der Verursacherbegriff ist ebenso wie das Verursacherprinzip kein feststehender Begriff, sondern

---

Ebenfalls kritisch *Erbguth/Stollmann,* NuR 1999, 127 ff., 127; *Vierhaus,* NJW 1998, 1262 ff., 1264. Andere Autoren halten auch die Grundpflicht nach § 4 Abs. 1 BBodSchG durch behördliche Anordnungen nach § 10 BBodSchG für durchsetzbar, vgl. *Frenz,* BBodSchG, Vor § 4 Rn. 3; *Hilger,* in: Holzwarth/Radtke/Hilger/Bachmann, Bundes-Bodenschutzgesetz/Bundes-Bodenschutz- und Altlastenverordnung, 2. Aufl. 2000, § 4 Rn. 1; *Queitsch,* BBodSchG, Rn. 88; *Schimikowski,* VersR 1998, 1452 ff., 1454; *Schoeneck,* in: Sanden/Schoeneck, § 4 Rn. 10.

265 Bloß unwesentliche Verursachungsbeiträge führen bei wertender Betrachtung nicht zum Überschreiten der Gefahrenschwelle. Daher erfüllen die durch weiträumige Luftverunreinigungen verursachten so genannten Summations- und Distanzschäden nicht den nach § 4 Abs. 1 BBodSchG erforderlichen Zurechnungszusammenhang, vgl. *Würtenberger/Heckmann/Riggert,* Rn. 598 mit Hinweis auf die Begründung zum Gesetzentwurf der Bundesregierung für ein Bodenschutzgesetz, BT-Drs. 13/6701, S. 34.

266 *Dombert,* NJW 2001, 927 ff., 931; *Fluck,* UPR 2001, 253 ff., 256; *Frenz,* BBodSchG, § 4 Abs. 2 Rn. 80; *Queitsch,* BBodSchG, Rn. 83; *Würtenberger/Heckmann/Riggert,* Rn. 598. Nach VGH Mannheim, Beschl. v. 4.8.1995 – 10 S 828/95 –, NVwZ 1996, 1036 ff., 1037, rechtfertigt hingegen das Nichterfüllen einer noch nicht durch Verwaltungsakt konkretisierten allgemeinen Abwehr- und Beseitigungsverpflichtung noch nicht, an dieses Verhalten eine polizeirechtliche Verantwortlichkeit anzuknüpfen. Ebenso ablehnend *Knoche,* GewArch 2000, 448 ff., 453.

267 *Bender/Sparwasser/Engel,* Kap. 7/VII, Rn. 194; *Giesberts,* in: Fluck, Bd. 2, § 4 BBodSchG Rn. 178. Mit der Bezeichnung als Grundpflicht soll vor allem der Umstand zum Ausdruck gebracht werden, dass die Pflicht sich grundsätzlich unmittelbar kraft Gesetzes ergibt. Vgl. *Pietrzak,* S. 48. Für die immissionsschutzrechtlichen Grundpflichten vgl. *Dierkes,* S. 83; *Jarass,* § 5 BImSchG Rn. 1.

268 *Fluck,* UPR 2001, 253 ff., 257; *Frenz,* BBodSchG, § 4 Abs. 1 Rn. 49; *Queitsch,* BBodSchG, Rn. 90.

269 Vgl. *Dierkes,* S. 165.

270 Die Pflichten aus § 4 Abs. 1 und Abs. 2 BBodSchG können zudem die Eigenschaft eines Schutzgesetzes i.S.d. § 823 Abs. 2 BGB haben, vgl. *Taupitz,* in: UTR Bd. 53, S. 203 ff., 223.

271 A.A. offenbar *Oerder,* in: Oerder/Numberger/Schönfeld, § 4 Rn. 13; hinsichtlich der Vermeidungspflicht aus § 4 Abs. 2 BBodSchG nach bereits vorhandenen

das Ergebnis rechtlicher Wertung.[272] Insofern muss er bereichsbezogen bestimmt und in seinem jeweiligen Regelungszusammenhang gesehen werden. Im Bereich der bodenschutzrechtlichen Verantwortlichkeit gilt Folgendes: Der Verursacher einer schädlichen Bodenveränderung oder Altlast ist nach dem gesetzgeberischen Willen nur derjenige, der zu ihrem Entstehen *aktiv* beigetragen hat.[273] Für diese Auslegung spricht der systematisch enge Zusammenhang der in § 4 Abs. 3 Satz 1 Alt. 1 BBodSchG normierten Verursacherverantwortlichkeit mit der „Jedermannspflicht" des § 4 Abs. 1 BBodSchG: Nach § 4 Abs. 1 BBodSchG ist nur derjenige verpflichtet, keine schädlichen Bodenveränderungen hervorzurufen – also zu verursachen[274] –, der auf den Boden „einwirkt". Unter einer solchen Einwirkung kann nach dem Wortsinn nur ein aktives menschliches Verhalten verstanden werden. Bloße Passivität genügt nicht.[275] § 4 Abs. 1 BBodSchG setzt nämlich im Gegensatz zu § 4 Abs. 2 BBodSchG gerade ein bestimmtes bodenbezogenes menschliches Verhalten voraus und nimmt nicht bloß die „Gefahrenquelle" Grundeigentum bzw. -besitz zum Anknüpfungspunkt der ordnungsrechtlichen Verantwortlichkeit. Auch stellt § 4 Abs. 1 BBodSchG in seiner Rechtsfolge andere Anforderungen an den Normadressaten als § 4 Abs. 2 BBodSchG. Dieses gesetzlich vorgezeichnete Nebeneinander von Verhaltensverantwortlichkeit auf der einen und Zustandsverantwortlichkeit auf der anderen Seite wäre aber – auch im Rahmen von § 4 Abs. 3 Satz 1 BBodSchG – aufgehoben, wenn das Unterlassen der Gefahrenabwehr durch den Eigentümer stets mit einem Verursachen (im Sinne eines „Einwirkens" nach § 4 Abs. 1 BBodSchG) gleichzusetzen wäre. Dann ginge die „Einwirkung" von dem Grundstück und nicht von dem Verantwortlichen aus.[276] Dementsprechend bedeutet die bloße Untätigkeit des Erblassers keine (aktiv physische) Einwirkung auf den Boden und stellt damit noch keinen verantwortungsbegründenden Beitrag zur Entstehung der Bodenbelastungen dar. Das Unterlassen der erforderlichen Sanierungsmaßnahmen allein ist für die Belastung des Grundstücks daher nicht ursächlich im Rechtssinne.[277]

Kontaminationen und „weiterfressenden" Kontaminationen differenzierend *Fluck*, UPR 2001, 253 ff., 256.

[272] *Frenz*, Das Verursacherprinzip, S. 245 f.; *ders.*, BBodSchG, § 4 Abs. 3 Rn. 5; *Köck*, Die Sonderabgabe als Instrument des Umweltschutzes, 1991, S. 161. Ebenso die Begründung zu § 6 UGB-KomE, Entwurf der Unabhängigen Sachverständigenkommission zum Umweltgesetzbuch, hrsg. vom Bundesministerium für Umwelt, Naturschutz und Reaktorsicherheit, Berlin 1998, S. 456.

[273] *Giesberts*, in: Fluck, Bd. 2, § 4 BBodSchG Rn. 108. Dies übersieht *Fluck*, UPR 2001, 253 ff., 256 f.

[274] Zur Synonymität dieser Begriffe *Frenz*, BBodSchG, § 4 Abs. 1 Rn. 10 f.

[275] *Bickel*, § 4 Rn. 4.

[276] *Frenz*, BBodSchG, § 4 Abs. 1 Rn. 44.

Dies gilt selbst dann, wenn der Eigentümer die Gefahren kannte.[278] Das Bundes-Bodenschutzgesetz sieht beim Vorliegen von schädlichen Bodenveränderungen und „normalen" Altlasten keine Informationspflichten des Verantwortlichen gegenüber der zuständigen Behörde vor. Es wird von dem Zustandsverantwortlichen weder eine „Selbstanzeige" noch eine inhaltliche Billigung der zur Gefahrenabwehr beabsichtigten Maßnahmen durch die zuständige Behörde verlangt.[279] Ein (zunächst) passives Verhalten in Kenntnis von Bodenverunreinigungen kann allenfalls, soweit keine sonstigen Garantenpflichten des Zustandsverantwortlichen die Begründung einer Verhaltensverantwortlichkeit durch Unterlassen rechtfertigen,[280] zu einer *nachwirkenden Zustandsverantwortlichkeit* unter den zusätzlichen Voraussetzungen des § 4 Abs. 6 BBodSchG führen. Betrachtete man hingegen jede Untätigkeit trotz Wissens oder Wissenmüssens um schädliche Bodenveränderungen als Verursachung und koppelte daran die Verursacherverantwortlichkeit,[281] so umginge man, da die Aufgabe des Eigentums die Verhaltensverantwortlichkeit unberührt lässt,[282] die besonderen Voraussetzungen, welche § 4 Abs. 6 BBodSchG an die Begründung einer nachwirkenden Sanierungsverantwortlichkeit stellt: Der böse Glaube des früheren Eigentümers wirkt sich im Rahmen dieser Norm nur dann haftungsbegründend aus, wenn zu dem Unterlassen der Sanierung eine bestimmte, gefahrenperpetuierende *Aktivität* hinzukommt, nämlich das Veräußern des Grundstücks in dem Wissen um die schädliche Bodenveränderung.[283]

---

277 Ebenso *Bickel,* § 4 Rn. 4; *Frenz,* BBodSchG, § 4 Abs. 1 Rn. 44 ff.; *Giesberts,* in: Fluck, Bd. 2, § 4 BBodSchG Rn. 107; a. A. *Becker,* BBodSchG, § 4 Rn. 3; *Fluck,* UPR 2001, 253 ff., 256; *Schoeneck* in: Sanden/Schoeneck, § 4 Rn. 9.

278 *Frenz,* BBodSchG, § 4 Abs. 1 Rn. 46.

279 *Hilger,* in: Holzwarth/Radtke/Hilger/Bachmann, § 4 Rn. 5; ihm folgend *Frenz,* BBodSchG, Vor § 4 Rn. 13. Selbstanzeige- und Informationspflichten statuieren hingegen einige Landesabfall- und Bodenschutzgesetze, vgl. Art. 1 BayBodSchG; § 31 Abs. 4 BbgAbfG; § 20 Abs. 2 RhPfAbfWAG; § 35 Abs. 4 SaarlAWG; § 10 Abs. 2 SächsABG. Vgl. auch § 3 Abs. 4 des Musterentwurfs für ein Landes-Bodenschutzgesetz (ME-LBodSchG). Danach sind die Verantwortlichen im Sinne des Gesetzes verpflichtet, „Anhaltspunkte dafür, dass eine schädliche Bodenveränderung oder Altlast vorliegt, unverzüglich der unteren Bodenschutz- und Altlastenbehörde mitzuteilen". Der Musterentwurf ist im Internet abrufbar unter http://www.fh-kehl.de/projekt_bodenschutz.

280 Vgl. *Frenz,* BBodSchG, § 4 Abs. 1 Rn. 47; Abs. 3 Rn. 25 f.

281 So *Bender/Sparwasser/Engel,* Kap. 7/VII, Rn. 226. Dem wertungsmäßigen Unterschied zum Verursacher der Kontaminationen wollen *Bender/Sparwasser/Engel* durch eine Beschränkung der Kosteninanspruchnahme des früheren Eigentümers auf den Gegenstandswert bzw. durch Verhältnismäßigkeitsüberlegungen, wie etwa nach Art des § 303 Abs. 2 Satz 1 UGB-BT eine Einschränkung auf solche Bodenbelastungen, die während der Zeit der Eigentümerstellung entstanden sind, Rechnung tragen.

282 Vgl. die Nachweise in Fn. 129.

Zu einer solchen verantwortungsbegründenden Aktivität des Erblassers E ist es im *Beispielsfall* aber nie gekommen. Selbst wenn man – unter Abwandlung des *Beispielsfalls* – die Bösgläubigkeit des E zum Zeitpunkt seines Grundstückserwerbs unterstellte, so führte dieser Umstand selbst dann nicht zu seiner nachwirkenden Sanierungsverantwortlichkeit gemäß § 4 Abs. 6 Satz 1 BBodSchG, wenn der Erblasser nach In-Kraft-Treten des Bundes-Bodenschutzgesetzes verstorben war und – wiederum unterstellt – zum Zeitpunkt seines Ablebens bereits in Kenntnis bzw. fahrlässiger Unkenntnis der Grundstücksbelastung gewesen wäre. Der Erblasser hat sein Grundstück niemals im Wege des Rechtsgeschäfts „übertragen" wie es § 4 Abs. 6 Satz 1 BBodSchG fordert.[284] Sein Tod bewirkte zwar seinen Verlust des Eigentums an dem Grundstück, dieser trat aber kraft Gesetzes (§ 1922 BGB) und nicht kraft Rechtsgeschäfts ein.

Da also an die Bösgläubigkeit des Erblassers keine pflichtenbegründenden Folgen geknüpft waren, kann diese Bösgläubigkeit auch nicht auf den Erben im Wege der Gesamtrechtsnachfolge „als am Erbe haftend" übergehen und bei diesem zu einer Zerstörung des Vertrauensschutzes im Rahmen des § 4 Abs. 6 Satz 2 BBodSchG führen.[285]

Der einzig denkbare Fall, in dem der Kenntnisstand des Erblassers für den Erben schädlich sein könnte, ist der, in dem der Erblasser seinerseits bereits zu Lebzeiten gemäß § 4 Abs. 6 BBodSchG nachwirkend sanierungsverantwortlich war. Soweit in der Person des Erblassers alle verantwortungsbegründenden Voraussetzungen des § 4 Abs. 6 BBodSchG vorlagen, ist es vorstellbar, die auf diese Weise konkret oder abstrakt begründete nachwirkende Zustandsverantwortlichkeit des Erblassers auch für den Erben für maßgeblich zu halten und diesem im Falle einer späteren bösgläubigen Veräußerung des Grundstücks das Privileg des § 4 Abs. 6 Satz 2 BBodSchG zu versagen. Dies setzt allerdings voraus, dass man die Möglichkeit einer Rechtsnachfolge in die nachwirkende Zustandsverantwortlichkeit anerkennt. Im allgemeinem Polizei- und Ordnungsrecht wird die Gesamtrechtsnachfolge in die abstrakte Zustandsverantwortlichkeit nach einhelliger Auffassung mit der Begründung verneint, dass die Zustandsverantwortlichkeit des Rechtsnachfolgers kraft Gesetzes neu entstehe.[286] Lediglich die Gesamtrechtsnachfolge in die bereits konkretisierte Zustandsverantwortlichkeit wird überwiegend aus Praktikabilitätsgründen bejaht.[287] Der

283 Vgl. dazu im Einzelnen im Dritten Teil sub C.III.4.b)cc)(3).

284 *Hilger,* in: Holzwarth/Radtke/Hilger/Bachmann, § 4 Rn. 111 weist darauf hin, dass der Wortlaut der Vorschrift („übertragen hat ...") an den Wortlaut des § 873 Abs. 1 BGB („Zur Übertragung des Eigentums an einem Grundstücke ...") angelehnt ist.

285 So aber *Bickel,* § 4 Rn. 70.

286 Vgl. nur *Kloepfer,* NuR 1987, 7 ff., 18.

hierfür ins Feld geführte, nicht unproblematische dogmatische Begründungsansatz eines Verwaltungsaktes „ad rem" ist jedenfalls auf eine denkbare Gesamtrechtsnachfolge in die nachwirkende Zustandsverantwortlichkeit nicht übertragbar, da bei ihr gerade keine Sache übertragen würde. Im Erbfall kann das Grundstückseigentum nicht gemäß §§ 1922 ff. BGB auf den Erben übergehen, weil der Erblasser zum Zeitpunkt des Erbfalls gerade nicht mehr Eigentümer des Grundstücks war. Die Gesamtrechtsnachfolge in die nachwirkende Zustandsverantwortlichkeit ist also eine von dem die Nachhaftung betreffenden Gegenstand losgelöste Rechtsnachfolge.

Sie ähnelt in dieser Hinsicht eher der Rechtsnachfolge in die Verhaltensverantwortlichkeit. Zwar ist in § 4 Abs. 3 Satz 1 Alt. 2 BBodSchG die Verantwortlichkeit des Gesamtrechtsnachfolgers des Verursachers einer schädlichen Bodenveränderung oder Altlast ausdrücklich normiert. Der frühere Eigentümer ist aber, wie festgestellt, nicht Verursacher in diesem Sinne,[288] weshalb eine Verantwortlichkeit des Gesamtrechtsnachfolgers des früheren Eigentümers aufgrund von § 4 Abs. 3 Satz 1 Alt. 2 BBodSchG ausscheidet.

Die nachwirkende Zustandsverantwortlichkeit ist vielmehr eine Sonderform der öffentlich-rechtlichen Verantwortlichkeit, die sowohl Elemente der Zustands- als auch der Verhaltensverantwortlichkeit in sich vereint. Eine Gesamtrechtsnachfolge in diese neue Form der Verantwortlichkeit hätte der Gesetzgeber ausdrücklich gesetzlich regeln müssen, was er aber unterlassen hat. Eine Rechtsnachfolge in die nachwirkende Zustandsverantwortlichkeit scheidet daher de lege lata aus. Auch im Falle einer bereits bestehenden nachwirkenden Sanierungsverantwortlichkeit des Erblassers findet somit keine Sukzession seines Kenntnisstandes auf den Erben statt.

Es bleibt also dabei, dass der Kenntnisstand des Erblassers für die Frage, ob dem Erben das Haftungsprivileg aus § 4 Abs. 6 Satz 2 BBodSchG zugute kommt, ohne Bedeutung ist. Die Richtigkeit dieses Ergebnisses unterstützen auch folgende Überlegungen: Rechnete man dem Erben den Kenntnisstand des Erblassers ohne weiteres zu, so widerspräche das dem in § 4 Abs. 6 Satz 2 BBodSchG zugrunde gelegten Schutzgedanken der höchstpersönlichen Privilegierung des gutgläubigen Erwerbers aus Billigkeitsgründen.[289] Die Haftungsbefreiung kann überhaupt nur dann unbillig erscheinen, wenn jemand in Kenntnis der relevanten Umstände ein Risiko übernimmt, wo er es doch hätte vermeiden können.[290] Die Einflussnahmemöglichkeit begründet also die Basis für schutzwürdiges Vertrauen. Die

---

[287] Vgl. nur *Drews/Wacke/Vogel/Martens,* S. 299 f.

[288] Vgl. oben sub D.III.2.a)dd)(2)(c).

[289] Vgl. zu diesem Schutzweck auch *Droese,* UPR 1999, 86 ff., 91. Ebenso für die vergleichbare Regelung in § 12 Abs. 3 HAltlastG, *Papier,* DVBl. 1996, 125 ff., 128 f.

[290] Vgl. *Frenz,* BBodSchG, § 4 Abs. 6 Rn. 23.

pauschale Zurechnung der Kenntnis des Erblassers führte zu dem unsinnigen Ergebnis, dass der gutgläubige Erbe des bösgläubigen Erblassers sanierungsverantwortlich wäre, während umgekehrt der infolge eigener positiver Kenntnis bösgläubige Erbe eines gutgläubigen Grundstückseigentümers in den Genuss des Haftungsprivilegs käme. Hinzu kommen praktische Gesichtspunkte: Es dürfte für die Behörde kaum nachvollziehbar – geschweige denn beweisbar[291] – sein, ob der Erblasser zum Zeitpunkt seines unter Umstände mehrere Jahrzehnte zurückliegenden Erwerbs von der Belastung des Grundstücks mit Altlasten gewusst hat. In der Regel müsste die Heranziehung des Erben dann wohl ohnehin daran scheitern.

(d) Maßgeblichkeit des Kenntnisstandes des Erben bis zum Ablauf der Ausschlagungsfrist

Maßgeblich für die Vertrauensschutzregelung in § 4 Abs. 6 Satz 2 BBodSchG kann somit nur der eigene Kenntnisstand des Erben sein.[292] Da aber die Maßgeblichkeit des Kenntnisstandes des Erben zum Zeitpunkt des Erbschaftsanfalls ebenfalls gewichtigen Einwänden ausgesetzt ist,[293] bleibt nur, den Zeitraum, in dem eine Bösgläubigkeit des Erben eintreten kann, im Wege ergänzender Gesetzesauslegung auszuweiten. Man könnte den in § 4 Abs. 6 Satz 2 BBodSchG bezeichneten „Erwerb" nicht nur im technisch zivilrechtlichen Sinne des Eigentumsübergangs verstehen,[294] sondern erweiternd als *Erwerbsvorgang,* der im Falle des gesetzlichen Erwerbs durch Erbschaft erst mit Ablauf der Ausschlagungsfrist (§ 1944 BGB) vollständig abgeschlossen ist.[295] Der Erbe muss sich also nach dieser Lösung, wenn er in den Genuss des Privilegs nach § 4 Abs. 6 Satz 2 BBodSchG kommen will, innerhalb von sechs Wochen[296] nach Kenntniserlangung von Erbfall und Berufungsgrund[297] über den Bodenzustand des Grundstücks er-

---

291 Zur Beweispflicht der Behörde, vgl. *Becker,* BBodSchG, § 4 Rn. 75.

292 Ebenso *Taupitz,* in: UTR Bd. 53, S. 203 ff., 254 (Fn. 188); *Versteyl,* in: UTR Bd. 53, S. 147 ff., 171.

293 Siehe oben sub D.III.2.a)dd)(2).

294 So aber *Bickel,* § 4 Rn. 70.

295 *Kohls,* ZUR 2001, 183 ff., 187 f. Auf die Möglichkeit der Ausschlagung weist auch die Begründung zu § 348 Abs. 1 S. 1 Nr. 2 UGB-KomE hin, vgl. Umweltgesetzbuch (UGB-KomE), Entwurf der Unabhängigen Sachverständigenkommission zum Umweltgesetzbuch beim Bundesministerium für Umwelt, Naturschutz und Reaktorsicherheit, 1998, S. 1033.

296 Die Ausschlagungsfrist beträgt sechs Monate, wenn der Erblasser seinen letzten Wohnsitz nur im Ausland gehabt hat oder wenn sich der Erbe bei dem Beginn der Frist im Ausland aufhält (§ 1944 Abs. 3 BGB).

297 § 1944 Abs. 2 Satz 1 BGB.

kundigen, um die Schutzwürdigkeit seines Vertrauens hinsichtlich der Altlastenfreiheit des Grundstücks zu begründen.

Nach Auffassung von *Bickel* widerspräche eine solche (faktische) Erkundigungspflicht der ratio legis des § 4 Abs. 6 Satz 2 BBodSchG, den ahnungslosen Erwerber von der nachwirkenden Sanierungsverantwortung freizustellen. Sie hätte seiner Ansicht nach zur Folge, dass ein gutgläubiger Erwerb des zum Zeitpunkt des Erbschaftsanfalls ahnungslosen Erben auf jeden Fall ausgeschlossen wäre, da er sich für die Entscheidung, ob er das Erbe annimmt oder ausschlägt, umfassend über die Verhältnisse der Erbschaft informieren müsste.[298]

Dazu ist zu bemerken, dass es einen „gutgläubigen Erwerb des Untätigen" unter dem Regime des Bundes-Bodenschutzgesetzes ohnehin nicht mehr gibt. Auch der rechtsgeschäftliche Erwerber muss sich heute über den Zustand des Grundstücks erkundigen, um sich gegen eine spätere nachwirkende Sanierungsverantwortlichkeit abzusichern.[299] Insofern stünde der Erbe nach der hier favorisierten Lösung nicht besser oder schlechter als ein rechtsgeschäftlicher Erwerber. Erkundigt sich der Erbe nach Anfall der Erbschaft nicht über den Bodenzustand des Grundstücks, so besteht kein Grund, ihn gegenüber dem untätig bleibenden rechtsgeschäftlichen Erwerber zu privilegieren. Zudem bleibt dem Erben auch nach Verstreichen der Ausschlagungsfrist die Möglichkeit der Beschränkung seiner Erbenhaftung auf den Nachlass, um zumindest sein übriges Vermögen vor dem Zugriff des Staates zu schützen (§§ 1975 BGB ff.).[300] Da es beim gesetzlichen Erwerb weder Gewährleistungsansprüche noch solche Ansprüche hemmende Verjährungsregeln gibt, bietet es sich an, als Zeitraum für die Erkundigungspflicht die gesetzliche Ausschlagungsfrist anzusetzen. Die Interessen des Erben dürften auf diese Weise hinreichend gewahrt bleiben.[301]

---

[298] *Bickel,* § 4 Rn. 70.

[299] Siehe oben sub D.III.2.a)dd)(1) und vor allem im Dritten Teil sub C.IV.4.b).

[300] *Bickel,* § 4 Rn. 15; *Frenz,* BBodSchG, § 4 Abs. 3 Rn. 57; *Spieth/Wolfers,* NVwZ 1999, 355 ff., 360. Es besteht neuerdings auch die Möglichkeit des Nachlassinsolvenzverfahrens gemäß §§ 315–331 InsO, vgl. *Lange/Kuchinke,* § 49 IV; *Palandt,* § 1975 Rn. 5. Nach § 348 Abs. 3 UGB-KomE wird die Haftung des Gesamtrechtsnachfolgers grundsätzlich beschränkt auf den Wert des übergegangenen Vermögens.

[301] Zu überlegen wäre allerdings, ob die Anforderungen an den Erben hinsichtlich des Umfangs seiner Nachforschungspflicht aufgrund der äußerst kurzen Erkundigungsfrist von sechs Wochen nicht reduziert werden müssten. Um den Erben gegenüber dem rechtsgeschäftlichen Erwerber nicht schlechter zu stellen, empfiehlt es sich, ihn so zu behandeln, wie nach der hier vertretenen Auffassung aus Gründen des Vertrauensschutzes ein rechtsgeschäftlicher Erwerber zu behandeln ist, der das Altlastengrundstück bereits vor In-Kraft-Treten des Bundes-Bodenschutzgesetzes erworben hat. Es bietet sich an, auch bezüglich des Erben den Vertrauensmaßstab des § 932 Abs. 2 BGB auf § 4 Abs. 6 Satz 2 BBodSchG zu übertragen und ihm das

Wer bis zu dem Zeitpunkt, in dem er über die Möglichkeit der Ausschlagung der Erbschaft spätestens entschieden haben muss (§§ 1943, 1944 BGB), die erforderlichen Erkundigungen über die Bodenqualität des Grundstücks eingeholt hat und die Ausschlagungsfrist bona fide verstreichen lässt, genießt den Vertrauensschutz des § 4 Abs. 6 Satz 2 BBodSchG und kann später, sollten gleichwohl Altlasten entdeckt werden, nicht mehr nachwirkend als Zustandsverantwortlicher zur Sanierung herangezogen werden. Wer hingegen bei seinen Nachforschungen innerhalb der Ausschlagungsfrist auf schädliche Bodenveränderungen stößt, verliert den gesetzlichen Vertrauensschutz. Bleibt der Erbe gänzlich untätig und lässt die Ausschlagungsfrist verstreichen, veräußert aber das geerbte Altlastengrundstück später in dem Wissen um die Altlast weiter, so ist es sachgerecht, den Erben als früheren Eigentümer nach § 4 Abs. 6 BBodSchG haften zu lassen, auch wenn er bei Anfall der Erbschaft (positiv) nichts von der Bodenbelastung gewusst hat. Sein „blindes“ Vertrauen ist in diesem Fall nicht schutzwürdig. Ansonsten billigte man dem Erben eine „Flucht aus der Zustandsverantwortlichkeit“ durch Untätigkeit zu, die das Bundes-Bodenschutzgesetz gerade verhindern will.[302]

Im *Beispielsfall* ist S nachwirkend sanierungsverantwortlich, da er innerhalb der Ausschlagungsfrist positive Kenntnis von den schädlichen Bodenveränderungen erlangt hat.

(e) Ergebnis

Wird der Erbe eines mit einer schädlichen Bodenveränderung oder Altlast belasteten Grundstücks als nachwirkend Zustandsverantwortlicher gemäß § 4 Abs. 6 BBodSchG zur Sanierung herangezogen, so kommt es für die Frage, ob das Haftungsprivileg des § 4 Abs. 6 Satz 2 BBodSchG eingreift, auf sein eigenes schutzwürdiges Vertrauen an. Allerdings ist zur Beurteilung der Gut- oder Bösgläubigkeit des Erben nicht der Zeitpunkt des Erbschaftsanfalls maßgeblich, sondern der Zeitraum des Erwerbsvorgangs, der erst mit Ablauf der erbrechtlichen Ausschlagungsfrist seinen Abschluss findet. In diesem Zeitraum trifft den Erben eine Nachforschungspflicht hinsichtlich des Bodenzustandes des geerbten Grundstücks.

Der Kenntnisstand des Erblassers hinsichtlich der Bodenbelastungen zu dem Zeitpunkt, als dieser selbst das Grundstück erwarb, ist hingegen unbe-

---

Haftungsprivileg nur bei positiver Kenntnisnahme bzw. bei grob fahrlässiger Unkenntnis im Zeitraum der Ausschlagungsfrist zu versagen. Vgl. im Einzelnen hierzu im Dritten Teil sub C.IV.4.b).

302 Vgl. die Unterrichtung des Bundestages über die Anrufung des Vermittlungsausschusses durch den Bundesrat, BT-Drs. 13/8182, S. 3; *Vierhaus,* NJW 1998, 1262 ff., 1266.

achtlich. Der frühere „böse Glaube“ des Erblassers war für diesen nicht verantwortungsbegründend und kann daher auch nicht im Wege der Universalsukzession auf den Erben übergehen.

De lege ferenda wäre es wünschenswert, die hier gefundene Lösung explizit in das Bundes-Bodenschutzgesetz aufzunehmen und § 4 Abs. 6 BBodSchG um folgenden Satz 3 zu ergänzen: „Beim Erwerb durch Erbschaft ist das Vertrauen des Erben im Zeitraum der gesetzlichen Ausschlagungsfrist (§ 1944 BGB) maßgeblich.“

b) Haftungsfolge

Als Haftungsfolge ordnet § 4 Abs. 6 BBodSchG die Sanierungsverpflichtung des früheren Eigentümers an. Die Vorschrift begründet – wie § 5 Abs. 3 BImSchG – unmittelbar kraft Gesetzes eine abstrakte Sanierungspflicht des früheren Eigentümers, der er – insofern von den allgemeinen polizeirechtlichen Grundsätzen abweichend[303] – grundsätzlich auch ohne Konkretisierung Folge zu leisten hat.[304] Die zuständige Behörde ist allerdings dazu befugt, ihn zur Durchsetzung dieser Grundpflicht gemäß § 9 Abs. 2 BBodSchG zu näheren Bodenuntersuchungen[305] oder nach § 10 Abs. 1 BBodSchG zur Sanierung heranzuziehen.[306] Sie kann von dem früheren Eigentümer – wie von den übrigen nach § 4 BBodSchG sanierungsverantwortlichen Personen – sowohl die tatsächliche Sanierungsvornahme als auch – im Falle der Ersatzvornahme – i. V. m. § 24 Abs. 1 BBodSchG die Kostentragung verlangen. Diese Pflichtigkeit besteht kumulativ zur Pflichtigkeit anderer Verantwortlicher.[307] Sie endet insbesondere auch nicht

---

[303] Vgl. *Frenz,* BBodSchG, § 4 Abs. 3 Rn. 56 (Fn. 133).

[304] Vgl. Begründung zum Gesetzentwurf der Bundesregierung für ein Bodenschutzgesetz, BT-Drs. 13/6701, S. 34; *Bickel,* § 4 Rn. 69; *Frenz,* BBodSchG, Vor § 4 Rn. 3, § 4 Abs. 3 Rn. 55; *Hilger,* in: Holzwarth/Radtke/Hilger/Bachmann, § 4 Rn. 3; *Schwartmann,* DStR 1999, 324 ff., 326; ähnlich auch *Schönfeld,* NVwZ 2000, 648 ff., 650.

[305] Vgl. hierzu jüngst OVG Berlin, Beschl. v. 19.1.2001 – 2 S 7/00 –, ZUR 2001, 217 ff.

[306] Böden sind grundsätzlich nachhaltig zu sanieren, d.h. es dürfen nach Beendigung der Sanierungsmaßnahmen dauerhaft keine Gefahren, erhebliche Nachteile oder erhebliche Belästigungen für den Einzelnen oder die Allgemeinheit von dem Grundstück mehr ausgehen. Auf der anderen Seite wird dem Sanierungspflichtigen nicht abverlangt, den Boden in einen naturnahen Zustand zurückzuversetzen. Die Gefahrenbeseitigung schließt nicht die Verpflichtung zu einer Gesamtsanierung oder Rekultivierung ein. Die Sanierung hat vielmehr nutzungsbezogen zu erfolgen (§ 4 Abs. 4 S. 1 BBodSchG), d.h. die Anforderungen an den Sanierungsumfang bestimmen sich nach der aus der Nutzung des Grundstücks resultierenden Schutzbedürftigkeit für Menschen und andere Rechtsgüter. Vgl. *Hilger,* in: Holzwarth/Radtke/Hilger/Bachmann, § 4 Rn. 115 ff.; *Tomerius,* ZUR 1999, 78 ff., 82.

mit dem Entstehen der Sanierungspflicht in der Person des Erwerbers als Zustandsverantwortlichem. Der bösgläubige frühere Eigentümer ist weiterhin für die Sanierung verantwortlich, obwohl er nun weder Eigentümer noch Besitzer des belasteten Grundstücks ist. Inwieweit die Behörde aber in ihrem Störerauswahlermessen aus verfassungsrechtlichen Gründen beschränkt werden muss, wird noch zu untersuchen sein.[308]

Ebenfalls verfassungsrechtlich zweifelhaft erscheint die fehlende Begrenzung der Verantwortlichkeit auf den jeweils letzten Eigentümer sowie die zeitliche Unbeschränktheit[309] der Haftung früherer Eigentümer, insbesondere in Fällen mehrerer hintereinander geschalteter Eigentümerwechsel (sog. „Kettenverkäufe“ oder „Durchgangseigentum“).[310] So kann es vorkommen, dass bereits der frühere Eigentümer ein belastetes Grundstück übernommen hat und dieses nun seinerseits weiter überträgt. Es drängt sich die Frage auf, ob die Anordnung einer solchen „Ewigkeitshaftung“[311] für frühere Grundstückseigentümer, insbesondere in Fällen, in denen die schädliche Bodenveränderung oder Altlast verursachende Verunreinigung nicht in den Zeitraum seines Eigentums fällt, verfassungsrechtlich zu rechtfertigen ist.[312]

IV. Weitere Vorschläge für eine nachwirkende Sanierungsverantwortlichkeit

1. Gesetzlicher Eigentumsverlust

Diskutiert wurde eine *nachwirkende Zustandsverantwortlichkeit* ferner in Fällen des gesetzlichen Eigentumsverlustes einer beweglichen Sache an einen Dritten durch Verbindung, Vermischung oder Verarbeitung (gemäß §§ 946–950 BGB).[313] So wird vertreten, dass z. B. der frühere Eigentümer ausgelaufenen Öls weiterhin für die von diesem ausgehende Gefahr verantwortlich sei, auch wenn er sein Eigentum gemäß §§ 946, 94 BGB an den Grundstückseigentümer verloren habe.[314] Eine solche Form der nachwirken-

---

[307] *Becker,* BBodSchG, § 4 Rn. 63; *Grzeszick,* NVwZ 2001, 721 ff., 723.

[308] Siehe hierzu im Dritten Teil sub E.II.

[309] Siehe hierzu im Dritten Teil sub E.I.

[310] Siehe zu diesem Problem bereits oben sub D.III.2.a)aa).

[311] *Bickel,* § 4 Rn. 56; *Frenz,* BBodSchG, § 4 Abs. 6 Rn. 38; *Giesberts,* in: Fluck, Bd. 2, § 4 BBodSchG Rn. 370; *Kobes,* NVwZ 1998, 786 ff., 790; *Spieth/ Wolfers,* altlasten spektrum 1998, 75 ff., 79; *Turiaux/Knigge,* BB 1999, 377 ff., 379; *Würtenberger/Heckmann/Riggert,* Rn. 610.

[312] Siehe hierzu im Dritten Teil sub E.I. sowie sub E.II.3.

[313] So *Czychowski,* DVBl. 1970, 379 ff., 384; a. A. OVG Hamburg, DÖV 1983 – OVG B f II 15/79 –, DÖV 1983, 1016 ff., 1016 f.

den Zustandsverantwortlichkeit ist in Hamburg sogar explizit in das Landespolizeigesetz aufgenommen worden.[315] Soweit keine gesetzliche Regelung besteht, scheidet allerdings die Annahme einer nachwirkenden Verantwortlichkeit für den gesetzlichen Eigentumsverlust nach allgemeinen Überlegungen aus. Es gilt wegen der besonderen Grundrechtsrelevanz der Sanierungsverantwortlichkeit der Vorbehalt des Gesetzes.

2. Aufgabe der tatsächlichen Sachherrschaft

Vereinzelt wird – ähnlich wie bei der Dereliktion – auch eine nachwirkende Zustandsverantwortlichkeit des – nicht verhaltensverantwortlichen – ehemaligen Inhabers der tatsächlichen Gewalt angenommen, der bewusst die tatsächliche Sachherrschaft aufgegeben hat.[316]

a) Grundsatz

Jedenfalls mit In-Kraft-Treten des Bundes-Bodenschutzgesetzes ist diese Auffassung im Grundsatz nicht mehr vertretbar. Die Regelung der Dereliktionsnachhaftung (§ 4 Abs. 3 Satz 4 Alt. 2 BBodSchG) ist aufgrund ihrer besonderen Grundrechtsrelevanz eng auszulegen und daher nicht auf den Inhaber der tatsächlichen Gewalt übertragbar.[317] Da die Aufgabe der Sachherrschaft lediglich ein Realakt ist, kommt auch eine Unwirksamkeit der Besitzaufgabe gemäß §§ 134, 138 BGB nicht in Frage.[318] Eine nachwirkenden Zustandsverantwortlichkeit des tatsächlichen Gewaltinhabers muss daher grundsätzlich de lege lata ausscheiden. Dies gilt zumindest dann, wenn man mit der hier vertretenen Auffassung das bloße Unterlassen der aufgrund abstrakter Zustandsverantwortlichkeit gebotenen Gefahrenabwehr als nicht ausreichend erachtet, eine Verhaltensverantwortlichkeit zu begründen.[319]

---

314 Dagegen *Kränz,* S. 119 f.

315 Vgl. § 9 Abs. 1 Satz 3 Alt. 2 HmbSOG.

316 So *Wiester,* S. 206.

317 *Bickel,* § 4 Rn. 32; *Giesberts,* in: Fluck, Bd. 2, § 4 BBodSchG Rn. 318; *Hipp,* in: Hipp/Rech/Turian, A III, Rn. 319; *Schoeneck,* in: Sanden/Schoeneck, § 4 Rn. 45.

318 VGH Mannheim, Urt. v. 30.1.1990 – 5 S 1806/89 –, NVwZ-RR 1991, 27 f., 27; *Kränz,* S. 137; *Schenke,* in: Steiner (Hrsg.), Abschn. II, Rn. 181. Für die Rechtslage unter dem BBodSchG, vgl. *Erbguth/Stollmann,* DVBl. 2001, 601 ff., 606; *Frenz,* BBodSchG, § 4 Abs. 2 Rn. 54.

319 Vgl. hierzu oben sub D.III.2.a)dd)(2)(c).

b) Sonderfall: Freigabe eines Altlastengrundstücks im Insolvenzverfahren

Einen Sonderfall der Aufgabe der tatsächlichen Sachherrschaft, der eine andere Beurteilung rechtfertigt, stellt in diesem Zusammenhang allerdings die so genannte „Freigabe" von Altlastengrundstücken im Insolvenzverfahren[320] durch den Insolvenzverwalter dar. Ein Teil der Obergerichte und Teile der Literatur erkennen dem Insolvenzverwalter hinsichtlich eines in die Insolvenzmasse übergegangenen Altlastengrundstücks mit der Freigabe eine der Dereliktion ähnliche Dispositionsmöglichkeit über die Sanierungsverantwortlichkeit zu (so genannter „Konkurs im Konkurs"[321]).[322]

Die Herauslösung von Gegenständen aus der Masse durch Rückgabe an den Gemeinschuldner („Freigabe"[323]) ist ein im Insolvenzrecht anerkanntes Institut,[324] zumal sie von § 32 Abs. 3 Satz 1 InsO vorausgesetzt wird.[325]

---

[320] Die Ersetzung der Konkursordnung und der Gesamtvollstreckungsordnung durch die Insolvenzordnung am 1.1.1999 hat keine Auswirkungen auf die Problematik der Sanierungsverantwortlichkeit in der Insolvenz, da die genannten Gesetze in den hierfür maßgeblichen Aussagen übereinstimmen. Vgl. *Giesberts,* in: Fluck, Bd. 2, § 4 BBodSchG Rn. 390; *Lüke,* in: Kölner Schrift zur Insolvenzordnung, S. 859 ff., 859 Rn. 1; *Ritgen,* GewArch 1998, 393 ff., 393. Zu Unterschieden gegenüber der alten Rechtslage vgl. *Bork,* Einführung in das neue Insolvenzrecht, 2. Aufl., 1998, Rn. 11 ff.; *Picot/Aleth,* Insolvenzrecht, in: *Picot,* Unternehmenskauf und Restrukturierung, 2. Aufl. 1998, S. 1083 ff., Rn. 346 ff.

[321] *Kilger,* in: Festschrift für Merz, 1992, S. 253 ff., 268.

[322] BVerwG, Urt. v. 20.1.1984 – 4 C 37/80 –, ZIP 1984, 722, 723; OVG Greifswald, Urt. v. 16.1.1997 – 3 L 94/96 –, DVBl. 1998, 98 ff., 101; OVG Magdeburg, Beschl. v. 12.4.1994 – 2 M 31/93, ZIP 1994, 1130 f., 1131; VGH München, Urt. v. 11.12.1979 – 118 VIII 76 –, KTS 1983, 462 ff., 464 ff. m. zust. Anm. *Kölsch*; aus der Literatur *Eichhorn,* Altlasten im Konkurs, 1996, S. 203 ff.; *Grünert,* Altlastenhaftung in der Insolvenz, 1998, S. 107; *Hess,* Kommentar zur Insolvenzordnung, 1999, § 38 InsO Rn. 54 ff.; *Kilger,* in: Festschrift für Merz, 1992, S. 253 ff., 268 ff.; *Lüke,* in: Kölner Schrift zur Insolvenzordnung, S. 859 ff., 891 Rn. 83; *Pape,* ZIP 1991, 1544 ff., 1546 ff.; *Weitemeyer,* Ordnungsrechtliche Maßnahmen im Konkursverfahren, 1995, S. 110; *dies.,* NVwZ 1997, 533 ff., 537 f.; *Wiester,* S. 208; *Wittkowski,* in: Nerlich/Römermann, InsO, § 80 Rn. 102 f.; offen lassend OVG Lüneburg, Urt. v. 20.3.1997 – 7 L 2062/95 –, NJW 1998, 398 ff., 399; *P.-M. Schulz,* NVwZ 1997, 530 ff., 531 f.

[323] Bei der Freigabe handelt es sich um die einseitige empfangsbedürftige Willenserklärung des Insolvenzverwalters gegenüber dem Gemeinschuldner, die den Willen, die Massezugehörigkeit eines Gegenstandes auf Dauer aufzugeben, bestimmt erkennen lässt. Vgl. VGH München, Urt. v. 11.12.1979 – 118 VIII 76 –, KTS 1983, 462 ff., 464; *Kothe,* Altlasten in der Insolvenz, 1999, Rn. 391.

[324] St. Rspr., RGZ 79, 28; 105, 313; BGHZ 35, 180 (181).

[325] *Bickel,* § 4 Rn. 71; *Eichhorn,* S. 185; *Lüke,* in: Kölner Schrift zur Insolvenzordnung, S. 859 ff., 886 Rn. 75; *Ritgen,* GewArch 1998, 393 ff., 400; *Schulte-Kaubrügger,* Die Erfüllung der Polizeipflicht nach Eröffnung des Konkursverfahrens, 1998, S. 181; *Weitemeyer,* Ordnungsrechtliche Maßnahmen, S. 180 ff. Ebenso *Stoll,*

Die Freigabe hat insolvenzrechtlich folgende Konsequenzen: Sie löst den freigegebenen Gegenstand oder das freigegebene Recht aus dem Insolvenzbeschlag und lässt insoweit die Verwaltungs- und Verfügungsbefugnis des Gemeinschuldners wieder aufleben.[326] Nach der Freigabe eines insolvenzbefangenen Gegenstandes oder Rechts gehen die öffentlich-rechtlichen Verpflichtungen, die sich darauf beziehen, grundsätzlich von diesem Zeitpunkt an wieder auf den – zahlungsunfähigen – Gemeinschuldner über.[327] Eine etwaige Beseitigungspflicht trifft danach den Gemeinschuldner; eine an den Insolvenzverwalter gerichtete ordnungsrechtliche Beseitigungsverfügung ist infolgedessen rechtswidrig.[328]

Umstritten ist vor dem Hintergrund dieser insolvenzrechtlichen Konsequenzen, ob sich die Freigabemöglichkeit auch auf ordnungsrechtlich „störende" Gegenstände der Insolvenzmasse, insbesondere auch auf Altlastengrundstücke bezieht.[329] Rechtspolitisch ist dies problematisch, da so der Aufwand der Altlastenbeseitigung im Ergebnis ganz oder teilweise von dem am Ende beseitigungspflichtigen Staat zu tragen wäre, während die Masseaktiva für die Gläubigerbefriedigung verwendet werden könnten.[330] Der Insolvenzverwalter wird sich nämlich gerade in den Fällen zur Freigabe entschließen, in denen das Grundstück über seinen Verkehrswert hinaus belastet ist und daher nicht mit Gewinn für die Masse verwertet werden kann.[331] Die Behörde kann sich dann – jedenfalls wenn man der überwiegenden Auffassung folgt, – nur noch an den Gemeinschuldner halten, der

---

Insolvenz und hoheitliche Aufgabenerfüllung, 1992, S. 122–126 und *v. Wilmowsky,* ZIP 1997, 389 ff., 393; *ders.* ZIP 1997, 1445 ff., 1448, allerdings ohne der Freigabe eine haftungsbefreiende Wirkung zuzusprechen.

[326] *Bork,* Rn. 124; *Stoll,* S. 108; *v. Wilmowsky,* ZIP 1997, 389 ff., 394.

[327] BVerwG, Urt. v. 20.1.1984 – 4 C 37/80 –, ZIP 1984, 722, 723; VGH München, Urt. v. 11.12.1979 – 118 VIII 76 –, KTS 1983, 462 ff., 466.

[328] *Kothe,* Altlasten in der Insolvenz, Rn. 391.

[329] Ablehnend: BVerwG, Urt. v. 22.10.1998 – 7 C 38/97 –, ZIP 1998, 2167, 2169; OVG Greifswald, Urt. v. 16.1.1997 – 3 L 94/96 –, ZIP 1997, 1460 ff. 1464 (obiter dictum); OVG Lüneburg, Beschl. v. 7.1.1993 – 7 M 5684/92 –, ZIP 1993, 1174, 1175; *Denninger,* in: Lisken/Denninger, Abschn. E Rn. 100a; *Ritgen,* GewArch 1998, 393 ff., 401; *K. Schmidt,* in: Kilger/K. Schmidt, Insolvenzgesetze KO/VglO/GesO, 17. Aufl., 1997, § 6, Anm. 5 g; *ders.* BB 1991, 1273 ff., 1283; *ders.,* NJW 1993, 2833 ff., 2836; *ders.* ZIP 1997, 1441 ff. 1444 f.; *Stürner,* in: Festschrift für Merz, 1992, S. 563 ff., 565 f.; *v. Wilmowsky,* ZIP 1997, 389 ff., 393 ff.; *ders.* ZIP 1997, 1445 ff., 1448; im Ergebnis auch *Wiester,* S. 211. – Zustimmend: Siehe Nachweise in Fn. 322.

[330] *Ritgen,* GewArch 1998, 393 ff., 400; *K. Schmidt,* ZIP 1997, 1441 ff., 1442; *ders.* ZIP 2000, 1913 ff., 1913.

[331] *Giesberts,* in: Fluck, Bd. 2, § 4 BBodSchG Rn. 405; *Mohrbutter,* in: Mohrbutter/Mohrbutter, Handbuch der Insolvenzverwaltung, 7. Aufl. 1996, Rn. VIII.65. Weitergehend wird sogar vertreten, die Freigabe könne zur Amtspflicht des Verwalters werden, wenn der Masse ein nutzloser Aufwand drohe, vgl. *Jaeger-Henckel,*

allerdings wegen des laufenden Insolvenzverfahrens lediglich mit seinem sonstigen insolvenzfreien Privatvermögen für die Sanierungskosten einzustehen hat.[332] Dies dürfte im Regelfall wenig Erfolg versprechend sein. Daher besteht aus Sicht der Allgemeinheit das Bedürfnis, die Freigabe „störender“ Gegenstände zu verhindern bzw. bei Anerkennung der Freigabemöglichkeit zumindest eine nachwirkende Zustandsverantwortlichkeit des Insolvenzverwalters zu begründen, damit dieser die Insolvenzmasse nicht „aus der Zustandsverantwortlichkeit stehlen“ kann.[333] Zweifelhaft ist, ob diesem rechtspolitischen Anliegen im Bundes-Bodenschutzgesetz Genüge getan wurde.

aa) Meinungsstand

(1) Unwirksamkeit der Freigabe

Von Teilen der Literatur wird dem Insolvenzverwalter – auch nach In-Kraft-Treten des Bundes-Bodenschutzgesetzes – die Freigabemöglichkeit unter Hinweis auf die allgemeinen Überlegungen zur Nachhaftung bei der Dereliktion eines Altlastengrundstücks versagt.[334] Die Vertreter dieser Auffassung folgern überwiegend aus dem Rechtsgedanken des § 138 BGB, dass die Freigabe in den Fällen nichtig sei, in denen dem Insolvenzverwalter bekannt war, dass eine Verantwortlichkeit gemäß § 4 BBodSchG bestand, welche durch eine Freigabe umgangen würde. *Stürner* erwägt sogar, den Insolvenzverwalter, der den Besitz an einer störenden Sache auf den insolventen Gemeinschuldner überträgt, aus dem Gesichtspunkt der Verhaltensverantwortlichkeit ordnungsrechtlich heranzuziehen.[335]

(2) Zulässigkeit der Freigabe

Nach anderer Auffassung bleibt unter dem Regime des Bundes-Bodenschutzgesetzes, in Fortführung des bisher vorherrschenden Verständnis-

---

Konkursordnung, 9. Aufl. 1997, § 6 Rn. 17; kritisch zu dieser Ansicht *Ritgen,* GewArch 1998, 393 ff., 400.

332 Nach anderer Auffassung haftet das Insolvenzvermögen ungeachtet der Freigabe weiterhin für die Erfüllung der Zustandsverantwortlichkeit. Vgl. *Stoll,* S. 122–126; *Weitemeyer,* Ordnungsrechtliche Maßnahmen, S. 180–183; *v. Wilmowsky,* ZIP 1997, 389 ff., 395.

333 Vgl. *Giesberts,* in: Fluck, Bd. 2, § 4 BBodSchG Rn. 406.

334 *Giesberts,* in: Fluck, Bd. 2, § 4 BBodSchG Rn. 406; *Ritgen,* GewArch 1998, 393 ff., 401; *K. Schmidt,* ZIP 2000, 1913 ff.; *Purps/Schumann,* NJW 1999, 2476 ff., 2477. *Wiester,* S. 199 ff., 211, hält zwar die Freigabe an sich für zulässig und wirksam. Seiner Auffassung nach bleibt aber die Zustandsverantwortlichkeit des Insolvenzverwalters aus tatsächlicher Sachherrschaft von der Freigabe unberührt.

335 *Stürner,* in: Festschrift für Merz, 1992, 562 ff., 576.

ses,[336] zumindest eine Beendigung der *Zustandsverantwortlichkeit* des Insolvenzverwalters durch Freigabe der Altlast möglich.[337] Eine bodenschutzrechtliche nachwirkende Zustandsverantwortlichkeit greife nicht ein. Begründet wird dies folgendermaßen: Die Freigabe zeitige keine Eigentumsveränderung, sondern wirke sich ausschließlich auf die ordnungsrechtliche Verantwortlichkeit aus Besitz aus.[338] Die Vorschriften über die nachwirkende Sanierungsverantwortlichkeit (§ 4 Abs. 3 Satz 4 Alt. 2, Abs. 6 BBodSchG), die ausschließlich eine Eigentumsänderung, nicht aber eine Besitzänderung für ordnungsrechtlich unbeachtlich erklärten, könnten daher die Aufgabe der Zustandsverantwortlichkeit des Insolvenzverwalters nicht vereiteln.[339]

bb) Vorüberlegungen

Eine *nachwirkende* Zustandsverantwortlichkeit des Insolvenzverwalters setzt zunächst die grundsätzliche Möglichkeit einer eigenen *gegenwärtigen* ordnungsrechtlichen Zustandsverantwortlichkeit des Insolvenzverwalters für belastete Grundstücke in der Masse voraus.[340] Dies ist nicht selbstverständlich. Bislang wurde überwiegend vertreten, die Zustandsverantwortlichkeit für öffentlich-rechtliche Gefahren einer der Insolvenzmasse zugehörigen Sache treffe zumindest dann allein den Gemeinschuldner, wenn die Gefahr

---

[336] Vgl. insbesondere BVerwG, Urt. v. 20.1.1984 – 4 C 37/80 –, ZIP 1984, 722, sowie die Nachweise in Fn. 322.

[337] *Bickel,* § 4 Rn. 71; *Hipp,* in: Hipp/Rech/Turian, A III, Rn. 301; *Lüke,* in: Kölner Schrift zur Insolvenzordnung, S. 859 ff., 891 Rn. 83. Im Ergebnis auch *Kothe,* Altlasten in der Insolvenz, Rn. 403, 418 ff., der allerdings der Freigabe keinen Einfluss auf bereits begründete Masseansprüche zuspricht. Lediglich die Entstehung neuer Masseschulden könne durch die Freigabe verhindert werden.

[338] So bereits OVG Magdeburg, Beschl. v. 12.4.1994 – 2 M 31/93 –, ZIP 1994, 1130, 1134 f.

[339] Vgl. nur *Hipp,* in: Hipp/Rech/Turian, A III, Rn. 301.

[340] So die in st. Rspr. vertretene sog. „Amtstheorie“, derzufolge der Insolvenzverwalter für die Insolvenzmasse im eigenen Namen als Inhaber eines privaten Amtes handelt und die deshalb davon ausgeht, dass die öffentlich-rechtliche Zustandsverantwortlichkeit des Gemeinschuldners durch die Zustandsverantwortlichkeit des Verwalters ersetzt wird. Vgl. BGH, Urt. v. 15.12.1994 – IX ZR 252/93 –, NJW 1995, 1484 ff., 1485; aus der Literatur *Bork,* Rn. 63 ff.; *Häsemeyer,* Insolvenzrecht, 2. Aufl. 1998, Rn. 15.06; *Delhaes,* in: Nerlich/Römermann, Vor § 56 Rn. 11; *Lüke,* in: Kölner Schrift zur Insolvenzordnung, S. 859 ff., 866 Rn. 20. Im Gegensatz dazu sieht die sog. „Vertretertheorie“ den Insolvenzverwalter als den gesetzlichen (Zwangs-)Vertreter des Schuldners mit Vertretungsmacht (nur) für die Masse an, weshalb der Verwalter nur verpflichtet sei, die andauernden Zustandsstörerpflichten des Gemeinschuldners zu erfüllen. Zu einem ähnlichen Ergebnis gelangt auch die von *Karsten Schmidt* vertretene sog. „Organtheorie“, derzufolge der Insolvenzverwalter als obligatorischer Fremdliquidator ein Organ der Handelsgesellschaft ist. Vgl. zuletzt *K. Schmidt,* ZIP 2000, 1913 ff.

bereits vor Eröffnung des Insolvenzverfahrens begründet gewesen sei.[341] In diesem Fall müssten behördliche Anordnungen, die nach Eröffnung des Insolvenzverfahrens ergingen, als Ansprüche gegen den Schuldner gemäß § 45 InsO in Geld umgerechnet und als ordentliche Insolvenzforderungen zur Insolvenztabelle angemeldet werden. Eine Heranziehung des Insolvenzverwalters zur Sanierung aufgrund von Zustandsverantwortlichkeit sei wegen des Verbots der Einzelzwangsvollstreckung in § 89 InsO unzulässig.

Das Bundesverwaltungsgericht hat sich zu dieser Frage inzwischen geäußert und gegenteilig entschieden, dass ein Insolvenzverwalter unabhängig vom Entstehungszeitpunkt der schädlichen Bodenveränderungen aus eigener Zustandsverantwortlichkeit, allerdings beschränkt auf das Insolvenzvermögen, zur Sanierung von konkursbefangenen Altlastengrundstücken herangezogen werden könne.[342] Konsequenterweise betrachtet es Anordnungen gegen den Insolvenzverwalter nicht als Insolvenzforderungen, sondern als – vorrangig zu befriedigende – Masseverbindlichkeiten. Diese vom Bundesverwaltungsgericht vorgenommene Einordnung ist zutreffend.[343] Durch die Eröffnung des Insolvenzverfahrens und die Anordnung der Zwangsverwaltung verliert der Eigentümer die Verfügungsbefugnis und die Verwaltungsbefugnis (§ 80 Abs. 1 InsO) an den Insolvenzverwalter (§§ 148, 149 InsO). Dieser wird daher als „Inhaber der tatsächlichen Gewalt“ zum Zustandsverantwortlichen i. S. d. landesrechtlichen Polizei- und Ordnungsrechts (bzw.

---

341 So VGH Kassel, Beschl. v. 22.10.1999 – 8 TE 4371/96 –, NZI 2000, 47 f.; OVG Schleswig, Urt. v. 20.10.1992, 4 L 73/92 –, NJW 1993, 2004, 2005; *Eickmann,* in: Eickmann/Flessner/Irschlinger/Kirchhof/Kreft/Landfermann/Marotzke (Hrsg.), Heidelberger Kommentar zur Insolvenzordnung, 2. Aufl. 2001, § 38 Rn. 10; *Kilger,* in: Festschrift für Merz, 1992, S. 253 ff., 271 ff.; *Mohrbutter/Mohrbutter,* Rn. III.258; *Pape,* KTS 1993, 551 ff., 567 ff.; Petersen, NJW 1992, 1202 ff., 1206; *Schulz,* in: Wimmer (Hrsg.), Frankfurter Komm. z. InsO, 1999, § 38 Rn. 10 ff.; *Weitemeyer,* NVwZ 1997, 533 ff., 536; *v. Wilmowsky,* ZIP 1997, 389 ff., 390 m. w. N.; *ders.* ZIP 1997, 1445 ff., 1445 f.; wohl auch *Kothe,* VerwArch 88 (1997), 456 ff., 473 f.

342 BVerwG, Urt. v. 10.2.1999 – 11 C 9/97 –, ZUR 2000 150 f. mit zustimmender Anmerkung *Kohls.* Zuvor bereits ebenso VGH München, Urt. v. 11.12.1979 – 118 VIII 76 –, KTS 1983, 462 ff., 465; VGH Mannheim, Urt. v. 11.12.1990 – 10 S 7/90 –, NJW 1992, 64 ff., 65 f.; OVG Lüneburg, Beschl. v. 7.5.1991 – 7 M 3600/91 –, NJW 1992, 1252 f., 1253; Urt. v. 20.3.1997 – 7 L 2062/95 –, GewArch 1997, 434 ff., 435; OVG Bautzen, Urt. v. 16.8.1994, – 1 S 173/94 –, ZIP 1995, 852 ff., 855; OVG Greifswald, Urteil v. 16.1.1997 – 3 L 94/96 –, DVBl. 1998, 98 ff., 99 f.

343 Ebenso *Bickel,* § 4 Rn. 71; *Bork,* Rn. 70a; *Franz,* altlasten spektrum 2000, 245 f.; *Frenz,* BBodSchG, § 4 Abs. 3 Rn. 69; *Giesberts,* in: Fluck, Bd. 2, § 4 BBodSchG Rn. 398; *Hess,* § 38 InsO Rn. 45; *Hilger,* in: Holzwarth/Radtke/Hilger/Bachmann, § 4 Rn. 85; *Kohls,* ZUR 2000, 151 ff., 153; *Ritgen,* GewArch 1998, 393 ff., 399; *K. Schmidt,* ZIP 2000, 1913 ff., 1918; zuvor bereits *ders.,* NJW 1993, 2833 ff., 2835, 2837; *ders.* in: Kilger/K. Schmidt, § 6 Anm. 5 g; a. A. *Lüke,* in: Kölner Schrift zur Insolvenzordnung, S. 859 ff., 874 ff., Rn. 42 ff.; *Versteyl,* in: UTR Bd. 53, S. 147 ff., 162.

i. S. v. § 4 Abs. 3 Satz 1 BBodSchG), weshalb polizeiliche Anordnungen – zumindest vorrangig[344] – gegen ihn zu richten sind.[345] Soweit diese Anordnungen Verbindlichkeiten begründen, sind sie Masseverbindlichkeiten, die durch die „Verwaltung der Insolvenzmasse" begründet werden (vgl. § 55 Abs. 1 Nr. 1 InsO).[346] Dabei ist der Zeitpunkt der Gefahrentstehung, wie das Bundesverwaltungsgericht richtig ausführt, für die Zustandsverantwortlichkeit des Insolvenzverwalters unerheblich.[347] Grund hierfür ist, dass die Zustandsverantwortlichkeit verfassungsrechtlich gerade nicht durch die Verursachung der Gefahr legitimiert wird, sondern durch die tatsächliche Sachherrschaft des Pflichtigen und seine durch sie vermittelte Einwirkungsmöglichkeit auf die störende Sache.[348] Insofern ist für die Inanspruchnahme des Zustandsverantwortlichen erforderlich und zugleich ausreichend, das von dem *aktuellen* Zustand des Grundstücks Gefahren ausgehen.[349] Ob die Ursache für die jetzigen Gefahren zu einem Zeitpunkt entstanden ist, der vor der Begründung der Zustandsverantwortlichkeit des in Anspruch Genommenen liegt, ist dabei ebenso unerheblich wie die Frage, ob ein früherer Zustandsverantwortlicher bereits zur Gefahrenabwehr herangezogen wurde oder nicht. Die Berücksichtigung der Gefahrverursachung ist vielmehr eine Frage, ob die Heranziehung des Zustandsverantwortlichen dem – allein auf der Sekundärebene relevanten – aus Art. 3 Abs. 1 GG und dem Übermaßverbot hergeleiteten Prinzip gerechter Lastenverteilung entspricht.[350]

---

344 Zur fortbestehenden, aber subsidiären Zustandsverantwortlichkeit des Gemeinschuldners, siehe Fn. 359.

345 OVG Lüneburg, Urt. v. 20.3.1997 – 7 L 2062/95 –, GewArch 1997, 434 ff., 435; OVG Bautzen, Urt. v. 16.8.1994 – 1 S 173/94 –, ZIP 1995, 852 ff., 856 f.; OVG Greifswald, Urt. v. 16.1.1997 – 3 L 94/96 –, ZIP 1997, 1460 ff., 1463 f.; *Drews/Wacke/Vogel/Martens,* S. 328; *Franz,* NuR 2000, 496 ff., 496; *K. Schmidt,* BB 1991, 1273 ff., 1276, 1279; a. A. OVG Schleswig, Urt. v. 20.10.1992 – 4 L 73/92 –, NJW 1993, 2004 f., 2005.

346 Eingehend dazu *Kohls,* ZUR 2000, 151 ff. Vgl. auch *Eickmann,* in: Eickmann/Flessner/Irschlinger/Kirchhof/Kreft/Landfermann/Marotzke, § 55 InsO Rn. 16; *Hess,* § 55 InsO Rn. 42; *K. Schmidt,* ZIP 2000, 1913 ff., 1918; a. A. *Bickel,* § 4 Rn. 72.

347 BVerwG, Urt. v. 10.2.1999 – 11 C 9/97 –, ZUR 2000 150 f., 150; a. A. *Lüke,* in: Kölner Schrift zur Insolvenzordnung, S. 859 ff., 876 Rn. 46.

348 Siehe zum verfassungsrechtlichen Rechtsgrund der Zustandsverantwortlichkeit ausführlich im Dritten Teil sub C.III.4.a)bb)(1).

349 Ebenso *Ritgen,* GewArch 1998, 393 ff., 396.

350 *Griesbeck,* S. 78 ff.; *Gusy,* Polizeirecht, Rn. 295; *Lindner,* Die verfassungsrechtliche Dimension der allgemeinen polizeirechtlichen Adressatenpflichten, 1997, S. 153. Dies zeigt auch § 24 Abs. 2 BBodSchG: Der Ausgleichsanspruch bestimmt sich ausschließlich anhand der Verursachungsbeiträge der verschiedenen Störer, unabhängig von den behördlichen Erwägungen, die bei der Störerauswahl eine Rolle spielen. Vgl. *Niewerth,* NuR 1999, 558 ff., 560. Vgl. zum Prinzip gerechter Lastenverteilung grundlegend *Giesberts,* Die gerechte Lastenverteilung unter mehreren Störern, 1990, passim.

Eine Stellungnahme zu der äußerst komplexen und schwierigen Frage nach der Zulässigkeit einer Freigabe von Altlastengrundstücken aus dem Konkursbeschlag und ihren Folgen hat zunächst anzuerkennen, dass die Freigabe eines konkursbefangenen Gegenstandes keinen Einfluss auf die Eigentümerstellung hat, insbesondere keine Dereliktion i. S. v. § 4 Abs. 3 Satz 4 Alt. 2 BBodSchG bedeutet.[351] Eigentümer des Altlastengrundstücks ist und bleibt allein der Gemeinschuldner.[352] Die Eröffnung des Insolvenzverfahrens lässt die Eigentümerstellung des Gemeinschuldners unberührt. Dieser verliert, wie gesagt, lediglich die Verwaltungs- und Verfügungsbefugnis an den Insolvenzverwalter (§§ 80 Abs. 1, 148, 149 InsO).[353] Ebenso wenig ändert die spätere Freigabe eines Altlastengrundstücks aus dem Konkursbeschlag etwas an der fortbestehenden Eigentümerstellung des Gemeinschuldners. Eine bodenschutzrechtliche *nachwirkende* Sanierungsverantwortlichkeit, die allein eine Nachhaftung früherer *Eigentümer* anordnet (vgl. § 4 Abs. 3 Satz 4 Alt. 2, Abs. 6 BBodSchG), kann aus diesem Grunde gegenüber dem Insolvenzverwalter nicht begründet werden.[354]

Folgt man der im Insolvenzrecht herrschenden Amtstheorie[355], so kommt nur eine Verantwortlichkeit des Insolvenzverwalters – begrenzt auf die Insolvenzmasse – aus eigener *aktueller* Zustandsverantwortlichkeit in Betracht.[356] Die „Restzustandsverantwortlichkeit"[357] des Gemeinschuldners hilft nicht weiter. Sie ist mit Eröffnung des Insolvenzverfahrens wenngleich auch nicht untergegangen,[358] so doch zumindest nicht durchsetzbar bzw. im Verhältnis zur Zustandsverantwortlichkeit des Insolvenzverwalters nachrangig.[359]

---

[351] Vgl. etwa *v. Wilmowsky,* ZIP 1997, 389 ff., 393.

[352] *Bork,* Rn. 125; *Kothe,* Altlasten in der Insolvenz, Rn. 400; *Ritgen,* GewArch 1998, 393 ff., 393.

[353] Vgl. im Einzelnen *Bork,* Rn. 125.

[354] So auch *Bickel,* § 4 Rn. 71; *Kothe,* Altlasten in der Insolvenz, Rn. 411.

[355] Vgl. hierzu die Nachweise in Fn. 340.

[356] Wenn allerdings der Gemeinschuldner Verursacher war, so ist davon auszugehen, dass der Insolvenzverwalter die Masse von vornherein nicht durch Freigabe der Altlast retten kann. In dem Fall verbleibt die Verhaltensstörerhaftung zwar nicht als höchstpersönliche Pflicht beim Gemeinschuldner (so aber *Giesberts,* in: Fluck, Bd. 2, § 4 BBodSchG Rn. 392 und *Ritgen,* GewArch 1998, 393 ff., 397 f.), sondern wird zu einem negativen Bestandteil des Betriebsvermögens, vgl. *Frenz,* BBodSchG, § 4 Abs. 3 Rn. 70). Gleichwohl wirkt sich die Freigabe nicht auf die fortbestehende Handlungshaftung des Gemeinschuldners aus, für die nun der Insolvenzverwalter weiterhin mit der Insolvenzmasse einzustehen hat (so zutreffend *Bickel,* § 4 Rn. 71; *Frenz,* BBodSchG, § 4 Abs. 3 Rn. 70). Vgl. auch *Franz,* NuR 2000, 496 ff., 497; *ders.* altlasten spektrum 2000, 245 f.; *v. Wilmowsky,* ZIP 1997, 389 ff., 394.

[357] *Purps/Schumann,* NJW 1999, 2476 ff., 2477; ihnen folgend *Kothe,* Altlasten in der Insolvenz, Rn. 408.

[358] So aber *Ritgen,* GewArch 1998, 393 ff., 397; dagegen mit guten Gründen *v. Wilmowsky,* ZIP 1997, 389 ff., 395.

Die Zustandsverantwortlichkeit des Insolvenzverwalters gründet sich in der Tat, da er nie Eigentümer der Konkursgegenstände geworden ist, allein auf seine tatsächliche Sachherrschaft über das betreffende Grundstück.[360] Lässt man es zu, dass der Verwalter diese im Zuge der Freigabe aufgibt, so endet zugleich seine hierauf bezogene Zustandsverantwortlichkeit.[361] Die entscheidende Frage lautet damit nach wie vor, ob die bewusste Übertragung der störenden Sache auf einen Leistungsunfähigen zum Zwecke der Vermeidung der Zustandsverantwortlichkeit des Übertragenden polizeirechtlich anzuerkennen ist oder nicht.[362] Die Neuregelungen über die Sanierungsverantwortung im Rahmen des Bundes-Bodenschutzgesetzes ändern an dieser Streitfrage grundsätzlich nichts.

---

[359] Vgl. *Franz,* NuR 2000, 496 ff., 496, sowie *Giesberts,* in: Fluck, Bd. 2, § 4 BBodSchG Rn. 397 mit Hinweis darauf, dass gegen die Heranziehung des – nach seiner Einschätzung grundsätzlich weiterhin aus seiner Eigentümerstellung zustandsverantwortlichen – Gemeinschuldners die Entscheidung des Gesetzgebers spricht, den Schuldner im Insolvenzverfahren von jeglicher Verantwortung bezüglich der Masse unterfallenden Gegenständen freizustellen und diese auf den Insolvenzverwalter zu übertragen. Nach Auffassung von *Bork,* Rn. 70a Fn. 6 und *Frenz,* BBodSchG, § 4 Abs. 2 Rn. 62, Abs. 3 Rn. 69 (jeweils unter Hinweis auf VG Gelsenkirchen, Urt. v. 10.5.1996 – 5 K 606/94 –, ZIP 1996, 1257, 1258 f.), wird eine Inanspruchnahme des Gemeinschuldners jedenfalls regelmäßig ermessensfehlerhaft sein, da dieser auf das kontaminierte Grundstück nicht mehr einwirken kann (vgl. § 80 InsO). Nach Auffassung von *Karsten Schmidt,* der den Insolvenzverwalter als Organ der Gesellschaft ansieht, wird die Zustandsverantwortlichkeit einer Gesellschaft durch die Insolvenzeröffnung überhaupt nicht unterbrochen. Die Gesellschaft wird lediglich fortan durch den Insolvenzverwalter organschaftlich repräsentiert, so dass die von ihm ausgeübte Sachherrschaft die Zustandsverantwortlichkeit der Gesellschaft rechtfertigt. Vgl. *K. Schmidt,* ZIP 2000, 1913 ff., 1918.

[360] Ebenso BVerwG, Urt. v. 10.2.1999 – 11 C 9/97 –, ZUR 2000, 150 f., 150; *Becker,* BBodSchG, § 4 Rn. 23; *Hipp,* in: Hipp/Rech/Turian, A III, Rn. 300; *Kothe,* Altlasten in der Insolvenz, Rn. 354; *Versteyl,* in: UTR Bd. 53, S. 147 ff., 161; *Wiester,* S. 202; a.A. *v. Wilmowsky,* ZIP 1997, 389 ff., 397, der davon ausgeht, dass der Insolvenzverwalter lediglich den Besitz des Schuldners ausübe.

[361] Umstritten ist, ob der Verwalter neben der Freigabeerklärung auch die tatsächliche Sachherrschaft über das Altlastengrundstück aufgeben muss. Nach Ansicht von *MünchKomm*-Joost, 3. Aufl. 1997, § 856 Rn. 4 und *Kilger,* in: Festschrift für Merz, 1992, S. 253 ff., 270, reicht allein die Besitzaufgabeerklärung aus, da der Besitz immer einen Besitzwillen voraussetze, der mit der – in der Freigabeerklärung enthaltenen – Erklärung der Besitzaufgabe gemäß § 856 Abs. 1 BGB ende. Nach überwiegender Auffassung führt hingegen die bloße Erklärung der Besitzaufgabe nicht zum Besitzverlust, weil der Besitz stets ein tatsächliches Herrschaftsverhältnis sei. Erforderlich sei daher, dass der Verwalter den (unmittelbaren) Besitz auf den Gemeinschuldner zurückübertrage. So *Eichhorn,* S. 199 ff. m.w.N.; *Palandt*-Bassenge, 60. Aufl. 2001, § 856 Rn. 1; *Stürner,* in: Festschrift für Merz, 1992, S. 562 ff., 575; *Wiester,* S. 209.

[362] Vgl. *Gusy,* Polizeirecht, Rn. 288; *Ritgen,* GewArch 1998, 393 ff., 400.

cc) Stellungnahme

Der Gesetzgeber des Bundes-Bodenschutzgesetzes hat sich des insolvenzrechtlichen Problems der Besitzaufgabe von Altlastengrundstücken im Wege der Freigabe durch den Insolvenzverwalter nicht angenommen. Es liegt insofern eine Regelungslücke vor, die im Falle ihrer Planwidrigkeit im Analogiewege geschlossen werden muss.

Die Freigabe von Altlastengrundstücken ähnelt der Dereliktion darin, dass in beiden Fällen im Ergebnis der Staat die Kosten der Sanierungsvornahme zu tragen hätte, wenn man von einer nachwirkenden Zustandsverantwortlichkeit des Derelinquenten bzw. Freigebers absähe. Anders als bei der Dereliktion steht der Behörde nach der Freigabe des Grundstücks aber zumindest noch der Gemeinschuldner als Zustandsverantwortlicher zur Verfügung. Dies könnte gegen die Übertragbarkeit der Dereliktionsnachhaftung auf die Freigabekonstellation sprechen.[363] In Abkehr von dem bisherigen allgemeinen Polizei- und Ordnungsrecht führt nunmehr aber auch unter bestimmten Voraussetzungen die Übertragung eines Altlastengrundstücks auf einen neuen Zustandsverantwortlichen zu einer nachwirkenden Zustandsverantwortlichkeit des früheren Eigentümers (§ 4 Abs. 6 BBodSchG). Insofern ist der Einwand, dass der Behörde nach der Freigabe – zumindest formal – der Gemeinschuldner noch als Störer zur Verfügung stehe, nach In-Kraft-Treten des Bundes-Bodenschutzgesetz nicht mehr durchgreifend.

Im Gegenteil spricht die Intention des Bundes-Bodenschutzgesetzes, rechtsmissbräuchliche „Fluchten" aus der Zustandsverantwortlichkeit in die Insolvenz verhindern zu wollen,[364] entschieden gegen die Zulässigkeit der Freigabe durch den Insolvenzverwalter. Dieser Gedanke, der sowohl der nachwirkenden Zustandsverantwortlichkeit bei Dereliktion (§ 4 Abs. 3 Satz 4 Alt. 2 BBodSchG) und bei Veräußerung in dem Wissen um schädliche Bodenveränderungen (§ 4 Abs. 6 BBodSchG) als auch der Konzern- bzw. Durchgriffsverantwortlichkeit (§ 4 Abs. 3 Satz 4 Alt. 1 BBodSchG) zugrunde liegt, fordert es, die hier in Rede stehende Freigabemöglichkeit des Insolvenzverwalters für unzulässig zu erklären.[365] Ansonsten überließe man es dem Belieben des Insolvenzverwalters, ob die Insolvenzmasse vorrangig zur Tragung der Sanierungskosten oder zur Befriedigung der sonstigen Gläubiger verwendet wird. Die Ausübung eines solchen dem Insolvenzver-

---

[363] So *Eichhorn,* S. 214 f.; *Lüke,* in: Kölner Schrift zur Insolvenzordnung, S. 859 ff., 890 Rn. 82; *Wiester,* S. 205.

[364] Vgl. oben sub D.II.2.

[365] Ähnlich *K. Schmidt,* ZIP 2000, 1913 ff., 1919, der aus § 4 Abs. 3 BBodSchG ein argumentum a maiore ad minus ableitet: „Wenn sogar die Aufgabe von Eigentum nichts an der Sanierungspflicht ändert, wie soll dann die bloße Freigabe aus der Insolvenzmasse diesen Effekt haben können?".

walter zugebilligten Wahlrechts kann aber – zumindest bei entsprechender Kenntnis des Verwalters von den Bodenbelastungen – rechtsmissbräuchlich (§ 138 BGB) oder verbotswidrig (§ 134 BGB) sein.[366] Sie wäre jedenfalls mit der erklärten Zielsetzung des Bundes-Bodenschutzgesetzes, eine verstärkte Rückverlagerung der Verantwortlichkeit auf private Rechtssubjekte durch Ausweitung der Sanierungsverantwortung zu erreichen,[367] unvereinbar.

Auch der Gedanke von *Stürner,* der später im Zusammenhang mit der verfassungsrechtlichen Rechtsfertigung von § 4 Abs. 6 BBodSchG wieder aufzugreifen sein wird,[368] spricht gegen die Zulässigkeit der Freigabe: Sie begründe eine Verhaltensverantwortlichkeit des Verwalters, da er mit der Übertragung auf einen leistungsunfähigen Gemeinschuldner den störenden Zustand verschärfe und zeitlich perpetuiere.[369]

Hinzu kommt ein weiterer Gesichtspunkt: Der mit der Ausgliederung des Altlastengrundstücks aus der Insolvenzmasse verbundene Untergang einer ehemals bevorzugt zu befriedigenden Masseverbindlichkeit (vgl. §§ 53, 209 InsO) führte zu einer erheblichen Erhöhung der Insolvenzquote. Die Freigabe privilegierte die übrigen Insolvenzgläubiger dadurch in ungerechtfertigter Weise. Diese stünden sogar besser, als wenn die Behörde den Gemeinschuldner bereits vor Eröffnung des Insolvenzverfahrens zur Sanierung in Anspruch genommen und auf diese Weise nur eine gleichrangige Insolvenzforderung begründet hätte. Dieses aus Sicht der Behörde durch einen „wundersamen Verlust an Haftungsmasse“[370] geprägte Ergebnis ist sinnwidrig, da das Vermögen des Gemeinschuldners von Anbeginn an mit der abstrakten Sanierungspflicht belastet war und es nicht darauf ankommen kann, zu welchem Zeitpunkt die Behörde den konkretisierenden Verwaltungsakt erlässt. Es gibt keinen Verfassungsgrundsatz, der besagt, dass Gefahren, die von Massegegenständen ausgehen, mit finanziellen Mitteln der Allgemeinheit zu beseitigen und hierdurch Gläubiger des Gemeinschuldners in Form von höheren Insolvenzquoten zu begünstigen seien.[371] Vielmehr fordert das Gebot gerechter Lastenverteilung eine Haftung des gegenüber der Allgemeinheit sachnäheren Zustandsverantwortlichen – im Fall des Konkurses die Haftung des Insolvenzverwalters mit der Insolvenzmasse.

---

[366] *K. Schmidt,* ZIP 2000, 1913 ff., 1919.

[367] Siehe hierzu bereits oben sub D.I.

[368] Siehe im Dritten Teil sub C.III.4.b)cc)(3)(b).

[369] *Stürner,* in: Festschrift für Merz, 1992, S. 562 ff., 576; kritisch hierzu *Wiester,* S. 203.

[370] *v. Wilmowsky,* ZIP 1997, 389 ff., 396; *K. Schmidt,* ZIP 2000, 1913 ff., 1917, vergleicht die Einsetzung des Insolvenzverwalters gar mit der „Wunderkraft des Grimm'schen Rumpelstilzchen“.

[371] BVerwG, Urt. v. 10.2.1999 – 11 C 9/97 –, ZUR 2000, 150 f., 150.

Eine willkürliche Beendigung dieser Verantwortlichkeit durch Freigabe des Altlastengrundstücks aus dem Konkursbeschlag ist aus diesen Gründen rechtlich unzulässig.[372] Hierfür spricht auch die gesetzliche Wertung des in § 25 BBodSchG neu eingeführten Wertausgleichs für aufgrund des Einsatzes öffentlicher Mittel zur Bodensanierung eingetretene Verkehrswerterhöhungen von Grundstücken: Der Einsatz öffentlicher Mittel bei der Altlastensanierung soll nicht zur Bevorzugung privater Nutznießer führen.[373]

Schließlich bleibt die Auffassung von *Karsten Schmidt* zu erwähnen, wonach die generelle Freigabemöglichkeit ohnehin nur in der Insolvenz natürlicher Personen gelte. Die Eröffnung des Insolvenzverfahrens gegen juristische Personen und Gesellschaften ohne Rechtspersönlichkeit führt dieser Auffassung zufolge automatisch zur Liquidation der Gesellschaft, die nunmehr Aufgabe des Insolvenzverwalters sei.[374] Der Liquidator habe nämlich nicht nur das Vermögen der Gesellschaft zu verwerten, sondern die Gesellschaft bis zur Löschungsreife vollständig abzuwickeln. Daraus folge, dass es kein massefreies Vermögen geben dürfe, weshalb der Insolvenzverwalter Gegenstände des Gesellschaftsvermögens auch nicht freigeben könne.[375] Eine Freigabeerklärung des Verwalters ist dieser Auffassung zufolge wirkungslos und ändert nichts an der ungeteilten Liquidation der Gesellschaft.[376]

dd) Ergebnis

Im Ergebnis ist die Freigabe von Altlastengrundstücken durch den Insolvenzverwalter rechtlich unzulässig. Die planwidrige Regelungslücke im

---

372 Ebenso *Ritgen,* GewArch 1998, 393 ff., 401; *K. Schmidt,* ZIP 2000, 1913 ff., 1917 ff. Im Ergebnis auch *v. Wilmowsky,* ZIP 1997, 389 ff., 398, wenngleich mit anderer Begründung: Sowohl das Insolvenzverfahren als auch die spätere Freigabe ließen die Zustandsverantwortlichkeit des Gemeinschuldners unberührt, weshalb der Gemeinschuldner nach wie vor mit seinem dem Insolvenzbeschlag unterliegenden Vermögen hafte.

373 Vgl. bereits *Kohls,* ZUR 2000, 151 ff., 155.

374 *K. Schmidt,* ZIP 2000, 1913 ff., 1917; *ders.,* in: Kilger/K. Schmidt, Insolvenzgesetze KO/VglO/GesO, 17. Aufl., 1997, § 6, Anm. 5 g; *ders.* NJW 1993, 2833 ff., 2836. Ebenso *Bork,* Rn. 132 ff.; *Lüke,* in: Kölner Schrift zur Insolvenzordnung, 2. Aufl. 2000, S. 859 ff., 887 Rn. 76 ff.; *W. Schulz,* NJW 1984, 2428 f.; a. A. *Ritgen,* GewArch 1998, 393 ff., 400.

375 OVG Greifswald, Urteil v. 16.1.1997 – 3 L 94/96 –, ZIP 1997, 1460 ff., 1464; *Bork,* Rn. 135; *K. Schmidt,* zuletzt in ZIP 2000, 1913 ff., 1917; *Purps/Schumann,* NJW 1999, 2476 ff., 2477; a. A. OVG Magdeburg, Beschl. v. 12.4.1994 – 2 M 31/93 –, ZIP 1994, 1130, 1132; *Kothe,* Altlasten in der Insolvenz, Rn. 454 ff.

376 *K. Schmidt,* ZIP 2000, 1913 ff., 1920; mit Einschränkungen ebenso *Lüke,* in: Kölner Schrift zur Insolvenzordnung, 2. Aufl. 2000, S. 859 ff., 888 Rn. 78; kritisch hierzu *Wiester,* S. 207 f.

Bundes-Bodenschutzgesetz ist durch eine entsprechende Anwendung der bodenschutzrechtlichen Nachhaftungsregelungen (§ 4 Abs. 3 Satz 4 Alt. 1, Abs. 6 BBodSchG) zu schließen. Dies bedeutet indes der Sache nach ausnahmsweise eine gesetzlich nicht ausdrücklich angeordnete nachwirkende Zustandsverantwortlichkeit anzuerkennen. Daher wäre es aus Gründen der Rechtsklarheit wünschenswert, wenn der Gesetzgeber die Entscheidung gegen die Zulässigkeit der Freigabe von Altlasten de lege ferenda ausdrücklich träfe.

E. Nachwirkende Zustandsverantwortlichkeit in einem Umweltgesetzbuch

Es handelt sich bei der Ausweitung der Verantwortlichkeit privater Rechtssubjekte für Umweltgefahren um eine Tendenz im Umweltrecht, die nicht nur de lege lata, sondern auch de lege ferenda von Bedeutung ist. Die Bestandsaufnahme nachwirkender Zustandsverantwortlichkeiten im deutschen Umweltrecht darf deshalb nicht im geltenden Recht stehen bleiben, sondern hat auch die bislang veröffentlichten Entwürfe für ein Umweltgesetzbuch in den Blick zu nehmen. Sollte der Befund auch hier positiv ausfallen, so würde dadurch die Notwendigkeit zusätzlich hervorgehoben, das Institut nachwirkender Zustandsverantwortlichkeit einer eingehenden verfassungsrechtlichen Untersuchung zu unterziehen.

I. Professorenentwurf für ein Umweltgesetzbuch (UGB-ProfE)

Der Entwurf der vom Umweltbundesamt eingesetzten Professorenkommission,[377] der die Grundlage des späteren Entwurfs der Unabhängigen Sachverständigenkommission[378] bildet, enthält in seinem Besonderen Teil im Wesentlichen nur anlagenbezogene Nachbetriebspflichten.[379] Wie bereits

---

[377] Umweltgesetzbuch – Allgemeiner Teil –, Forschungsbericht im Auftrag des Umweltbundesamtes, 1990, unter Mitwirkung von *Kloepfer/Rehbinder/Schmidt-Aßmann/Kunig* sowie Umweltgesetzbuch – Besonderer Teil –, Forschungsbericht im Auftrag des Umweltbundesamtes, Berlin 1994, unter Mitwirkung von *Jarass/Kloepfer/Kunig/Papier/Peine/Rehbinder/Salzwedel/Schmidt-Aßmann.*

[378] Dazu sogleich unter E.II.

[379] § 319 UGB-ProfE legt dem Betreiber einer immissionsschutzrechtlich zulassungsbedürftigen Anlage Stilllegungspflichten auf, die inhaltlich allerdings lediglich hinsichtlich der gebotenen Deckungsvorsorge über § 5 Abs. 3 BImSchG hinaus gehen. Dasselbe gilt für die Stilllegung von Abfallentsorgungsanlagen, die eine an § 36 KrW-/AbfG angelehnte Normierung in § 580 UGB-ProfE erfahren hat. Die Stilllegung einer kerntechnischen Anlage wird auch im UGB-ProfE von einer behördlichen Zulassung abhängig gemacht (§ 382 UGB-ProfE).

ausführlich dargelegt wurde,[380] sind diese anlagenbezogenen Nachsorgepflichten jedoch *betriebsbezogene Verhaltensverantwortlichkeiten* und daher auch dann keine echten Beispiele für nachwirkende Zustandsverantwortlichkeit, wenn man mit einem Teil des Schrifttums annimmt, sie erstreckten sich über den Zeitpunkt der Aufgabe des Besitzes oder des Eigentums über das Betriebsgrundstück hinaus.

Eine nachwirkende Sanierungsverantwortlichkeit begründet allerdings § 303 Abs. 3 UGB-ProfE für ehemalige Eigentümer bodenbelasteter Grundstücke. Danach ist in einem Zeitraum von 30 Jahren nach Aufgabe des Eigentums an dem Grundstück noch zur Sanierung verantwortlich, wer Eigentümer in dem Zeitraum gewesen ist, in dem die Bodenbelastung mutmaßlich entstanden ist. Diese Regelung knüpft an § 13 Abs. 4 BlnBodSchG an. Eine einmal begründete Zustandsverantwortlichkeit kann nach dem Professorenentwurf auch nicht durch Dereliktion beendet werden (§ 303 Abs. 4 Satz 2 UGB-ProfE), es sei denn, der Verantwortliche war beim Grundstückserwerb gutgläubig hinsichtlich der Unbelastetheit des Grundstücks.

II. Entwurf der Unabhängigen Sachverständigenkommission (UGB-KomE)

Der Entwurf der Unabhängigen Sachverständigenkommission zum Umweltgesetzbuch (UGB-KomE)[381] enthält im Rahmen der Regelungen über die integrierte Vorhabengenehmigung in § 83 Abs. 1 Satz 1 Nr. 6 UGB-KomE eine an § 5 Abs. 3 BImSchG angelehnte, zur Umsetzung von Art. 3 Satz 1 Buchstabe f der IVU-Richtlinie[382] aber noch darüber hinaus gehende Grundpflicht zur Anlagenstilllegung, die für sämtliche genehmigungsbedürftigen Vorhaben i. S. d. § 81 Abs. 2 UGB-KomE gilt.[383] Die Stilllegung kerntechnischer Anlagen ist demgegenüber einer gesonderten Regelung unterworfen worden (§ 472 UGB-KomE). Dabei hat die Sachverständigenkommission noch an dem umstrittenen Instrument der Stilllegungsgenehmigung festgehalten.[384] Ebenfalls aus dem geltenden Umweltrecht übernommen

380 Vgl. oben sub B.

381 Umweltgesetzbuch (UGB-KomE), Entwurf der Unabhängigen Sachverständigenkommission zum Umweltgesetzbuch, hrsg. vom Bundesministerium für Umwelt, Naturschutz und Reaktorsicherheit, Berlin 1998.

382 Richtlinie 96/61/EG des Rates über die integrierte Vermeidung und Verminderung der Umweltverschmutzung v. 24.9.1996, ABl. EG Nr. L 257, S. 26.

383 § 83 Abs. 1 Satz 1 Nr. 6 lautet: „Es ist sicherzustellen, dass von dem Vorhaben nach der Stilllegung keine Risiken oder Gefahren für die Umwelt oder den Menschen ausgehen, verbleibende Abfälle möglichst umweltschonend verwertet und beseitigt werden und, soweit erforderlich und zumutbar, in angemessener Zeit Anlagen abgebaut werden und ein umweltgerechter Zustand des Geländes wiederhergestellt wird.“.

wurde die abfallrechtliche Nachsorgepflicht für Deponien: Hier ordnet § 751 Abs. 2 UGB-KomE Rekultivierungs- und Sicherungsmaßnahmen an.

Unabhängig von diesen anlagebezogenen Nachbetriebspflichten enthält das Kapitel zum Bodenschutz in seinem Abschnitt über die Sanierung von Bodenbelastungen und Rekultivierung Sanierungsverantwortlichkeiten für ehemalige Eigentümer bzw. ehemalige Inhaber der tatsächlichen Gewalt von Altlastengrundstücken (§ 348 Abs. 1 Satz 1 Nr. 3 u. Nr. 4, Abs. 4 u. Abs. 6 UGB-KomE). Hier ist zwischen den einzelnen Vorschriften zu differenzieren: Die Regelung in § 348 Abs. 1 Satz 1 Nr. 3 u. Nr. 4 UGB-KomE, die an § 13 Abs. 4 BlnBodSchG angelehnt ist, stellt sich bei näherer Betrachtung und unter Berücksichtigung des Absatzes 4 als (vermutete) Verursacherhaftung dar. Da sie allerdings sowohl Elemente der Handlungs- als auch der Zustandsverantwortlichkeit enthält, lässt sie sich auch als Mischverantwortlichkeit qualifizieren.[385]

Eine nachwirkende Zustandsverantwortlichkeit wird sodann in § 348 Abs. 6 UGB-KomE in dreifacher Weise normiert: Satz 1 ordnet die – im Gegensatz zu der Parallelvorschrift im Bundes-Bodenschutzgesetz zeitlich befristete – Nachhaftung des Eigentümers im Falle einer Dereliktion des Altlastengrundstücks an. Satz 2 bestimmt, dass eine bereits durch Verwaltungsakt konkretisierte Sanierungsverantwortlichkeit nicht durch Übertragung des Grundstücks untergeht. Nach § 348 Abs. 6 Satz 3 UGB-KomE, der wie § 4 Abs. 6 BBodSchG der Verhinderung von Umgehungs- und „Strohmann"-Geschäften dient,[386] besteht eine nachwirkende Zustandsverantwortlichkeit desjenigen, der in dem Wissen bzw. fahrlässigen Nichtwissen um eine Bodenbelastung ein Grundstück auf einen Dritten überträgt und dabei weiß oder wissen könnte, dass der Erwerber nicht in der Lage sein wird, eine erforderliche Sanierung und Rekultivierung durchzuführen oder die Kosten dafür zu tragen. Diese Form der nachwirkenden Verantwortlichkeit soll stets eingreifen, wenn der ursprüngliche Veräußerer das Grundstück von dem Erwerber zurückerwirbt, nachdem die Behörde es mangels Leistungsfähigkeit des Erwerbers auf Kosten der öffentlichen Hand saniert hat.

---

[384] Vgl. § 7 Abs. 3 AtomG. Kritisch hierzu *Rebentisch,* DVBl. 1992, 1255 ff., 1256 f.

[385] Ebenso *Kahl,* Die Verwaltung, Bd. 33 (2000), S. 29 ff., 63 (Fn. 191).

[386] Vgl. Begründung zum UGB-KomE (Fn. 381), S. 1038.

Dritter Teil

Die verfassungsrechtliche Dimension der nachwirkenden Sanierungsverantwortlichkeit ehemaliger Grundstückseigentümer nach dem Bundes-Bodenschutzgesetz

Angesichts der beschriebenen weit reichenden Folgen einer nachwirkenden Zustandsverantwortlichkeit und der erheblichen tatbestandlichen Auslegungsprobleme in den bodenschutzrechtlichen Anwendungsfällen, drängt es sich geradezu auf, die nachwirkende Zustandsverantwortlichkeit – am Beispiel der bodenschutzrechtlichen Sanierungspflichten für frühere Grundeigentümer – auf den Prüfstand des Verfassungsrechts zu stellen.[1]

A. Vorbemerkung

Dass die ordnungsrechtliche Inanspruchnahme früherer Eigentümer der verfassungsrechtlichen Absicherung bedarf, folgt aus dem deduktiv-hierarchischen Charakter des bundesrepublikanischen Rechts- und Normsystems sowie aus der Grundrechtsrelevanz der auferlegten öffentlich-rechtlichen Pflichten.[2]

Während gegen die – landes- bzw. bundesrechtliche – Anordnung einer nachwirkenden Zustandsverantwortlichkeit für derelinquierte Grundstücke bislang kaum ernsthafte verfassungsrechtliche Bedenken erhoben wurden,[3] begegnet die Statuierung der nachwirkenden Zustandsverantwortlichkeit für rechtsgeschäftlich übertragene Altlastengrundstücke (§ 4 Abs. 6 BBodSchG) ganz erheblicher Kritik.[4] Die unterschiedliche verfassungsrechtliche Bewertung der beiden Sanierungspflichten wird in der Literatur überwiegend da-

---

[1] Vgl. *Kahl,* Die Verwaltung, Bd. 33 (2000), S. 29 ff., 56; *Spieth/Wolfers,* NVwZ 1999, 355 ff., 356.

[2] Vgl. *Lindner,* S. 24.

[3] Vgl. nur *Kobes,* NVwZ 1998, 786 ff., 790: „Nicht Außergewöhnliches regelt § 4 Abs. 3 Satz 4, Fall 2 BBodSchG [...]"; *Spieth/Wolfers,* NVwZ 1999, 355 ff., 355: „Das ist nichts Neues."; *Gerhold,* altlasten spektrum 1998, 107 ff., 110: „eher klarstellende Ergänzung".

[4] Auch auf dem 60. DJT im Jahre 1994 zählte die Frage der Nachhaftung des Eigentümers zu den kontroversesten Punkten. Ein positiver Beschluss gelang diesbe-

mit begründet, dass im Falle der Dereliktion aufgrund des ersatzlosen Ausfalls des Zustandsverantwortlichen die Verlagerung des Sanierungsrisikos auf die Allgemeinheit nicht hinnehmbar sei, während bei der Veräußerung eines belasteten Grundstücks an einen Dritten, eben dieser Dritte – zumindest grundsätzlich – als neuer Zustandsverantwortlicher zur Verfügung stünde und von der Behörde anstelle des ehemals Zustandsverantwortlichen zur Sanierungsvornahme herangezogen werden könne. Für eine zusätzliche Verantwortlichkeit des *ehemaligen* Eigentümers mangele es insofern an einem verfassungsrechtlichen Zurechnungsgrund.[5]

Der Schwerpunkt des Erkenntnisinteresses liegt daher auf der verfassungsrechtlichen Rechtfertigung der nachwirkenden Zustandsverantwortlichkeit im Falle der Eigentumsübertragung an bodenbelasteten Grundstücken. Gleichwohl bestehen offensichtlich Parallelen zur nachwirkenden Zustandsverantwortlichkeit im Falle der Dereliktion solcher Grundstücke. Beide Formen der nachwirkenden Zustandsverantwortlichkeit sind daher Gegenstand der folgenden verfassungsrechtlichen Untersuchung. Soweit erforderlich, wird an einzelnen Stellen zwischen der Nachhaftung bei Dereliktion und der Nachhaftung bei Eigentümerwechsel zu differenzieren sein.

B. Betroffene Grundrechte

Die nachträgliche Heranziehung früherer Eigentümer zur Sanierung ihrer ehemaligen Grundstücke ist in erheblichem Maße grundrechtsrelevant. Die Kernfrage der verfassungsrechtlichen Rechtfertigung der nachwirkenden Zustandsverantwortlichkeit betrifft daher die Vereinbarkeit dieser öffentlich-rechtlichen Pflicht mit den Grundrechten der von ihr betroffenen Bürger.

Nicht ohne Weiteres zu beantworten ist allerdings, wie diese neue Form ordnungsrechtlicher Verantwortlichkeit grundrechtlich zu verorten ist. Thematisch kommen Art. 14 Abs. 1 Satz 1, 12 Abs. 1, 3 Abs. 1 und 2 Abs. 1 GG in Betracht. Letztlich mag die Frage, welche Grundrechte einschlägig sind, nicht von großer praktischer Relevanz sein, weil sich die verfassungsrechtliche Rechtfertigung der betreffenden Grundrechtseingriffe jedenfalls zwischen Art. 2 Abs. 1, 12 Abs. 1 und 14 Abs. 1 Satz 1 GG im Ergebnis

züglich nicht. Vgl. Beschluss Nr. 46 des 60. DJT, Verhandlungen des 60. Deutschen Juristentages, 1994, Bd. II/1, S. L 95.

[5] *Gerhold,* altlasten spektrum 1998, 107 ff., 110; *Kahl,* Die Verwaltung, Bd. 33 (2000), S. 29 ff., 62 ff.; *Knopp,* DVBl. 1999, 1010 ff., 1012 f.; *Müggenborg,* NVwZ 2000, 50 ff., 51; *ders.* NVwZ 2001, 39 ff., 41; *Schwartmann,* DStR 1999, 324 ff., 328; *Spieth/Wolfers,* altlasten spektrum 1998, 75 ff., 79; *dies.,* NVwZ 1999, 355 ff.; zumindest zweifelnd *Wüterich,* in: Landel/Vogg/Wüterich, § 4 Rn. 190. Bereits gegenüber den landesrechtlichen Vorgängernormen ablehnend: *Enders,* DVBl. 1993, 82 ff., 88.

nur unwesentlich unterscheidet.[6] Aus systematischen Gründen ist aber eine klare Zuordnung erforderlich. Eine Prüfung des Art. 2 Abs. 1 GG verbietet sich, soweit die Spezialfreiheiten der Berufs- und Gewerbefreiheit aus Art. 12 Abs. 1 GG oder der Eigentumsgarantie aus Art. 14 Abs. 1 Satz 1 GG einschlägig sind.[7]

Die durch Art. 12 Abs. 1 GG gewährleistete Berufsfreiheit kann für die hiesige Prüfung vernachlässigt werden, da dieses Grundrecht nur in den Fällen in Betracht kommt, in denen es sich um die Inpflichtnahme gewerblicher Immobilienveräußerer handelt. Für alle übrigen Fälle der nachwirkenden Heranziehung nicht gewerblicher Grundstücksveräußerer sind hingegen nur das Freiheitsgrundrecht aus Art. 2 Abs. 1 GG bzw. die Eigentumsgarantie aus Art. 14 Abs. 1 Satz 1 GG relevant. Die Frage, welches dieser beiden Grundrechte bei der im Bundes-Bodenschutzgesetz normierten nachwirkenden Zustandsverantwortlichkeit einschlägig ist, wird im Schrifttum kontrovers beurteilt.[8]

Gesondert zu betrachten ist – obgleich einer nicht zu verkennenden „Zusammengehörigkeit von Gleichheit und freiheitswahrendem Übermaßgebot“[9] – die Vereinbarkeit der nachwirkenden Zustandsverantwortlichkeit mit dem Gleichheitsgrundsatz aus Art. 3 Abs. 1 GG.[10] Es stellt sich sowohl im Hinblick auf die Ungleichbehandlung von Eigentümern und Inhabern der tatsächlichen Gewalt als auch im Hinblick auf die Ungleichbehandlung der Eigentümer gegenüber beliebigen Dritten die Gerechtigkeitsfrage.[11]

---

6 BVerfGE 50, 290 (362); *Wittig,* NJW 1967, 2185 ff., 2188.

7 *Kunig,* in: v. Münch/Kunig, GGK I, 5. Aufl. 2000, Art. 2 Rn. 12, 88; *Jarass,* in: ders./Pieroth, Grundgesetz, 5. Aufl. 2000, Art. 2 Rn. 2. Für Eigentumsnutzungen einschränkend *Wieland,* in: Dreier (Hrsg.), GG-Kommentar, Bd. 1, 1996, Art. 14 Rn. 150.

8 Für eine Prüfung nach Maßgabe von Art. 14 Abs. 1 Satz 1 GG: *Dombert,* NJW 2001, 927 ff., 928; *Grzeszick,* NVwZ 2001, 721 ff., 723; *Kahl,* Die Verwaltung, Bd. 33 (2000), S. 29 ff., 58 ff.; *Kobes,* NVwZ 1998, 786 ff., 790; *Riedel,* ZIP 1999, 94 ff., 98; *Rengeling,* zit. bei *Sobczak,* in: UTR Bd. 53, S. 123 ff., 132; *Spieth/Wolfers,* altlasten spektrum 1998, 75 ff., 79. Für die Einschlägigkeit von Art. 2 Abs. 1 GG: *Kutzschbach/Pohl,* JURA 1999, 225 ff., 228, sowie neuerdings *Spieth/Wolfers,* NVwZ 1999, 355 ff., 356. Zwischen der Sanierungspflicht (Art. 14 GG) und der Kostenpflicht (Art. 2 Abs. 1 GG) differenzierend *Kahl,* Die Verwaltung, Bd. 33 (2000), S. 29 ff., 58.

9 *Kirchhof,* in: Festschrift für Lerche, 1993, S. 133 ff., 137.

10 Zum Nebeneinander von Freiheitsrechten und Gleichheitsrechten, vgl. *Heun,* in: Dreier, Art. 3 Rn. 124; *Lerche,* Übermaß, Bemerkungen zur Wiederauflage, S. XIV, sowie im Nachdruck der Erstausgabe von 1961, S. 29 f., 52 f.

11 Vgl. *Gerhold,* altlasten spektrum 1998, 107 ff., 110; *Kahl,* Die Verwaltung, Bd. 33 (2000), S. 29 ff., 73 f.; *Schwartmann,* DStR 1999, 324 ff., 328. Siehe hierzu im Einzelnen sub D.

I. Art. 14 Abs. 1 GG

Möglicherweise wird durch die Anordnung einer nachwirkenden Zustandsverantwortlichkeit nach Dereliktion oder Veräußerung bodenbelasteter Grundstücke der Schutzbereich des Eigentumsgrundrechts der Pflichtenadressaten aus Art. 14 Abs. 1 GG berührt.[12] Die Schutzbereichseröffnung von Art. 14 Abs. 1 GG ist aus zwei verschiedenen Perspektiven heraus denkbar, die sorgfältig auseinander gehalten werden müssen:[13] Einerseits sind die auf dem Prüfstand stehenden Vorschriften über die nachwirkende Sanierungsverantwortlichkeit eventuell für die unmittelbaren Normadressaten, also für *frühere* Grundstückseigentümer, eigentumsrelevant (1.). Andererseits tangieren die Nachhaftungsregelungen möglicherweise das Eigentumsgrundrecht bloßer *potentieller* Normadressaten, also *gegenwärtiger* Grundstückseigentümer, die als Folge einer Dereliktion oder Eigentumsübertagung in der Zukunft in die bodenschutzrechtliche Nachhaftung geraten können (2.).

Die Frage, ob unter Zugrundelegung dieser adressatenbezogenen Differenzierung der Schutzbereich von Art. 14 Abs. 1 GG eröffnet wird, lässt sich nur beantworten, wenn Klarheit über die Belastungswirkungen der Nachhaftungsvorschriften besteht. Aus diesem Grund sind jeweils aus Sicht des früheren Eigentümers und aus Sicht des gegenwärtigen Eigentümers vorab die mit den Neuregelungen verbundenen Belastungswirkungen herauszuarbeiten.

1. Eigentumsbeeinträchtigung aus der Perspektive des früheren Eigentümers

a) Belastungswirkungen

aa) Handlungsverpflichtung

Die nachwirkenden Sanierungsverpflichtungen aus § 4 Abs. 3 Satz 4 Alt. 2, Abs. 6 BBodSchG stellen abstrakte umweltrechtliche Grundpflichten dar,[14] deren originärer Inhalt eine auf Gefahrenabwehr und Störungsbeseitigung gerichtete öffentlich-rechtliche Handlungspflicht ist.[15] Der Grund-

[12] So *Dombert,* NJW 2001, 927 ff., 928; *Grzeszick,* NVwZ 2001, 721 ff., 723; *Kahl,* Die Verwaltung, Bd. 33 (2000), S. 29 ff., 58 ff., 72 f.; *Kobes,* NVwZ 1998, 786 ff., 790; *Riedel,* ZIP 1999, 94 ff., 98; *Spieth/Wolfers,* altlasten spektrum 1998, 75 ff., 79; dazu tendierend auch *Müggenborg,* NVwZ 2000, 50 ff., 51.

[13] Beispielhaft für eine Vermischung dieser Perspektiven: *Grzeszick,* NVwZ 2001, 721 ff., 723.

[14] Vgl. im Zweiten Teil sub D.III.2.a)dd)(2)(c).

stücksderelinquent sowie der Veräußerer eines mit schädlichen Bodenveränderungen oder Altlasten belasteten Grundstücks werden gesetzlich verpflichtet, den Boden und Altlasten sowie durch schädliche Bodenveränderungen oder Altlasten verursachte Verunreinigungen von Gewässern – unter Berücksichtigung der planungsrechtlich zulässigen Nutzung des Grundstücks – so zu sanieren, dass dauerhaft keine Gefahren, erheblichen Nachteile oder erheblichen Belästigungen für den Einzelnen oder die Allgemeinheit entstehen (vgl. § 4 Abs. 3 Satz 1, Abs. 4 BBodSchG). Bei der Sanierung von Schadstoffeinträgen besteht grundsätzlich die freie Wahl zwischen Dekontaminations- und Sicherungsmaßnahmen (§ 4 Abs. 3 Satz 2 BBodSchG). Allerdings sind Sicherungsmaßnahmen nur dann gleichwertig gegenüber Dekontaminationsmaßnahmen, wenn sie die Ausbreitung der Schadstoffe nicht nur vorübergehend (dann handelt es sich um bloße Schutzmaßnahmen), sondern langfristig verhindern. Ein genereller Vorrang der Dekontamination besteht nur, wenn Bodenbelastungen nach dem In-Kraft-Treten des Bundes-Bodenschutzgesetzes am 1. März 1999 eingetreten sind (§ 4 Abs. 5 Satz 1 BBodSchG). Soweit dem Verantwortlichen, wie dies der Regelfall sein wird, die physische Eigenvornahme nicht möglich ist, trifft ihn ersatzweise die Rechtspflicht, die ordnungsgemäße Sanierung zu planen[16] und zu organisieren. Die Primärverpflichtung ist in erster Linie also eine den früheren Eigentümer treffende Organisationspflicht.[17]

bb) Kostentragungspflicht

Mit der handlungsbezogenen Primärverpflichtung zur Gefahrenabwehr verbindet sich für den früheren Grundstückseigentümer zugleich die Pflicht zur Tragung der aus der Gefahrenabwehrmaßnahme resultierenden Kosten: Die Sanierungsverpflichtung zieht gemäß § 24 Abs. 1 BBodSchG (i. V. m. §§ 9 Abs. 2, 10 Abs. 1, 12, 13, 14 Satz 1 Nr. 1, 15 Abs. 2 und 16 Abs. 1 BBodSchG) unmittelbar die Pflicht zur Übernahme der Sanierungskosten nach sich.[18] Ein Kostenerstattungsanspruch steht den Verpflichteten grundsätzlich nicht zu.[19]

---

15 Vgl. zu den insofern identischen Eingriffswirkungen der Zustandsverantwortlichkeit BVerfGE 102, 1 (14).

16 Hierzu kann die Behörde die Vorlage eines Sanierungsplans verlangen, wenn wegen der Verschiedenartigkeit der nach § 4 BBodSchG erforderlichen Maßnahmen ein abgestimmtes Vorgehen notwendig ist, oder wenn von den Altlastensanierungen auf Grund von Art, Ausbreitung oder Menge der Schadstoffe in besonderem Maße schädliche Bodenveränderungen oder sonstige Gefahren ausgehen (§ 13 Abs. 1 BBodSchG). Die Behörde kann die Sanierungsplanung unter bestimmten Voraussetzungen auch an sich ziehen (§ 14 BBodSchG).

17 Vgl. im Einzelnen unten sub C.III.2.c)aa).

18 Vgl. *Knopp,* DÖV 2001, 441 ff., 450 („Altlast ist Kostenlast").

b) *Eröffnung des Schutzbereichs von Art. 14 Abs. 1 GG*

Wie sich gezeigt hat, werden ehemalige Grundstückseigentümer durch die Auferlegung der nachwirkenden Sanierungsverantwortlichkeit tatsächlich und finanziell belastet. Ob dadurch allerdings der Schutzbereich des Eigentumsgrundrechts dieser Pflichtenadressaten berührt wird, wie einige Stimmen in der Literatur behaupten,[20] ist in Zweifel zu ziehen.

aa) Kein Schutz aus Art. 14 Abs. 1 aufgrund früheren Eigentums an einem Altlastengrundstück

Nimmt man das sanierungsbedürftige Grundstück zum Anknüpfungspunkt eines möglichen Eingriffs in die Eigentumsgarantie,[21] so scheidet Art. 14 Abs. 1 GG aus Sicht des früheren Eigentümers von vornherein aus: Das Eigentumsgrundrecht schützt als so genannte „Bestandsgarantie"[22] nur den *vorhandenen* Bestand des konkret aufgrund eines einfachen Gesetzes gebildeten Eigentums gegenüber Maßnahmen der öffentlichen Gewalt.[23] Art. 14 GG schützt Alteigentümer hingegen nicht aufgrund der bloßen Tatsache ihrer früheren Eigentümerstellung.[24] Die Bestandsgarantie setzt vielmehr voraus, dass der Grundrechtsträger überhaupt noch Eigentümer des betreffenden Eigentumsgegenstandes ist. Dies ist beim ehemaligen Eigentümer, der nach erfolgter Dereliktion bzw. Veräußerung zivilrechtlich nicht mehr eigentumsrechtliches Zuordnungssubjekt des sanierungsbedürftigen Grundstücks ist, gerade nicht mehr der Fall. Daher kann er sich in dieser

---

[19] Zu diesbezüglichen Ausnahmen in sog. „Verdachtslagen" sowie bei Anordnungen zur Beschränkung land- und forstwirtschaftlicher Nutzung, siehe sub C.III.1.b).

[20] Vgl. die Nachweise in Fn. 12.

[21] So etwa *Grzeszick,* NVwZ 2001, 721 ff., 723.

[22] Die Bestandsgarantie des Eigentumsgrundrechts wird teilweise auch als „Rechtsstellungsgarantie" oder „Individualrechtsgarantie" bezeichnet. Zu diesen Termini *Bryde,* in: v. Münch/Kunig, Art. 14 Rn. 32; *Pieroth/Schlink,* Grundrechte, 16. Aufl. 2000, Rn. 897; *Wendt,* in: Sachs (Hrsg.), Art. 14 Rn. 57.

[23] St. Rspr., BVerfGE 58, 300 (335 f.); 74, 129 (148); 89, 1 (7); vgl. auch *Papier,* in: Maunz/Dürig, Komm. z. GG, Bd. II, Art. 14 Rn. 5, 42.

[24] *Depenheuer/Grzeszick,* NJW 2000, 385 ff., 386; *Kloepfer,* Produktverantwortung, S. 73; a.A. *Dombert,* NJW 2001, 927 ff., 928, der annimmt, der Schutz der Eigentumsgarantie erstrecke sich auch auf die Rechtsfolgen, die an die Ausübung vergangener Eigentümerbefugnisse anknüpfen; ähnlich auch *Kahl,* Die Verwaltung, Bd. 33 (2000), S. 29 ff., 58, unter Berufung auf den „abstrakt-generellen Charakter" der an das „(frühere) Eigentum als Institut" anknüpfenden Regelung des § 4 Abs. 6 BBodSchG, welcher es bei „wertender Betrachtung" geboten erscheinen lasse, die Norm als „grundstücksbezogen und als solche im Schwerpunkt der Eigentumssphäre, nicht der persönlichen Freiheitssphäre zuzuordnen" und daher an Art. 14 Abs. 1 Satz 1 GG zu messen.

Hinsicht auf die Eigentumsbestandsgarantie aus Art. 14 Abs. 1 Satz 1 GG nicht berufen.[25]

bb) Kein allgemeiner Vermögensschutz aus Art. 14 Abs. 1 GG

Das frühere Grundstückseigentum der Pflichtenadressaten wird von § 4 Abs. 3 Satz 4 Alt. 2 und § 4 Abs. 6 BBodSchG allerdings, wie deutlich wurde, als Anknüpfungspunkt für eine öffentlich-rechtliche Handlungs- und – vor allem – Kostentragungspflicht[26] genommen.[27] Stellt man auf die Kostenbelastung ab, so könnte hierin möglicherweise – unter Rückgriff auf den zum Steuerrecht entwickelten Eigentumsschutz – ein Eingriff in die Eigentumsbestandsgarantie aus Art. 14 Abs. 1 Satz 1 GG liegen.

Einem solchen Rückgriff auf das Steuerrecht ist allerdings mit Vorsicht zu begegnen. Die Kostentragungspflicht des nachwirkend Sanierungspflichtigen ist gerade keine abstrakte Geldwertschuld, sondern lediglich eine der primären Vornahmeverantwortlichkeit nachgeschaltete Sekundärpflicht. Wie der frühere Eigentümer den ordnungsgemäßen Sanierungserfolg herbeiführt, überlässt das Gesetz ihm selbst.[28] Die Behörde ist daher keinesfalls berechtigt, dem Sanierungspflichtigen in jedem Fall einen Kostenbescheid aufzugeben und auf diesem Wege auf konkrete – möglicherweise als Eigentum geschützte – vermögenswerte Rechtspositionen des Pflichtigen zuzugreifen.[29] Eine solche Vorgehensweise kommt nur dann in Betracht, wenn der in Anspruch genommene Sanierungsverantwortliche nicht tätig wird und eine Ersatzvornahme angeordnet werden muss. Selbst bei der In-Rechnung-Stellung einer Ersatzvornahme, also bei der Auferlegung einer Geldzahlungsschuld, nimmt der Staat indes keinen Zugriff auf bestimmte Geldscheine oder -stücke des Bürgers, begründet also keine Eigentumsübertragungspflicht als Speziesschuld, sondern vielmehr eine echte Geldzahlungsschuld.[30] Diese entzieht nicht bestimmte durch Art. 14 Abs. 1 Satz 1 GG geschützte Eigentumspositionen, sondern verpflichtet unspezifisch zur Zah-

---

[25] Dies verkennt *Grzeszick,* NVwZ 2001, 721 ff., 723. Wie hier: *Wolfers,* zit. bei *Sobczak,* in: UTR Bd. 53, S. 123 ff., 130 f.

[26] Vgl. hierzu ausführlich unten sub C.III.1.b).

[27] Nicht nachzuvollziehen ist, warum *Kahl,* Die Verwaltung, Bd. 33 (2000), S. 29 ff., 58 f., in diesem Zusammenhang zwischen Verhaltenspflichten, die er Art. 14 Abs. 1 Satz 1 GG zuordnet (!) und Geldleistungspflichten, die nicht der Eigentumsgarantie, sondern Art. 2 Abs. 1 GG unterfallen sollen, differenziert.

[28] Ebenso *Grzeszick,* NVwZ 2001, 721 ff., 723.

[29] Auf der anderen Seite ist die Behörde verpflichtet, in Fällen, in denen die Kostenbelastung wegen fehlender Zumutbarkeit von Verfassungs wegen begrenzt ist, auch über die *Begrenzung* der Kostenbelastung des Zustandsverantwortlichen zu entscheiden, vgl. BVerfGE 102, 1 (24).

[30] *Papier,* Der Staat 11 (1972), 483 ff., 488.

lung eines Geldbetrages, der aus beliebigen Einnahmequellen, etwa auch aus dem Arbeitseinkommen oder aus Verkaufserlösen, erbracht werden kann.[31] Eine solche Pflichtenstellung ist vergleichbar mit der Auferlegung einer Steuer, die zwar an bestimmte Vermögensgegenstände anknüpft (z. B. Hundesteuer oder Erbschaftssteuer), aber nur das Vermögen als solches in Anspruch nimmt.[32]

Bei der Auferlegung von Steuern ist die Einschlägigkeit von Art. 14 GG hochumstritten. Nach überwiegender Auffassung gewährt die Bestandsgarantie des Eigentumsgrundrechts aus Art. 14 Abs. 1 GG keine allgemeine Vermögensgarantie, sondern es schützt nur das Eigentum an individuellen Vermögensgegenständen.[33] Die Richtigkeit dieser Ansicht ergibt sich vor allem aus Art. 14 Abs. 3 GG, wonach eine Enteignung nur gegen Entschädigung erfolgen darf. Diese Regelung impliziert die *Objektbezogenheit*[34] des Eigentumsbegriffs: Wäre das Vermögen als Ganzes als Eigentum geschützt, so müsste jede Besteuerung zugleich wieder entschädigt werden, was offensichtlich sinnwidrig wäre.[35] Ein derart extensives Eigentumsverständnis beschränkte faktisch die Steuergewalt des Gesetzgebers und entwertete damit sein wirkungsvollstes Instrument, um seinem aus Art. 20 Abs. 1 GG folgenden Sozialgestaltungsauftrag[36] nachzukommen.[37] Die all-

---

[31] Vgl. Sondervotum *Böckenförde,* BVerfGE 93, 121 (153).

[32] Vgl. *Pieroth/Schlink,* Rn. 907.

[33] St. Rspr., BVerfGE 4, 7 (17); 8, 274 (330); 19, 119 (128 f.); 23, 288 (314 f.); 26, 327 (338); 27, 111 (131); 30, 250 (272); 45, 272 (296); 65, 196 (209); 74, 129 (148); 87, 153 (169); 91, 207 (220); 95, 267 (300); 96, 375 (397); Sondervotum *Böckenförde,* BVerfGE 93, 121 (153 f.); *Bryde,* in: v. Münch/Kunig, Art. 14 Rn. 23; *Depenheuer,* in: v. Mangoldt/Klein/Starck, GG I, 4. Aufl. 1999, Art. 14 Rn. 164 f.; *Forsthoff,* VVDStRL 12 (1954), 8 ff., 32; *Griesbeck,* S. 136; *Hösch,* S. 314; *Kahl,* Die Verwaltung, Bd. 33 (2000), S. 29 ff., 58 f.; *Lepsius,* JZ 2001, 22 ff., 23; *Papier,* in: Maunz/Dürig, Bd. II, Art. 14 Rn. 10, 42, 161; *ders.* Der Staat 11 (1972), 483 ff., 489 ff.; *ders.,* DVBl. 2000, 1398 ff., 1402; *Ramsauer,* Die faktischen Beeinträchtigungen des Eigentums, 1980, S. 138 f.; *Schenke,* in: Festschrift für Armbruster, 1976, S. 177 ff., 186 ff.; *Schmidt-Bleibtreu,* in: ders./Klein, Kommentar zum GG, 9. Aufl. 1999, Art. 14 Rn. 3c, 4b; *ders.,* DÖV 1980, 489 ff., 494; *Spieth/Wolfers,* NVwZ 1999, 355 ff., 356 (Fn. 7); *Wieland,* in: Dreier, Art. 14 Rn. 48. – A.A. *Frenz,* Das Verursacherprinzip, S. 83; *Friauf,* DÖV 1980, 480 ff., 488; *Kirchhof,* VVDStRL 39 (1981), 213 ff., 233 ff.; *Kloepfer,* AöR Bd. 97 (1972), 232 ff., 271; *Leisner,* Verfassungsrechtliche Grenzen der Erbschaftsbesteuerung, 1970, S. 76 ff.; *ders.,* in: ders., Eigentum, 1996, S. 395 ff., 401; *Martens,* VVDStRL 30 (1972), 7 ff., 16; *Rüfner,* DVBl. 1970, 881 ff., 882; *Starck,* in: v. Mangoldt/Klein/Starck, GG I, 4. Aufl. 1999, Art. 2 Rn. 77; *Wendt,* Eigentum und Gesetzgebung, 1985, S. 316 ff.; *Trurnit,* Die Altlastenhaftung des Rechtsnachfolgers, S. 81 f.

[34] Das Bundesverfassungsgericht spricht von der „objektbezogenen" Gewährleistungsfunktion des Art. 14 Abs. 1 GG, vgl. BVerfGE 30, 292 (334).

[35] Vgl. zu diesem Argument bereits *Friauf,* DÖV 1980, 480 ff., 487.

[36] Vgl. hierzu BVerfGE 22, 180 (204).

[37] Sondervotum *Böckenförde,* BVerfGE 93, 121 (163 f.).

gemeine Ausdehnung der Eigentumsgarantie auf das Vermögen entwertete zudem den spezifischen Garantiegehalt der eigentumsrechtlichen Bestandsgarantie und führte zu ihrer Entindividualisierung.[38] Daher sind Steuern und andere Vermögenseingriffe grundsätzlich allein an Art. 12 Abs. 1 GG bzw. an Art. 2 Abs. 1 GG, nicht aber an Art. 14 GG zu messen. Dies gilt auch für polizei- und umweltrechtliche Kostentragungspflichten.[39]

Hiermit ist aber noch nicht gesagt, dass Art. 14 GG bei Vermögensbelastungen als Prüfungsmaßstab ganz ausscheidet. Das Bundesverfassungsgericht hat die Möglichkeit, dass Art. 14 GG – in seiner Funktion als Institutsgarantie – bei übermäßiger („konfiskatorischer") Besteuerung eingreift, ausdrücklich anerkannt.[40] Danach darf das geschützte Freiheitsrecht nur so weit beschränkt werden, „dass dem Steuerpflichtigen ein Kernbestand des Erfolges eigener Betätigung im wirtschaftlichen Bereich als Ausdruck der grundsätzlichen Privatnützigkeit des Erworbenen und der grundsätzlichen Verfügungsbefugnis über die geschaffenen vermögenswerten Rechtspositionen erhalten wird".[41] In seiner Entscheidung zur Vermögenssteuer[42] qualifiziert das Bundesverfassungsgericht Besteuerungen des so genannten „Vermögensstammes" als Eingriff in Art. 14 Abs. 1 GG und stellt zudem einen aus Art. 14 Abs. 2 Satz 2 GG abgeleiteten „Halbteilungsgrundsatz" auf, dem zufolge die Obergrenze der Gesamtbesteuerung bei 50% des Ertrages liegen soll.[43]

Dieses Grundrechtsverständnis des Bundesverfassungsgerichts ist dogmatisch nicht unproblematisch. Abgesehen davon, dass der in der Vermögenssteuerentscheidung aufgestellte Halbteilungsgrundsatz rechtsstaatlichen und demokratietheoretischen Bedenken begegnet,[44] erscheint es befremdlich, dass das Gericht offenbar die Eröffnung des *Schutzbereichs* des Eigentums-

---

[38] *Lepsius,* JZ 2001, 22 ff., 24 f.; *Papier,* in: Maunz/Dürig, Bd. II, Art. 14 Rn. 42, 161.

[39] *Griesbeck,* S. 121 f.; ihm folgend *Wiester,* S. 72.

[40] St. Rspr., BVerfGE 14, 221 (241); 19, 119 (128 f.); 63, 343 (368); 82, 159 (190); 87, 153 (169); 93, 121 (137); zustimmend *Mußgnug,* JZ 1991, 993 ff.; *Papier,* in: Maunz/Dürig, Bd. II, Art. 14 Rn. 172. Vgl. auch *Griesbeck,* S. 137 m.w.N.; *Hösch,* S. 187. Eine Tendenz, den Eigentumsschutz über den Bestand der Sache auf den Bereich des Vermögens auszudehnen, lässt sich auch der Entscheidung des Bundesverfassungsgerichts zu den Grenzen der Zustandsverantwortlichkeit entnehmen, vgl. BVerfGE 102, 1. Siehe hierzu *Bickel,* NJW 2000, 2562 f., 2562; *Lepsius,* JZ 2001, 22 ff., 24, 26.

[41] BVerfGE 87, 153 (169); 93, 121 (137).

[42] BVerfGE 93, 121 (153 ff.).

[43] BVerfGE 93, 121 (138).

[44] So befürchtet *Wieland,* in: H. Dreier, Art. 14 Rn. 48, zu Recht, dass das Bundesverfassungsgericht in Fortführung dieser Rechtsprechung unzulässigerweise den Platz des Gesetzgebers einnehmen könnte. Kritisch auch *Depenheuer,* in: v. Mangoldt/Klein/Starck, GG I, 4. Aufl. 1999, Art. 14 Rn. 167.

grundrechts von der Intensität des Grundrechts*eingriffs* abhängig macht. Wenn die Eigentumsgarantie durch die Auferlegung von Geldleistungspflichten nicht berührt wird, können Abgabenpflichten denkunmöglich ab irgendeinem Punkt doch eigentumsrechtlich relevant sein.[45] Dieser scheinbare dogmatische Widerspruch lässt sich aber dadurch auflösen, dass man den Schutzbereich der Institutsgarantie des Eigentumsgrundrechts gedanklich von dem der Bestandsgarantie aus Art. 14 GG trennt und den Schutzbereich der Institutsgarantie eingriffsbezogen definiert. Der Schutzbereich von Art. 14 Abs. 1 GG als Institutsgarantie ist in diesem Sinne überhaupt erst eröffnet und zugleich verletzt, wenn wesentliche Elemente des Eigentumsgrundrechts, insbesondere seine Aspekte der Privatnützigkeit und der Verfügungsbefugnis auf dem Spiel stehen. Im Rahmen der Verfassungsmäßigkeitsprüfung wird daher gesondert zu prüfen sein, ob der Gesetzgeber des Bundes-Bodenschutzgesetzes mit den Regelungen über die nachwirkende Sanierungsverantwortlichkeit diese letzte Grenze des Eigentumsgrundrechts nicht überschritten hat.[46]

cc) Kein „negativer Bestandsschutz“ aus Art. 14 Abs. 1 GG

Auch folgende Überlegung führt im Ergebnis nicht zur Eröffnung des Schutzbereichs von Art. 14 Abs. 1 Satz 1 GG. Die Situation, in die ein früherer Eigentümer gerät, der nachträglich zur Sanierung herangezogen wird, ähnelt der Situation eines Herstellers, der aufgrund einer abfallrechtlichen Rechtsverordnung (z.B. der Verpackungsverordnung[47], der Batterieverordnung[48] oder der geplanten Elektroaltgeräte-Verordnung[49]) zur Rück-

---

[45] *Depenheuer,* in: v. Mangoldt/Klein/Starck, GG I, 4. Aufl. 1999, Art. 14 Rn. 167.

[46] Siehe unten sub C.V.

[47] Verordnung über die Vermeidung und Verwertung von Verpackungsabfällen vom 21.8.1998, BGBl. I S. 2379.

[48] Verordnung über die Rücknahme und Entsorgung gebrauchter Batterien und Akkumulatoren vom 27.3.1998, BGBl. I S. 658.

[49] Eine Verordnung über die Rücknahme von so genanntem „Elektronikschrott“ ist derzeit noch in der Entwurfsphase. Als vorläufiges Ergebnis eines mittlerweile zehn Jahre andauernden Normentstehungsprozesses hat die Bundesregierung im Jahr 1998 einen Verordnungsentwurf einer IT-Altgeräte-Verordnung vorgelegt (BT-Drs. 13/10769 und BR-Drs. 638/98), der vom Umweltausschuss des Bundesrates hinsichtlich seines Anwendungsbereiches erheblich erweitert und als Entwurf einer Elektroaltgeräte-Verordnung am 24.6.1999 beschlossen wurde (BRat-Grunddrs. 638/98; Empfehlung des Umweltausschusses, Niederschrift 161.U v. 24.06.1999). Die Europäische Kommission hat am 13.6.2000 zwei Vorschläge für eine Richtlinie des Europäischen Parlaments und des Rates über Elektro- und Elektronikaltgeräte sowie für eine Richtlinie zur Beschränkung der Verwendung bestimmter gefährlicher Stoffe in elektrischen und elektronischen Geräten vorgelegt („Proposal for a Directive of the European Parliament and of the Council on Waste Electrical and Elec-

nahme seines – nicht mehr in seinem Eigentum befindlichen – Altprodukts verpflichtet wird.[50] In beiden Fällen wird das ehemalige Eigentum an einer Sache (dem Produkt bzw. dem Grundstück) zum Anknüpfungspunkt einer ordnungsrechtlichen Verantwortlichkeit gemacht. Bei den abfallrechtlichen Rücknahmepflichten wird hierin vereinzelt ein Eingriff in die „negative Bestandsschutzgarantie" des Art. 14 GG gesehen.[51] So sei der Schutz der Dispositionsfreiheit über das Eigene nicht nur dann betroffen und geschmälert, wenn dem Eigentümer etwas genommen werde (Enteignung), sondern auch dann, wenn der Gesetzgeber ihm umgekehrt etwa aufdränge und der Besitz des Aufgedrängten ihn zu nachteiligen wirtschaftlichen Dispositionen zwinge.[52]

Dieser Gedanke lässt sich auf § 4 Abs. 6 BBodSchG übertragen: In gewisser Weise könnte man in der gesetzlich angeordneten Nachhaftung des ehemaligen Eigentümers gleichsam eine Art gesetzlich angeordneten „Aufdrängungszwang" sehen: Der frühere Eigentümer wird zu einem späteren Zeitpunkt zwangsweise noch einmal mit dem bodenbelasteten Grundstück konfrontiert, indem er aufgrund öffentlichen Rechts für seinen Zustand zur Verantwortung gezogen wird.[53] Hierin liegt aber aus zwei Gründen kein Verstoß gegen die Eigentumsgarantie des Art. 14 Abs. 1 Satz 1 GG.

Zum einen wird dem früheren Grundstückseigentümer nicht das Eigentum an dem Grundstück als solches, sondern lediglich eine mit der Eigentumsaufgabe verbundene Sozialverpflichtung „aufgedrängt". Bereits aus diesem Grund scheidet Art. 14 Abs. 1 Satz 1 GG als einschlägiges Grundrecht aus. Zum anderen lässt sich die Gewährleistung eines „negativen Bestandsschutzes" dem Eigentumsgrundrecht nicht entnehmen. Da die Erwerbsfreiheit selbst nach überwiegender Auffassung nicht durch die Bestandsgarantie des Art. 14 GG geschützt ist,[54] kann auch ihre negative Umkehrung nicht unter Art. 14 GG fallen. Diese Form einer staatlich induzierten „aufge-

---

tronic Equipment and on the restriction of the use of certain hazardous substances in electrical and electronic equipment – WEEE", KOM (2000) 347). Die EU-Umweltminister haben sich am 7. Juni 2001 einstimmig auf ein Kompromisspaket zu den Richtlinienvorschlägen geeinigt, wobei zahlreiche Änderungsvorschläge beschlossen wurden. Vgl. *BMU,* Umwelt 2001, 620 ff.

50 Vgl. hierzu bereits im Zweiten Teil sub C.

51 *Ossenbühl,* Entsorgung von Elektrogeräten, 2000, S. 34; kritisch hierzu *Kloepfer,* Produktverantwortung, S. 73 f.

52 *Ossenbühl,* Entsorgung von Elektrogeräten, S. 34.

53 Vgl. *Bickel,* NJW 2000, 2562 f., 2562; *Kahl,* Die Verwaltung, Bd. 33 (2000), S. 29 ff., 72.

54 Vgl. nur BVerfGE 30, 292 (335); *Papier,* in: Maunz/Dürig, Bd. II, Art. 14 Rn. 222 f.; *Wittig,* NJW 1967, 2185 ff., 2185 f.; offen gelassen von BVerfGE 21, 73. – A.A. *Kloepfer,* Grundrechte als Entstehenssicherung und Bestandsschutz, 1970, S. 46 ff.

drängten Bereicherung"[55] tangiert durch ihren „Negativwert“ nicht die Substanz von Eigentumsobjekten, sondern allein den Vermögensbestand der Pflichtenadressaten.[56] Sie ist daher nicht der Eigentumsgarantie sondern der allgemeinen Handlungsfreiheit aus Art. 2 Abs. 1 GG zuzuordnen.[57] Gleiches muss erst recht für eine nachträglich „aufgedrängte Sozialverpflichtung“ in Form einer an früheres Eigentum lediglich anknüpfenden nachwirkenden öffentlich-rechtlichen Sanierungsverantwortlichkeit gelten.

dd) Zwischenergebnis

Aus Sicht des früheren Eigentümers, der nachwirkend zur Sanierung seines ehemaligen Grundstücks herangezogen wird, wird das Eigentumsgrundrecht aus Art. 14 Abs. 1 GG schon von seinem Schutzbereich her nicht berührt.

2. Eigentumsbeeinträchtigung aus der Perspektive des gegenwärtigen Eigentümers

Eine Eigentumsbeeinträchtigung kommt aber aus der Perspektive des gegenwärtigen Eigentümers eines mit schädlichen Bodenveränderungen belasteten Grundstücks in Betracht.[58]

a) Belastungswirkungen

Die bodenschutzrechtlichen Nachhaftungsregelungen entfalten aus Sicht des gegenwärtigen Eigentümers eines kontaminierten Grundstücks zwar keine unmittelbare, aber gleichwohl eine *indirekte Steuerungswirkung*.[59] So untersagen die Vorschriften ihm weder die Dereliktion noch die Veräußerung des Grundstücks an sich. Der Gesetzgeber macht die Dereliktion und die Eigentumsübertragung von Grundstücken als zivilrechtliche Gestaltungsinstrumente zur willkürlichen Beendigung der Zustandsverantwortlichkeit aber bewusstermaßen unattraktiv, indem er an sie eine nachwirkende Sanierungspflicht knüpft, deren Erfüllung für den Normadressaten ruinöse

---

[55] *Di Fabio,* NVwZ 1995, 1 ff., 6.

[56] So im Zusammenhang mit den abfallrechtlichen Rücknahmepflichten *Hösch,* S. 50; *Kloepfer,* Produktverantwortung, S. 74; *Kloepfer/Kohls,* DVBl. 2000, 1013 ff., 1021.

[57] *Papier,* in: Maunz/Dürig, Bd. II, Art. 14 Rn. 223.

[58] So auch *Dombert,* NJW 2001, 927 ff., 928.

[59] Vgl. zu indirekten Steuerungsinstrumenten allgemein *Franzius,* Die Herausbildung der Instrumente indirekter Verhaltenssteuerung im Umweltrecht der Bundesrepublik Deutschland, Berlin, 2000.

Folgen haben kann. Es hilft dem Eigentümer nichts, seine Zustandsverantwortlichkeit zu beenden, wenn er eine logische Sekunde später qua Gesetz nachwirkend zustandsverantwortlich wird. Aufgrund dieser „Drohwirkung" der Nachhaftungsvorschriften können Eigentümer von Altlastengrundstücken seit In-Kraft-Treten des Bundes-Bodenschutzgesetzes faktisch nicht mehr frei über ihr Eigentum disponieren, sondern müssen sich wegen der künftigen bodenschutzrechtlichen Nachhaftung vor einem Dereliktions- oder Veräußerungsvorgang gezwungenermaßen mit der Sanierung des Grundstücks auseinander setzen.[60]

b) Eröffnung des Schutzbereichs von Art. 14 Abs. 1 GG

Durch diese gesetzgeberisch intendierte faktische Beeinträchtigung der Privatautonomie gegenwärtiger Grundstückseigentümer wird möglicherweise der Nutzziehungsaspekt des Eigentumsgrundrechts aus Art. 14 Abs. 1 GG berührt.

Das Bundesverfassungsgericht misst Nutzungsbeschränkungen des Eigentums regelmäßig an Art. 14 Abs. 1 GG.[61] Nach Auffassung des Gerichts hat der Eigentümer nicht bloß die Freiheit, sein Eigentum schlicht zu behalten, sondern auch die Freiheit, es zu verwenden, zu verbrauchen und zu veräußern.[62] Die Fähigkeit zur freien Eigentumsübertragung sei wesentlicher Teil der Verfügungsbefugnis des Eigentümers als dem zentralen Element des verfassungsrechtlich geschützten Eigentums.[63] Da die freie Eigentumsübertragung von bodenbelasteten Grundstücken aufgrund der in Rede stehenden Nachhaftungsregelungen zumindest de facto stark eingeschränkt wird,[64] würde das Bundesverfassungsgericht in diesem Fall wohl zur Anwendung des Art. 14 Abs. 1 GG kommen.

In der Literatur wird demgegenüber die Frage, ob, unter welchen Voraussetzungen und in welchem Umfang Nutzungsmöglichkeiten von Eigentumsobjekten vom Schutzbereich des Art. 14 Abs. 1 Satz 1 GG erfasst werden, als ein ungelöstes Grundproblem des verfassungsrechtlichen Eigentumsschutzes bezeichnet.[65] Gegen die uneingeschränkte Zuordnung sämtlicher, auch nur „potentieller" oder „virtueller"[66] Nutzungsmöglichkeiten zum

---

60 Näher hierzu unten sub C.III.1.c).

61 Vgl. nur BVerfGE 100, 226 (243); 102, 1 (20).

62 Vgl. BVerfGE 79, 292 (304); *Papier,* in: Maunz/Dürig, Bd. II, Art. 14 Rn. 14; *ders.* Der Staat 11 (1972), 483 ff., 498; *Pieroth/Schlink,* Rn. 914.

63 BVerfGE 24, 367 (389); 51, 1 (30); 58, 300 (339); 79, 292 (304); 83, 201 (209 ff.).

64 Die Eigentumsgewährleistung schützt nicht nur gegen gezielt hoheitliche Einwirkungen, sondern grundsätzlich auch gegen faktische Beeinträchtigungen. Vgl. *Bryde,* in: v. Münch/Kunig, Art. 14 Rn. 40; *Wendt,* in: Sachs (Hrsg.), Art. 14 Rn. 52.

Schutzbereich der Eigentumsgarantie werden gewichtige dogmatische Einwände erhoben. So bedeutet die (rechtlich nicht fixierte) potentielle Nutzung von (Eigentums-)Objekten nach Auffassung einiger Autoren die Wahrnehmung von bloßen Handlungsmöglichkeiten (Freiheit) und richtet sich daher nach dem Gewährleistungsbereich der Handlungsgrundrechte und ihren Schranken.[67] Auf diese Problematik braucht in diesem Zusammenhang aber nicht näher eingegangen zu werden, da weitest gehende Einigkeit darüber besteht, zumindest solche Eigentumsnutzungen, die bereits verwirklicht[68], rechtlich fixiert[69] oder „nahe liegend"[70] sind, dem Schutzbereich der Eigentumsgarantie zuzuordnen.[71] Eine sowohl nahe liegende als auch (zivil-)rechtlich fixierte Nutzungsform des Privateigentums an Grundstücken stellt gerade die hier in Rede stehende Eigentumsaufgabe dar – sei es in Form der zivilrechtlich gewährleisteten Dereliktion (§ 928 Abs. 1 BGB) oder in Form der gesetzlich detailliert ausgestalteten Eigentumsübertragung (§§ 929 ff. BGB). Der Schutzbereich von Art. 14 Abs. 1 GG ist somit aus der Perspektive gegenwärtiger Grundstückseigentümer eröffnet.

---

[65] So die Analyse von *Hösch,* S. 1; ebenso bereits *Leisner,* in: ders., Eigentum, 1996, S. 291 ff., 309.

[66] *Leisner,* in: ders., Eigentum, 1996, S. 291 ff., 308.

[67] So *Depenheuer,* in: v. Mangoldt/Klein/Starck, GG I, 4. Aufl. 1999, Art. 14 Rn. 169; *Hösch,* S. 140, 267; *Ossenbühl,* AöR Bd. 124 (1999), 1 ff., 6, 26; *Papier,* in: Maunz/Dürig, Bd. II, Art. 14 Rn. 161. Ebenso für das Eigentum an beweglichen Sachen und Forderungen *Bryde,* in: v. Münch/Kunig, Art. 14 Rn. 13.

[68] Etwa den Bestand eines im Rahmen der Baufreiheit rechtmäßig errichteten Hauses, vgl. *Papier,* in: Maunz/Dürig, Bd. II, Art. 14 Rn. 417 ff. oder „alte Benutzungen" nach Wasserrecht, vgl. BVerfGE 58, 300 (338); BVerwG 67, 93 (95 f.); vgl. auch BGHZ 72, 211 (217); 90, 17 (25); 105, 15 (20).

[69] So gewährleistet Art. 14 Abs. 1 Satz 1 GG z. B. den Schutz der rechtlich fixierten Immaterialgüterrechte und der Firmenkennzeichen, vgl. §§ 14–19 MarkenG; § 12 BGB; §§ 9, 10 PatG; § 11 GebrauchsmusterG; § 10 SortenschutzG; §§ 1, 5, 14, 14a GeschmacksmusterG; §§ 11–27 UrhG. Umgekehrt kann der Gesetzgeber auch bestimmte Nutzungsmöglichkeiten aus dem Grundeigentum ausklammern, so etwa bestimmte Bergbauberechtigungen erst durch konstitutiven Verwaltungsakt verleihen (§§ 3 ff. BBergG) oder Gewässerbenutzungen erlaubnis- oder bewilligungspflichtig machen (§ 1a Abs. 3 WHG). Vgl. auch *Leisner,* in: ders., Eigentum, 1996, S. 291 ff., 296, der den einfachen Gesetzgeber als „Herrn des Eigentumsbegriffs und damit des Eigentums" bezeichnet, der die Versagung von Nutzungsmöglichkeiten aus dem Schutzbereich der Eigentumsgarantie ausklammern könne.

[70] Vgl. BVerfGE 21, 73 (79). *Leisner,* in: ders., Eigentum, 1996, S. 291 ff., 299 ff., weist auf den einfachgesetzlichen Aufopferungsanspruch für den Entzug „sich aufdrängender, naheliegender, vernünftiger" Nutzungen hin, den der Bundesgerichtshof regelmäßig gewährt.

[71] Vgl. *Ehlers,* VVDStRL 51 (1992), 211 ff., 230; *König,* Landwirtschaftliche Bodennutzung zwischen Eigentumsgarantie und Umweltschutz, 1999, S. 36 ff.; *Pietzcker,* NVwZ 1991, 418 ff., 422; *Sodan,* DÖV 2000, 361 ff., 364 f.; *Starck,* in: v. Mangoldt/Klein/Starck, GG I, 4. Aufl. 1999, Art. 2 Rn. 76.

c) Eingriff in den Schutzbereich von Art. 14 Abs. 1 GG

Ein Eingriff in die Bestandsgarantie des Eigentums aus Art. 14 Abs. 1 Satz 1 GG ist mit gesetzlichen Regelungen nur dann verbunden, wenn diese Rechte an bereits *bestehendem* Eigentum zu Lasten des Eigentümers modifizieren oder entziehen.[72] Insofern ist innerhalb der grundrechtrechlich betroffenen Gruppe der gegenwärtigen Grundstückseigentümer noch einmal zu differenzieren zwischen solchen, die erst nach In-Kraft-Treten des Bundes-Bodenschutzgesetzes Eigentum erworben haben oder in Zukunft Eigentum erwerben werden (im Folgenden: „Neueigentümer") und jenen, die bereits vor In-Kraft-Treten des Bundes-Bodenschutzgesetzes Eigentum erworben hatten und sich seit dem 1.3.1999 mit den bundesrechtlichen Nachhaftungsregelungen konfrontiert sehen (im Folgenden: „Alteigentümer").

aa) Eingriffswirkungen für Neueigentümer

Hinsichtlich der Neueigentümer ist die Bestandsgarantie des Eigentums, die nur vor jeder Änderung *bestehender* Eigentumsrechte schützt, nicht berührt.[73] Da Neueigentümer zum Zeitpunkt des In-Kraft-Tretens des Gesetzes noch nicht Eigentümer eines kontaminierten Grundstücks waren, stellen sich die Nachhaftungsregelungen aus ihrer Perspektive lediglich als zukunftsbezogene Inhaltsbestimmungen des Eigentums dar. Zukunftsbezogene Inhaltsbestimmungen prägen das verfassungsrechtliche Eigentum aus, bestimmen seinen Inhalt, sind aber von Haus aus keine Eingriffe in das Eigentum.[74] Geschützt werden nur diejenigen, die zum Zeitpunkt der staatlichen Maßnahme bereits Eigentümer sind. Ist die Rechtsänderung erfolgt, kann ein Neueigentümer nur in dem nunmehr durch die Rechtsordnung festgelegten Umfang Eigentum erlangen.[75] Das Eigentum der Neueigentümer ist, bildlich gesprochen, von vornherein mit der nachwirkenden bodenschutzrechtlichen Zustandsverantwortlichkeit „behaftet". Aus der Qualifikation als zukunftsbezogene Inhalts- und Schrankenbestimmungen folgt lediglich, dass die betreffenden Vorschriften des Bundes-Bodenschutzgesetzes der Sozialgebundenheit aus Art. 14 Abs. 2 GG, dem Gleichheitsgebot aus Art. 3 Abs. 1 GG sowie den allgemeinen rechtsstaatlichen Erfordernissen zu entsprechen haben, insbesondere verhältnismäßig sein müssen.[76] Neueigentümer können sich gegenüber der gesetzgeberischen Neugestaltung ihrer

[72] Instruktiv hierzu *Bumke,* NJ 1999, 235 ff., 238 ff.

[73] In diesem Sinne auch *Rengeling,* in: UTR Bd. 53, S. 43 ff., 69 f. Vgl. auch BVerfGE 58, 300 (338).

[74] BVerfGE 45, 272 (296); *Bumke,* NJ 1999, 235 ff., 236; *Eschenbach,* Der verfassungsrechtliche Schutz des Eigentums, 1996, S. 480; *Lubberger,* Eigentumsdogmatik, 1995, S. 221 ff.; *Ossenbühl,* AöR Bd. 124 (1999), 1 ff., 10.

[75] *Bumke,* NJ 1999, 235 ff., 237.

künftigen Dispositionsmöglichkeiten über Altlastengrundstücke daher ausschließlich auf ihre Grundrechte aus Art. 2 Abs. 1 und Art. 3 Abs. 1 GG berufen und im Rahmen der Gewährleistungsgehalte dieser Grundrechte die Disproportionalität der nachwirkenden Sanierungspflichten rügen.[77]

bb) Eingriffswirkungen für Alteigentümer

Zu prüfen bleibt aber, ob durch die Regelungen der nachwirkenden Zustandsverantwortlichkeit in die Bestandsgarantie des *nach altem Recht bereits begründeten Eigentums* gegenwärtiger Eigentümer aus Art. 14 Abs. 1 Satz 1 GG eingegriffen wird. Verkürzen Inhalts- und Schrankenbestimmungen die Eigentumsfreiheit, dann stellen sie unter Umständen, auch wenn sie dadurch zugleich das Eigentum für die Zukunft neu definieren, für das in der Vergangenheit begründete Eigentum Eingriffe dar.[78]

Bei Begründung seines Eigentums (vor dem 1. März 1999) durfte der Eigentümer eines Grundstücks davon ausgehen, sich jederzeit der mit dem Grundeigentum verbundenen öffentlich-rechtlichen Pflichten durch Übertragung oder Aufgabe des Eigentums wieder entledigen zu können. Denn das Eigentum war bis dahin gesetzlich so ausgestaltet, dass nur für den Zeitraum der Rechtsträgerschaft die mit dem Eigentum verbundenen öffentlich-rechtlichen Pflichten bestanden. Insofern wird durch die Neuregelungen die Erwartung gegenwärtiger Grundstückseigentümer tangiert, mit dem Verlust des Eigentums zugleich die sachbezogenen Polizeipflichten, also die Zustandsverantwortlichkeit, aufgeben zu können.[79] Hierin liegt zwar kein Eingriff von enteignendem Charakter.[80] Die mit dieser enttäuschten Erwartung einhergehende faktische Beeinträchtigung der Verfügungsbefugnis von Alteigentümern lässt sich aber als influenzierender Eingriff[81] in die Bestandsgarantie des Eigentums aus Art. 14 Abs. 1 Satz 1 GG und damit als Inhalts- und Schrankenbestimmung qualifizieren.[82]

---

[76] Vgl. BVerfGE 52, 1 (30); *Bryde,* in: v. Münch/Kunig, Art. 14 Rn. 62 ff; *Ossenbühl,* AöR Bd. 124 (1999), 1 ff., 10.

[77] Vgl. etwa *Ossenbühl,* AöR Bd. 124 (1999), 1 ff., 4, der für ein lediglich in die Zukunft wirkendes Genehmigungsverbot neuer Kernkraftwerke aus grundrechtlicher Sicht lediglich eine Einschränkung der Berufs- und Gewerbefreiheit gemäß Art. 12 GG annimmt.

[78] BVerfGE 52, 1 (28); *Pieroth/Schlink,* Rn. 920.

[79] Vgl. *Schink,* DÖV 1999, 797 ff., 805; *Schoeneck,* in: Sanden/Schoeneck, § 4 Rn. 49.

[80] Ebenso *Ewer,* in: Landmann/Rohmer, Bd. III, Vorb. BodSchRecht, Rn. 163.

[81] Zu der Problematik influenzierender Eingriffe, vgl. *Bumke,* NJ 1999, 235 ff., 240.

[82] Im Ergebnis ebenso *Ewer,* in: Landmann/Rohmer, Bd. III, Vorb. BodSchRecht, Rn. 163; *Kahl,* Die Verwaltung, Bd. 33 (2000), S. 29 ff., 59; *Schink,* DÖV 1999,

3. Ergebnis

Die Bestandsgarantie des Eigentumsgrundrechts aus Art. 14 Abs. 1 Satz 1 GG wird aus der Perspektive des *früheren* Eigentümers durch die bodenschutzrechtlichen Regelungen der nachwirkenden Zustandsverantwortlichkeit früherer Grundeigentümer nicht berührt. Art. 14 Abs. 1 Satz 1 GG schützt weder früheres Eigentum noch das Vermögen als Ganzes, sondern allein gegenwärtiges Eigentum. *Gegenwärtige* Eigentümer werden durch die Neuregelungen in ihrer Erwartung enttäuscht, mit dem Verlust des Eigentums zugleich aus der Zustandsverantwortlichkeit entlassen zu werden. Diese Erwartung bedeutet für so genannte „Alteigentümer", die das Eigentum an dem bodenbelasteten Grundstück bereits vor In-Kraft-Treten des Bundes-Bodenschutzgesetzes erworben hatten, einen Eingriff in die von Art. 14 Abs. 1 GG geschützte Nutzungsmöglichkeit des Eigentums. Dieser Eingriff ist verfassungsrechtlich rechtfertigungsbedürftig.[83]

II. Art. 2 Abs. 1 GG

Soweit Art. 14 Abs. 1 GG für frühere Grundstückseigentümer nicht einschlägig ist, kommt ein Eingriff in das Grundrecht aus Art. 2 Abs. 1 GG in Betracht. Das in Art. 2 Abs. 1 GG niedergelegte allgemeine Menschenrecht schützt die „freie Entfaltung der Persönlichkeit". Dieses Grundrecht wird nach heute gesicherter Interpretation in einem weiten Sinne verstanden und hat durch das Bundesverfassungsgericht und die ihm ganz überwiegend folgende Staatsrechtslehre die Funktion zugewiesen bekommen, als „Auffanggrundrecht" Grundrechtsschutz für alle Betätigungen und Unterlassungen zu bieten, die von spezielleren Freiheitsgrundrechten nicht erfasst werden.[84] Die Konsequenz aus diesem weiten Schutzbereichsverständnis ist, dass jeder rechtswidrige Akt öffentlicher Gewalt denjenigen, den er beschwert, zumindest in seiner allgemeinen Handlungsfreiheit tangiert.[85] Dies gilt auch für Akte der Legislative.

---

797 ff., 805; *Wüterich,* in: Landel/Vogg/Wüterich, § 4 Rn. 190; a.A. *Bickel,* § 4 Rn. 56.

[83] Siehe hierzu unten sub C.

[84] BVerfGE 6, 32 (36 f.); 54, 143 (146); 74, 129 (151); 75, 108 (154); 80, 137 (152, 154) m. abw. Meinung *Grimm,* S. 164 ff. Für eine restriktive Interpretation des Grundrechts auch *Hesse,* Rn. 428.

[85] *Stern,* Staatsrecht, Bd. III/1, 1988, § 75 IV 4c, S. 1495 bezeichnet Art. 2 Abs. 1 GG daher zutreffend als ein „Grundrecht mit umfassender prozessualer Hebelwirkung". Zu den daraus folgenden verfassungsprozessualen Hürden zusammenfassend *Schlaich,* Das Bundesverfassungsgericht, 5. Aufl. 2001, Rn. 274 ff.

Der Schutzbereich von Art. 2 Abs. 1 GG ist daher hinsichtlich der auf dem Prüfstand stehenden bodenschutzrechtlichen Regelung insofern eröffnet, als Art. 14 Abs. 1 GG als spezielleres Grundrecht nicht eingreift. Dies betrifft den grundrechtlichen Schutz vor den Belastungswirkungen, die auf Seiten der früheren Grundstückseigentümer durch die bodenschutzrechtlichen Nachhaftungsvorschriften eintreten.[86] Diese mehrdimensionalen Belastungswirkungen sind als Eingriffe in den Schutzbereich aus Art. 2 Abs. 1 GG zu qualifizieren.

C. Verfassungsrechtliche Rechtfertigung

Die mit den Regelungen über die nachwirkende Zustandsverantwortlichkeit verbundenen Eingriffe in die Schutzbereiche der Art. 2 Abs. 1 und 14 Abs. 1 GG müssen verfassungsrechtlich gerechtfertigt sein. Dies ist dann der Fall, wenn sie Ausdruck der Schranken dieser Grundrechte sind.

I. Grundrechtsschranken

1. Schranken von Art. 14 Abs. 1 GG

Die grundrechtlichen Schranken einer Inhalts- und Schrankenbestimmung des Eigentums sind gleichzusetzen mit dem in Art. 14 Abs. 1 Satz 2 GG normierten Ausgestaltungsauftrag des einfachen Gesetzgebers: „Inhalt und Schranken werden durch die Gesetze bestimmt“. Der eigentumsausgestaltende Gesetzgeber wird dadurch aufgerufen, ein „Sozialmodell“ zu verwirklichen, dessen normative Elemente sich einerseits aus der grundgesetzlichen Anerkennung des Privateigentums durch Art. 14 Abs. 1 Satz 1 GG und andererseits aus der Sozialpflichtigkeit des Eigentums aus Art. 14 Abs. 2 GG ergeben.[87] Dies bedeutet, dass der Gesetzgeber unter besonderer Berücksichtigung des sozialen Bezuges und der sozialen Funktion, in der ein Eigentumsobjekt steht, Regelungen zu treffen hat, die insbesondere dem Übermaßverbot, dem Gleichheitsgrundsatz und dem Grundsatz des Vertrauensschutzes entsprechen.[88]

---

[86] Vgl. oben sub B.I.1.a).

[87] Vgl. *Bryde,* in: v. Münch/Kunig, Art. 14 Rn. 51, 59; *Hendler,* DVBl. 2001, 1233 ff., 1238.

[88] *Bryde,* in: v. Münch/Kunig, Art. 14 Rn. 62; *Papier,* in: Maunz-Dürig, Art. 14 Rn. 38; *Wendt,* in: Sachs (Hrsg.), Art. 14 Rn. 73 f.

2. Schranken von Art. 2 Abs. 1 GG

Mit einem weiten Schutzbereich eines Grundrechts korrespondieren notwendigerweise „weite" Schranken.[89] Die Schranken des Grundrechts der allgemeinen Handlungsfreiheit ergeben sich aus Art. 2 Abs. 1 Halbs. 2 GG, der so genannten „Schrankentrias". Dabei ist die Schranke der „verfassungsmäßigen Ordnung" entscheidend. Sie bezieht sich auf die Einhaltung der gesamten Rechtsordnung, also auf die „Gesamtheit der Normen, die formell und materiell verfassungsmäßig sind",[90] und schließt in dieser weiten Interpretation die „Rechte anderer" bereits mit ein.[91] Dem „Sittengesetz" als dritter Schranke der allgemeinen Handlungsfreiheit kommt daneben, nicht zuletzt aufgrund der Wandelbarkeit moralischer Wertvorstellungen, – wenn überhaupt – nur eine letzte Reservefunktion zu.[92] Der legislative Eingriff in die allgemeine Handlungsfreiheit aus Art. 2 Abs. 1 GG ist somit nur dann verfassungsrechtlich gerechtfertigt, wenn er sich als Ausdruck der verfassungsmäßigen Ordnung erweist. Dies verlangt die Vereinbarkeit der Vorschriften über die nachwirkende Zustandsverantwortlichkeit mit „einzelnen Verfassungsbestimmungen" und „allgemeinen Verfassungsgrundsätzen".[93]

Insofern unterscheiden sich die Anforderungen an eine verfassungsrechtliche Rechtfertigung eines durch eine Inhalts- und Schrankenbestimmung erfolgenden Eingriffs in die Eigentumsgarantie nicht wesentlich von der Rechtfertigung eines Eingriffs in die durch Art. 2 Abs. 1 GG gewährleistete allgemeine Handlungsfreiheit.[94] Die verfassungsrechtliche Rechtfertigung beider Grundrechtseingriffe wird dementsprechend im Folgenden gemeinsam geprüft.

Ein Verstoß gegen Grundrechte kann sich aus verfassungsrechtlich vorgegebenen Normerlass- und Verfahrensanforderungen ergeben (Formelle Verfassungsmäßigkeit), ebenso aber aus der Missachtung materieller Anforderungen an ein Gesetz (Materielle Verfassungsmäßigkeit).[95] Die verfassungsrechtliche Rechtfertigung der bodenschutzrechtlichen Vorschriften über die nachwirkende Zustandsverantwortlichkeit früherer Grundstückseigentümer

---

[89] *Kunig,* in: v. Münch/Kunig, Art. 2 Rn. 14.

[90] St. Rspr., BVerfGE 6, 32 (36 ff.); 55, 159 (165); 63, 88 (108 f.); 80, 137 (153); 90, 145 (172); 96, 10 (21).

[91] *Jarass,* in: ders./Pieroth, Art. 2 Rn. 18; *Kunig,* in: v. Münch/Kunig, Art. 2 Rn. 19, 22.

[92] Vgl. *Kunig,* in: v. Münch/Kunig, Art. 2 Rn. 28; *Murswiek,* in: Sachs (Hrsg.), Art. 2 Rn. 99.

[93] BVerfGE 70, 1 (25).

[94] BVerfGE 50, 290 (362); *Wittig,* NJW 1967, 2185 ff., 2188.

[95] *Kunig,* in: v. Münch/Kunig, Art. 2 Rn. 23.

betrifft auf der formellen Seite vor allem die Frage der Gesetzgebungskompetenz des Bundes (II.). In materieller Hinsicht geht es um die inhaltliche Legitimation der Vorschriften, insbesondere um die Frage der Vereinbarkeit mit dem Übermaßverbot (III.) sowie um die Einhaltung von sonstigem Verfassungsrecht, insbesondere des Rückwirkungsverbots (IV.) und der Institutsgarantie des Eigentumsgrundrechts (V.).

II. Formelle Verfassungsmäßigkeit

Lange Zeit umstritten war die Frage, ob dem Bundesgesetzgeber überhaupt die Kompetenz zum Erlass eines einheitlichen Bundes-Bodenschutzgesetzes zusteht.[96] Man könnte meinen, der Streit um die Gesetzgebungskompetenz des Bundes habe sich mit In-Kraft-Treten des Bundes-Bodenschutzgesetzes am 1. März 1999 endgültig erledigt. In Wahrheit verschiebt sich das Interesse nur in Richtung auf die Frage, ob das Gesetz bei einem möglichen Verfahren vor dem Bundesverfassungsgericht Bestand haben wird.[97]

Eine eigenständige Materie Bodenschutz ist in den Gesetzgebungs-Kompetenzkatalogen des Grundgesetzes nicht enthalten. Es darf daher davon ausgegangen werden, dass dem Bund die ausschließliche Kompetenz für den Erlass eines Bodenschutzgesetzes fehlt.[98]

Die Begründung für den Regierungsentwurf für ein Bundes-Bodenschutzgesetz nimmt verschiedene Titel aus dem Katalog der konkurrierenden Gesetzgebungskompetenz in Anspruch, nämlich Art. 74 Abs. 1 Nr. 18 GG (Bodenrecht) für Nutzungsbeschränkungen zum Schutz des Bodens und Sanierungsmaßnahmen, Art. 74 Abs. 1 Nr. 24 GG (Abfallbeseitigung) für die Sanierung von Altablagerungen sowie Art. 74 Abs. 1 Nr. 11 GG (Recht der Wirtschaft) für schädliche Bodenveränderungen, die auf einer wirtschaftlichen Tätigkeit beruhen (z. B. die Sanierung von Altstandorten).[99] Die Überwachungsvorschriften werden auf eine jeweilige sachgebietsbezogene Annexkompetenz gestützt. Für die Regelung zur Landesverteidigung in

---

[96] Bejahend: *Breuer,* DVBl. 1994, 890 ff., 897; *Czybulka,* in: Erbguth (Hrsg.), Aktuelle Fragen des Altlasten- und Bodenschutzrechts, 1997, 43 ff.; *ders.*, UPR 1997, 15 ff.; *Papier,* JZ 1994, 810 ff., 812; *Brandt,* DÖV 1996, 675 ff.; *Peine,* NuR 1992, 353 ff., 356 f.; *Rid/Froeschle,* UPR 1994, 321 ff.; *Rid/Petersen,* NVwZ 1994, 844 ff., 845; *Schink,* DÖV 1995, 213 ff., 214 ff.; kritisch: *Oerder,* NJW 1994, 2181 ff., 2182 f.; *Salzwedel,* in: ders. (Hg.), Grundzüge des Umweltrechts, 2. Aufl. 1997 (Stand 1998), S. 16/004. – Verneinend: *Erbguth/Stollmann,* NuR 1994, 319 ff., 327 f.; *Erbguth/Rapsch,* NuR 1990, 433 ff., 437; *Heiermann,* Der Schutz des Bodens vor Schadstoffeintrag, 1992, S. 311 ff.

[97] *Salzwedel,* in: ders. (Hg.), Grundzüge, S. 16/005.

[98] *Peine,* NuR 1992, 353 ff., 354.

[99] Begründung zum Gesetzentwurf der Bundesregierung für ein Bodenschutzgesetz, BT-Drs. 13/6701, S. 16 ff.

§ 23 BBodSchG besteht nach Art. 73 Nr. 1 GG eine ausschließliche Gesetzgebungskompetenz des Bundes. Die zur Sanierung von Gewässerverunreinigungen vorgesehenen Regelungen stützt die Entwurfsbegründung auf Art. 75 Abs. 1 Nr. 4 GG (Wasserhaushalt).[100]

In der Literatur ist allerdings umstritten, ob die Gesetzgebungskompetenz des Bundes für den Bodenschutz aus diesem „Kompetenzmix"[101] abgeleitet werden kann.[102] *Erbguth* zufolge ist eine solche Kompetenzkombination nur dann zulässig, wenn bestehende Kompetenzbereiche in einem Gesetzesvorhaben zusammengefasst werden sollen, nicht aber zur Schaffung einer neuen, im Grundgesetz nicht enthaltenen Zuständigkeit.[103] Seiner Auffassung nach würde es sich beim Erlass eines Bundes-Bodenschutzgesetzes aber um einen solchen unzulässigen Fall handeln, da Art. 74 Abs. 1 Nr. 18 GG lediglich die Kompetenz zum Erlass von Normen erteile, die Art und Umfang der baulichen Nutzbarkeit des Bodens regeln, nicht aber eine ökologisch orientierte Gesetzgebung im Bodenbereich ermögliche.[104]

Dieser Auffassung kann nicht gefolgt werden. Art. 74 Abs. 1 Nr. 18 GG[105] ordnet das „Bodenrecht" dem Bund als Gegenstand der konkurrierenden Gesetzgebung zu. Hierunter fallen nach Auffassung des Bundesverfassungsgerichts „nur solche Vorschriften, die den Grund und Boden unmittelbar zum Gegenstand rechtlicher Ordnung haben, also die rechtlichen Beziehungen des Menschen zum Grund und Boden regeln".[106] Zum Bodenrecht im Sinne dieser Vorschrift werden insbesondere die Bauleitplanung,[107] ferner das Recht der Baulandumlegung und der Zusammenlegung von Grundstücken sowie das Baulanderschließungsrecht gerechnet.[108] Das Bodenrecht im Sinne des Art. 74 Abs. 1 Nr. 18 GG ist mit anderen Worten zunächst Bodennutzungsrecht.[109] Freilich ist es dabei kein bloßes „Flä-

---

[100] Begründung zum Gesetzentwurf der Bundesregierung für ein Bodenschutzgesetz, BT-Drs. 13/6701, S. 51.

[101] *Ott,* ZUR 1994, 53 ff., 55.

[102] Dafür: *Czybulka,* UPR 1997, 15 ff.; *Knopp,* DÖV 2001, 441 ff., 443; *Salzwedel,* in: ders. (Hg.), Grundzüge, S. 16/003. – Dagegen: *Buch* NVwZ 1998, 822 f.; *Degenhart,* in: Sachs (Hrsg.), Art. 74 Rn. 67a.

[103] Vgl. *Erbguth/Stollmann,* NuR 1994, 319 ff., 327.

[104] *Erbguth/Stollmann,* NuR 1994, 319 ff., 327; ebenso *Degenhart,* in: Sachs (Hrsg.), Art. 74 Rn. 67a.

[105] Vgl. zu dieser Kompetenz die umfangreichen Ausführungen von *Ewer,* in: Landmann/Rohmer, Bd. III, Vorb. BodSchRecht, Rn. 136 ff.

[106] BVerfGE 3, 407 (424); 34, 139 (144).

[107] BVerfGE 56, 298 (311).

[108] *Maunz,* Maunz/Dürig, Art. 74 Rn. 200; *Kunig,* in: v. Münch/Kunig, GGK III, 3. Aufl. 1996, Art. 74 Rn. 82.

[109] *Schmidt-Aßmann,* DVBl. 1972, 627 ff., 630; ebenso *Rothe,* DVBl. 1974, 737 ff., 739.

chenrecht".[110] Auch wenn dem Grundgesetzgeber im Jahre 1949 der Gedanke eines spezifischen Bodenschutzes fern lag, dürfte der Begriff des Bodenrechts, verstanden als „Gesamtheit der öffentlich-rechtlichen Bestimmungen, die den Erwerb, die Veräußerung, die Belastung und die Benutzung von Grund und Boden unter sozialen, wirtschaftlichen oder politischen Gesichtspunkten einer Sonderregelung unterwerfen",[111] doch weit genug sein, um auch eine ökologisch fundierte Reglementierung der Bodennutzung abzudecken. Vorschriften, die unmittelbar den Schutz des Bodens, seinen Ge- oder Verbrauch, aber auch die Beseitigung vorhandener Bodenkontaminationen regeln, sind Normen des öffentlichen Rechts, die den Grund und Boden unmittelbar zum Gegenstand rechtlicher Ordnung haben.[112] Da auch ansonsten weder Wortlaut, Entstehungsgeschichte noch Systematik einer Einbeziehung von Regelungen über die Bodenqualität in das Bodenrecht entgegenstehen,[113] ist die konkurrierende Gesetzgebungskompetenz für das Bodenerhaltungsrecht gem. Art. 74 Abs. 1 Nr. 18 GG gegeben.[114] Diesen Befund hat inzwischen auch die erste Rechtsprechung zum Bundes-Bodenschutzgesetz bestätigt.[115]

---

110 BVerwGE 7, 17 (21). Noch weitergehend BVerwGE 55, 272 (275), wonach auch der bodenbezogene sog. funktionelle Landschaftsschutz in erster Linie dem Bodenrecht i. S. d. Art. 74 Abs. 1 Nr. 18 GG unterfallen soll. Naturschutz und Landschaftspflege i. S. d. Art. 75 Abs. 1 Nr. 4 GG würden damit im Wesentlichen auf den sog. optischen Landschaftsschutz beschränkt.

111 *Grewe,* zitiert nach v. Mangoldt/Klein, Das Bonner Grundgesetz, Bd. II, 2. Aufl. 1964, Art. 74 Anm. XXXIV. 2 a.

112 *Papier,* JZ 1994, 810 ff., 812; vgl. auch *Peine,* NuR 1992, 353 ff., 356.

113 So auch *Peine,* NuR 1992, 353 ff., 355; *Ewer,* in: Landmann/Rohmer, Bd. III, Vorb. BodSchRecht, Rn. 145.

114 Ebenso *Frenz,* BBodSchG, § 1 Rn. 20 ff.; *Holzwarth,* in: Holzwarth/Radtke/Hilger/Bachmann, Bundes-Bodenschutzgesetz/Bundes-Bodenschutz- und Altlastenverordnung, 2. Aufl. 2000, Einführung, Rn. 42 f.; *Papier,* JZ 1994, 810 ff., 812; *Pestalozza,* in: v. Mangoldt/Klein/Pestalozza, Das Bonner GG, Bd. 8, 3. Aufl. 1996, Art. 74 Abs. 1 Nr. 18 Rn. 1236. Auch eine engere Interpretation des Art. 74 Abs. 1 Nr. 18 GG würde nicht bedeuten, dass der Bund kompetenzrechtlich daran gehindert wäre, bodenschutzrechtliche Regelungen zu treffen. Das Bundesverfassungsgericht hat keine abschließende Zuordnung aller bodenbezogenen Rechtsvorschriften zu den Kompetenzvorschriften der Art. 72 ff. GG vorgenommen. Vielmehr bezog sich die Bestimmung des Begriffs „Bodenrecht" in dem Rechtsgutachten des BVerfG über die Zuständigkeit des Bundes zum Erlaß eines Baugesetzes, BVerfGE 3, 407 (424), auf die Abgrenzung des Bodenrechts zum Raumordnungsrecht. Eine Bestimmung des Verhältnisses der Gesetzgebungskompetenz nach Art. 74 Abs. 1 Nr. 18 GG zu anderen Kompetenztiteln, etwa des Art. 75 Abs. 1 Nr. 3 GG (Naturschutz und Landschaftspflege), war nicht Gegenstand des Gutachtens. Wegen der unterschiedlichen Kompetenzausstattung von Bund und Ländern durch Art. 74 Abs. 1 Nr. 18 GG einerseits und Art. 75 Abs. 1 Nr. 3 GG andererseits besteht insofern also noch Klärungsbedarf. Zu weiteren Kompetenzgrundlagen siehe *Peine,* NuR 1992, 353 ff., 357 ff. Im Einzelnen setzt sich mit dieser Problematik ausführlich auseinander: *Heiermann,* Der Schutz des Bodens, S. 311 ff.

Soweit in hiesigem Zusammenhang die Vorschriften der nachwirkenden Sanierungsverantwortlichkeit in Frage stehen (§ 4 Abs. 3 Satz 4 Alt. 2, Abs. 6 BBodSchG), handelt es sich um Adressatenregelungen mit ordnungsrechtlichem Charakter. Der Bund kann sich hier auf das Vorliegen einer (ungeschriebenen) Kompetenz kraft Sachzusammenhangs berufen. Insoweit gehört sie auch zur Kompetenzmaterie des „Bodenrechts" im Sinne des Art. 74 Abs. 1 Nr. 18 GG.[116]

III. Vereinbarkeit mit dem Übermaßverbot

Über die materielle Verfassungsmäßigkeit eines die allgemeine Handlungsfreiheit und die Eigentumsgarantie beschränkenden Gesetzes entscheidet im Wesentlichen das – im Folgenden näher zu untersuchende – Übermaßverbot.[117] Darüber hinaus muss das Gesetz aber auch mit sonstigen Gütern von Verfassungsrang, namentlich mit den aus dem Rechtsstaatsprinzip abgeleiteten Rechtsprinzipien[118] sowie mit den institutionellen Gewährleistungen anderer Grundrechte[119], vereinbar sein.

Das als allgemeiner Rechtsgrundsatz und verfassungsrechtliches Rechtsprinzip allseits anerkannte, ursprünglich verwaltungsrechtliche Übermaßverbot, in wechselnder Terminologie auch als Prinzip des angemessenen Ausgleichs[120] oder als Grundsatz der Verhältnismäßigkeit (im weiteren Sinne) bezeichnet,[121] besagt, dass ein Eingriff der öffentlichen Gewalt in Grundrechte nicht nur durch vernünftige, sachliche und verfassungslegitime Gründe des Gemeinwohls gerechtfertigt sein muss, sondern auch die Grundsätze der Geeignetheit des gewählten Eingriffsmittels, der Erforderlichkeit im Sinne der Wahl des schonendsten Mittels und der Proportionalität der Freiheitseinschränkung im Verhältnis zu dem Gewicht und der Bedeutung

---

115 BVerwG, Urteil v. 16.5.2000 – 3 C 2.00 –, DVBl. 2000, 1353 ff., 1355; VG Frankfurt, Beschluss v. 23.7.1999 – 14 G 212/99, NVwZ 2000, 107.

116 *Czybulka,* in: Erbguth (Hrsg.), Aktuelle Fragen des Altlasten- und Bodenschutzrechts, 1997, 43 ff., 51. Ebenso *Knopp,* DÖV 2001, 441 ff., 443, der allerdings von einer (ungeschriebenen) Annexkompetenz des Bundes ausgeht.

117 *Murswiek,* in: Sachs (Hrsg.), Art. 2 Rn. 101; *Wendt,* in: Sachs (Hrsg.), Art. 14 Rn. 73; in Bezug auf § 4 Abs. 6 BBodSchG auch *Kahl,* Die Verwaltung, Bd. 33 (2000), S. 29 ff., 59.

118 Zur Vereinbarkeit mit dem Rückwirkungsverbot, siehe unten sub C.IV.

119 Zur Vereinbarkeit mit Art. 3 Abs. 1 GG, siehe unten sub D.

120 Kritisch zu dieser Bezeichnung *Lerche,* Übermaß, Bemerkungen zur Wiederauflage, S. XIV.

121 Zur Terminologie näher *Lerche,* in: Isensee/Kirchhof (Hrsg.), HdBStR V, 2. Aufl. 2000, § 122 Rn. 16; *ders.,* Übermaß, S. 19 ff.; *Stern,* Staatsrecht, Bd.III/2, 1994, S. 762 ff., 763.

des mit dem Eingriff verfolgten Ziels (Zweck-Mittel-Relation, Verhältnismäßigkeit i. e. S.) zu wahren hat.[122]

1. Verfassungslegitime Ziele

Die Relativierung der allgemeinen Handlungsfreiheit setzt ein verfassungsrechtlich geschütztes Interesse voraus.[123] Zwar ist es grundsätzlich Sache des Gesetzgebers, die zu verfolgenden (politischen) Ziele und Maßnahmen festzulegen.[124] Allerdings müssen die Maßnahmen und Ziele als solche verfassungsrechtlich unbedenklich sein. Maßnahmen oder Ziele, die bereits isoliert betrachtet verfassungswidrig sind, sind zugleich per se ungeeignet, machen also die Geeignetheitskontrolle entbehrlich. In diesem Sinne sind öffentlich-rechtliche Pflichten zweckgebunden.

Das gesetzgeberische Ziel der Einführung nachwirkender Sanierungspflichten für frühere Eigentümer hat verschiedene Facetten. Es ist nicht gerechtfertigt, es allein auf die Verhinderung von (kollusiven) Umgehungs- und Spekulationsgeschäften mit Altlastengrundstücken zu reduzieren.[125] Die Gesetzesgenese deutet vielmehr darauf hin, dass dieser Aspekt nur ein Anlass unter mehreren war.[126] Inhalt und zugleich primäres Ziel der boden-

---

[122] *Dechsling,* Das Verhältnismäßigkeitsgebot, 1989; *Hirschberg,* Der Grundsatz der Verhältnismäßigkeit, 1981; *Jakobs,* Der Grundsatz der Verhältnismäßigkeit, 1985; *Krauss,* Der Grundsatz der Verhältnismäßigkeit, 1955; *Lerche,* Übermaß und Verfassungsrecht, 1961, in Neuauflage erschienen 1999; *ders.*, in: HdBStR V, 2. Aufl. 2000, § 122 Rn.16; *Stern,* Staatsrecht, Bd.III/2, S. 762 ff.

[123] Eine präzise Zieldefinition ist zugleich Grundvoraussetzung für eine sachgemäße Verhältnismäßigkeitsprüfung. Vgl. *Papier,* in: Maunz/Dürig, Bd. II, Art. 14 Rn. 313 f.; *Stern,* Staatsrecht, Bd.III/2, S. 762 ff., 777; ähnlich auch *Lindner,* S. 27; *Maurer,* Staatsrecht, 1999, § 8 Rn. 56.

[124] Der Grundsatz der Verhältnismäßigkeit setzt hier der Beurteilungs- und Entschließungsfreiheit des Gesetzgebers nur äußerste Grenzen, vgl. BVerfGE 30, 292 (317).

[125] *Dombert,* NJW 2001, 927 ff., 929; *Hilger,* in: Holzwarth/Radtke/Hilger/Bachmann, Bundes-Bodenschutzgesetz/Bundes-Bodenschutz- und Altlastenverordnung, 2. Aufl. 2000, § 4 Rn. 113c f.; ähnlich auch *Knopp,* DVBl. 1999, 1010 ff., 1013; a. A. *Kahl,* Die Verwaltung, Bd. 33 (2000), S. 29 ff., 60; *Spieth/Wolfers,* NVwZ 1999, 355 ff., 356.

[126] *Hilger,* in: Holzwarth/Radtke/Hilger/Bachmann, Bundes-Bodenschutzgesetz/Bundes-Bodenschutz- und Altlastenverordnung, 2. Aufl. 2000, § 4 Rn. 113c und *Riedel,* ZIP 1999, 94 ff., 98, weisen darauf hin, dass der Zweck, den der Gesetzgeber mit der vom Vermittlungsausschuss empfohlenen Regelung verfolgt, nur eingeschränkt festzustellen ist. Die Beratungen des Vermittlungsausschusses waren vertraulich, die Sitzungsunterlagen sind der Öffentlichkeit nicht zugänglich und die Beschlussempfehlung des Vermittlungsausschusses enthält keine Begründung, vgl. BT-Drs. 13/9637. § 4 Abs. 6 BBodSchG beruht allerdings im Wesentlichen auf der Stellungnahme des Bundesrates zum Gesetzesentwurf der Bundesregierung für ein

schutzrechtlichen Regelungen über die nachwirkende Zustandsverantwortlichkeit (§ 4 Abs. 3 Satz 4 Alt. 2, Abs. 6 BBodSchG) ist die Verantwortungs- und Kostenzuweisung für die Sanierung kontaminierter Grundstücke an frühere Eigentümer, die willentlich ihr Eigentum und die damit verbundene Zustandsverantwortlichkeit aufgegeben haben.[127] Wie diese Kurzformel bereits andeutet, wirken sich die Regelungen der nachwirkenden Sanierungsverantwortung auf zwei verschiedenen rechtlichen Ebenen aus, die hier entsprechend der polizeirechtlichen Terminologie als *Primärebene* (Handlungsebene) und *Sekundärebene* (Kostenebene)[128] bezeichnet werden und zunächst gesondert betrachtet werden sollen. Die Analyse der Auswirkungen auf den verschiedenen Ebenen ergibt ein genaueres Bild über die gesetzgeberische Zielsetzung, hat aber zunächst nur heuristische Bedeutung.

a) *Gefahrenabwehr*

Auf der Primärebene verfolgt die Anordnung einer nachwirkenden Zustandsverantwortlichkeit durch Auferlegung einer Vornahme- bzw. Mitwirkungsverantwortlichkeit das Ziel der Beseitigung von Bodenbelastungen und damit die Abwehr einer (Umwelt-)Gefahr bzw. Störung.[129]

Der Gesetzgeber ist nicht nur berechtigt, sondern vielmehr von Verfassungs wegen aufgerufen, möglicherweise nach Maßgabe des Untermaßverbotes[130] sogar verpflichtet, das Teilziel der (gesundheits- und umweltbezogenen) Gefahrenabwehr zu verwirklichen.[131] Die Schutzpflichtendimension

---

Bodenschutzgesetz. Der Bundesrat führt hierin zwar auch aus, dass die von ihm vorgeschlagene Regelung geeignet sei, „Spekulations- und Umgehungsgeschäften sowie den Dereliktionsfällen zu begegnen“, vgl. BT-Drs. 13/6701, Nr. 20 auf S. 51. Allerdings werden diese Erwägungen an letzter Stelle genannt. Ausgangsüberlegung des Bundesrates ist die generelle Wertung, dass die „traditionellen Verantwortlichkeitsregelungen aus dem Polizeirecht“, an die § 4 Abs. 3 des Regierungsentwurfs anknüpft, „insbesondere für die spezifischen Belange der Altlastenbehandlung nicht ausreichend [sind]“, vgl. BT-Drs. 13/6701, Nr. 20 auf S. 51. Die Verhinderung von „Missbrauchsfällen“ war also keineswegs das alleinige oder gar vorrangige Motiv des Bundesrates.

[127] Ähnlich wie hier *Dombert,* NJW 2001, 927 ff., 929.

[128] Die Unterteilung in Primärebene und Sekundärebene ist weitgehend anerkannt. Vgl. nur VGH München, Urt. v. 26.7.1995 – 22 B 93.271 –, BayVBl. 1995, 758 ff., 759; *Griesbeck,* S. 57, 73; *Denninger,* in: Lisken/Denninger, Abschn. E Rn. 112; *Knorr,* VBlBW 1996, 447 ff., 448; *Lindner,* S. 46, Fn. 47; *Martensen,* VBlBW 1996, 81 ff., 83; *Schenk,* BayVBl. 1997, 33 ff., 33; *Würtenberger/Heckmann/Riggert,* Rn. 327.

[129] Ebenso *Grzeszick,* NVwZ 2001, 721 ff., 724; *Kahl,* Die Verwaltung, Bd. 33 (2000), S. 29 ff., 60. Vgl. im Einzelnen oben sub B.I.1.a)aa).

[130] Vgl. hierzu BVerfGE 88, 203 (254 f.), sowie grundlegend *Isensee,* in: ders./Kirchhof (Hrsg.), HdbStR V, 2. Aufl. 2000, § 111 Rn. 165.

des Rechts auf Leben und körperliche Unversehrtheit aus Art. 2 Abs. 2 GG sowie das Staatsziel des Schutzes der natürlichen Lebensgrundlagen aus Art. 20a GG sind die entscheidenden verfassungsrechtlichen Determinanten für diesen Gesetzgebungsauftrag.[132] Dies gilt insbesondere für den Bodenschutz. Nach dem Bundesverfassungsgericht verbietet es die Tatsache, „dass der Grund und Boden unvermehrbar und unentbehrlich ist, seine Nutzung dem unübersehbaren Spiel der freien Kräfte und dem Belieben des Einzelnen vollständig zu überlassen".[133] Dementsprechend ist auch der erklärte Schutzzweck des Bundes-Bodenschutzgesetzes, nachhaltig die Funktionen des Bodens zu sichern oder wiederherzustellen (§ 1 Satz 1 BBodSchG).[134]

In welcher Art und Weise der Gesetzgeber seinem Schutzauftrag nachkommt, ist weitest gehend ihm überlassen. Er genießt diesbezüglich eine großzügige Einschätzungsprärogative.[135] So kann er entweder die staatliche Eigenvornahme der Sanierung von schädlichen Bodenveränderungen und Altlasten bestimmen. Hierzu sind öffentlich-rechtliche Finanzierungsmodelle entwickelt und in einigen Bundesländern bereits praktiziert worden.[136] Es bleibt ihm aber ebenso unbenommen, die originär staatliche Aufgabe[137] der Gefahrenabwehr im Umweltschutzbereich unter Wahrung verfassungsrechtlicher Rechtsgüter und der Grundrechte teilweise zu privatisieren und sich auf ein „Wächteramt" zurückzuziehen, solange die Herbeiführung des verfassungsrechtlich geforderten Erfolges – die nachhaltige Sanierung schädlicher Bodenveränderungen und Altlasten – gewährleistet bleibt.[138] Dieser Wächterfunktion kann der Staat auch durch die Auswahl und Heranziehung eines leistungsfähigen privaten Verantwortlichen nachkommen. Gleichwohl bleibt er bis zur endgültigen Abwehr der Umweltgefahr in einer Reserve- oder Gewährleistungsverantwortung[139]. Der Gesetzgeber des

---

[131] Vgl. auch *Lindner,* S. 40; *Spannowsky,* DVBl. 1994, 560 ff., 565.

[132] Vgl. BVerfGE 102, 1 (18).

[133] BVerfGE 21, 73 (82 f.).

[134] Vgl. auch die Begründung zum Gesetzentwurf der Bundesregierung für ein Bodenschutzgesetz, BT-Drs. 13/6701, S. 15.

[135] Dies gilt insbesondere bei der Neuordnung eines Rechtsgebiets, wie hier beim Bodenschutzrecht, vgl. *Knopp,* DVBl. 1999, 1010 ff., 1013.

[136] Vgl. *Kloepfer,* Umweltrecht, 2. Aufl. 1998, § 12 Rn. 83.

[137] Das deutsche Umweltrecht ist im Unterschied zu vielen Common-Law-Ländern in seinen Wurzeln stark etatistisch geprägt. Vgl. *Kloepfer,* Umweltrecht, 2. Aufl. 1998, § 6 Rn. 3.

[138] Zur Aufgaben- und Organisationsprivatisierung vgl. *Benz,* Die Verwaltung 28 (1995), 337 ff.; *Bull,* VerwArch 86 (1995), 621 ff.; *Hengstschläger, Osterloh* und *H. Bauer,* VVDStRL 54 (1995), 165 ff.; 204 ff.; 243 ff.; *Kloepfer,* Umweltrecht, 2. Aufl. 1998, § 6 Rn. 4; *Schoch,* DVBl. 1994, 962 ff.

[139] Zu dem Terminus der Gewährleistungsverantwortung vgl. *Hoffmann-Riem,* Verfahrensprivatisierung als Modernisierung, in: ders./Schneider (Hrsg.), Verfah-

Bundes-Bodenschutzgesetzes ist dieser Reserveverantwortung dadurch nachgekommen, dass er sich den Selbsteintritt vorbehalten hat. Im Falle der Nicht- oder Schlechterfüllung durch den Privaten führt der Staat die Sanierung im Wege der Ersatzvornahme selbst durch bzw. zieht im Falle erheblicher Altlastenbelastung die Sanierungsplanung von vornherein an sich (§ 14 BBodSchG). Auf solche Weise staatlicherseits abgefederte öffentlichrechtliche Verantwortungszuweisungen an Private wie die hier in Rede stehende nachwirkende Sanierungsverantwortlichkeit sind von ihrer Zielsetzung her verfassungsrechtlich legitim.

b) *Kostenzuweisung*

Die zweite, in der polizeirechtlichen Terminologie als Sekundärebene bezeichnete Stufe, betrifft die Zuweisung der Kostenlast an frühere Grundeigentümer. Mit der handlungsbezogenen Primärverpflichtung zur Gefahrenabwehr verbindet sich zugleich die Pflicht zur Tragung der aus der Gefahrenabwehrmaßnahme resultierenden Kosten (§ 24 Abs. 1 BBodSchG).[140] Mit dieser gesetzlichen Ausgestaltung folgt das Bundes-Bodenschutzgesetz dem traditionellen polizeirechtlichen Konnexitätsprinzip, demzufolge die primär- und sekundärrechtliche Ebene als unmittelbar zusammengehörig verstanden werden.[141] Lediglich in den Fällen ungewisser Sachverhaltslagen ist eine Durchbrechung des Konnexitätsprinzips vorgesehen: Der so genannte „Verdachtsstörer" hat zwar auf der Primärebene Gefahrerforschungsmaßnahmen vorzunehmen (§ 9 Abs. 2 BBodSchG), auf der Sekundärebene aber nur dann die Kosten der getroffenen Maßnahmen zu tragen, wenn er die den Verdacht begründenden Umstände zu vertreten hat. Ansonsten werden ihm nachträglich die Kosten erstattet (§ 24 Abs. 1 Satz 2 Alt. 1 BBodSchG). Auch Nutzungsbeschränkungen im Bereich der land- und forstwirtschaftlichen Produktion können – soweit dies landesrechtlich ange-

---

rensprivatisierung im Umweltrecht, 1996, S. 9, 24 ff., 28 ff. Von der „Letztentscheidungskompetenz" des Staates spricht *Schmidt-Preuß,* VVDStRL 56 (1997), 162 ff., 181 ff. – *Gusy,* ZUR 2001, 1 ff., 5; *Spannowsky,* UPR 1988, 376 ff., 380 und *Kloepfer,* Produktverantwortung für Elektroaltgeräte, 2001, S. 93, verwenden den Begriff der „Auffangverantwortlichkeit".

140 Vgl. oben sub B.I.1.a)bb).

141 So wird etwa in Fällen der polizeilichen Ersatzvornahme die Pflicht des materiell verantwortlichen Privatrechtssubjekts zur Kostentragung als Surrogat seiner (nicht erfüllten) Pflicht zur Gefahrenabwehr angesehen. Vgl. BVerwGE 10, 282 (285); VGH München, Urt. v. 17.10.1988 – 21 B 88.00770 –, NVwZ-RR 1989, 298 f., 299; *T. Brandner,* S. 40; *Dietlein,* S. 96 m.w.N.; *Giesberts,* S. 29; *Griesbeck,* S. 40; *Herrmann,* Flächensanierung, S. 92; *Leisner,* in: ders., Eigentum, 1996, S. 395 ff., 399; *Lindner,* S. 2; *Papier,* DVBl. 1996, 125 ff., 129; *Schenke,* in: Steiner (Hrsg.), Abschn. II, Rn. 174; *Seibert,* DVBl. 1985, 328 ff., 328; *Selmer,* in: GS Martens, S. 483 ff., 492; *Spannowsky,* DVBl. 1994, 560 ff., 561.

ordnet ist – Entschädigungszahlungen nach sich ziehen (§ 10 Abs. 2 i.V.m. § 24 Abs. 1 Satz 2 Alt. 2 BBodSchG).

Die gesetzgeberische Kostenverteilungsentscheidung ist letztlich die ausschlaggebende Konsequenz der nachwirkenden Sanierungsverantwortlichkeit.[142] Für diese These spricht, dass es bei der Sanierung von schädlichen Bodenveränderungen, insbesondere von Altlasten, im Ergebnis unmaßgeblich ist, ob die Behörde (etwa in Form der Ersatzvornahme) oder der verantwortliche Private die tatsächliche Beseitigung der Bodenbelastungen veranlasst. In der Praxis müssen ohnehin zumeist (externe) Spezialunternehmen mit der Vornahme der Sanierung beauftragt werden.[143] Selbst in Fällen, in denen die grundsätzliche Organisationsverantwortung in privater Hand liegt, ist regelmäßig ein koordiniertes Vorgehen in Zusammenarbeit mit der Behörde erforderlich. Dies folgt nicht zuletzt aus der behördlichen Überwachungspflicht, die sich über den Zeitraum der Sanierungsvornahme hinweg als Auffang- und Gewährleistungsverantwortung fortsetzt (vgl. § 15 BBodSchG). Nimmt die Behörde ein Privatrechtssubjekt auf Sanierung in Anspruch, so ist also in letzter Konsequenz nicht dessen Organisationsverantwortlichkeit, sondern seine Verantwortung zur Übernahme der mit der

---

142 *Wolfers* spricht davon, es werde mit § 4 Abs. 6 BBodSchG „eine Handlungspflicht statuiert, die faktisch in eine Geldzahlungspflicht einmünde". *Wolfers,* zitiert von *Sobczak,* in: UTR Bd. 53, S. 123 ff., 130; vgl. zur Umwandlung der Handlungspflicht in eine Geldleistungspflicht auch *Bickel,* NJW 2000, 2562 f., 2562; ähnlich auch *Frenz,* BBodSchG, § 4 Abs. 6 Rn. 33, der die eigentliche Bedeutung von § 4 Abs. 6 BBodSchG in seiner regressanspruchsbegründenden Funktion gegenüber früheren Eigentümern sieht. Hinsichtlich öffentlich-rechtlicher Verantwortungsregelungen im Allgemeinen ebenso *Herrmann,* Flächensanierung, S. 77; *Knopp,* BB 1989, 1425 ff., 1426; *Martensen,* NVwZ 1997, 442 ff., 444; *Nauschütt,* Altlasten, 1990, S. 137 f.; *Ossenbühl,* NVwZ 1995, 547 ff., 549; *R. Schulz,* Lastentragung, S. 183; *Wiester,* S. 68. Vorsichtiger formuliert das BVerfG in seinem Beschluss v. 16.2.2000 – 1 BvR 242/91 und 1 BvR 315/99 –, NJW 2000, 2573 ff., 2573: „Auch wenn häufig die finanzielle Belastung die wichtigste Konsequenz der Pflicht zur Altlastensanierung sein mag, rechtfertigt dies nicht, die Zustandsverantwortlichkeit und darauf gestützte Anordnungen der Behörden auf eine Geldleistungspflicht zu reduzieren". Einer engeren Auffassung zufolge haben die Vorschriften über die Verantwortlichkeit im Polizei- und Ordnungsrecht insgesamt nicht einem Schadensausgleich, einer Kostenzurechnung oder der Entlastung der Steuerzahler zu dienen, sondern allein der effektiven Beseitigung einer bestehenden Gefahr; vgl. *Griesbeck,* S. 78 f.; *Kloepfer/Thull,* DVBl. 1989, 1121 ff., 1121 (Fn. 7): „Das polizei- und ordnungsrechtliche Instrumentarium ist eben zum Zwecke der Gefahrenabwehr und nicht als Kostenzurechnungsprinzip konzipiert worden."; *Knopp,* NVwZ 1991, 42 ff., 45; *Schwachheim,* Unternehmenshaftung, S. 109; *Spießhofer,* Der Störer, S. 1. Vgl. auch *Griesbeck,* S. 79 mit Hinweis auf *Kirchhof,* DÖV 1976, 449 ff., 454: „(Primärrechtliche) Polizeipflichtigkeit ist eben nicht Haftung, sondern Mitwirkungsverantwortlichkeit bei polizeilichen Maßnahmen, die der Gefahrenabwehr dienen".

143 Auf diesen Umstand weist auch *Bickel* hin, vgl. *ders.,* NJW 2000, 2562 f., 2562; ebenso *Binder,* S. 14; *Wiester,* S. 68.

Sanierung verbundenen Kosten entscheidend.[144] Dies gilt, wie sich noch zeigen wird, erst recht für die *nachwirkende* Sanierungsverantwortlichkeit, da der ehemalige Eigentümer im Regelfall keinen unmittelbaren rechtlichen und tatsächlichen Zugriff mehr auf das Grundstück hat.[145]

Die Kostentragungspflicht ist *per se* so lange verfassungsrechtlich nicht zu beanstanden, als sie ein verfassungsrechtlich legitimes Ziel verfolgt.[146] Dieses besteht in der Zuweisung von Finanzierungslasten an einen Adressatenkreis, der unter Lastenverteilungsgesichtspunkten der Übernahme der Kosten näher steht als die Allgemeinheit. Das Ziel, eine gerechte Lastenverteilung durch Kostentragungsregelungen vorzunehmen, ist nicht nur verfassungsrechtlich zulässig. Es wird vielmehr verfassungspositiv gefordert durch den allgemeinen Gleichheitsgrundsatz (Art. 3 Abs. 1 GG), der zugleich Ausdruck des allgemeinen rechtsstaatlichen Gerechtigkeitsgrundsatzes ist, sowie – zumindest in rechtspolitischer Hinsicht – durch das gegenüber dem Gemeinlastprinzip vorzugswürdige umweltrechtliche Verursacherprinzip[147].

In diesem lastenverteilungsrechtlichen Sinne ist es auch ein Teilziel der Einführung der nachwirkenden Sanierungsverantwortlichkeit, bisherige Schlupflöcher zu schließen, d.h. die Lückenlosigkeit der Zustandsverantwortlichkeit zu gewährleisten, um eine dadurch bedingte Belastung der öffentlichen Haushalte mit den immensen Kosten der Altlastensanierung einzudämmen.[148]

c) Verhinderung von Umgehungsgeschäften

Ebenfalls überwiegend, wenngleich nicht ausschließlich der Sekundärebene zuzuordnen sind ferner die in der bisherigen wissenschaftlichen Auseinandersetzung mit § 4 Abs. 6 BBodSchG überbetonten Teilziele der Verhinderung von Umgehungs- und Spekulationsgeschäften.

---

[144] Ebenso *Binder,* S. 14; *Kothe,* VerwArch 88 (1997), 456 ff., 486; *Wiester,* S. 68. Die Vornahmeverantwortlichkeit des gegenwärtigen Eigentümers reduziert sich im Falle der behördlichen Selbstvornahme auf die Pflicht zur Duldung der Gefahrenbeseitigung.

[145] Vgl. hierzu im Einzelnen unten sub C.III.2.c).

[146] Vgl. nur BVerfGE 30, 292 (316); 85, 360 (375).

[147] Vgl. zu diesem erweiterten Verständnis des Verursacherprinzips *Frenz,* Das Verursacherprinzip, S. 253 ff.; *R. Schulz,* Lastentragung, S. 186 f. Vgl. auch die erweiterte Definition des Verursacherprinzips in § 6 Abs. 2 UGB-KomE: „Werden erhebliche nachteilige Einwirkungen oder Gefahren für die Umwelt oder den Menschen durch den Zustand von Sachen verursacht, so sind auch Eigentümer und Besitzer dafür verantwortlich".

[148] Vgl. *Kahl,* Die Verwaltung, Bd. 33 (2000), S. 29 ff., 60.

Hintergrund der Ausdehnung der Sanierungsverantwortlichkeit auf frühere Eigentümer ist allerdings in der Tat die aus rechtspolitischer Sicht seit längerem kritisierte Möglichkeit einer „Flucht aus der Zustandsverantwortlichkeit“[149] durch Umgehungsgeschäfte.[150] Eigentümer von Altlastengrundstücken sollen sich aus Gerechtigkeitsgründen ihrer einmal entstandenen öffentlich-rechtlichen Zustandsverantwortlichkeit nicht *absichtlich* im Wege eines zivilrechtlichen Entäußerungsaktes wieder entledigen können. Dies bedeutete eine „Umgehung“ ihrer Verantwortung.

Das Recht bot sanierungsunwilligen Eigentümern hierzu bislang, soweit dies landesrechtlich nicht bereits ausgeschlossen wurde, zwei Möglichkeiten: Erstens die Dereliktion und zweitens die Veräußerung des belasteten Grundstücks an einen bekanntermaßen nicht leistungsfähigen oder für die deutschen Behörden nicht greifbaren Dritten. In den Dereliktionsfällen wird das Grundeigentum – und mit ihm zugleich die Zustandsverantwortlichkeit – schlicht aufgegeben (§§ 959, 928 BGB), um auf diese Weise die drohenden Sanierungskosten auf die Allgemeinheit abzuwälzen.[151] Das verantwortungsumgehende Veräußerungsgeschäft hat dieselbe Struktur wie die Dereliktion und zeitigt dasselbe Ergebnis: die Lastenabwälzung auf die Allgemeinheit.[152] Die Übertragung eines belasteten Grundstücks auf einen nicht leistungsfähigen Erwerber ähnelt, wenn der Verkäufer von dessen Insolvenz weiß und diese in Kauf nimmt, einem „Strohmanngeschäft“.[153] Ein solches Veräußerungsgeschäft lässt sich daher auch als versteckte oder mittelbare Dereliktion bezeichnen.[154]

Zwar bleiben die zivilrechtlichen Möglichkeiten der Dereliktion und der Veräußerung von bodenbelasteten Grundstücken nach Einführung der neuen Verantwortlichkeitsregelungen im Bundes-Bodenschutzgesetz auch weiterhin erhalten. Die Umgehungsgeschäfte sollen aber mittels der an diese Vorgänge anknüpfenden öffentlich-rechtlichen Sanierungsverantwortlichkeit unattraktiv werden.[155] Wo diese Abschreckung nicht fruchtet, sollen die Be-

---

[149] *Droese,* UPR 1999, 86 ff., 86. Zur Vergleichbarkeit dieses Regelungszwecks mit dem von § 4 Abs. 3 Satz 4 Alt. 2 BBodSchG, vgl. *Giesberts,* in: Fluck, Bd. 2, § 4 BBodSchG Rn. 367; *Hilger,* in: Holzwarth/Radtke/Hilger/Bachmann, § 4 Rn. 111.

[150] Vgl. die Stellungnahme des Bundesrates zum Gesetzentwurf der Bundesregierung für ein Bodenschutzgesetz, BT-Drs. 13/6701, S. 51, sowie die Unterrichtung des Bundestages über die Anrufung des Vermittlungsausschusses durch den Bundesrat, BT-Drs. 13/8182, S. 3; *Vierhaus,* NJW 1998, 1262 ff., 1266.

[151] Siehe im Einzelnen hierzu im Zweiten Teil sub D.II und D.III.

[152] Vgl. *Spieth/Wolfers,* NVwZ 1999, 355 ff., 356.

[153] Vgl. die Begründung zu UGB-KomE, S. 1038; *Kahl,* Die Verwaltung, Bd. 33 (2000), S. 29 ff., 60.

[154] *Kahl,* Die Verwaltung, Bd. 33 (2000), S. 29 ff., 60; *Spieth/Wolfers,* NVwZ 1999, 355 ff., 356.

hörden zumindest in die Lage versetzt werden, auf die früheren Eigentümer als ehemalige Zustandsverantwortliche nachwirkend zurückgreifen zu können.

d) Verhinderung von Spekulationsgeschäften

§ 4 Abs. 6 BBodSchG dient zugleich dem erklärten rechtspolitischen Ziel, den spekulativen Handel mit Altlastengrundstücken einzudämmen.[156] Die Regelung bezweckt insofern, den Erwerb eines bodenbelasteten Grundstücks mit dem alleinigen Ziel der gewinnträchtigen Weiterveräußerung zu unterbinden. Schädliche Bodenveränderungen und Altlasten sollen ohne unnötige Verzögerung beseitigt werden, damit Boden-, Umwelt- und Gesundheitsgefahren abgewehrt und die betroffenen Grundstücke so bald wie möglich einer neuen Nutzungsform zugeführt werden können.

e) Teilergebnis

Nach alldem stellt sich die von dem bisherigen Schrifttum in den Mittelpunkt gestellte Verhinderung bzw. Sanktionierung von Umgehungs- und Spekulationsgeschäften keineswegs als alleiniges Gesetzgebungsziel dar. Die Aufbürdung der Handlungs- bzw. Organisationsverantwortung sowie der Finanzierungsverantwortung sind mindestens gleichwertige gesetzgeberische Ziele, wobei die finanzielle Lastenzuweisung an frühere Eigentümer das Hauptziel der Anordnung der nachwirkenden Sanierungsverantwortlichkeit ist. Dieser Strauß an gesetzgeberischen Zielen ist als solcher verfassungsrechtlich nicht zu beanstanden.[157]

2. Eignung

Der klassischen Definition des Bundesverfassungsgerichts zufolge ist eine Maßnahme dann zur Zweckerreichung geeignet, wenn mit ihrer Hilfe der gewünschte Erfolg näherrückt.[158] Ausreichend ist also, dass die Maßnahme zur Erreichung des polizeilichen Zwecks objektiv beiträgt, auch wenn die Gefahr oder Störung dadurch nicht vollständig, sondern nur teilweise abgewehrt wird.[159] Sie ist erst dann ungeeignet, wenn sie die Errei-

---

[155] Siehe oben sub B.I.2.a).

[156] Vgl. die Unterrichtung des Bundestages über die Anrufung des Vermittlungsausschusses durch den Bundesrat, BT-Drs. 13/8182, S. 3; *Vierhaus,* NJW 1998, 1262 ff., 1266.

[157] Ebenso *Kahl,* Die Verwaltung, Bd. 33 (2000), S. 29 ff., 60.

[158] St. Rspr., vgl. BVerfGE 19, 330 (337); 15, 1 (17 f.); 30, 292 (316); 80, 1 (24 f.).

chung des beabsichtigten Ziels erschwert oder im Hinblick auf das Ziel überhaupt keine Wirkungen entfaltet.[160]

Entsprechend der zuvor herausgearbeiteten mehrdimensionalen Zielsetzung der nachwirkenden Sanierungsverantwortlichkeit fächert sich auch die darauf bezogene Eignungsprüfung der § 4 Abs. 3 Satz 4 Alt. 2, Abs. 6 BBodSchG auf.

a) Verhinderung von Umgehungs- und Spekulationsgeschäften

In dieser Hinsicht unproblematisch sind die Teilziele der Verhinderung von Umgehungs- und Spekulationsgeschäften. Die bodenschutzrechtlichen Regelungen über die nachwirkende Zustandsverantwortlichkeit erschweren dem potentiellen Adressaten zweifelsohne die „Flucht aus der Zustandsverantwortlichkeit" sowie Spekulationsgeschäfte mit Altlastengrundstücken.[161] Zwar bleiben, wie gesagt, nach wie vor die Dereliktion und die Veräußerung belasteter Grundstücke rechtlich zulässig. Die an diese Vorgänge anknüpfende nachwirkende Sanierungsverantwortlichkeit, die im Fall des § 4 Abs. 6 BBodSchG auch noch unabhängig von der Länge der nachfolgenden Transaktionskette ist („Ewigkeitshaftung")[162], macht aber eine willkürliche Beendigung der Zustandsverantwortlichkeit zu Lasten der Allgemeinheit unattraktiv bzw. lässt sie umweltrechtlich unerheblich werden.[163] Wer künftig sein Eigentum an einem belasteten Grundstück willkürlich aufgibt bzw. überträgt, kann unter den Voraussetzungen der § 4 Abs. 3 Satz 4 Alt. 2, Abs. 6 BBodSchG gleichwohl zur Sanierung herangezogen werden. Insofern sind die Regelungen der nachwirkenden Zustandsverantwortlichkeit im Bundes-Bodenschutzgesetz der Zweckerreichung förderlich und damit geeignet im Sinne des Übermaßverbots.[164]

b) Kostenzuweisung

Die Regelungen sind aufgrund der beschriebenen Konnexität mit Art. 24 Abs. 1 BBodSchG[165] auch dazu geeignet, eine Kostenzuweisung an frühere Eigentümer vorzunehmen.

---

[159] *Drews/Wacke/Vogel/Martens,* S. 420 mit Hinweis auf BVerwGE 26, 131 (133). Zu berücksichtigen ist insbesondere auch der Prognosespielraum des Gesetzgebers, vgl. *Papier,* in: Maunz/Dürig, Bd. II, Art. 14 Rn. 313.

[160] *Stern,* Staatsrecht, Bd.III/2, S. 762 ff., 776.

[161] Vgl. nur *Trurnit,* VBlBW 2000, 261 ff., 267.

[162] Siehe im Zweiten Teil sub D.III.2.b), sowie ausführlich unten sub E.I.

[163] Vgl. oben sub B.I.2.a).

[164] Ebenso *Dombert,* NJW 2001, 927 ff., 929; *Giesberts,* in: Fluck, Bd. 2, § 4 BBodSchG Rn. 383; *Kahl,* Die Verwaltung, Bd. 33 (2000), S. 29 ff., 60; *Spieth/Wolfers,* NVwZ 1999, 355 ff., 356.

c) Gefahrenabwehr

Zweifel könnte man allerdings hinsichtlich der Geeignetheit der Regelungen zur Erreichung des primärrechtlichen Teilziels der Abwehr einer (Umwelt-)Gefahr bzw. Störung haben. Es erscheint fragwürdig, in welcher Form der ehemalige Eigentümer eines belasteten Grundstücks einen effektiven Beitrag zur Gefahrenabwehr leisten können soll, da er doch nach Aufgabe des Eigentums regelmäßig weder in rechtlicher noch in tatsächlicher Hinsicht auf sein ehemaliges Grundstück einwirken kann. Er steht *insoweit,* was also die Beherrschung der Gefahrenquelle angeht, dem Grundstück nicht näher als jeder beliebige Dritte oder die Ordnungsbehörden.[166] Es stellt sich die Frage, ob der ehemalige Eigentümer überhaupt ein legitimes Zuordnungssubjekt (primär-)polizeirechtlicher Pflichten ist.

Zwar genügt, worauf eingangs schon hingewiesen wurde, regelmäßig die *teilweise* Geeignetheit einer Norm, d.h. ihre Volleignung wird verfassungsrechtlich nicht gefordert.[167] Die Polizei – und entsprechend die (Umwelt-)Verwaltungsbehörde – darf einem ordnungsrechtlich Verantwortlichen aber nicht etwas rechtlich oder tatsächlich Unmögliches abverlangen.[168] Positiv gewendet: Es muss die Leistungsfähigkeit des Adressaten öffentlich-rechtlicher Pflichten in tatsächlicher und in rechtlicher Hinsicht bestehen.

aa) Tatsächliche Leistungsfähigkeit

Tatsächlich leistungsfähig ist, wer die erforderlichen Mittel besitzt, um auf die Gefahrursache einwirken zu können. Wann dieses Erfordernis aber erfüllt ist, wird unterschiedlich beurteilt.

So wird etwa bezüglich des Falls, dass ein Grundstück ausgebaggert und tonnenweise Erdreich abtransportiert werden muss, in der Literatur die Auffassung vertreten, die Inanspruchnahme des Eigentümers zur Handlungsvornahme sei unzulässig, wenn ihm die dafür erforderlichen Geräte fehlten.[169] In diesem Fall könne er nur an den Kosten der unmittelbaren Ausführung bzw. der Ersatzvornahme[170] beteiligt werden.

---

165 Siehe oben sub C.III.1.b).

166 Vgl. *Kahl,* Die Verwaltung, Bd. 33 (2000), S. 29 ff., 66; *Spieth/Wolfers,* NVwZ 1999, 355 ff., 356. Dies räumt auch *Hilger* ein, vgl. *ders.,* in: Holzwarth/Radtke/Hilger/Bachmann, § 4 Rn. 113g.

167 BVerfGE 16, 147 (183); 30, 250 (263 f.); 39, 210 (230 f.); 47, 109 (117); 61, 291 (313 f.); 71, 206 (215); 73, 301 (317); *Stern,* Staatsrecht, Bd. III/2, S. 776.

168 *Binder,* S. 27; *Drews/Wacke/Vogel/Martens,* S. 327; *Gusy,* Polizeirecht, Rn. 297, 294. Vgl. auch den allgemeinen Grundsatz in § 44 Abs. 2 Nr. 4 VwVfG.

169 *Gusy,* Polizeirecht, Rn. 291.

170 Zur Unterscheidung dieser Begriffe vgl. *Götz,* Allg. POR, Rn. 420.

Andere Autoren fordern allgemein, es dürfe auf der Primärebene nur derjenige herangezogen werden, der Inhaber eines „wirksamen Gegenmittels“[171] sei.[172] Inhaber des Gegenmittels und damit primärrechtlich zulässiger Adressat sei nur der, der in einer gewissen zeitlichen und örtlichen Nähebeziehung zur Gefahr stehe,[173] bzw. eine konkrete Einwirkungsmöglichkeit auf die Gefahrenlage habe.[174] Maßgeblich für die Bestimmung der Störereigenschaft sei allein, welcher Beitrag zur Gefahrenbeseitigung geleistet werden könne.

Was nun den ehemaligen Eigentümer anbelangt, so müsste dieser – wie im Übrigen auch der Verursacher einer schädlichen Bodenveränderung – nach der so formulierten Position als Adressat primärpolizeilicher Sanierungspflichten ausscheiden, jedenfalls dann, wenn er keinen tatsächlichen Zugriff mehr auf das belastete Grundstück hat oder in zeitlicher Hinsicht in keiner Nähebeziehung mehr zur Gefahr steht.

Dagegen spricht aber die bereits an anderer Stelle ausgeführte Überlegung, dass sich die Eigenvornahmepflicht des Verantwortlichen in diesen Fällen in eine Organisationspflicht umwandelt.[175] Die Beauftragung entsprechender, auf die Sanierung von Altlasten spezialisierter Unternehmen ist einem früheren Eigentümer – zumal mit Unterstützung der Behörde – nicht tatsächlich unmöglich.

Zudem lassen die vorgenannten Auffassungen die Rangfolge der behördlichen Instrumente außer Acht. Versagte man der Behörde aus Gründen der tatsächlichen Leistungsunfähigkeit des Verantwortlichen seine Heranziehung auf der Primärebene, so bliebe, wollte man die Kosten gleichwohl dem Störer auferlegen, nur die Alternative der behördlichen Ersatzvornahme. Die Abwehr der Gefahr durch die Behörde selbst bzw. durch einen von ihr beauftragten Dritten im Wege der Ersatzvornahme ist als Maßnahme der Verwaltungsvollstreckung jedoch erst nach dem missglückten Versuch der Inanspruchnahme des Störers zulässig.[176] Entsprechend setzt auch die Kostenerhebung für eine Ersatzvornahme nach den Verwaltungsvollstreckungsgesetzen der Länder einen vollstreckbaren Grundverwaltungsakt voraus.[177] Grundverfügung und Ersatzvornahme stehen den Behörden somit nicht ne-

---

[171] Der Begriff geht auf *Jellinek,* Verwaltungsrecht, 3. Aufl. 1931, S. 445, zurück. Vgl. auch die Definition von *Lindner,* S. 45; vgl. ferner *Kirchhof,* DÖV 1976, 449 ff., 454.

[172] *Griesbeck,* S. 90 f.; vgl. auch *Denninger,* in: Lisken/Denninger, Abschn. E Rn. 112; a.A. *Würtenberger/Heckmann/Riggert,* Rn. 295.

[173] *Wacke,* DÖV 1960, 93 ff., 96.

[174] So *Griesbeck,* S. 80.

[175] Siehe oben sub B.I.1.a)aa).

[176] So ausdrücklich BVerfGE 102, 1 (14); *Giesberts,* S. 29 f.; *Griesbeck,* S. 90.

[177] *Poscher,* S. 22.

beneinander in einem Alternativverhältnis, sondern erst nacheinander zur Verfügung. Auch ein behördliches Vorgehen im Wege der unmittelbaren Ausführung und des Sofortvollzuges ist nicht ohne Weiteres zulässig. Es bedingt, dass der Zweck der Maßnahme durch Inanspruchnahme der Störer nicht oder nicht rechtzeitig erreicht werden kann.[178] Es besteht also eine Rangfolge zwischen den behördlichen Instrumenten, die nicht zuletzt dem Verhältnismäßigkeitsprinzip Rechnung trägt, da der Störer die erforderliche Gefahrenabwehrmaßnahme möglicherweise – etwa durch eigene Auswahl der zu beauftragenden Unternehmen – kostengünstiger vornehmen kann als die Behörde.[179]

Das Vorliegen von tatsächlicher Unmöglichkeit darf also nicht allein an dem (im Regelfall gegebenen) Unvermögen des Adressaten zur Selbstvornahme der Sanierung gemessen werden, sondern muss sein (in der Regel vorhandenes) Vermögen zur Organisation und Planung der Sanierungsaufgabe berücksichtigen.

bb) Rechtliche Leistungsfähigkeit

Grundsätzlich darf die Behörde nicht die Vornahme einer Handlung anordnen, zu der der Störer privatrechtlich nicht befugt ist.[180] Rechtlich leistungsfähig ist somit nur, wem nach der Rechtsordnung die Befugnis zur Einwirkung auf den Gegenstand zugewiesen ist.[181] Hieran dürfte es dem ehemaligen Eigentümer in der Regel fehlen. Mangels Zugriffsbefugnis ist er rechtlich nicht in der Lage, die Sanierungsleistung auf seinem ehemaligen Grundstück zu erbringen.

Gleichwohl ist es nicht ausgeschlossen, dem ehemaligen Eigentümer die Sanierung seines früheren Grundstücks in rechtlicher Hinsicht zu ermöglichen. Entweder – und das dürfte der Normalfall sein – erhebt der derzeitige Eigentümer bzw. der an dem Grundstück Berechtigte gegen die Sanierung keine Einwendungen,[182] oder die Bereitwilligkeit des Dritten kann aus seinem bisherigen Verhalten geschlossen werden.[183] In diesen Fällen kann der ehemalige Eigentümer ohne weiteres auf das kontaminierte Grundstück einwirken.

---

[178] *Giesberts,* S. 30.

[179] *Giesberts,* S. 30 f.

[180] *Drews/Wacke/Vogel/Martens,* S. 303 mit Hinweis auf PrOVG 70, 419; *Kothe,* VerwArch 88 (1997), 456 ff., 472.

[181] *Gusy,* Polizeirecht, Rn. 291.

[182] So etwa in dem Fall des VGH München, Beschl. v. 13.5.1986 – 20 CS 86.00338 –, BayVBl. 1986, 590 ff., 595.

[183] Vgl. *Frenz,* BBodSchG, § 4 Abs. 2 Rn. 60.

Sollte das Einverständnis des jetzigen Eigentümers oder Nutzungsberechtigten aus irgendwelchen Gründen nicht erteilt werden (etwa, weil die Sanierung eine vorübergehende Betriebseinstellung erfordern würde und damit Ertragseinbußen des Nutzungsberechtigten zur Folge hätte), so besteht die Möglichkeit, dem Grundstückseigentümer bzw. Nutzungsberechtigten eine behördliche Duldungsverfügung aufzugeben.[184] Diese Möglichkeit impliziert bereits § 10 BBodSchG. Ansonsten ergibt sich eine entsprechende Befugnis der Behörden teilweise aus den Landesbodenschutzgesetzen (vgl. § 9 Abs. 2 Satz 3 BBodSchG), jedenfalls aber nach allgemeinem Polizei- und Ordnungsrecht.[185] Damit wird das rechtliche Hindernis der mangelnden Einwirkungsberechtigung des ehemaligen Eigentümers überwunden.[186]

Das Problem der (vermeintlich) rechtlichen Unmöglichkeit stellt sich im Übrigen auch bei der Heranziehung eines Verhaltensstörers oder eines Inhabers der tatsächlichen Gewalt, der nicht Eigentümer des Grundstücks ist.[187] Sollte sich der gegenwärtige Eigentümer gegen die von diesen Verantwortlichen durchzuführende Sanierung wehren, so müsste ihm gegenüber ebenfalls eine Duldungsverfügung ergehen. Insofern handelt es sich bei der Frage der rechtlichen Unmöglichkeit um ein allgemeines vollstreckungsrechtliches Problem, nicht um ein spezifisches Problem der § 4 Abs. 3 Satz 4 Alt. 2 und Abs. 6 BBodSchG. Die Eignung der Regelungen über die nachwirkende Sanierungsverantwortlichkeit wird hierdurch nicht berührt.

---

[184] So die heute h.M., vgl. etwa VGH Mannheim, Beschl. v. 14.12.1989 – 1 S 2719/89, NVwZ 1990, 781 ff., 784.; *Becker,* DVBl. 2000, 595 ff., 597; *Hendler,* zit. bei *Sobczak,* in: UTR Bd. 53, S. 123 ff., 136; *Kohte,* DÖV 1994, 716 ff., 724; *Rengeling,* zit. bei *Sobczak,* in: UTR Bd. 53, S. 123 ff., 133; *Schenke,* in: Steiner (Hrsg.), Abschn. II, Rn. 181; *Taupitz,* in: UTR Bd. 53, S. 203 ff., 226. Für nachträgliche Anordnungen an den früheren Betreiber einer nach BImSchG genehmigungsbedürftigen Anlage, vgl. *Dierkes,* S. 161; *Hansmann,* NVwZ 1993, 921 ff., 927; *Spindler,* in: FS Feldhaus, S. 25 ff., 36 ff. Bezüglich Duldungsverfügungen an Deponieeigentümer, vgl. *Kloepfer,* in: UTR Bd. 1, S. 17 ff., 43; *ders.* NuR 1987, 7 ff., 17.

[185] Vgl. *Hilger,* in: Holzwarth/Radtke/Hilger/Bachmann, Bundes-Bodenschutzgesetz/Bundes-Bodenschutz- und Altlastenverordnung, 2. Aufl. 2000, § 4 Rn. 113h; *Schoeneck,* in: Brandt/Ruchay/Weidemann, § 36 KrW-/AbfG Rn. 65.

[186] Nach *Schenke* kann aus Gründen der Verfahrensökonomie – vorbehaltlich abweichender landesrechtlicher Regelungen – sogar auf eine gleichzeitige Duldungsverfügung verzichtet werden. Es genüge eine nachträgliche Duldungsverpflichtung. *Schenke,* in: Steiner (Hrsg.), Abschn. II, Rn. 181.

[187] Ebenso *Schoeneck,* in: Brandt/Ruchay/Weidemann, § 36 KrW-/AbfG Rn. 68 für Anordnungen gegenüber früheren Inhabern von stillgelegten Deponien, die nicht mehr Eigentümer oder Inhaber der tatsächlichen Gewalt des Deponiegrundstücks sind.

cc) Vollzugseignung zur effektiven Gefahrenabwehr

Bedenken gegen die hier auf dem Prüfstand stehenden nachwirkenden Adressatenregelungen hinsichtlich ihrer Eignung zur effektiven Gefahrenabwehr – sei es in Form der Eigenvornahme der Sanierung durch den Adressaten, sei es in Form der von ihm vorzunehmenden Organisation und Planung des Sanierungsvorhabens –, könnte man noch aus einer anderen Perspektive heraus anmelden. Eine effektive Gefahrenabwehrnorm setzt die einfache Handhabbarkeit ihres Tatbestandes voraus. Geht es um die Beseitigung von akuten Gefahren für die Gesundheit von Menschen oder für bedrohte Umweltgüter, dann duldet oftmals das Handeln keinen Aufschub. Die Behörde muss in der Lage sein, schnell darüber zu entscheiden, wen sie als Verantwortlichen heranziehen kann, beziehungsweise, wenn kein leistungsfähiger Verantwortlicher greifbar ist, ob sie selbst tätig werden muss.

In diesem Sinne sind die Regelungen über die Zustandsverantwortlichkeit, welche den Zugriff auf den Inhaber der tatsächlichen Gewalt und in der Regel auch auf den Eigentümer ermöglichen, sehr effektive Gefahrenabwehrregelungen, da Eigentum und Besitz an Sachen, insbesondere an Grundstücken, im Normalfall problemlos zu ermitteln sind. Anders sind bereits die verursacherbezogenen Adressatenregelungen zu beurteilen. Hier kann die Ermittlung des Verantwortlichen oftmals eine intensive Recherche erfordern. Dies gilt vor allem für Altlastenfälle, in deren Verlauf die Inhaber von Betrieben mehrfach gewechselt haben.[188]

Was nun die Regelungen über die nachwirkende Sanierungsverantwortlichkeit im Bundes-Bodenschutzgesetz angeht, so ist zu differenzieren zwischen der Vorschrift über die Nachhaftung bei Dereliktion (§ 4 Abs. 3 Satz 4 Alt. 2 BBodSchG) und der Vorschrift über die Nachhaftung im Falle des Eigentümerwechsels (§ 4 Abs. 6 BBodSchG). Eine Grundstücksdereliktion lässt sich aufgrund ihrer Eintragungsbedürftigkeit in das Grundbuch (§ 928 Abs. 1 BGB) leicht nachvollziehen. Die Vorschrift des § 4 Abs. 3 Satz 4 Alt. 2 BBodSchG begegnet daher keinen Anwendungsproblemen. Anders verhält es sich mit § 4 Abs. 6 BBodSchG. Zwar wird der Kreis früherer Eigentümer mittels einer Grundbuchrecherche in der Regel unkompliziert zu ermitteln sein. Schwierigkeiten bereit aber das weitere Erfordernis, aus diesem potentiellen Adressatenkreis diejenigen ehemaligen Eigentümer herauszufiltern, die die weiteren Tatbestandsmerkmale des § 4 Abs. 6 BBodSchG erfüllen.

---

[188] Vgl. zu diesem Problem in Bezug auf die immissionsschutzrechtlichen Nachsorgepflichten bereits im Zweiten Teil sub B.I.2.a).

Die Vorschrift führt – wie bereits beschrieben – erstmals subjektive Tatbestandsmerkmale in das Polizei- und Ordnungsrecht ein.[189] Der Gesetzgeber hat die Heranziehung auf der Grundlage von § 4 Abs. 6 BBodSchG nicht allein von einer objektiven Eigenschaft (als ehemaligem Eigentümer) abhängig gemacht, sondern auch von Umständen aus der subjektiven Sphäre des Pflichtigen. Durch das „Kennenmüssen" in § 4 Abs. 6 Satz 1 BBodSchG wird das Verschulden des früheren Eigentümers zum Zeitpunkt der Grundstücksveräußerung als Anknüpfungspunkt seiner Sanierungsverantwortung genommen. Auch die Schutzwürdigkeit des Vertrauens auf die Altlastenfreiheit bei Erwerb des Grundstücks nach § 4 Abs. 6 Satz 2 BBodSchG ist danach zu beurteilen, ob die Unkenntnis auf Umständen beruht, die vom früheren Eigentümer zu vertreten sind oder nicht. Auch hier spielt also das Verschulden des früheren Eigentümers eine entscheidende Rolle. Die Ermittlung solcher subjektiven Faktoren erfordert aber einen erheblichen Aufwand. Im Einzelfall kann die der Behörde obliegende Beweisführung[190] in angemessener Frist unmöglich sein. Dies widerspricht dem (primär-)polizeirechtlichen Postulat effektiver Gefahrenabwehr, denn der Nachweis solcher subjektiven Umstände behindert einen zügigen Vollzug.[191]

Auf der anderen Seite zeigt die Kombination von objektiven und subjektiven Anknüpfungspunkten in § 4 Abs. 6 BBodSchG, dass der Gesetzgeber das Problem der gerechten Lastenverteilung, das sich zwangsläufig bei der Inanspruchnahme des ehemaligen Eigentümers stellt und dessen Bewältigung maßgebliches Regelungsziel ist[192], gesehen und sich auch der Tatsache nicht verschlossen hat, dass es bei seiner Sanierungsheranziehung in den meisten Fällen in Wahrheit nicht um eine möglichst schleunige Gefahrenabwehr sondern – neben der Aufbürdung der Organisationslast – vorrangig um die Finanzierung der Sanierungsvornahme geht.[193] Primär- und Sekundärebene lassen sich bei der Inanspruchnahme des ehemaligen Eigentümers daher nicht strikt auseinander halten, sondern gehen ineinander über.[194] Das Gesetz vermischt beide Ebenen, indem die der Sekundärebene

---

[189] Siehe hierzu im Zweiten Teil sub D.III.2.a)cc).

[190] Vgl. hierzu OVG Schleswig, Urt. v. 29.5.2001 – 4 L 2/01 (bislang unveröffentlicht).

[191] Vgl. zu diesem Gesichtspunkt *Frenz,* VerwArch 90 (1999), 208 ff., 213.

[192] Vgl. oben sub C.III.1.b).

[193] *Knoche,* GewArch 2000, 448 ff., 449, weist zutreffend darauf hin, dass eine schnelle und effektiver Gefahrenabwehr bei den Altlasten angesichts der langwierigen fachlichen und polizeirechtlichen Ermittlungen ohnehin nie im Raum stand.

[194] Insofern ist das oben erläuterte System des Bundes-Bodenschutzgesetzes, die Kostentragung als Surrogat der primärrechtlichen Verantwortung zu verstehen, also Primär- und Sekundärebene als konnex zu betrachten (§ 24 Abs. 1 S. 1 BBodSchG) für den ehemaligen Eigentümer durchaus stimmig.

zugehörigen Verschuldenskriterien bereits auf der Primärebene in § 4 Abs. 6 BBodSchG aufgeführt werden. Aus diesem Grund ist auch das Prinzip effektiver Gefahrenabwehr – ähnlich wie bei den Regelungen über die Verursacherhaftung – für die Heranziehung des früheren Eigentümers nicht das maßgebliche. Die Vorschrift ist vielmehr vorrangig an dem Prinzip der gerechten Lastenverteilung orientiert. Aus allem ergibt sich, dass § 4 Abs. 6 BBodSchG in der überwiegenden Anzahl von Fällen eine der Sekundärebene zuzuordnende Finanzierungsregelung ist, die systematisch an falscher Stelle steht.[195] Sie wäre besser in § 24 BBodSchG als in § 4 BBodSchG aufgehoben.

Diese Einsicht verändert aber auch die Anforderungen hinsichtlich des verfassungsrechtlichen Gebots der Geeignetheit der Regelung: Zwar muss § 4 Abs. 6 BBodSchG ein geeignetes Instrument zur Gefahrenabwehr sein. Es geht dabei aber nicht vorrangig um die Eignung zur effektiven Gefahrenabwehr auf der Primärebene, bei der Schnelligkeit und Nähe zur Gefahrenquelle gefragt sind, sondern es geht um die Eignung der Norm, das Ziel der Gefahrenabwehr und der Störungsbeseitigung durch eine gerechte – oftmals nachträgliche – Finanzierung der Sanierungsmaßnahmen zu fördern. Dies ist unzweifelhaft der Fall: Indem § 4 Abs. 6 BBodSchG die Sanierungsverantwortung des ehemaligen Eigentümers statuiert, aus der zugleich seine Finanzierungsverantwortung folgt (§ 24 Abs. 1 Satz 1 BBodSchG), ist die Norm dazu geeignet, einen Beitrag zur lastengerechten Finanzierung der Sanierungsmaßnahmen bei schädlichen Bodenveränderungen und Altlasten zu leisten. Insofern kann auch jemand zur Kostentragung herangezogen werden, der selbst nicht Inhaber des Gegenmittels ist.[196]

d) Teilergebnis

Die bodenschutzrechtlichen Nachhaftungsregelungen sind dazu geeignet, die gesetzgeberischen Ziele zu erreichen.

3. Erforderlichkeit

Der Grundsatz der Erforderlichkeit, auch als Prinzip des geringsten Eingriffs, des mildesten Mittels oder des „Interventionsminimums"[197] bezeich-

[195] Insofern weisen *Bender/Sparwasser/Engel,* Kap. 7/VII, Rn. 224 (Fn. 178), zu Recht darauf hin, man hätte „das gleiche Ergebnis wohl auch erreicht, indem man die Fortdauer der Kostentragungspflicht anordnet", wie dies beispielsweise in § 6 V 5 KAG SH für die Gebühren der Beseitigung verbotswidrig abgelagerter Abfälle geschehen sei.

[196] Vgl. *Lindner,* S. 154.

[197] *Götz,* Allg. POR, Rn. 337.

net, ist ein zentrales Element des Übermaßverbotes. Im Bereich des legislativen Grundrechtseingriffs wird es verstanden als „das an den Gesetzgeber gerichtete Gebot, die jeweilige grundrechtliche Sphäre nicht intensiver zu beschränken, als dies vom sachlichen Anlass her notwendig (= gerade-noch-erforderlich) ist“[198]. Daraus folgt, dass von mehreren möglichen und gleich geeigneten Maßnahmen diejenigen zu wählen sind, die den Einzelnen und die Allgemeinheit am wenigsten beeinträchtigen.[199] Auch bei der Erforderlichkeitsprüfung gilt indes eine bloße Evidenzkontrolle,[200] d.h. nur wenn sich *eindeutig* feststellen lässt, dass andere weniger einschneidende Mittel zur Verfügung stehen, kann die gesetzliche Regelung übermäßig belastend und deshalb verfassungswidrig sein.[201]

Zu prüfen ist also, ob es für die im Bundes-Bodenschutzgesetz angeordnete nachwirkende Sanierungsverantwortlichkeit des früheren Eigentümers denkbare Alternativen gibt, die bezogen auf das gesetzgeberische Ziel gleichermaßen geeignet sind, aber weniger einschneidende Folgen gegenüber den Normadressaten und der Allgemeinheit zeitigen. Es ist hierbei zwischen der Erforderlichkeit der nachwirkenden Sanierungsverantwortlichkeit im Falle der Dereliktion bodenbelasteter Grundstücke einerseits sowie im Falle der Veräußerung solcher Grundstücke andererseits zu differenzieren.

a) Nachhaftung bei Dereliktion

Die Erforderlichkeit der Regelung über die nachwirkende Sanierungsverantwortlichkeit des Derelinquenten (§ 4 Abs. 3 Satz 4 Alt. 2 BBodSchG) kann kaum in Zweifel gezogen werden. Ein milderes, gleich wirksames Mittel, um eine willkürliche Beendigung der Zustandsverantwortlichkeit des Grundeigentümers qua Dereliktion zu verhindern, ist nicht ersichtlich. Insbesondere wäre ein generelles Verbot der Dereliktion bodenbelasteter Grundstücke kein milderes Mittel, sondern im Gegenteil ein schärferes: Die im Bundes-Bodenschutzgesetz gewählte Regelung überlässt dem Adressaten zumindest noch die Wahlmöglichkeit, ob er das Eigentum an dem belasteten Grundstück behalten will oder nicht.

Daher kann auch keine Rede davon sein, die bisherigen richterrechtlichen Lösungsansätze zur Aufrechterhaltung der Zustandsverantwortlichkeit[202] stellten mildere Mittel gegenüber der bundesgesetzlichen Regelung dar.

---

198 *Lerche,* in: Isensee/Kirchhof (Hrsg.), HdBStR V, 2. Aufl. 2000, § 122 Rn. 16.

199 Vgl. *Stern,* Staatsrecht, Bd.III/2, S. 762 ff., 779 m.w.N., 781.

200 *Stern,* Staatsrecht, S. 762 ff., 782.

201 Vgl. BVerfGE 17, 232 (244 f.); 25, 1 (19 f.); 30, 292 (319); 37, 1 (21); 38, 281 (302); 39, 210 (230); 40, 196 (223); 40, 371 (383); 49, 24 (58).

202 Vgl. hierzu im Zweiten Teil sub D.II.2.

Wird bereits die Dereliktion an sich (wie etwa über § 138 BGB) für unwirksam erklärt und auf diesem Wege die Zustandsverantwortlichkeit des Derelinquenten aufrecht erhalten, so belässt dies – wie dargestellt – dem Grundeigentümer weniger Handlungsmöglichkeiten als die im Bundes-Bodenschutzgesetz verwirklichte, lediglich an den Tatbestand der Dereliktion anknüpfende Lösung.

Ein milderes Mittel als das vom Gesetzgeber gewählte ist daher in den Dereliktionsfällen nicht ersichtlich.[203]

b) Nachhaftung bei Eigentümerwechsel

In dieser Hinsicht schwieriger zu beurteilen ist § 4 Abs. 6 BBodSchG. Die Vorschrift wird von einigen Autoren wegen mangelnder Erforderlichkeit für verfassungswidrig gehalten.[204] Dabei werden unterschiedliche Aspekte akzentuiert, die der näheren Auseinandersetzung bedürfen.

aa) Mangelnde Erforderlichkeit für den „Doppelstörer“

Kahl wirft dem Gesetzgeber vor, des § 4 Abs. 6 BBodSchG habe es für den so genannten „Doppelstörer“[205], der neben seiner Eigenschaft als Zustandsverantwortlicher zugleich Verhaltensverantwortlicher ist, nicht bedurft.[206] Da der Doppelstörer sich von seiner Verhaltensverantwortlichkeit nach unbestrittener Ansicht nicht durch Eigentumsaufgabe befreien könne, sei für ihn die Neuregelung nicht erforderlich.

Wenngleich dieser Einwand der Sache nach zutreffend ist – in der Tat kann sich der Doppelstörer bereits nach bisheriger Rechtslage seiner Verhaltensverantwortlichkeit nicht entledigen –, so ist er gleichwohl für die Erforderlichkeitsprüfung irrelevant. § 4 Abs. 6 BBodSchG entfaltet für den Doppelstörer keine zusätzliche Belastungswirkung, sondern fügt lediglich seiner ohnehin bestehenden bodenschutzrechtlichen (Verhaltens-)Verantwortlichkeit eine zusätzliche Heranziehungsgrundlage hinzu. Insofern stellt sich die Frage nach einem milderem Mittel in dieser individuellen Fallkonstellation[207] überhaupt nicht. Das denkmögliche Vorhandensein eines mil-

---

[203] Ebenso *Kahl,* Die Verwaltung, Bd. 33 (2000), S. 29 ff., 54.

[204] So von *Dombert,* NJW 2001, 927 ff., 929 f.; *Kahl,* Die Verwaltung, Bd. 33 (2000), S. 29 ff., 61 ff.; *Spieth/Wolfers,* NVwZ 1999, 355 ff., 356.

[205] Vgl. *Drews/Wacke/Vogel/Martens,* S. 305.

[206] *Kahl,* Die Verwaltung, Bd. 33 (2000), S. 29 ff., 61.

[207] Zur individualisierenden Tendenz des Erforderlichkeitsprinzips, vgl. *Lerche,* in: Isensee/Kirchhof (Hrsg.), HStR V, 2. Aufl. 2000, § 122 Rn. 18; *Stern,* Staatsrecht, S. 762 ff., 780.

deren Mittels setzt nämlich voraus, dass gegenüber dem vorherigen Zustand durch die Neuregelung überhaupt eine zusätzliche Belastungswirkung eingetreten ist. Da dies im Fall des Doppelstörers nicht zutrifft, scheitert die Erforderlichkeit von § 4 Abs. 6 BBodSchG nicht an dem Einwand seiner bereits nach geltendem Recht erfolgenden Nachhaftung bei Eigentumsaufgabe aus Verhaltensverantwortlichkeit.

bb) Bodenschutzrechtliche Durchgriffshaftung oder § 138 BGB als mildere Regelungen

Als im Ergebnis ebenso wenig tragfähig erweist sich der von *Spieth/Wolfers* und *Kahl* angeführte Einwand, dass in den Umgehungsfällen entweder bereits § 138 BGB zur Nichtigkeit des geplanten Übertragungsgeschäfts führe oder aber in Fällen faktischer Beherrschungsverhältnisse oder bei Unterkapitalisierung eines Tochterunternehmens die so genannte bodenschutzrechtliche „Durchgriffshaftung“ (§ 4 Abs. 3 Satz 4 Alt. 1 BBodSchG) eingreife, weshalb es § 4 Abs. 6 BBodSchG nicht bedürfe.[208]

In der Tat ist es richtig, dass im Fall des kollusiven Zusammenwirkens von Grundstücksverkäufer und -käufer sowohl § 138 BGB als grundsätzlich auch § 4 Abs. 3 Satz 4 Alt. 1 BBodSchG eine öffentlich-rechtliche Nachhaftung des Verkäufers statuieren können. Folgt man der sich in der neueren Rechtsprechung abzeichnenden Tendenz, so können Übertragungen von Altlastengrundstücken auf insolvente Erwerber aufgrund von „umweltbezogener Sittenwidrigkeit“ an § 138 BGB scheitern.[209]

Die Vorschrift des § 4 Abs. 3 Satz 4 Alt. 1 BBodSchG, die erst auf Vorschlag des Bundesrats eingeführt wurde,[210] ordnet eine Haftung auch für diejenigen Personen an, die aus handelsrechtlichem oder gesellschaftsrechtlichem Rechtsgrund für eine juristische Person einzustehen haben, der ein kontaminiertes Grundstück gehört. Ermöglicht wird damit der Durchgriff auf die hinter einer juristischen Person stehenden natürlichen oder juristischen Personen, um zum Zwecke der Sanierung von schädlichen Bodenveränderungen oder Altlasten eine (bewusst oder fahrlässig herbeigeführte) Insolvenz der zustands- oder verhaltensverantwortlichen juristischen Person auszugleichen.

---

[208] *Kahl,* Die Verwaltung, Bd. 33 (2000), S. 29 ff., 63 f.; *Spieth/Wolfers,* NVwZ 1999, 355 ff., 356; *dies.* altlasten spektrum 1998, 75 ff., 79.

[209] Siehe hierzu im Zweiten Teil sub D.III.1.

[210] Vgl. BR-Drs. 702/96 (Beschl.), S. 10, sowie die Stellungnahme des Bundesrates zum Gesetzentwurf der Bundesregierung für ein Bodenschutzgesetz, Anlage 2 zu BT-Drs. 13/6701, S. 51.

(1) Unerheblichkeit einer Mehrfachregelung

Allein die Tatsache, dass Umgehungsgeschäfte möglicherweise bereits durch die Anwendung von § 138 BGB bzw. von § 4 Abs. 3 Satz 4 Alt. 1 BBodSchG verhindert werden könnten – hier gilt im Grunde nichts anderes als beim Doppelstörer –, stellt die Erforderlichkeit von § 4 Abs. 6 BBodSchG indes nicht in Frage. Es ist dem Gesetzgeber nicht versagt, mehrere gleich wirksame Regelungen zu erlassen.[211] So würde auch niemand bezüglich des Verhältnisses von Zustands- und Handlungsverantwortlichem behaupten, der Eigentümer sei nicht als Zustandsverantwortlicher anzusehen, weil es bereits einen Handlungsverantwortlichen gäbe.[212] Ebenso wenig ist es dem Gesetzgeber verwehrt, bisher nicht geregelte Rechtsgrundsätze einer ausdrücklichen gesetzlichen Regelung zuzuführen. Wenn der Gesetzgeber etwa – wie dies im Rahmen eines Schuldrechtsmodernisierungsgesetzes[213] geschehen ist – die gewohnheitsrechtlich anerkannte Rechtsfigur der culpa in contrahendo positiv normiert, so käme wohl niemand auf die Idee, dieses Vorhaben mangels Erforderlichkeit für verfassungswidrig zu erklären. In demselben Sinne ändert auch die Tatsache, dass die Nachhaftung bei Dereliktion bereits überwiegend landes- oder richterrechtlich anerkannt ist, nichts an der Erforderlichkeit ihrer normativen Verankerung im Bundes-Bodenschutzgesetz.[214]

(2) Keine gleiche Eignung der Durchgriffshaftung

Hinzu kommt, dass die engen Voraussetzungen für eine Durchgriffshaftung (§ 4 Abs. 3 Satz 4 Alt. 1 BBodSchG) im Einzelfall oft schwerer nachzuweisen sein werden als das Vorliegen der Merkmale des § 4 Abs. 6 BBodSchG.[215] Die Durchgriffshaftung wirft eine Reihe von sehr komplexen Rechtsfragen auf. Nach der gesetzlichen Formulierung des § 4 Abs. 3 Satz 4 Alt. 1 BBodSchG bestimmen sich die Voraussetzungen für den Verantwortungsdurchgriff allein nach zivilrechtlichen Maßstäben.[216] Unklar ist indessen, wie weit diese „Zivilrechtsakzessorietät" der Vorschrift im Einzelnen geht.[217] Die Durchgriffsfrage gehört zu den „schwierigsten und umstrit-

---

[211] *Stern,* Staatsrecht, S. 762 ff., 782.

[212] *Giesberts,* in: Fluck, Bd. 2, § 4 BBodSchG Rn. 383.

[213] Gesetz zur Modernisierung des Schuldrechts v. 26.11.2001, BGBl. I, S. 3138.

[214] Zu beachten ist auch, dass durch das spezialgesetzgeberische Handeln eventuelle Wirksamkeitsdefizite von § 138 BGB ausgeglichen werden, vgl. *Dombert,* NJW 2001, 927 ff., 930.

[215] *Jorczyk/Duesmann,* altlasten spektrum 1999, 71 ff., 75.

[216] Vgl. *Kobes,* NVwZ 1998, 786 ff., 791; *Spieth/Wolfers,* NVwZ 1999, 355 ff., 357.

tensten Problemen des Gesellschaftsrechts"[218]. Auch die Rechtsprechung hierzu ist uneinheitlich, es besteht eine komplizierte Kasuistik des Bundesgerichtshofs.[219]

Weitgehend anerkannt ist die Durchgriffshaftung in den Fällen der so genannten „qualifizierten Unterkapitalisierung", der „qualifizierten faktischen Konzernabhängigkeit" und der „Sphären- oder Vermögensvermischung".[220] Hindernisse wird bei der zuerst genannten Fallgruppe in der Praxis allerdings die Beurteilung bereiten, ob im Einzelfall tatsächlich eine Unterkapitalisierung einer Gesellschaft vorliegt oder nicht.[221] Selbst wenn sie objektiv nachgewiesen werden kann, wird die Frage nach der Evidenz der Unterkapitalisierung bzw. der von der Rechtsprechung geforderte Nachweis einer Missbrauchsabsicht zu erheblichen Beweisproblemen führen.[222] Gutgläubigkeit schließt den Durchgriff jedenfalls aus.[223] Nicht minder kompliziert ist der Durchgriff auf ein beherrschendes Unternehmen im Fall der qualifizierten (faktischen) Konzernabhängigkeit.[224] Das Vollzugsdefizit ist hier vor-

---

[217] Vgl. *Pützenbacher,* NJW 1999, 1137 ff., 1138; *Vierhaus,* NJW 1998, 1262 ff., 1265.

[218] Karsten *Schmidt,* Gesellschaftsrecht, S. 226; *Turiaux/Knigge,* BB 1999, 377 ff., 377.

[219] Vgl. *Kobes,* NVwZ 1998, 786 ff., 791; *Turiaux/Knigge,* BB 1999, 377 ff., 379, 383.

[220] Vgl. *K. Schmidt,* Gesellschaftsrecht, S. 241.

[221] *Spieth/Wolfers,* NVwZ 1999, 355 ff., 358.

[222] Da es keine gesetzliche Verpflichtung zur Nachschussleistung gibt, wird man zur Begründung der Durchgriffshaftung auf eine *qualifizierte* Unterkapitalisierung abstellen müssen. Diese enthält im Gegensatz zur einfachen Unterkapitalisierung die Gesichtspunkte des Ausmaßes und der Evidenz. So kann beispielsweise die Übertragung kontaminierter Flächen auf eine Kapitalgesellschaft, die nur mit dem gesetzlichen Mindestkapital ausgestattet wurde, ein „objektiver Missbrauch der gesellschaftsrechtlichen Organisationsformen" durch Unterkapitalisierung darstellen. Während die überwiegende Auffassung in der Literatur auf ein subjektives Pendant zu der objektiv vorliegenden Unterkapitalisierung verzichtet, fordern die Rechtsprechung und Teile der Literatur zusätzlich eine Missbrauchsabsicht der Gesellschafter. Diese sei gegeben, wenn die Unterkapitalisierung in positiver Kenntnis oder fahrlässiger Unkenntnis der Altlast vorgenommen wurde. Vgl. zu allem *Droese,* UPR 1999, 86 ff., 88; *Kallmeyer,* in: GmbH-Handbuch, Bd. I, 1998, Rz. 68 ff. m.w.N.; *Oerder,* in: Oerder/Numberger/Schönfeld, § 4 Rn. 27; *K. Schmidt,* Gesellschaftsrecht, S. 251 f.; *Vierhaus,* NJW 1998, 1262 ff., 1266.

[223] Vgl. die Unterrichtung des Bundestages über die Anrufung des Vermittlungsausschusses durch den Bundesrat, BT-Drs. 13/8182, S. 3; *Vierhaus,* NJW 1998, 1262 ff., 1266; *Spieth/Wolfers,* NVwZ 1999, 355 ff., 358.

[224] Unter qualifizierter Konzernabhängigkeit versteht man die gesellschaftsrechtliche Abhängigkeit eines Unternehmens von einem es beherrschenden Unternehmen (im Falle des faktischen Konzerns ohne Beherrschungs- oder Gewinnabführungsvertrag). Im Gesellschaftsrecht kann eine so gestaltete Konzernabhängigkeit im Falle der Vermögenslosigkeit des beherrschten Unternehmens eine Haftung des herrschen-

programmiert: Im Gegensatz zu der durch das Grundbuch und durch Kaufverträge dokumentierten und daher leicht feststellbaren (ehemaligen) Eigentümerposition dürfte die Frage, ob konzernartige Beherrschungsstrukturen zwischen Unternehmen bestehen, von den für die Bodensanierung zuständigen Behörden kaum erkennbar sein.[225] Sollte dies einmal gelingen und eine diesbezügliche Sanierungsanordnung gegen den Durchgriffsschuldner ergehen, so werden, wenn dieser sich – mit guten Erfolgsaussichten! – dagegen wehrt, die schwierigen gesellschaftsrechtlichen und betriebswirtschaftlichen Fragestellungen vor den Verwaltungsgerichten zu verhandeln sein. Die Bewältigung dieser für Verwaltungsrichter ungewohnten Materie würde die Klärung der Verantwortungsfrage erheblich verzögern. Hinzu kommt auch, dass die zivilgerichtliche Judikatur zur Konzernhaftung insgesamt äußerst widersprüchlich ist.[226]

Es ist momentan kaum abzusehen, in welchem Ausmaß § 4 Abs. 3 Satz 4 Alt. 1 BBodSchG letztlich überhaupt Anwendung finden wird.[227] Die Konzernverantwortung ist nicht viel mehr als ein gut gemeintes neues Instrument, über das wegen seiner juristischen Finesse schon viel geschrieben wurde, das praktisch jedoch kaum zur Wirkung kommen wird. Bereits an dem für die Erforderlichkeitsprüfung vorausgesetzten Merkmal der gleichen Eignung des Alternativmittels sollte man bei § 4 Abs. 3 Satz 4 Alt. 1 BBodSchG daher erheblich zweifeln.[228]

---

den Unternehmens auslösen. Vgl. BGHZ 31, 258 (278); 122, 123 (128 f.); *Lutter/Hommelhoff,* GmbHG, 15. Aufl. 2000, Anh. § 13 Rn. 24 ff.; a.A. *K. Schmidt,* Gesellschaftsrecht, 3. Aufl. 1997, S. 246 f. und 252 f. Bezogen auf die Altlastenproblematik liegt die Konstellation so, dass die sanierungspflichtige Gesellschaft in ein konzernartiges Abhängigkeitsverhältnis eingebunden ist und die abhängige Gesellschaft aufgrund von Vermögenslosigkeit oder eines bereits erfolgten masselosen Konkurses nicht in der Lage ist, die Sanierungsverpflichtung (vollständig) zu erfüllen. In diesem Fall kann die zuständige Behörde das herrschende Unternehmen nun auf der Grundlage von § 4 Abs. 3 Satz 4 Alt. 1 BBodSchG direkt per Verwaltungsakt auf Erfüllung der Sanierungsverpflichtung in Anspruch nehmen. Vgl. *Spieth/Wolfers,* NVwZ 1999, 355 ff., 358; *Turiaux/Knigge,* BB 1999, 377 ff., 382. Zur Parallelproblematik im US-amerikanischen Altlasten- und Gesellschaftsrecht („piercing the corporate veil"), vgl. *Ochsenfeld,* Direkthaftung von Konzernobergesellschaften in den USA, 1998.

225 *Garbe-Emden,* VA 2000, 57 ff., 59; *Kothe,* UPR 1999, 96 ff., 98; Schink, DÖV 1999, 797 ff., 804; *Turiaux/Knigge,* BB 1999, 377 ff., 383.

226 *Turiaux/Knigge,* BB 1999, 377 ff., 383.

227 Insofern kritisch *Giesberts,* DB 2000, 505 ff., 508; *Schimikowski,* VersR 1998, 1452 ff., 1454; optimistischer ist *Dombert,* NJW 2001, 927 ff., 930.

228 *Dombert* geht richtigerweise davon aus, dass „erst das Zusammentreffen von § 4 III 4 Alt. 1 BBodSchG und § 4 VI BBodSchG die Gewähr für einen effektiven Bodenschutz [bietet]", vgl. *ders.,* NJW 2001, 927 ff., 930. Diesen Aspekt vernachlässigen *Spieth/Wolfers,* NVwZ 1999, 355 ff., 356.

(3) Keine notwendige Beschränkung auf Missbrauchsfälle

Die gegen § 4 Abs. 6 BBodSchG vorgebrachte Kritik wäre allerdings berechtigt, wenn auch ihr weiteres Vorbringen zutreffend und von Bedeutung wäre, dass nämlich die Vorschrift nicht nur bei Umgehungsgeschäften Anwendung finde, sondern undifferenziert bei sämtlichen Arten von Grundstückstransaktionen und als „Regelung mit der Streubüchse“[229] *alle* gewöhnlichen Grundstücksverkehrsgeschäfte ohne sachlichen Grund behindere.[230] Zumindest § 138 BGB wäre dann wohl als milderes Alternativmittel anzusehen.[231]

Hiergegen ist zunächst vorzubringen, dass § 4 Abs. 6 BBodSchG keineswegs pauschal sämtliche Eigentumstransaktionsvorgänge erfasst. Die Regelung greift bereits tatbestandlich nur hinsichtlich solcher Grundstücksübertragungen ein, bei denen der frühere Eigentümer „bösgläubig“ bezüglich des Vorliegens von schädlichen Bodenveränderungen oder Altlasten war, nämlich einerseits zum Zeitpunkt der Eigentumsübertragung als auch – wenn das Grundstück bereits kontaminiert übernommen wurde – zum Zeitpunkt seines eigenen Grundstückserwerbs.[232] Es kann also keine Rede davon sein, § 4 Abs. 6 BBodSchG beeinträchtige „gewöhnliche“ Grundstücksverkehrsgeschäfte. Die Regelung erfasst vielmehr nur solche Übertragungsvorgänge, bei denen dem Veräußerer die Sanierungsbedürftigkeit des Kaufgegenstandes bekannt war oder bekannt sein musste, und die von daher ohnehin aus zwingenden zivilrechtlichen[233] und strafrechtlichen[234] Gründen Gegenstand der Vertragsverhandlungen zu sein hatte. Dies bedeutet bereits eine ganz erhebliche Eingrenzung der tatbestandlich relevanten Fallkonstellationen.

Dessen ungeachtet sind Fälle denkbar, in denen ein im Sinne des § 4 Abs. 6 BBodSchG bösgläubiger Veräußerer weder beabsichtigt, sich mittels kollusiven Zusammenwirkens mit dem Erwerber aus seiner Zustandsverantwortlichkeit zu stehlen noch intendiert, mit dem Grundstücksverkauf spekulative Gewinne zu erzielen, also Fälle, in denen der Veräußerer keine Missbrauchsabsicht verfolgt. Bei solchen *nicht-abusiven* Grundstücksverkehrsge-

---

229 *Kahl,* Die Verwaltung, Bd. 33 (2000), S. 29 ff., 62.

230 *Kahl,* Die Verwaltung, Bd. 33 (2000), S. 29 ff., 62 f.; *Spieth/Wolfers,* NVwZ 1999, 355 ff., 356; ähnlich auch *Dombert,* NJW 2001, 927 ff., 929 f.

231 So *Dombert,* NJW 2001, 927 ff., 930.

232 Siehe hierzu im Einzelnen im Zweiten Teil sub D.III.2.a)cc) und D.III.2.a)dd).

233 Vgl. hierzu die Nachweise im Zweiten Teil, Fn. 219.

234 Der Verkäufer, der wissentlich ein Altlastengrundstück verkauft, ohne dies offen zu legen, macht sich unter Umständen wegen Betrugs (§ 263 StGB) strafbar. Vgl. hierzu *Kahl,* Die Verwaltung, Bd. 33 (2000), S. 29 ff., 63.

schäften erscheint es auf den ersten Blick unbillig, den Veräußerer ebenfalls mit der nachwirkenden Sanierungsverantwortlichkeit zu belasten. Um das Problem zu verdeutlichen: Selbst wenn der Veräußerer eines Grundstücks den Käufer über vorhandene Altlasten aufklärt, womöglich von ihm sogar die Sanierung fordert, gerät er allein aufgrund seines Wissens um den Bodenzustand in die nachwirkende Zustandsverantwortlichkeit nach § 4 Abs. 6 BBodSchG. Der Verkäufer wäre unter solchen Umständen doppelt belastet: Er könnte zum einen aufgrund der von ihm offen gelegten Altlasten nur einen geringeren Kaufpreis für das Grundstück erzielen.[235] Zum anderen träfe ihn die öffentlich-rechtliche Pflicht aus § 4 Abs. 6 BBodSchG, das nun nicht mehr seinem Eigentum und Vermögen zugehörige Grundstück auf eigene Kosten zu sanieren.[236] Die Sanierung des Grundstücks stellte sich in einer solchen Situation aus Sicht des früheren Eigentümers ausschließlich als fremdnützig dar.[237] Im Hinblick auf den neuen Eigentümer bedeutete die Inanspruchnahme des früheren Eigentümers eine unangemessene Bevorzugung, da der neue Eigentümer das zu einem Vorzugspreis erworbene Altlastengrundstück unter Umständen vom Veräußerer noch gratis saniert bekäme.

Gleichwohl ist auch in diesen Fällen die nachwirkende Zustandsverantwortlichkeit des früheren Eigentümers erforderlich. Dies verdeutlicht die folgende Abwandlung des soeben angeführten Beispiels: Wiederum sei unterstellt, der bösgläubige Verkäufer habe den Käufer über die Bodenbelastungen aufgeklärt und verfolge keine missbilligenswerten Absichten. Diesmal stellt sich aber im Nachhinein – für den Veräußerer nicht erkennbar – heraus, dass der Erwerber wegen drohender Insolvenz nicht in der Lage ist, die Sanierungskosten zu übernehmen. Entließe man auch hier den früheren Eigentümer aus der Verantwortung – der Fall ist wohlgemerkt weder von § 138 BGB noch von § 4 Abs. 3 Satz 4 Alt. 1 BBodSchG erfasst –, so nähme man als Konsequenz die Kostentragungspflicht der Allgemeinheit in Kauf. Das Hauptregelungsziel von § 4 Abs. 6 BBodSchG besteht aber gerade darin, den ehemaligen Eigentümern die Finanzierungslasten für die Sanierung zuzuweisen und dadurch – in Abkehr von dem Gemeinlastprinzip – dem umweltrechtlichen Verursacherprinzip zur Durchsetzung zu verhelfen.[238] Die vollständige Verwirklichung dieser Zielsetzung kann nur da-

---

235 Vgl. zu diesem Aspekt *Pützenbacher,* NJW 1999, 1137 ff., 1137.

236 Ebenso *Müggenborg,* NVwZ 2000, 50 ff., 51.

237 Hierin unterscheidet sich die nachwirkende Zustandsverantwortlichkeit des früheren Eigentümers von der Zustandsverantwortlichkeit des gegenwärtigen Eigentümers. Die Sanierung des eigenen Grundstücks stellt sich aus der Sicht des gegenwärtigen Eigentümers vielfach nicht nur als fremdnützig, sondern jedenfalls bis zu einer gewissen Belastung auch als eigennützig dar, wenn die Altlast ihn in der Nutzung des Grundstücks faktisch beschränkt. Vgl. BVerfGE 102, 1 (19).

238 Vgl. oben sub C.III.1.b).

durch erreicht werden, dass die Allgemeinheit auch von dem finanziellen „Ausfallrisiko", also dem Risiko der Insolvenz des gegenwärtigen Zustandsverantwortlichen, befreit wird.[239] Dies muss jedenfalls dann gelten, wenn der gegenwärtige Zustandsverantwortliche aus Gründen nicht leistungsfähig ist, die nicht von der Allgemeinheit zu vertreten sind. Denn dann steht der frühere Eigentümer aus Lastenverteilungsgesichtspunkten der Übernahme der „Ausfalllasten", also der Sanierungsverantwortlichkeit, näher als die Allgemeinheit. Immerhin hat er als ehemals Zustandsverantwortlicher willentlich das Grundstück auf einen Dritten übertragen und damit zugleich einen Verantwortungsübergang herbeigeführt. Er muss daher auch das Risiko tragen, dass der von ihm ausgesuchte Erwerber dieser übertragenen Verantwortung nicht gerecht wird. Ein milderes Mittel als das in § 4 Abs. 6 BBodSchG gewählte ist zur Erreichung dieses Ziels nicht ersichtlich.[240]

Für die Erforderlichkeit der Regelung spricht auch, dass es der Behörde nicht zumutbar und wohl auch kaum möglich ist, jeweils nachzuforschen, ob es sich bei dem fraglichen Grundstücksgeschäft um einen Fall von Kollusion gehandelt hat oder nicht. Insofern stellt auch der Regelungsvorschlag in § 348 Abs. 6 Satz 3 UGB-KomE, der die Erkennbarkeit der Leistungsunfähigkeit des Erwerbers zur Haftungsvoraussetzung für den Veräußerer macht,[241] kein milderes Mittel gleicher Eignung dar.[242] Die Möglichkeit einer Überprüfung des subjektiven Erkennbarkeitskriteriums besteht praktisch nicht. Man muss keine besondere Phantasie aufbringen um sich vorzustellen, dass ein Veräußerer dazu in der Lage sein sollte, sein Wissen um die – von der Behörde zu beweisende – Leistungsunfähigkeit des Erwerbers zu verschleiern.

---

[239] Von dieser erweiterten gesetzgeberischen Zielsetzung geht auch *Riedel,* ZIP 1999, 94 ff., 98, aus. Zu Unrecht verengend *Kahl,* Die Verwaltung, Bd. 33 (2000), S. 29 ff., 63, der eine präzisere, auf Umgehungsfälle beschränkte Regelung nach dem Vorbild von § 348 UGB-KomE fordert; ähnlich, den Blickwinkel auf Umgehungsgeschäfte reduzierend auch *Spieth/Wolfers,* NVwZ 1999, 355 ff., 356.

[240] Insofern ist – entgegen *Wolfers und Versteyl* – keine verfassungsmäßige Reduktion der Norm auf Umgehungsfälle erforderlich. Vgl. *Wolfers,* zit. bei *Sobczak,* in: UTR Bd. 53, S. 123 ff., 131; *Versteyl,* zit. bei *Nolte,* in: UTR Bd. 53, S. 259 ff., 264.

[241] Vgl. zu dieser Regelung im Zweiten Teil sub E.II.

[242] So auch *Grzeszick,* NVwZ 2001, 721 ff., 724. Dies zerstreut zugleich rechtsstaatliche Bedenken im Hinblick auf eine mangelnde Präzision des gesetzlichen Tatbestandes von § 4 Abs. 6 BBodSchG. A. A. *Kahl,* Die Verwaltung, Bd. 33 (2000), S. 29 ff., 62.

(4) Teilergebnis

Aus diesen Gründen hat § 4 Abs. 6 BBodSchG neben § 138 BGB und neben der bodenschutzrechtlichen Durchgriffshaftung (§ 4 Abs. 3 Satz 4 Alt. 1 BBodSchG) eine eigenständige Bedeutung. Erforderlich ist die Regelung bereits deswegen, weil kein milderes Mittel ersichtlich ist, die Ausfalllasten, die als mittelbare Folge nicht-abusiver Grundstücksverkehrsgeschäfte entstehen können, dem früheren Eigentümer zuzuweisen. Ob die Aufbürdung der Sanierungsverantwortlichkeit an den früheren Eigentümer *tatsächlich* dem Gebot der gerechten Lastenverteilung entspricht, ist keine Frage der Erforderlichkeit, sondern der erst noch zu prüfenden Proportionalität der Regelung sowie ihrer Vereinbarkeit mit Art. 3 Abs. 1 GG.

4. Proportionalität

Als letzte Hürde im Rahmen der Verhältnismäßigkeitsprüfung haben die bodenschutzrechtlichen Regelungen über die nachwirkende Zustandsverantwortlichkeit das Erfordernis der Proportionalität (Verhältnismäßigkeit im engeren Sinne) zu nehmen. Ungeachtet der dieses Rechtsprinzip betreffenden erheblichen definitorischen Schwierigkeiten besteht weitgehend Einigkeit darüber, dass durch die Proportionalität eine Relation zwischen zwei Größen hergestellt werden soll, in der Regel die zwischen Zweck und Mittel: Das gesetzgeberische Mittel darf nicht außer Verhältnis zu dem von der gesetzlichen Regelung angestrebten Zweck stehen bzw. muss – positiv formuliert – in einem angemessenen Verhältnis zum angestrebten Zweck stehen.[243] Es ist dabei eine Kosten-Nutzen-Analyse hinsichtlich der Eingriffswirkungen in individuelle Freiheitspositionen und dem für die Allgemeinheit erstrebten Nutzen aufzustellen. Sodann sind die auf dem Spiel stehenden Güter in ihrem verfassungsrechtlichen Gewicht abzuwägen. Die Grenze der Verfassungswidrigkeit zieht das Bundesverfassungsgericht dort, wo eine Maßnahme den Betroffenen „übermäßig belastet", sie sich also für ihn als „unzumutbar" darstellt.[244]

Bezogen auf die hier in Rede stehenden Regelungen ist zu untersuchen, ob die Belastungswirkungen, die von der nachwirkenden Sanierungsverantwortlichkeit für die betroffenen früheren Eigentümer ausgehen, noch in einem zumutbaren Verhältnis zu dem mit den Regelungen erstrebten positiven Effekt für die Allgemeinheit stehen. Es ist eine Interessenabwägung vorzunehmen, die zu einer Korrektur führen muss, wenn das Interesse der

243 Vgl. *Stern,* Staatsrecht, S. 762 ff., 782.

244 St. Rspr., vgl. nur BVerfGE 9, 338 (345); 30, 292 (316); 39, 210 (234); 83, 1 (19).

früheren Grundeigentümer an der Nichtinanspruchnahme die öffentlichen Interessen an der Einführung der nachwirkenden Sanierungsverantwortlichkeit deutlich überwiegt. Nur ein ausgeprägtes Missverhältnis zwischen Zweck und Mittel führt allerdings zum Urteil der verfassungswidrigen Disproportionalität.[245]

Wie bereits im Rahmen der Erforderlichkeitsprüfung ist auch bei der Proportionalitätsprüfung zwischen der nachwirkenden Sanierungsverantwortlichkeit im Falle der Dereliktion und im Falle des Eigentümerwechsels zu differenzieren.

a) Nachhaftung bei Dereliktion

aa) Belastungswirkungen der Dereliktionsregelung

Wie bereits dargestellt wurde, entfaltet die nachwirkende Zustandsverantwortlichkeit für frühere Eigentümer mehrdimensionale Eingriffs- und Belastungswirkungen.[246] Sie werden durch die im Bundes-Bodenschutzgesetz angeordneten nachwirkenden Sanierungspflichten nicht nur spezifischen Handlungsaufträgen (Sanierungsplanung, Beauftragung von entsprechenden Fachfirmen, Überwachung der Sanierungsmaßnahmen), sondern zugleich starken finanziellen Belastungen ausgesetzt. Je nach Art und Umfang der erforderlichen Sanierungsmaßnahmen können die Kosten weit in den Millionenbereich gehen, oftmals sogar den Wert des zu sanierenden Grundstücks überschreiten. Da Sanierungsverantwortliche grundsätzlich mit ihrem gesamten Vermögen haften, kann die volle Inanspruchnahme eines früheren Eigentümers seinen finanziellen Ruin bedeuten. Für den Derelinquenten gilt insofern nichts anderes als für den gegenwärtigen Grundstückseigentümer. Hinzu kommt, dass die gesetzliche Androhung der nachwirkenden Zustandsverantwortlichkeit faktisch die Dispositionsmacht über das Eigentum am Grundstück einschränkt.[247]

bb) Öffentliches Interesse an der Regelung

Die gesetzliche Regelung der nachwirkenden Zustandsverantwortlichkeit in den Dereliktionsfällen wird in der Literatur überwiegend mit der Begründung gerechtfertigt, sie sei zur Sicherstellung der Lückenlosigkeit der Zustandsverantwortlichkeit aus Gründen einer angemessenen Risikoverteilung zwischen dem Einzelnen und der Allgemeinheit geboten.[248] Die Anordnung

---

[245] Vgl. etwa BVerfGE 44, 353 (373).
[246] Siehe oben sub B.I.1.a).
[247] Vgl. oben sub B.I.2.c)bb).

einer nachwirkenden Zustandsverantwortlichkeit des Derelinquenten im Bundes-Bodenschutzgesetz soll – wie bereits ausgeführt wurde – verhindern, dass dem Eigentümer, der bisher den Nutzen aus dem Grundstück gezogen hat, gestattet wird, die nunmehr entstehenden Nachteile, nämlich die Organisation und Finanzierung der Sanierungsmaßnahmen hinsichtlich des belasteten Grundstücks, durch Aufgabe des Eigentums auf die Allgemeinheit abzuwälzen und sich dadurch seiner Verantwortlichkeit zu entziehen.[249] Daher wird die Dereliktion störender Sachen, jedenfalls soweit sie sich auch subjektiv als „Flucht aus der Zustandsverantwortlichkeit" darstellt, von einem Großteil in der Literatur und zunehmend auch von der Rechtsprechung selbst ohne gesetzliche Regelung für rechtsmissbräuchlich und damit bereits zivilrechtlich für unwirksam gehalten.[250]

Hierüber besteht zumindest im Ergebnis inzwischen so weit gehende Einigkeit, dass die dieser Rechtsauffassung zugrundeliegende Prämisse vollkommen in den Hintergrund zu treten droht. Es wird einfach unterstellt, dass die im Wege der Fort- bzw. Nachhaftung herzustellende „Lückenlosigkeit der Zustandsverantwortlichkeit" für sich selbst genommen ein schutzwürdiges Allgemeininteresse verfolgt. Dies kann indes nur bejaht werden, wenn die (grundstücksbezogene) Zustandsverantwortlichkeit des Eigentümers *an sich* eine verfassungslegitime, d.h. vor allem eine *gerechte* Zuweisung von Verantwortung an eine bestimmte Personengruppe bedeutet. Erkennt man nämlich grundsätzlich die Notwendigkeit der Zustandsverantwortlichkeit des Eigentümers als sozialstaatliches Regulativ der mit Exklusivrechten verbundenen Zuordnung von Objekten an einzelne Privatrechtssubjekte im Rahmen der grundgesetzlichen Eigentumsordnung an, so verfolgt die gesetzgeberische Verhinderung der „Flucht" aus dieser Zustandsverantwortlichkeit zu Lasten der Allgemeinheit spiegelbildlich ebenfalls ein verfassungslegitimes Gemeinwohlziel. Sie dient dann lediglich der Wiederherstellung eines aus dem Gleichgewicht gebrachten Zustands gerechter Lastenverteilung. Zieht man aber die Verfassungsmäßigkeit der Zustandsverantwortlichkeit des Eigentümers bzw. genauer gesagt, die Verfassungslegitimität ihres Zurechnungsgrundes, selbst in Zweifel, dann

---

248 Vgl. etwa *Kahl,* Die Verwaltung, Bd. 33 (2000), S. 29 ff., 54; *Kloepfer,* Umweltrecht, 2. Aufl. 1998, § 12 Rn. 77; *Schwartmann,* DStR 1999, 324 ff., 328; *Sparwasser/Geißler,* DVBl. 1995, 1317 ff., 1323 (Fn. 48); ebenso bereits OVG Bremen, Beschl. v. 16.8.1988 – 1 BA 25/88 –, DVBl. 1989, 1008 f., 1008. Siehe zu diesem Gesichtspunkt auch sub C.III.1.b).

249 Siehe hierzu im Zweiten Teil sub D.II.1; vgl. auch die Stellungnahme des Bundesrates zum Gesetzentwurf der Bundesregierung für ein Bodenschutzgesetz, BT-Drs. 13/6701, S. 51 f. sowie die Unterrichtung des Bundestages über die Anrufung des Vermittlungsausschusses durch den Bundesrat, BT-Drs. 13/8182, S. 4; *Kahl,* Die Verwaltung, Bd. 33 (2000), S. 29 ff., 53 f.

250 Siehe im Zweiten Teil sub D.II.2, insbesondere die Nachweise in Fn. 133.

scheint auch die hier in Frage stehende *nachwirkende* Zustandsverantwortlichkeit des früheren Grundeigentümers von vornherein nicht zu rechtfertigen zu sein. Die Verhältnismäßigkeit von § 4 Abs. 3 Satz 4 Alt. 2 BBodSchG setzt mit anderen Worten zur Begründung eines öffentlichen Interesses an der Aufrechterhaltung der Zustandsverantwortlichkeit die Verfassungsmäßigkeit der Zustandsverantwortlichkeit des gegenwärtigen Eigentümers voraus.

(1) Verfassungsrechtlicher Zurechnungsgrund der Zustandsverantwortlichkeit

Die verfassungsmäßige Rechtfertigung der Zustandsverantwortlichkeit bereitet jedoch nicht unerhebliche Schwierigkeiten. Es handelt sich um ein Grundproblem des Polizeirechts. Entsprechend zahlreich, ja fast schon uferlos ist das zu dieser Frage erschienene Schrifttum. Zweifel an der im Allgemeinen angenommenen oder unterstellten Verfassungslegitimität des Zurechnungsgrundes der Zustandsverantwortlichkeit wurden in jüngerer Zeit zunehmend im Zusammenhang mit den bereits erwähnten „Opferfällen" im Denkmalschutz-, Naturschutz und Altlastenbereich geäußert.[251] Dort werden aus Gründen des Übermaßverbotes und des Gebots gerechter Lastenverteilung heute überwiegend[252] Korrekturen der unbeschränkten Zustandsverantwortlichkeit für erforderlich gehalten, und zwar entweder auf der Tatbestandsseite[253] oder – folgt man dem Bundesverfassungsgericht und der herrschenden Auffassung in der Literatur – auf der Rechtsfolgenseite der pflichtenbegründenden Normen.[254]

---

[251] Siehe bereits im Ersten Teil sub A, sowie eingehend unten sub C.III.4.a)bb)(2).

[252] Früher wurde hingegen von der unbeschränkten Verantwortlichkeit des Zustandsstörers ausgegangen, so etwa in st. Rspr. des preuß. OVG, vgl. die Nachweise bei *Drews/Wacke/Vogel/Martens,* S. 320 (Fn. 5, 6). Siehe auch *Erbel,* Die Unmöglichkeit von Verwaltungsakten, 1972, S. 139 f. Auch in jüngerer Zeit findet diese Auffassung nach wie vor Zuspruch, vgl. VGH Mannheim, Urteil v. 11.10.1985 – 5 S 1738/85 –, NVwZ 1986, 325 ff., 326; VGH Kassel, Beschl. v. 21.5.1997 – 7 TG 2293/95 –, NVwZ-RR 1998, 747 ff., 749; *Lepsius,* JZ 2001, 22 ff., 26 f.; *Wiester,* S. 72 ff. Für eine grundsätzlich unbeschränkte Zustandsverantwortlichkeit bei Naturereignissen auch OVG Koblenz, Urt. v. 1.10.1997 – 11 A 12542/96 –, NJW 1998, 625 f., 626; OVG Münster, Urt. v. 3.6.1997 – 5 A 4/96 –, NWVBl. 1998, 64 f., 65.

[253] Nach dem so genannten „Tatbestandsmodell" wird die Zustandsverantwortlichkeit im Wege teleologischer Reduktion auf die Fälle beschränkt, in denen der Eigentümer sich nicht in einer Opferlage befindet. So *Breuer,* JuS 1986, 359 ff., 363; *Denninger,* in: Lisken/Denninger, Abschn. E Rn. 96 ff.; *Friauf,* in: Festschrift für Wacke, 1972, S. 293 ff., 300 ff.; *Herrmann,* DÖV 1987, 666 ff., 674; *Schenke,* in: Steiner (Hrsg.), Abschn. II, Rn. 175.

[254] Nach dem „Rechtsfolgenmodell" ist der Eigentümer zwar auf der polizeirechtlichen Primärebene uneingeschränkt vornahmeverantwortlich. Auf der Sekundär-

In diesem Zusammenhang ist deutlich geworden, dass der eigentliche verfassungsrechtliche Zurechnungsgrund der Zustandsverantwortlichkeit nach wie vor im Dunkeln liegt.[255] Die exkursorische Erörterung dieser Frage dient nicht nur dem Verständnis und der verfassungsrechtlichen Rechtfertigung der nachwirkenden Sanierungsverantwortlichkeit in den Dereliktionsfällen, sondern zugleich der Maßstabsfindung für die Proportionalitätsprüfung in den Fällen der nachwirkenden Sanierungsverantwortlichkeit von Veräußerern belasteter Grundstücke.

(a) Bisherige Begründungsansätze der Zustandsverantwortlichkeit des Eigentümers

Die Fülle der zu dem Problemkreis des Rechtsgrundes der Zustandsverantwortlichkeit veröffentlichten Judikate und Beiträge in der Literatur lässt sich im Wesentlichen in drei Hauptgruppen bündeln. Zu unterscheiden sind diejenigen Ansichten, die überwiegend mit der rechtlichen Sonderbeziehung des Eigentümers zu der störenden Sache argumentieren, von denjenigen, die die Einwirkungsmöglichkeit des Eigentümers auf die störende Sache in den Mittelpunkt stellen. Die dritte Gruppe hebt auf die Kombination beider Gesichtspunkte ab.

---

ebene werden allerdings die Kostenfolgen nach Maßgabe des Übermaßverbots der Höhe nach beschränkt. So BVerfGE 102, 1 (19 f.); ebenso bereits VGH Kassel, Beschl. v. 21.5.1997 – 7 TG 2293/95 –, NVwZ-RR 1998, 747 ff., 750; VGH München, Beschl. v. 26.9.1995 – 21 B 95.1527 –, NuR 1997, 559 f., 559; VGH München, Beschl. v. 13.5.1986 – 20 CS 86.00 338 –, NVwZ 1986, 942 ff., 945; OVG Münster, Urt. v. 7.3.1996 – 20 A 657/95 –, NVwZ 1997, 804 ff., 806; *Drews/Wacke/Vogel/Martens,* Gefahrenabwehr, 9. Aufl. 1986; S. 320 f.; *Götz,* Allg. POR, Rn. 223; *Hohmann,* DVBl. 1984, 997 ff., 998 f. – Weiter geht die sog. „Duldungslehre“. Danach soll aufgrund einer verfassungskonformen Reduktion der Verantwortlichkeit der Zustandsverantwortliche in Opferposition nur zur Duldung (behördlicher) Sanierungsmaßnahmen auf seinem Grundstück verpflichtet werden können. Vgl. BGHZ 126, 279 (282); *Bielfeldt,* DÖV 1989, 441 ff., 447; *Bott,* Die Verantwortlichkeit wegen des Verhaltens Dritter im allgemeinen Sicherheits- und Polizeirecht, 1986, S. 198 ff.; *Gantner,* Verursachung und Zurechnung im Recht der Gefahrenabwehr, 1983, S. 215; *Kloepfer,* NuR 1987, 7 ff., 17; *Papier,* Altlasten, S. 51 ff.; *ders.* DVBl. 1985, 873 ff., 878; *ders.* NVwZ 1986, 256 ff., 262; *Schink,* DVBl. 1985, 1150 ff., 1158; *ders.* DVBl. 1986, 161 ff., 170; *ders.,* VerwArch 82 (1991), 357 ff., 380; *Seibert,* DVBl. 1985, 328 ff., 329. – Offen gelassen von BVerwG, Beschl. v. 14.12.1990 – 7 B 134.90 –, NuR 1991, 280 f., 281.

[255] So auch die Einschätzung von *Dombert,* NJW 2001, 927 ff., 928 und *Lindner,* S. 23.

(aa) Rechtliche Sonderbeziehung zur störenden Sache

Eine Vielzahl von Autoren sieht den verfassungsrechtlichen Zurechnungsgrund der Zustandsverantwortlichkeit in einer rechtlichen Sonderbeziehung des Eigentümers zu der störenden Sache begründet.

Hervorzuheben innerhalb dieser Gruppe ist die seit den fünfziger und sechziger Jahren herrschende Auffassung, welche die Sozialpflichtigkeit des Eigentums, wie sie in Art. 14 Abs. 2 GG zum Ausdruck kommt, als eigentlichen verfassungsrechtlichen Zurechnungsgrund der Zustandsverantwortlichkeit betrachtet.[256] Aus Art. 14 Abs. 2 GG folge die Grundpflicht[257] des Eigentümers, von einer Sache keinen gemeinwohlwidrigen Gebrauch zu machen (vgl. Wortlaut: „Eigentum verpflichtet.“). Diese Pflicht umfasse neben der negativen Pflicht des Eigentümers, gesetzeswidrige Handlungen zu unterlassen, auch die positive besondere Handlungspflicht, „den Gebrauch seines Eigentums so einzurichten, dass das Wohl der Allgemeinheit dadurch gefördert wird.“[258] Die Polizeipflicht sei demnach nur eine dem Eigentum von vornherein immanente Grenze der Rechtsausübung; der Eigentümer werde durch sie nur in die Schranken seines Eigentums zurückgewiesen.[259]

---

256 BVerfGE 20, 351 (356, 361); BVerwG, Beschl. v. 18.6.1998 – 1 B 178/97 –, Buchholz 402.41 Allgemeines Polizeirecht Nr. 65; Beschl. v. 14.11.1996 – 4 B 205/96 –, NVwZ 1997, 577 f., 578; OVG Koblenz, Urt. v. 1.10.1997 – 11 A 12542/96 –, NJW 1998, 625 f., 626; VGH Mannheim, Urt. v. 20.1.1998 – 10 S 233/97 –, VBlBW 1998, 312 ff., 313; VGH München, Beschl. v. 13.5.1986 – 20 CS 86.00338 –, NVwZ 1986, 942 ff., 944; VG Trier, Urt. v. 20.1.2000 – 4 K 1108/99 –, NJW 2001, 531; *Bott,* S. 164 ff.; *Denninger,* in: Lisken/Denninger, Abschn. E Rn. 57; *Drews/Wacke/Vogel/Martens,* S. 307; *Frenz,* Das Verursacherprinzip, S. 254; *ders.,* VerwArch 90 (1999), 208 ff., 211; *ders.,* BBodSchG, § 4 Abs. 2 Rn. 7; *Friauf,* in: Festschrift für Wacke, 1972, S. 293 ff., 297 ff.; *ders.,* in: Schmidt-Aßmann (Hrsg.), 2. Abschn. Fn. 275; *Gusy,* Polizeirecht, Rn. 280; *Hohmann,* DVBl. 1984, S. 997 ff., 998; *ders.* NJW 1989, 1254 ff., 1256; *Knopp,* BB 1989, 1425 ff., 1427; *ders.* DVBl. 1999, 1010 ff., 1012; *Kränz,* S. 143 f.; *Oerder,* NVwZ 1992, 1031 ff., 1036; *Schwachheim,* Unternehmenshaftung, S. 91; *Schwerdtner,* NVwZ 1992, 141 ff., 143; *Spießhofer,* Der Störer, S. 11 f., 189 f.; *Wallerath/Strätker,* JuS 1999, 127 ff., 133; *Würtenberger/Heckmann/Riggert,* Rn. 341; *Ziehm,* S. 53 f.

257 Zum Begriff der Grundpflicht, vgl. *Callies,* Rechtsstaat und Umweltrecht, 2001, S. 552 ff.; *Luchterhand,* Grundpflichten als Verfassungsproblem in Deutschland, 1988, passim; *Hofmann,* HdbStR V, 2. Aufl. 2000, § 114, S. 321 ff., *Götz* und *Hofmann,* VVDStRL 41 (1983), 1 ff.; 42 ff., 87 ff.; *Thorsten I. Schmidt,* Grundpflichten, 1999, passim; *Stober,* Grundpflichten und Grundgesetz, 1979, passim. Zu ökologischen Grundpflichten, vgl. *Führ,* NuR 1998, 6 ff.

258 Vgl. *Frenz,* Das Verursacherprinzip, S. 144 ff.; *Wieland,* in: Dreier, GG-Kommentar, Bd. 1, 1996, Art. 14 Rn. 82 f. m. w. N.

259 So die so genannte „Rechtskreistheorie“, vgl. BVerfGE 20, 351 (357); *Drews/Wacke/Vogel/Martens,* S. 293; *Dürig,* AöR Bd. 79 (1953/54), 57 ff., 78 f.; *Erichsen,* VVDStRL 35 (1977), 171 ff., 205 f.; *Giesberts,* S. 50; *Schnur,* DVBl. 1962, S. 1 ff., 3.

Andere Autoren stellen zur Begründung der Sozialpflichtigkeit des Eigentums weniger auf Art. 14 Abs. 2 GG als vielmehr auf die allgemeine materielle Polizeipflicht ab, die zur Gemeinwohlverträglichkeit[260] bzw. zur allgemeinen Nichtstörungspflicht verpflichte[261] und die Auferlegung von polizeilichen Pflichten rechtfertige.[262] Als Anknüpfungspunkte für die materielle Polizeipflicht dienen verschiedene Rechtsquellen, unter anderem das Gewohnheitsrecht[263], die polizeirechtliche Generalklausel[264], die Vorstellung einer ungeschriebenen Staatsbürgerpflicht[265] („Gehorsamspflicht") oder die Annahme einer verfassungsrechtlichen Grundpflicht[266].

Mit dem Kriterium einer rechtlichen Sonderbeziehung des Zustandsverantwortlichen zu der störenden Sache argumentiert auch die so genannte Risikosphärentheorie[267]. Die Vertreter dieser Auffassung gehen davon aus, die Nutzung oder potentielle Nutzbarkeit des Eigentums sei a priori risikobehaftet, da andere Rechtsgüter durch sie beeinträchtigt werden könnten. Dies führe zu einer Minderung des Abwehrinteresses bei der Sachnutzung

---

260 *Kloepfer,* NuR 1987, 7 ff., 10.

261 Die materielle Polizeipflicht wird klassischerweise definiert als „die jeden Rechtsgenossen in gleicher Weise treffende Verpflichtung, sein Verhalten und den Zustand seiner Sachen so einzurichten, dass daraus keine Störungen oder Gefahren für die öffentliche Sicherheit entstehen", vgl. *Drews/Wacke/Vogel/Martens,* S. 293. Andere Autoren begrenzen in jüngerer Zeit die materielle Polizeipflicht auf eine Gestaltungspflicht bei Vorhandensein einer Gefahrenlage. Sie sei in diesem Sinne zu verstehen als die „jeden Rechtsgenossen treffende Verpflichtung, sein Verhalten und den Zustand seiner Sachen nach Auftreten einer Gefahr gefahrenfrei einzurichten", also als eine Pflicht zur Mitwirkung bei der Gefahrenabwehr, eine Gefahrenbeseitigungspflicht. Vgl. *Griesbeck,* S. 89, 92, 94. Zur Wandlung des Begriffs der materiellen Polizeipflicht siehe auch *Ritgen,* GewArch 1998, 393 ff., 398.

262 Vgl. bereits *Otto Mayer,* Deutsches Verwaltungsrecht, Bd. 1, 3. Aufl. 1924, S. 212 f.; auf ihm aufbauend: *Drews/Wacke/Vogel/Martens,* S. 293; *Griesbeck,* S. 69, 82, 89; *Habermehl,* Rn. 177; *Kloepfer,* NuR 1987, 7 ff., 10; *v. Mangoldt,* Das Bonner Grundgesetz, Bd. II, 2. Aufl. 1964, Art. 14 Anm. 2; *Pietzcker,* DVBl. 1984, S. 457 ff.; *Schenke,* in: Steiner (Hrsg.), Abschn. II, Rn. 175.

263 Vgl. *Griesbeck,* S. 60.

264 *Griesbeck,* S. 73, 93; *Habermehl,* Rn. 177 m.w.N; *Pietzcker,* DVBl. 1984, S. 457 ff.

265 Vgl. *Griesbeck,* S. 95.

266 Vgl. hierzu die Nachweise in Fn. 257.

267 So vor allem *Pietzcker,* DVBl. 1984, 457 ff., 460, 462; ähnlich auch *Beckmann,* UPR 1995, 8 ff., 13; *Beye,* Zur Dogmatik polizeirechtlicher Verantwortlichkeit, 1969, S. 49; *Erichsen,* VVDStRL 35 (1977), 171 ff., 205; *Gantner,* S. 166 ff.; *Herrmann,* DÖV 1987, 666 ff., 671 f.; *Hohmann,* NJW 1989, 1254 ff., 1256 f.; *Kloepfer,* in: UTR Bd. 1, S. 17, 25, 29 f.; *ders.* NuR 1987, 1 ff., 11 f.; *Ladeur,* UPR 1995, 1 ff.; *Schink,* VerwArch 82 (1991), 357 ff., 375; *Schwerdtner,* NVwZ 1992, 141 ff., 142; *Würtenberger/Heckmann/Riggert,* Rn. 303. Aus der Rechtsprechung: OVG Münster, Urt. v. 30.5.1996 – 20 A 2640/94 –, NVwZ 1997, 507 ff., 508.

und begründe für den Eigentümer eine Art „sachbezogener Garantenstellung“[268]: Wer den Nutzen einer Sache habe, solle auch für deren Lasten einstehen.[269] *Binder* zieht die Parallele zur zivilrechtlichen Gefährdungshaftung: Ähnlich wie diese bedeute die Zustandsverantwortlichkeit eine Art Erfolgshaftung für ein erlaubtes Risiko.[270]

Gemeinsam ist den dieser Gruppe zugeordneten Begründungsansätzen die Vorstellung, die Zustandsverantwortlichkeit gleiche im Interesse der Allgemeinheit die besonderen Rechte des Eigentümers über die störende Sache aus, insbesondere seine Befugnis, anderen die Einwirkung auf die Gefahrenquelle zu verbieten.[271] Kraft seines Eigentums stehe der Eigentümer aus diesem Grund den von der Sache ausgehenden Gefahren näher als die Gesamtheit der Steuerzahler, die andernfalls für die von dem Eigentumsgegenstand hervorgerufenen Gefahren und Schäden Sorge tragen müsste. Die Zustandsverantwortlichkeit sei damit letztlich Ausdruck der Kehrseite der menschenrechtlichen Selbstbestimmung und damit der Verantwortung des Menschen schlechthin.[272]

(bb) Einwirkungsmöglichkeit auf die Sache

Die zweite Gruppe von Autoren und ein Teil der Rechtsprechung folgt einem eher pragmatisch orientierten Erklärungsansatz. Für sie steht als legitimitätsstiftendes Kriterium der Zustandsverantwortlichkeit die Einwirkungsmöglichkeit auf die Sache und auf die Gefahrenquelle im Vordergrund.[273] Die Einwirkungsmöglichkeit ergebe sich aus der tatsächlichen und rechtlichen Stellung des Zustandsverantwortlichen, genauer gesagt aus

---

[268] *Gallwas/Mößle,* Rn. 456; *Griesbeck,* S. 77 (Fn. 12); *Lindner,* S. 73, 83 ff., 86.

[269] *Binder,* Die polizeirechtliche Zustandshaftung als Gefährdungshaftungstatbestand, 1991, passim, vor allem S. 31 f., 35; *Czychowski,* DVBl. 1970, 379 ff., 384; *Denninger,* in: Lisken/Denninger, Abschn. E Rn. 97 f.; *Dombert,* NJW 2001, 927 ff., 929; *Gusy,* Polizeirecht, Rn. 280; *Habermehl,* Rn. 187; *Koch,* Bodensanierung, S. 48; *Ladeur,* UPR 1995, 1 ff., 7; *Leisner,* in: ders., Eigentum, 1996, S. 395 ff., 405 f.; *Oerder,* NVwZ 1992, 1031 ff., 1036; *Pietzcker,* DVBl. 1984, 457 ff., 462; *Schlabach/Heck,* VBlBW 1999, 406 ff., 407; *Oerder,* in: Oerder/Numberger/Schönfeld, § 4 Rn. 22; *Spannowsky,* DVBl. 1994, 560 ff., 561; *Sparwasser/Geißler,* DVBl. 1995, 1317 ff., 1321; *Spieth/Wolfers,* altlasten spektrum 1998, 75 ff., 79; *Schwartmann,* DStR 1999, 324 ff., 328; *Wüterich,* in: Landel/Vogg/Wüterich, § 4 Rn. 188. Ähnlich auch *Friauf,* in: Schmidt-Aßmann (Hrsg.), 2. Abschn. Rn. 89; *Kahl,* Die Verwaltung, Bd. 33 (2000), S. 29 ff., 67.

[270] *Binder,* Die polizeilicher Zustandshaftung als Gefährdungshaftungstatbestand, 1991, S. 31 ff.; ihm folgend *R. Schulz,* Lastentragung, S. 346; ebenso bereits *Erbel,* Die Unmöglichkeit von Verwaltungsakten, 1972, S. 139 f.; kritisch zu diesem Ansatz hingegen *Breuer,* JuS 1986, 359 ff., 363.

[271] *Hösch,* S. 153, 299 f.; *Sparwasser/Geißler,* DVBl. 1995, 1317 ff., 1321.

[272] *Hösch,* S. 154.

seinem Innehaben der tatsächlichen Sachherrschaft einerseits und seiner rechtlichen Sachherrschaft (als Eigentümer oder anderweitig Berechtigter) andererseits.[274] Die mit der rechtlichen und tatsächlichen Sachherrschaft verbundene Einwirkungsmöglichkeit auf die Sache erlaube dem Betreffenden die Gefahrbeherrschung und stelle im Hinblick auf die Förderung des polizeirechtlichen Ziels der effektiven Gefahrenabwehr einen verfassungslegitimen Zurechnungsgrund für die Auferlegung polizei- und ordnungsrechtlicher Verantwortlichkeit dar.

(cc) Kombinationslehre

Ein Teil des Schrifttums begründet die Zustandsverantwortlichkeit mit einer Kombination aus den genannten Rechtfertigungsmodellen.[275] Auch die neuere Rechtsprechung bezieht neben dem die Sozialbindung kennzeichnenden Korrespondenzverhältnis von Nutzen und Lasten verstärkt den Gesichtspunkt der Sachherrschaft und der effektiven Gefahrenabwehr als Rechtfertigungsgrund mit ein.[276]

---

273 OVG Münster, Urt. v. 30.5.1996 – 20 A 2640/94 –, NVwZ 1997, 507 ff., 507; *Drews/Wacke/Vogel/Martens,* S. 319; *Friauf,* in: Schmidt-Aßmann (Hrsg.), 2. Abschn. Rn. 86; *Griesbeck,* S. 80, 93; *Gusy,* Polizeirecht, Rn. 279, 297; *Knemeyer,* Polizei- und Ordnungsrecht, Rn. 334; *Kothe,* DÖV 1994, 716 ff., 723; *ders.,* Altlastenrecht in den neuen Bundesländern, 1996, S. 71; *Müggenborg,* NVwZ 2000, 50 ff., 51; *Ritgen,* GewArch 1998, 393 ff., 396; *Selmer,* in: GS Martens, S. 483 ff., 500 f.; *Wiester,* S. 67.

274 Die in diesem Zusammenhang oft wiederholte Formel Rechtsprechung lautet: „Die Zustandsverantwortlichkeit beruht auf der durch die rechtliche bzw. tatsächliche Sachherrschaft vermittelten spezifischen Verbindung zur Gefahrenquelle, die den Eigentümer bzw. Inhaber der tatsächlichen Gewalt in die Lage versetzt, auf die Gefahr abwehrend einzuwirken." Vgl. BVerfGE 102, 1 (17); BVerwG, Beschl. v. 31.7.1998 – 1 B 229/97 –, NJW 1999, 231 f., 231; Beschl. v. 14.12.1990 – 7 B 134.90 –, NuR 1991, 280 f., 281; Urt. v. 4.10.1985 – 4 C 76/82 –, NJW 1986, 1626 ff., 1627; OVG *Münster,* Urt. v. 30.5.1996 – 20 A 2640/94 –, NVwZ 1997, 507 ff., 507.

275 *Berner/Köhler,* Art. 8 Rn. 1; *Drews/Wacke/Vogel/Martens,* S. 307, 319; *Hipp,* in: Hipp/Rech/Turian, A III, Rn. 296; *Schenke,* in: Steiner (Hrsg.), Abschn. II, Rn. 171; *Schink,* VerwArch 82 (1991), 357 ff., 379 f.; *Sparwasser/Geißler,* DVBl. 1995, 1317 ff., 1320 f.; *Würtenberger,* in: Achterberg/Püttner/Würtenberger (Hrsg.), Besonderes Verwaltungsrecht Bd. II, 2. Aufl. 2000, Kap. 7 Rn. 202.

276 BVerfGE 102, 1 (17–19); BVerwG, Urt. v. 4.10.1985 – 4 C 76/82 –, NJW 1986, 1626 ff., 1627; Beschl. v. 14.12.1990, NuR 1991, 280 f., 281; Beschl. v. 31.7.1998 – 1 B 229/97 –, NJW 1999, 231 f., 231; VGH Mannheim, Urt. v. 20.1.1998 – 10 S 233/97 –, GewArch 1998, 301 ff., 303.

(b) Kritische Würdigung der bisherigen Begründungsansätze

Keiner der bisherigen Begründungsansätze lässt sich per se als falsch qualifizieren. Gleichwohl stehen ihnen zum Teil gewichtige Einwände gegenüber.

Die Ansicht, welche die Sozialpflichtigkeit des Eigentums aus Art. 14 Abs. 2 GG als verfassungsrechtlichen Rechtsgrund der Zustandsverantwortlichkeit betrachtet, verkennt, dass die Sozialpflichtigkeitsklausel als solche nicht Rechtsgrund für die Auferlegung von Rechtspflichten ist, sondern allenfalls grundrechtsdogmatischer Anknüpfungspunkt für die Umsetzung eines anderweitig bestehenden Rechtsgrundes.[277] Die Formulierung in Art. 14 Abs. 2 GG ist zu unbestimmt um aus ihr bestimmte Handlungs- oder Unterlassungspflichten des Eigentümers ableiten zu wollen.[278] Aus Art. 14 Abs. 2 GG folgt weder eine konkrete Verpflichtung des Eigentümers gegenüber Dritten, noch umgekehrt ein Grundrecht der Nichteigentümer auf sozialverträgliches Verhalten von Eigentümern. Sie ist insofern nicht vergleichbar mit typischen verfassungsrechtlichen Grundpflichten, wie beispielsweise mit der in Art. 12a GG normierten Wehrpflicht, die ein konkretes Pflichtenprogramm vorgeben. Unterschiede zu einer Grundpflicht bestehen auch hinsichtlich des Adressatenkreises der Norm. Art. 14 Abs. 2 GG richtet sich nicht unmittelbar an den Eigentümer, sondern ausschließlich an den einfachen Gesetzgeber.[279] Dieser bestimmt im Rahmen des ihm nach Art. 14 Abs. 1 Satz 2 GG obliegenden Regelungsauftrages generell und abstrakt die durch die soziale Bindung des Eigentums i. S. d. Art. 14 Abs. 2 GG umschriebenen Pflichten und Beschränkungen des Eigentums.[280] Art. 14 Abs. 2 GG ist somit als „Direktive und Ermächtigung des Gesetzgebers“[281] zu sozialstaatsgemäßer Ausgestaltung des Eigentumsinhalts zu verstehen. Aus ihr folgt, dass der Gesetzgeber nicht nur Eigentumsrechte verteilen darf, sondern auch Eigentümerpflichten.[282] Solange der Staat die Sozialpflichtigkeit des Eigentums aber nicht konkret aktualisiert hat, entfaltet Art. 14 Abs. 2 GG keine rechtlichen Wirkungen.[283]

---

277 *Griesbeck,* S. 69, Fn. 43 m. w. N.; *Lindner,* S. 20 f.; *Pieroth/Schlink,* Rn. 193; ähnlich auch *Hösch,* S. 187.

278 Vgl. *Griesbeck,* S. 84 ff.

279 *Hösch,* S. 199.

280 BVerfGE 56, 249 (260); *Papier,* in: Maunz/Dürig, Bd. II, Art. 14 Rn. 299.

281 *Drews/Wacke/Vogel/Martens,* S. 307; *Papier,* in: Maunz/Dürig, Bd. II, Art. 14 Rn. 299.

282 *Hösch,* S. 187.

283 BVerwG, Urt. v. 4.10.1985 – 4 C 76/82 –, NJW 1986, 1626 ff., 1627; *Pieroth/Schlink,* Rn. 193; im Ergebnis auch *Wiester,* S. 66.

Die Sozialbindung ist entgegen der Rechtskreistheorie auch nicht den Eigentumsrechten selbst immanent.[284] Dies bedeutete, aus einem Grundrecht eine Grundpflicht abzuleiten, die inhaltlich kaum bestimmbar wäre.[285] Verstünde man die Rechtspflicht als positive Handlungsverpflichtung des Eigentümers, jegliche von seinem Eigentumsobjekt ausgehende Gefahren aktiv abzuwehren, so höbe dies die Unterscheidung zwischen Zustandsverantwortlichkeit und Verhaltensverantwortlichkeit auf: Denn zum Handlungsstörer kann man auch durch Unterlassen werden, wenn eine Rechtspflicht zum Handeln besteht.[286]

Ähnliche Einwände lassen sich auch der Auffassung entgegenhalten, die die materielle Polizeipflicht als Rechtsgrund der Zustandsverantwortlichkeit versteht. Mit einer allgemeinen Nichtstörungspflicht kann wegen ihrer Unbestimmtheit jede öffentlich-rechtliche Pflicht gerechtfertigt werden.[287] Dies widerspricht dem rechtsstaatlichen Bestimmtheitsgebot.[288] Auch die materielle Polizeipflicht ist daher nur in ihrer einfachgesetzlichen Ausgestaltung inhaltlich ergiebig. Dort legt sie aber lediglich auf Primärebene fest, nach welchen Zuordnungskriterien eine Inanspruchnahme von Personen möglich ist. Sie gibt hingegen keine Auskunft darüber, wie diese Inanspruchnahme verfassungsrechtlich zu rechtfertigen ist.[289]

Die Risikosphärentheorie liefert brauchbare Kriterien für die kostenmäßige Lastenverteilung auf der polizeirechtlichen Sekundärebene. Sie kann dort insbesondere gegebenenfalls eine Opferposition des Zustandsverantwortlichen berücksichtigen. Risikozuweisungsüberlegungen sind aber auf der Primärebene, bei der es oftmals um schnelle Entscheidungen geht, fehl am Platz. Eine sichere Abgrenzung der Risikosphären ist „vor Ort" nicht sicher zu leisten.[290] Hier kann es aus Gründen der effektiven Gefahrenabwehr geboten sein, den Eigentümer einer störenden Sache auch unabhängig von seiner konkreten Nutzung der Sache zur Gefahrenabwehr heranzuziehen.

Wenn demgegenüber Teile der Literatur und der Rechtsprechung unter Berufung auf das Effizienzkriterium die Einwirkungsmöglichkeit auf die störende Sache als den eigentlichen verfassungsrechtlichen Zurechnungsgrund der Zustandsverantwortlichkeit ansehen, so verkennen sie, dass die

---

[284] *Hösch,* S. 201.

[285] *Griesbeck,* S. 62. Ähnlich auch *Hösch,* S. 200.

[286] Vgl. zu diesem Problem bereits im Zweiten Teil sub D.III.2.a)dd)(2)(c).

[287] *Lindner,* S. 23. Vgl. auch *Pieroth/Schlink,* Rn. 194: „Die Vorstellung einer Pflicht, Pflichten zu erfüllen, ist ebenso seltsam wie die eines Rechts, Rechte auszuüben, einer Entschlossenheit zu wollen oder einer Fähigkeit zu können."

[288] *Griesbeck,* S. 86.

[289] Vgl. *Lindner,* S. 77, 89, 93 f.

[290] *Griesbeck,* S. 71 f. (Fn. 57), 72; *Lindner,* S. 21.

bloße „Faktizität“ bzw. das „Innehaben des Gegenmittels“ nur rechtliche Anknüpfungspunkte oder Zuordnungskriterien, nicht aber eigentlicher Zurechnungsgrund der Inanspruchnahme sind.[291] Bliebe es bei dieser Begründung, so wäre die Gefahrenbeseitigungspflicht des Zustandsverantwortlichen eine mehr oder weniger zufällige Zuordnung des Sachrisikos zu einer Person.[292]

Auch die Kombinationslehre kann, obgleich sie einige Einwände, die gegen die „isolierten“ Auffassungen erhoben wurden, allein durch die Kumulation ihrer Vorteile entkräftet, nicht überzeugen. Ihre dogmatische Unzulänglichkeit liegt – insofern den obigen Auffassungen keinesfalls überlegen – darin begründet, dass sie den Versuch unternimmt, die der Zustandsverantwortlichkeit inhärente Dichotomie von Primärebene und Sekundärebene mit Hilfe eines einheitlichen Begründungsansatzes zu nivellieren. Sie ist insofern dem überkommenen polizeirechtlichen Konnexitätsprinzip verhaftet, basiert also wie die bisherigen Erklärungsmodelle auf der tradierten Vorstellung einer unbedingten Konnexität der polizeilichen „Primärebene“ und „Sekundärebene“.[293] Will man aber den auf diesen Ebenen streitenden unterschiedlichen Schutzinteressen der Allgemeinheit und des Zustandsverantwortlichen hinreichend Rechnung tragen, so erfordert die Analyse des Rechtsgrundes der Zustandsverantwortlichkeit die logische Trennung von Primärebene und Sekundärebene.

(c) Konkordanzlehre

Diesen Versuch unternimmt die hier vertretene Konkordanzlehre. Danach lässt sich der Rechtsgrund der Zustandsverantwortlichkeit weder isoliert durch die Vorstellung einer rechtlichen Sonderbeziehung noch allein mit Fokus auf die Einwirkungsmöglichkeit des Zustandsverantwortlichen auf die störende Sache noch durch eine bloße Kombination beider Aspekte erklären.

Der Rechtsgrund der Zustandsverantwortlichkeit liegt vielmehr in dem verfassungsrechtlichen Erfordernis der Herstellung eines schonenden Ausgleichs[294] bzw. von praktischer Konkordanz[295] widerstreitender Rechtsgutsinteressen und Grundrechte begründet. Sie ist insofern das Ergebnis einer optimierenden Güterabwägung zwischen gerechtfertigten Gemeinwohlbelan-

---

[291] *Binder,* Die polizeilicher Zustandshaftung als Gefährdungshaftungstatbestand, 1991, S. 29; *Frenz,* Das Verursacherprinzip, S. 254; *Friauf,* in: Schmidt-Aßmann (Hrsg.), 2. Abschn. Fn. 275; *Griesbeck,* S. 60; *Lindner,* S. 21.

[292] *Ritgen,* GewArch 1998, 393 ff., 396.

[293] Vgl. hierzu bereits oben sub C.III.1.b).

[294] Vgl. zu diesem Begriff *Lerche,* Übermaß, Bemerkungen zur Wiederauflage, S. XXII.

gen, den Interessen des Zustandsverantwortlichen sowie den Grundrechten Dritter, und zugleich Ausdruck und Resultat des verfassungsrechtlichen Zielkonflikts zwischen dem Gebot effektiver Gefahrenabwehr und dem der gerechten Lastenverteilung.[296]

Das Gebot effektiver Gefahrenabwehr steht dem allgemeinen Grundsatz der Verwaltungseffizienz nahe. Es folgt aus dem Schutzpflichtenbezug der Grundrechte und ist zugleich Korrelat der Friedenspflicht des Bürgers.[297] Es enthält als ungeschriebenes verfassungsrechtliches Prinzip, das im Rang eines Optimierungsgebotes[298] steht, eine zeitliche und eine qualitative Komponente. In zeitlicher Hinsicht zielt die Optimierung auf eine schnelle Abwehr der Gefahr oder eine schnelle Unterbindung der Störung, in qualitativer Hinsicht hat die Gefahrenabwehr wirksam und nachhaltig zu sein.[299] Das Gebot effektiver Gefahrenabwehr fordert die Einbeziehung des Zustandsverantwortlichen in den Kreis der potentiellen Adressaten polizei- und ordnungsrechtlicher Verfügungen, da dieser aufgrund seiner tatsächlichen bzw. rechtlichen Einflussnahmemöglichkeit als „Inhaber des Gegenmittels“[300] auf die störende Sache einen effektiven Beitrag zur Gefahrenabwehr leisten kann. Seine Beseitigungsfähigkeit ist zu vermuten, weil er durch seine gefestigte Sachherrschaft nähere Informationen über den Gefahrenherd und eine entsprechende Einwirkungsmöglichkeit darauf haben wird.[301]

Aus den Prinzipien der möglichst geringen Freiheitsbeeinträchtigung und der gerechten Lastenverteilung[302], Teilaspekte des allgemeinen Gleichheitssatzes des Art. 3 Abs. 1 GG[303] und damit zugleich Ausdruck des allgemeinen (rechtsstaatlichen) Gerechtigkeitsprinzips, folgt demgegenüber neben

[295] Vgl. zu diesem Begriff *Hesse,* Rn. 72; *Lerche,* in: Isensee/Kirchhof (Hrsg.), HdBStR V, 2. Aufl. 2000, § 122 Rn. 6. Den Begriff der „Konkordanz“ verwendet in dem hiesigen Zusammenhang auch *Papier,* Altlasten, S. 51.

[296] Vgl. hierzu *Lindner,* S. 8; 124; *Griesbeck,* S. 105: „Konflikt von Effektivitätspostulat und Postulat gerechter Lastenverteilung“; *Kloepfer/Thull,* DVBl. 1989, 1121 ff., 1121: „Spannungsverhältnis“; *R. Schulz,* Lastentragung, S. 184, 289; *Spannowsky,* UPR 1988, 376 ff., 376: „Spannungsverhältnis von Gerechtigkeit und Effizienz“.

[297] Vgl. hierzu *Giesberts,* S. 41 ff.; *Lindner,* S. 108 ff.

[298] Vgl. zu diesem Begriff allgemein *Alexy,* Theorie der Grundrechte, 1985, S. 75 f.

[299] *Lindner,* S. 108 f.

[300] Zu diesem Begriff bereits oben sub C.III.2.c)aa).

[301] *Wiester,* S. 67.

[302] Zu diesem Prinzip vgl. *Lindner,* S. 112 ff. und 114 ff.; *Spannowsky,* DVBl. 1994, 560 ff., 561 ff.

[303] BVerfGE 84, 239 (268 f.) – Steuern. Zum Teil wird die Grundlage des Prinzips gerechter Lastenverteilung auch in Art. 14 GG gesehen, vgl. *Spannowsky,* DVBl. 1994, 560 ff., 561.

dem Erfordernis nach einer Beschränkung des Gegenmitteleinsatzes auf das notwendige Mindestmaß das Gebot der sachgerechten Auswahl des Verantwortlichen. Diesem Verfassungsprinzip zufolge wäre der Zustandsverantwortliche nur dann in Anspruch zu nehmen, wenn ihn gegenüber der Allgemeinheit eine *besondere* Verantwortung für die Beseitigung der ordnungsrechtlichen Störung auf eigene Kosten träfe.[304] Soweit es bei der Störungsbeseitigung hingegen um verwirklichte Risiken geht, die dem Bereich der Allgemeinheit zuzuordnen sind, verbietet das Prinzip gerechter Lastenverteilung die Sonderbelastung einzelner Grundrechtsträger, da diese bereits ihren Beitrag zum allgemeinen Steueraufkommen geleistet haben.[305]

Der Staat ist aufgerufen, den Zielkonflikt zu einem angemessenen Ausgleich im Sinne „praktischer Konkordanz“ zu bringen.[306] Die Schwierigkeit bei der Vornahme dieser Güterabwägung liegt darin, dass eine Inhomogenität der Wertigkeit der Individual- und Allgemeininteressen auf der Primärebene einerseits und auf der Sekundärebene andererseits besteht.

Auf der *Primärebene* fordert das Gebot effektiver Gefahrenabwehr, den Eigentümer als leicht zu ermittelnden und unmittelbar zugriffsbefugten „Inhaber des Gegenmittels“ zur Gefahrenabwehr heranziehen zu können. Die Interessen der Allgemeinheit an einer wirkungsvollen Gefahrenabwehr setzen sich hier gegenüber den Individualinteressen des Eigentümers an einer gerechten Lastenverteilung durch. Bei der Zustandsverantwortlichkeit für bodenbelastete Grundstücke erfährt das Gebot effektiver Gefahrenabwehr zudem eine verfassungsrechtlich gebotene gesundheits- und umweltrechtliche Verstärkung. Stehen überragend wichtige Gemeinwohlbelange wie die Gesundheit von Menschen, die Reinheit des Bodens und des Grundwassers auf dem Spiel, so reichert sich der staatliche Schutzauftrag um die verfassungsrechtlichen Belange des Art. 20a GG und Art. 2 Abs. 2 GG an.[307] Zwar gilt auch auf der Primärebene bereits das *Gebot der frühzeitigen gerechten Lastenverteilung*.[308] Angesichts des starken Gewichts der zu schützenden Gemeinschaftsgüter rechtfertigt das Erfordernis effektiver Ge-

---

[304] Ebenso *Sparwasser/Geißler,* DVBl. 1995, 1317 ff., 1321; ähnlich auch *Spannowsky,* DVBl. 1994, 560 ff., 562.

[305] *Griesbeck,* S. 129; *Lindner,* S. 118.

[306] Dem staatlichen Gewaltmonopol entspricht nach neuerem Grundrechtsverständnis die staatliche Schutzpflicht für die Rechte seiner Bürger. Dieser monopolisierten Schutzgarantie entspricht auf der Seite des Bürgers das prinzipielle Selbsthilfeverbot, die bürgerliche Gehorsamspflicht. Siehe hierzu *Franzius,* S. 52 m. w. N.

[307] Vgl. BVerfGE 102, 1 (18); vgl. auch *Dombert,* NJW 2001, 927 ff., 931 und *Führ,* NuR 1998, 6 ff., 11 („ökologische Aufladung“).

[308] *Giesberts,* S. 56; *Götz,* Allg. POR, Rn. 253, 257; *Knemeyer,* Polizei- und Ordnungsrecht, Rn. 339 ff.; *Waechter,* VerwArch 88 (1997), 298 ff., 327 f.; *Wallerath/Strätker,* JuS 1999, 127 ff., 134; *Würtenberger/Heckmann/Riggert,* Rn. 328; s. auch die Nachweise bei *R. Schulz,* Lastentragung, S. 199 (Fn. 121), 290.

fahrenabwehr aber sehr weitgehende Belastungen[309] und überwiegt, jedenfalls wenn kein anderer Störer greifbar ist,[310] in der Regel das Interesse des Eigentümers, in der privatnützigen Verwendung seines Grundstücks nicht beschränkt zu werden.[311] Dabei gilt: Je größer die Gefahrenintensität ist, um so stärker gibt der Grundsatz rascher und wirksamer Gefahrenbekämpfung bei der Störerauswahl den Ausschlag, um so mehr tritt das Gerechtigkeitsgebot zurück.[312] Es darf auch nicht übersehen werden, dass es zu erheblichen Unterschieden in der Beurteilung von vollzugspolizeilichen Lagen einerseits und ordnungsbehördlichen Lagen andererseits kommen kann. Sind jene durch die Notwendigkeit schnellen Eingreifens, unter Umständen aufgrund einer nur vorläufigen Prognose, geprägt, so kann es bei diesen darauf ankommen, nach gründlicher Gefahrenermittlung eine erfolgversprechende „Langzeitstrategie" zu entwickeln und durchzusetzen.[313] So kann selbst der sich in einer Opferlage befindende zustandsverantwortliche Eigentümer primär als Polizeipflichtiger in Betracht kommen, weil er zur Gefahrenbeseitigung rasch und wirkungsvoll in der Lage ist.[314] Insofern korrespondiert der ökologische Schutzauftrag des Staates mit einer (gefahrenabwehrrechtlichen) Ökologiepflichtigkeit des Eigentums aus Art. 14 Abs. 2 GG.[315]

---

309 *Di Fabio,* NVwZ 1995, 1 ff., 6.

310 Sind weitere Verantwortliche vorhanden, so stellt sich das in der Rechtsprechung und Literatur kontrovers diskutierte Problem der Auswahl unter mehreren polizei- und ordnungsrechtlich Verantwortlichen, insbesondere die Frage nach dem Vorrang der Inanspruchnahme des Verhaltensverantwortlichen vor dem Zustandsverantwortlichen. Siehe hierzu sub E.II.2.

311 BVerfGE 102, 1 (20); *Giesberts,* S. 54 f.; *R. Schulz,* Lastentragung, S. 290; *Würtenberger/Heckmann/Riggert,* Rn. 328.

312 *Spannowsky,* UPR 1988, 376 ff., 377; *Würtenberger/Heckmann/Riggert,* Rn. 330.

313 *Denninger,* in: Lisken/Denninger, Abschn. E Rn. 107 mit Hinweis auf *Papier,* NVwZ 1986, 256 ff., 263.

314 Vgl. nur *Pietzcker,* DVBl. 1984, 457 ff., 463.

315 Vgl. hierzu die Formulierung des Bundesverfassungsgericht in seinem jüngsten Altlasten-Beschluss, BVerfGE 102, 1 (18): „Die Gemeinwohlziele, denen das Eigentum nach Art. 14 Abs. 2 GG verpflichtet ist, finden, bei von einem Grundstück ausgehenden Gefahren für Leben und Gesundheit oder das Grundwasser überdies eine verfassungsrechtliche Grundlage insbesondere in der staatlichen Schutzpflicht nach Art. 2 Abs. 2 Satz 1 GG und dem Staatsziel des Schutzes der natürlichen Lebensgrundlagen in Art. 20a GG. Beide Verfassungsbestimmungen betreffen hochrangige Gemeinwohlbelange, *die den Auftrag aus Art. 14 Abs. 1 Satz 2 und Abs. 2 GG verstärken und das grundrechtlich geschützte Interesse des Eigentümers, in der privatnützigen Verwendung seines Grundstücks nicht beschränkt zu werden, überwiegen.*" (Hervorhebung durch den Verfasser). Vgl. auch die Legaldefinition in § 10 Abs. 1 UGB-KomE: „Das Eigentum berechtigt zur Nutzung von Naturgütern und zu Eingriffen in Natur und Landschaft nur, soweit die in den umweltrechtlichen

Das Kriterium der effektiven Gefahrenabwehr ist demgegenüber auf der *Sekundärebene* nicht ausschlaggebend, denn dort geht es weder um Geschwindigkeit noch um gefahrenabwehrbezogene Effektivität, sondern allein um die Frage der gerechten Kostenverteilung.[316] Gemeinwohlinteressen und Individualinteressen stehen sich hier grundsätzlich gleichwertig gegenüber. Daher kann der Zustandsverantwortliche auf der Sekundärebene zur Kostentragung nur dann verpflichtet werden, wenn sich die Kosteninanspruchnahme bei einer sorgfältigen ex-post-Betrachtung als Ausdruck des Prinzips gerechter Lastenverteilung im Verhältnis zur Allgemeinheit und zu dritten Nichtverantwortlichen erweist.[317]

Dies ist bei dem Zustandsverantwortlichen in der Regel der Fall.[318] Hier können die Erkenntnisse der Auffassungen fruchtbar gemacht werden, die den Rechtsgrund der Zustandsverantwortlichkeit in der rechtlichen Sonderbeziehung zu der störenden Sache sehen.[319] Danach gilt: Wer den Nutzen aus einer Sache zieht oder ziehen kann, soll gerechterweise auch die Lasten übernehmen; wer andere von der Nutzung ausschließen darf, muss auch das Risiko tragen, das sich aufgrund dieses Exklusivrechts verwirklicht. Denn das Interesse an der Nutzung einer potentiell gefährlichen Sache lässt spiegelbildlich eine Minderung des Abwehrinteresses gerechtfertigt erscheinen, wenn sich die potentielle Gefährlichkeit im Einzelfall tatsächlich zu einer konkreten Gefahr verdichtet.[320] Das Bundesverfassungsgericht formuliert dies so: „Die Möglichkeit zur wirtschaftlichen Nutzung und Verwertung des Sacheigentums korrespondiert mit der öffentlich-rechtlichen Pflicht, die sich aus der Sache ergebenden Lasten und die mit der Nutzungsmöglichkeit verbundenen Risiken zu tragen".[321] Auch ist es grundsätzlich unerheblich, auf welche Umstände der Gefahrenzustand zurückzuführen ist und ob der Eigentümer der Sache die Gefahr verursacht oder gar verschuldet hat.[322] „Wie dem Eigentümer nach geltendem Recht die Vorteile der privaten Nutzung der Sache auch dann zufließen, wenn sie ohne sein Zutun entstehen, muss er die Lasten der Sache auch dann tragen, wenn die Gefahr nicht durch ihn verursacht worden ist."[323] Der Eigentümer ist also – anders als

---

Vorschriften festgelegten Voraussetzungen für eine dauerhafte Sicherung der natürlichen Lebensgrundlagen erfüllt werden (Umweltpflichtigkeit des Eigentums)."

[316] Ebenso *Giesberts,* S. 58, 152; *Waechter,* VerwArch 88 (1997), 298 ff., 328; *Würtenberger/Heckmann/Riggert,* Rn. 331.

[317] Der Gleichheitssatz wirkt auf dieser Ebene als ein Optimierungsgebot. Näher hierzu *Giesberts,* S. 57 ff.; *Waechter,* VerwArch 88 (1997), 298 ff., 328 f.

[318] BVerfGE 102, 1 (20); *Frenz,* VerwArch 90 (1999), 208 ff., 219; *Griesbeck,* S. 140 f.; *Papier,* Altlasten, S. 56; *R. Schulz,* Lastentragung, S. 375 f.

[319] Siehe oben sub C.III.4.a)bb)(1)(a)(aa).

[320] *Lindner,* S. 83.

[321] BVerfGE 102, 1 (18).

[322] *Pietzcker,* DVBl. 1984, 457 ff., 463; *Spannowsky,* DVBl. 1994, 560 ff., 562.

der Verhaltensverantwortliche – nicht deshalb verantwortlich, weil er pflichtwidrig den gefährlichen Sachzustand verursacht hat, sondern weil ihm ein gefährlicher Sachzustand wertungsmäßig zugerechnet wird. Erst sein Untätigbleiben in der entstandenen konkreten Gefahrenlage ist pflichtwidrig, weil die Gefahrenbeseitigung in seinen Pflichtenkreis fällt.[324] Hier wird der Gedanke der sicherheitsrechtlichen Garantenstellung des Eigentümers wieder aufgegriffen,[325] dass also der Eigentümer dem sich verwirklichenden *sachtypischen Risiko* näher steht als der Nichteigentümer oder die Allgemeinheit. Diese Nähe wird durch die Inanspruchnahme zur Beseitigung der Gefahr ausgeglichen, weshalb sie gleichheitsfördernd und -stabilisierend wirkt.[326]

Die Zustandsverantwortlichkeit des Eigentümers ist auf der Sekundärebene insofern Ausdruck des allgemeinen Gleichheitssatzes aus Art. 3 Abs. 1 GG sowie der Sozialgebundenheit des Eigentums gemäß Art. 14 Abs. 2 GG.[327] Sie dient – insoweit vergleichbar mit anderen Gefährdungshaftungstatbeständen[328] – als eine Art Erfolgshaftung für ein erlaubtes Risiko zugleich auch der Akzeptanzsteigerung des Privateigentums.[329]

Dass dem Gesetzgeber hierbei die Befugnis zu weitreichender Typisierung zukommt, liegt angesichts der Vielgestaltigkeit denkbarer Einzelfallkonstellationen auf der Hand. So ist für die Verfassungsgemäßheit der Regelungen über die Zustandsverantwortlichkeit nicht in jedem Einzelfall der Nachweis erforderlich, dass der Verpflichtete *tatsächlich* Nutzungen aus dem Grundstück gezogen hat oder *tatsächlich* von seinem Ausschlussrecht Gebrauch gemacht hat. Es genügt zur Rechtfertigung der Zustandsverantwortlichkeit die diesbezügliche *Möglichkeit* des In-Anspruch-Genommenen.

---

323 BVerfGE 102, 1 (19).

324 *Pietzcker,* DVBl. 1984, 457 ff., 460.

325 Vgl. oben sub C.III.4.a)bb)(1)(a)(aa).

326 *Lindner,* S. 84. Dabei ist nach Auffassung des Bundesverfassungsgerichts auch zu berücksichtigen, dass in einer Reihe von Fällen die Sanierung von Altlasten auch dem Eigentümer zugute kommt, weil diese eine Wertsteigerung des Grundstücks mit sich bringt und zudem oftmals die Nutzbarkeit des Grundstücks erst wiederherstellt, vgl. BVerfGE 102, 1 (19).

327 Vgl. *Spannowsky,* DVBl. 1994, 560 ff., 562.

328 Etwa § 22 Abs. 2 WHG; § 7 StVG; § 33 LuftVG; §§ 25–33 AtG; §§ 32 ff. GenTG; § 1 UmweltHG; §§ 1, 2 HaftpflichtG.

329 Vgl. zu dieser Funktion der Gefährdungshaftung *Kloepfer,* Umweltrecht, 2. Aufl. 1998, § 6 Rn. 136; *Klass,* UPR 1997, 134 ff., 137.

(2) Grenzen der Zustandsverantwortlichkeit

Die Grenze der Zumutbarkeit der sekundärrechtlichen Inanspruchnahme ist – folgt man dem Bundesverfassungsgericht[330] – allerdings dann erreicht, wenn das Verhältnis von Nutzen und Lasten insbesondere aufgrund von Umständen, die der Eigentümer nicht zu verantworten hat, derartig ins Ungleichgewicht gerät, dass sich der Eigentümer selbst in einer von ihm nicht verschuldeten – nach den Kriterien des Bundesverfassungsgerichts[331] bislang nur recht vage bestimmten – Opferposition befindet. Eine kostenmäßige Begrenzung der Zustandsverantwortlichkeit in Opferlagen kommt allerdings nur unter sehr engen Voraussetzungen in Betracht. Dies gilt insbesondere für die Fälle der Gefahrenverursachung durch Dritte. Bestehen zwischen dem Eigentümer und dem Dritten nämlich vertragliche Beziehungen, so ist zu berücksichtigen, dass der Zustandsverantwortliche i.d.R. zivilrechtlichen Rückgriff beim Verursacher nehmen kann.[332] Eine solche Ausgleichsmöglichkeit rechtfertigt die uneingeschränkte Belastung des Zustandsverantwortlichen. Umgekehrt kann vertraglich auch die endgültige Lastentragung des Eigentümers für die Sanierung vereinbart worden sein. Eine staatliche Begrenzung der Inanspruchnahme des Eigentümers hätte dann quasi privatrechtsgestaltende Wirkung und bevorzugte den Eigentümer entgegen der privatrechtlichen Abrede.[333] Entsprechend dieser Überlegungen ist im US-amerikanischen „Superfund"-Sanierungsrecht die Einrede der Drittverursachung (so genannte „third party defense"[334] bzw. „innocent landowner defense"[335]) unstatthaft, wenn die Gefährdung im Rahmen einer vertraglichen Beziehung mit dem Sanierungsadressaten erfolgte.[336] Bestehen hingegen keine vertraglichen Beziehungen, stammt die Gefahr also von nicht nutzungsberechtigen Dritten, wie etwa bei „wilder" Müllablagerung, so ist zu beachten, dass die „Opferlage" hier oft nicht durch die Allgemeinheit ausgelöst worden ist. Der Staat ist aber nicht verpflichtet, dem Einzelnen das allgemeine Lebensrisiko abzunehmen und durch Dritte verursachte Nachteile auszugleichen.[337] Es bleibt bei dem Grundsatz „casum sentit dominus". Diese Überlegungen hat das Bundesverfassungsgericht in

330 Hierzu sogleich sub C.III.4.a)bb)(2).

331 BVerfGE 102, 1 (21).

332 Vgl. *R. Schulz,* Lastentragung, S. 415, These 5, sowie *Spannowsky,* UPR 1988, 376 ff., 380, *ders.* DVBl. 1994, 560 ff., 563.

333 Vgl. *R. Schulz,* Lastentragung, S. 210.

334 42 U.S.C., Chapter 103, Sec. 9607 (b) (3).

335 42 U.S.C., Chapter 103, Sec. 9601 (35).

336 Vgl. hierzu i.E. *Spießhofer,* in: Ress/Stein (Hrsg.), S. 29 ff., 63 ff.

337 Vgl. *Spannowsky,* DVBl. 1994, 560 ff., 563. In diesem Sinne einschränkend auch *Pietzcker,* DVBl. 1984, 457 ff., 463, der zur Abgrenzung des Risikobereiches auch auf die Häufigkeit und deshalb Versicherbarkeit des Risikos abstellen will.

seinem Leiturteil zur Begrenzung der Zustandsverantwortlichkeit bei Altlasten[338] vernachlässigt.

Eine Opferposition des Eigentümers ist daher nur in Ausnahmefällen zu bejahen, etwa wenn der Eigentümer eines an eine Hauptstraße grenzenden, hinreichend geschützten Grundstücks zur Abtragung und Reinigung des durch einen umgekippten Öltankwagen verseuchten Erdreichs verpflichtet wird und mangels Solvenz des Verursachers „auf den Kosten sitzen bleibt".[339] Die Verwirklichung von solchen *sachuntypischen Risiken* fällt nicht in den Verantwortungsbereich des Eigentümers, da Nutzungsmöglichkeit und Risiko hier nicht korrespondieren.[340] Der Eigentümer steht den Risiken des Schwerlast- und Gefahrgütertransports, der in Kenntnis seiner hohen Gefährlichkeit dennoch wegen überwiegender öffentlicher Interessen zugelassen wird, nicht näher als die Allgemeinheit. Zumindest die volle Inanspruchnahme des Eigentümers bedeutete daher eine unbillige Härte. Noch deutlicher ist die Unbilligkeit der vollen Inanspruchnahme des Eigentümers in den sog. Kriegsschadensfällen.[341] So kann beispielsweise die Entdeckung einer Fliegerbombe aus dem 2. Weltkrieg den Abriss eines Einfamilienhauses sowie die komplette Auskofferung des Erdreichs erforderlich machen. In diesen Fällen[342] fordert das Prinzip gerechter Lastenverteilung jedenfalls eine kostenmäßige Begrenzung der Heranziehung des Zustandsverantwortlichen nach Maßgabe des Übermaßverbots.[343]

Die Kollision der widerstreitenden Verfassungsprinzipien der Effektivität und der gerechten Lastenverteilung kann also zu der Konsequenz führen, dass der Eigentümer auf der Primärebene zur Gefahrenbeseitigung herangezogen werden kann, auf der Sekundärebene hingegen die Kosten der Beseitigungsmaßnahme nicht oder nicht vollständig zu tragen hat. Die Heranziehung auf der Primärebene rechtfertigt nicht automatisch auch die Heranziehung auf der Sekundärebene. Insofern lässt sich folgern, dass es keinen *einheitlichen* Zurechnungsgrund der Zustandsverantwortlichkeit gibt.[344]

Vgl. auch *Knopp,* BB 1989, 1425 ff., 1429; *Sparwasser/Geißler,* DVBl. 1995, 1317 ff., 1319 f.

[338] BVerfGE 102, 1. Dazu sogleich sub C.III.4.a)bb)(2).

[339] Vgl. etwa OVG Münster, Urt. v. 3.10.1963 – VIII A 309/62 –, DVBl. 1964, 683 ff.; s. hierzu *T. Brandner,* S. 39 ff.; grundlegend auch *Friauf,* in: Festschrift für Wacke, 1972, S. 293 ff., 295 ff.

[340] *Lindner,* S. 85 f.

[341] Vgl. BVerwGE 10, 282 (283); BGH, Urt. v. 5.3.1953 – III ZR 354/52 –, DVBl. 1953, 367 (368 f.); OVG Münster, Besch. v. 8.3.1955 – VII A 315/54 –, MDR 1955, 762.

[342] Weitere Fallgruppen beschreibt *Pietzcker,* DVBl. 1984, 457 ff., 463.

[343] *Friauf,* in: Festschrift für Wacke, 1972, S. 293 ff., 302 f.; *Knopp,* BB 1989, 1425 ff., 1429; *Spannowsky,* DVBl. 1994, 560 ff., 562; ähnlich auch *Papier,* Altlasten, S. 49 ff.

(a) Vorgaben des Bundesverfassungsgerichts

Einen ähnlich differenzierenden Ansatz verfolgt nunmehr auch das Bundesverfassungsgericht. In seiner Entscheidung zu den Grenzen der Zustandsverantwortlichkeit bei Altlasten[345] hat es das polizeirechtliche Konnexitätsprinzip wenn nicht aufgegeben, so doch zumindest weit eingeschränkt. Das Bundesverfassungsgericht trennt eindeutig zwischen der primärrechtlichen Heranziehung zur Gefahrenbeseitigung und der sekundärrechtlichen Belastung des Eigentümers mit den Kosten einer Sanierungsmaßnahme. Während die primärrechtliche Verpflichtung zur Beseitigung von Grundstücksgefahren auch dann zulässig sei, wenn der Zustandsverantwortliche die Gefahrenlage weder verursacht noch verschuldet habe, müsse auf der Sekundärebene das Ausmaß dessen, was dem Eigentümer zur Gefahrenabwehr an Kosten abverlangt werden dürfe, in diesen Fällen begrenzt werden.[346]

Nach dem Bundesverfassungsgericht findet die Heranziehung des Eigentümers, insbesondere seine Belastung mit den Sanierungskosten, ihre Grenze im Grundsatz der Verhältnismäßigkeit. Die grundsätzlich volle Kostentragungspflicht des Zustandsverantwortlichen ist nach einem von dem Bundesverfassungsgericht entwickelten abgestuften Prüfungsprogramm in der Regel auf den Verkehrswert des Grundstücks nach Durchführung der Sanierung zu begrenzen. Eine diese Grenze überschreitende Belastung sei insbesondere dann unzumutbar, wenn die Gefahr, die von dem Grundstück ausgeht, aus Naturereignissen, aus der Allgemeinheit zuzurechnenden Ursachen oder von nicht nutzungsberechtigten Dritten herrühre, oder wenn das zu sanierende Grundstück den wesentlichen Teil des Vermögens des Pflichtigen bilde und die Grundlage seiner privaten Lebensführung sowie seiner Familie darstelle.[347] Die kostenmäßige Begrenzung der Inanspruchnahme auf die Höhe des Grundstückswertes könne allerdings entfallen, wenn der Eigentümer das Risiko der entstandenen Gefahr bewusst oder fahrlässig in Kauf genommen habe.[348] Gleichwohl sei als absolute Grenze bei der Inanspruchnahme sonstigen Vermögens dessen rechtlicher und wirtschaftlicher Zusammenhang mit dem sanierungsbedürftigen Grundstück zu wahren.[349]

---

[344] Ebenso *Griesbeck,* S. 125; *Leisner,* in: *ders.,* Eigentum, 1996, S. 395 ff., 403; *Wiester,* S. 70.

[345] BVerfGE 102, 1.

[346] BVerfGE 102, 1 (19 f.).

[347] BVerfGE 102, 1 (21).

[348] *Lepsius,* JZ 2001, 22 ff., 26, verkennt in seiner Kritik des Urteils des Bundesverfassungsgerichts, dass die Einbeziehung subjektiver Elemente in die Betrachtung auf der Sekundärebene nicht systemwidrig ist, da hier die Gesichtspunkte der effektiven Gefahrenabwehr und der Sachherrschaft gegenüber dem Prinzip der gerechten Lastenverteilung in den Hintergrund treten.

Die dergestalt vorgezeichneten Grenzen der Zustandsverantwortlichkeit versteht das Gericht nicht nur als einen legislatorischen Auftrag an den Gesetzgeber, sondern zugleich als bindende Auslegungs- und Anwendungsdirektive für die Behörden und Gerichte. Solange der Gesetzgeber die Grenzen der Zustandsverantwortlichkeit nicht ausdrücklich regele, sei es Aufgabe der Behörden und Gerichte, anhand der vorgegebenen Kriterien eine unverhältnismäßige finanzielle Belastung des Grundeigentümers im Rahmen einer ausschließlich auf seine Zustandsverantwortlichkeit gestützten Altlastensanierung zu verhindern.[350] Sei die Kostenbelastung wegen fehlender Zumutbarkeit von Verfassungs wegen begrenzt, müsse die Verwaltung auch über die Begrenzung der Kostenbelastung des Zustandsverantwortlichen entscheiden. In dieser Anweisung des Bundesverfassungsgerichts kommt erneut die Überwindung des polizeirechtlichen Konnexitätsgrundsatzes zum Ausdruck: Zwar sei die Inanspruchnahme des Zustandsverantwortlichen auf der Primärebene zulässig, seine Heranziehung zur Kostentragung auf der Sekundärebene hingegen nur im Rahmen der Verhältnismäßigkeit statthaft.

(b) Öffentlich-rechtlicher Lastenausgleich in Opfersituationen

Darüber hinaus könnte man im Anschluss an das neuere Schrifttum eine noch weiter gehende Trennung von Primär- und Sekundärebene unter vollständiger Aufgabe des Konnexitätsprinzips fordern[351] und damit im Ergebnis einen vollständigen öffentlich-rechtlichen Lastenausgleich[352] in den Opferfällen[353] herbeiführen. Es wäre nur konsequent, wenn der Zustandsstörer in – sehr engen und in dem Beschluss des Bundesverfassungsgerichts[354] bislang nur angedeuteten, aber noch näher einzugrenzenden[355] – Opfersituationen zwar aus Gründen der effektiven Gefahrenabwehr auf der Primär-

---

349 Vgl. hierzu *Mohr,* NVwZ 2001, 540.

350 BVerfGE 102, 1 (23 f.).

351 So insbesondere *Lindner,* S. 163 ff.; *Wiester,* S. 68 ff. Vgl. auch die zwischen Primärebene und Sekundärebene differenzierende Regelung in § 348 Abs. 6 Satz 2 und 3 UGB-KomE: „Die Verpflichtung *zur Kostentragung* des nach Abs. 1 S. 1 Nr. 5 Verantwortlichen endet nicht durch die Veräußerung des Grundstücks, wenn [...]". Hervorhebung durch den Verfasser.

352 Vgl. hierzu *Kloepfer/Thull,* DVBl. 1989, 1121 ff., 1122; *R. Schulz,* Lastentragung, S. 198 ff.

353 Zu der Streitfrage, ob auch in den Fällen, in denen sich der Zustandsverantwortliche in keiner Opfersituation befindet, ein öffentlich-rechtlicher Lastenausgleich zu favorisieren oder ob den privatrechtlichen Lösungsvorschlägen eines Störerausgleichs der Vorzug zu geben ist, siehe unten sub E.II.1. bei Fn. 638.

354 BVerfGE 102, 1 (21).

355 Vgl. etwa die sehr brauchbaren Vorschläge von *Spannowsky,* DVBl. 1994, 560 ff., 563.

ebene in Anspruch genommen werden könnte, aber auf der Sekundärebene grundsätzlich nicht die Kosten zu tragen hätte bzw. bei Eigenvornahme einen Entschädigungsanspruch – etwa in Analogie zu den Regelungen des Nichtstörerausgleichs[356] – gegen den Staat geltend machen könnte.[357] Wird etwa in dem angeführten Tanklastbeispiel der Eigentümer des anliegenden verseuchten Grundstücks zur Sanierung und Kostentragung herangezogen, so fordert der Grundsatz gerechter Lastenverteilung nicht bloß eine Begrenzung seiner Inanspruchnahme auf den Wert des sanierten Grundstücks, sondern vielmehr einen vollständigen Ausgleich seiner infolge der Sanierungsvornahme erlittenen Vermögenseinbuße durch den Staat. Die Alternative, den Zustandsverantwortlichen auf den zivilrechtlichen („internen") Regress gegen den Verhaltensverantwortlichen zu verweisen,[358] versagt in den Fällen, in denen kein Verhaltensverantwortlicher greifbar ist; sie belastet in jedem Fall den Zustandsverantwortlichen mit dem „Ausfallrisiko", also dem Risiko der mangelnden Ermittelbarkeit und der Zahlungsunfähigkeit des

---

[356] Derartige Entschädigungsansprüche finden sich in den Polizei- und Ordnungsbehördengesetzen der Länder, vgl. § 55 Abs. 1 Satz 1 BadWürttPolG; Art. 10 i.V.m. 70 Abs. 1 Nr. 1 BayPAG; § 37 Abs. 1 Nr. 1 ASOG Berlin; § 80 Abs. 1 Satz 1 NdsGefAG; § 10 Abs. 3 HmbSOG; § 64 Abs. 1 Satz 1 HessSOG; § 72 SOG M-V; § 67 PolG NW i.V.m. § 39 Abs. 1 Nr. 1 a OGB NW; § 68 Abs. 1 Satz 1 Rh-Pf PVG; § 6 Satz 1 und 2 i.V.m. § 69 SaarlPolG; § 52 SächsPolG; §§ 188, 190 Schl-HolVwG; § 68 Abs. 1 Satz 1 ThPAG i.V.m. § 52 ThOBG. Andere denkbare Möglichkeiten eines Ausgleichs sind die Institute der öffentlich-rechtlichen Geschäftsführung ohne Auftrag sowie des öffentlich-rechtlichen Erstattungsanspruchs. *Spannowsky,* DVBl. 1994, 560 ff., 563 will das Institut des „enteignendem Eingriffs" fruchtbar machen.

[357] Vgl. die diesbezüglichen Überlegungen von *Giesberts,* S. 221 ff.; *Griesbeck,* S. 146 ff.; *Lindner,* S. 165 f.; *Scholler/Broß,* S. 211; *Schwachheim,* NVwZ 1988, 225 ff., 227; *Schwerdtner,* NVwZ 1992, 141 ff., 143; *R. Schulz,* Lastentragung, S. 291; *Spannowsky,* DVBl. 1994, 560 ff., 562 f.; *Waechter,* VerwArch 88 (1997), 298 ff., 329; *Wiester,* S. 71; *Würtenberger/Heckmann/Riggert,* Rn. 339. Gegen sämtliche öffentlich-rechtlichen Ausgleichsansprüche wenden sich demgegenüber *Kloepfer/Thull,* DVBl. 1989, 1121 ff., 1122 f. Auch das Bundesverfassungsgericht sieht in einem solchen Ausgleich (bislang) kein verfassungsrechtliches Erfordernis: „Es ist verfassungsrechtlich insbesondere nicht geboten, den Eigentümer in den Fällen, in denen er die Gefahr weder verursacht noch verschuldet hat, als Nichtstörer im Sinne der sicherheitsrechtlichen Vorschriften zu qualifizieren, dem in jedem Fall eine Entschädigung wegen eingriffsbedingter Nachteile zu gewähren wäre". BVerfG, NJW 2000, 2573 ff., 2575; kritisch hierzu *Bickel,* NJW 2000, 2562 f., 2563.

[358] Vgl. *Breuer,* NVwZ 1987, 751 ff., 756; *Götz,* Allg. POR, Rn. 259; *Kloepfer/Thull,* DVBl. 1989, 1121 ff., 1126 f.; *Kormann,* UPR 1983, 281 ff., 285 ff.; *Pohl,* NJW 1995, 1645 ff., 1648 f.; *Schenke,* in: Steiner (Hrsg.), Abschn. II, Rn. 184 ff.; *R. Schulz,* Lastentragung, S. 191 ff.; *Schoch,* JuS 1994, 1026 ff., 1029; *Schwabe,* UPR 1984, 7 ff., 9 ff.; *Seibert,* DÖV 1983, 964 ff.; *Spannowsky,* DVBl. 1994, 560 ff., 563; *Ziehm,* S. 73 ff. – Zu dem in § 24 Abs. 2 BBodSchG vorgesehenen Modell eines privatrechtlichen Ausgleichs, vgl. im Einzelnen unten sub E.II.1.b)bb)(2).

Verhaltensverantwortlichen.[359] Dieses Risiko muss aber in den Fällen, in denen sich der Zustandsverantwortliche in einer Opferposition befindet, aus Gerechtigkeitserwägungen die Allgemeinheit tragen.[360]

Diese zunächst als sehr weitgehend erscheinende dogmatische Neuorientierung, die jedenfalls in einem Teilbereich einen Funktionswandel vom reinen Gefahrenabwehrrecht zu einem „öffentlichen Haftungsrecht" vollzieht,[361] führt im Ergebnis möglicherweise zu einer „Spaltung des Störerbegriffs".[362] Der Sache nach bedeutet sie allerdings nur eine Renaissance althergebrachter, etwas in Vergessenheit geratener polizeirechtlicher Grundsätze. Die hier favorisierte Trennung von polizeirechtlicher Primär- und Sekundärebene entspricht in ihrem Kern den historischen Grundlagen der Zustandsverantwortlichkeit im Preußischen Allgemeinen Landrecht.[363] Bereits der allgemeine Aufopferungsgedanke, der in den berühmten §§ 74, 75 EinlPrALR zum Ausdruck kommt und speziell für Beschränkungen des Eigentums in den §§ 29–31 des 1. Teils, 8. Titel PrALR Aufnahme gefunden hat,[364] beinhaltet die hier geforderte Trennung von Primär- und Sekundärebene: Danach ist zwar die Inanspruchnahme des Eigentümers auf der Primärebene aus überwiegenden öffentlichen Interessen möglich, ein ihm daraus erwachsender Vermögensnachteil muss aber durch Entschädigung auf der Sekundärebene kompensiert werden.

---

[359] *Giesberts,* S. 211 ff.; *R. Schulz,* Lastentragung, S. 187.

[360] Der Zustandsverantwortliche müsste allerdings als Ausgleich zu dem ihm zustehenden öffentlich-rechtlichen Entschädigungsanspruch seinen zivilrechtlichen Regressanspruch gegen den Verhaltensverantwortlichen an den Staat abtreten. Vgl. zu dieser Überlegung *Schwachheim,* NVwZ 1988, 225 ff., 227 (Fn. 43).

[361] *R. Schulz,* Lastentragung, S. 183. – Zur Kritik an dem Begriff des öffentlichen Haftungsrechts, vgl. VG Freiburg, Urt. v. 15.2.1967 – VS I 83/66 –, DVBl. 1967, 787 ff., 788; *Denninger,* in: Lisken/Denninger, Abschn. E Rn. 55; *Götz,* Allg. POR, Rn. 191; *Kränz,* S. 24; *Selmer,* in: GS Martens, S. 483 ff., 498. Für die Gleichsetzung der Begriffe „Haftung" und „Verantwortlichkeit" sprechen sich hingegen aus: *Drews/Wacke/Vogel/Martens,* S. 290; *R. Schulz,* Lastentragung, S. 183 (Fn. 69).

[362] *R. Schulz,* S. 198 (Fn. 118), 289; diesbezüglich kritisch *T. Brandner,* S. 40 f.

[363] Vgl. *Griesbeck,* S. 148 f.

[364] Dort heißt es: „Der Staat kann das Privateigenthum seiner Bürger nur alsdann einschränken, wenn dadurch ein erheblicher Schade von Anderen oder von dem Staat selbst abgewendet, oder ihnen ein beträchtlicher Vortheil verschafft werden, beides aber ohne einen Nachtheil des Eigenthümers geschehen kann. – Ferner alsdann, wenn der abzuwendende Schade, oder der zu verschaffende Vortheil des Staates selbst, oder anderer Bürger desselben, den aus der Einschränkung für den Eigenthümer stehenden Nachtheil beträchtlich überwiegt. – *Doch muß in diesem letzten Falle der Staat zugleich dafür sorgen, daß der einzuschränkende Eigenthümer für den dadurch erleidenden Verlust vollständig schadlos gehalten werde*". Vgl. *Sparwasser/Geißler,* DVBl. 1995, 1317 ff., 1318 (Hervorhebung durch den Verfasser).

Dieser Trennungsgrundsatz hat im heute geltenden Polizei- und Ordnungsrecht bislang zwar lediglich für den Nichtstörerausgleich seine gesetzliche Konkretisierung gefunden.[365] Da die Situation des Zustandsverantwortlichen in bestimmten Opferfällen aber mit der des Nichtstörers vergleichbar ist, ist angesichts der bestehenden Regelungslücke eine analoge Anwendung der gesetzlichen Regelung des Nichtstörerausgleichs im Hinblick auf die Rückerstattung der durch die Gefahrenbeseitigung entstandenen Kosten nicht nur möglich, sondern aus verfassungsrechtlichen Gründen sogar geboten.

Die Situation des Zustandsverantwortlichen in Opferposition ist ferner vergleichbar mit der des rechtmäßig in Anspruch genommenen Anscheinsstörers, der die Gefahr, wie sich rückblickend herausstellt, nicht zurechenbar verursacht hat.[366] Diesem erkennt die neuere Rechtsprechung ebenfalls einen Ausgleichsanspruch in Analogie zu den Entschädigungsregelungen für den auf der Primärebene herangezogenen Nichtstörer zu.[367] Ein solcher Kostenerstattungsanspruch ist auch in das Bundes-Bodenschutzgesetz aufgenommen worden: Der so genannte „Verdachtsstörer“ hat zwar auf der Primärebene Gefahrerforschungsmaßnahmen vorzunehmen (§ 9 Abs. 2 BBodSchG), auf der Sekundärebene aber nur dann die Kosten der getroffenen Maßnahmen zu tragen, wenn er die den Verdacht begründenden Umstände zu vertreten hat. Ansonsten werden ihm nachträglich die Kosten erstattet (§ 24 Abs. 1 Satz 2 Alt. 1 BBodSchG).

Als prozessuale Konsequenz der hier vertretenen Trennungslehre müsste folgerichtig auch eine Teilanfechtung der mit der Sanierungsanordnung ergehenden Kostenentscheidung zugelassen werden.[368]

---

[365] Vgl. die Nachweise in Fn. 356 sowie die Regelung in § 10 Abs. 2 BBodSchG für Ausgleichsansprüche gegenüber Anordnungen zur Beschränkung der land- und forstwirtschaftlichen Bodennutzung sowie zur Bewirtschaftung von Böden.

[366] So auch die Einschätzung von *Spannowsky,* DVBl. 1994, 560 ff., 562 und *Wiester,* S. 71.

[367] Vgl. BGHZ 117, 303 (307 f.) = DVBl. 1992, 1158 ff. mit zust. Anmerkung *Götz*; BGHZ 126, 279 (283 ff.); VGH Mannheim, Urt. v. 10.5.1990 – 5 S 1842/89 –, DÖV 1991, 165 ff.; OLG Köln, Urt. v. 26.1.1995 – 7 U 146/94 –, DÖV 1996, 86 ff., 87.

[368] Das Bundesverfassungsgericht erlaubt dem Zustandsverantwortlichen hingegen kein „Dulde und liquidiere“. Ein Eigentümer, der eine ihn treffende Sanierungsanordnung wegen der damit verbundenen Kosten für unverhältnismäßig hält, müsse sie im Verwaltungsrechtsweg anfechten. Lässt er den Verwaltungsakt bestandskräftig werden, so könne er eine Begrenzung seiner Kostenbelastung oder eine (Teil-)Erstattung aufgewandter Sanierungskosten nicht mehr geltend machen, vgl. BVerfGE 102, 1 (24). Legt man diese Rechtsprechung zugrunde, so muss der Betroffene zur Wahrung seiner prozessualen Rechte von Anfang an wissen, ob die Behörde gewillt ist, eine Begrenzung der Kostentragungspflicht vorzunehmen oder nicht. Wenn die Behörde aber vor der primärrechtlichen Heranziehung des Zustandsverantwortlichen

(3) Zwischenergebnis

Die Untersuchung hat ergeben, dass es keinen einheitlichen Rechtsgrund der Zustandsverantwortlichkeit gibt. Primär- und Sekundärebene müssen bei der verfassungsrechtlichen Analyse gedanklich voneinander getrennt werden. Die Zustandsverantwortlichkeit ist gerechtfertigt als Ergebnis einer jeweils auf beiden Ebenen vorzunehmenden Güterabwägung. Auf der Primärebene legitimiert die Gewährleistung effektiver Gefahrenabwehr die Heranziehung des Zustandsverantwortlichen, weil dieser – beurteilt aus einer ex-ante-Perspektive – dazu in der Lage ist, vermittelt durch seine rechtliche und tatsächliche Sachherrschaft auf die Gefahrenursache effektiv einzuwirken.

Auf der Sekundärebene bedeutet die Kostenbelastung des Zustandsverantwortlichen das wirtschaftliche Pendant zu seiner durch das Eigentum bzw. die Sachherrschaft vermittelten rechtlichen Ausschluss- und Nutzziehungsmöglichkeit. Sie ist, soweit bei einer ex-post-Betrachtung diese Eigentumsfunktionen noch gewährleistet sind, Ausfluss des aus Art. 3 Abs. 1 GG abgeleiteten Prinzips gerechter Lastenverteilung. Befindet sich der Zustandsverantwortliche dagegen selbst in einer Opferposition, so bleibt die Rechtmäßigkeit seiner Heranziehung auf der Primärebene davon unberührt. Auf der Sekundärebene ist allerdings seine Inanspruchnahme nach Maßgabe des Verhältnismäßigkeitsgrundsatzes in der Regel kostenmäßig auf die Höhe des Verkehrswertes des sanierten Grundstücks zu begrenzen. Soweit er in solchen Opfersituationen bereits tätig geworden ist, steht dem Zustandsverantwortlichen ein öffentlich-rechtlicher Entschädigungsanspruch in Analogie zu den gesetzlichen Regelungen des Nichtstörerausgleichs zu.

cc) Konsequenzen für die Abwägung im Rahmen der nachwirkenden Zustandsverantwortlichkeit des Derelinquenten

Da die Zustandsverantwortlichkeit sowohl auf der Primärebene als auch auf der Sekundärebene verfassungsrechtlich gerechtfertigt ist, liegt der Schluss nahe, dass grundsätzlich auch die Gewährleistung ihrer „Lückenlosigkeit", d.h. ihre Aufrechterhaltung im Wege einer nachwirkenden Zustandsverantwortlichkeit verfassungsgemäß sein muss. Entsprechend würde dann auch die Abwägung der Individual- und Gemeinwohlinteressen im Rahmen der Proportionalitätsprüfung automatisch zugunsten der gesetzlichen Regelung der nachwirkenden Zustandsverantwortlichkeit ausfallen.

---

zugleich über eine Begrenzung der Kostentragungspflicht entscheiden muss, dann bedeutet dies der Sache nach eine Rückkehr zum Konnexitätsprinzip und steht im Widerspruch zu dem Prinzip effektiver Gefahrenabwehr.

(1) Auswirkungen des Fortfalls der rechtlichen Sachherrschaft des Derelinquenten

Eine vollständige Identität des Rechtsgrundes von gegenwärtiger und nachwirkender Zustandsverantwortlichkeit besteht indes nicht. Es ist zu bedenken, dass die Nachhaftungsvorschrift im Bundes-Bodenschutzgesetz die zivilrechtliche Wirksamkeit der Dereliktion unberührt lässt. Die bodenschutzrechtliche nachwirkende Sanierungsverantwortlichkeit greift also – im Gegensatz zur Sanierungsverantwortlichkeit des gegenwärtigen Eigentümers – unabhängig von der tatsächlichen und rechtlichen Sachherrschaft des Derelinquenten über das bodenbelastete Grundstück ein. Hieraus ergibt sich, dass die verfassungsrechtliche Rechtfertigung der Zustandsverantwortlichkeit nur teilweise auf die nachwirkende Zustandsverantwortlichkeit des Derelinquenten übertragbar ist: Das Effektivitätsargument, das die Heranziehung des Zustandsverantwortlichen auf der Primärebene rechtfertigt, entfällt für den früheren Eigentümer jedenfalls in den Fällen vollständig, in denen er neben der *rechtlichen* auch die *tatsächliche* Sachherrschaft aufgegeben hat. Der Derelinquent steht dann dem derelinquierten Grundstück hinsichtlich seiner Einwirkungsmöglichkeiten hierauf nicht näher als jeder beliebige Dritte. Zwar führt dieser Umstand, wie sich herausgestellt hat, nicht zu einem Verstoß der Nachhaftungsvorschriften gegen den verfassungsrechtlichen Grundsatz der Geeignetheit.[369] Umgekehrt wird die Inanspruchnahme des früheren Eigentümers durch den Grundsatz effektiver Gefahrenabwehr aber auch nicht positiv gefordert. Die gesetzliche Zuweisung der Handlungsverantwortung auf den früheren Eigentümer durch § 4 Abs. 3 Satz 4 Alt. 2, Abs. 6 BBodSchG, die sich in der Praxis als Organisationsverantwortung darstellt, ist vielmehr bereits auf der – von der Sekundärebene insofern kaum zu trennenden – Primärebene Ausdruck der gesetzgeberischen Lastenverteilungsentscheidung. Diese Entscheidung spiegelt sich auf der Sekundärebene in der Auferlegung der mit der Sanierung verbundenen Kosten wider (§ 24 Abs. 1 BBodSchG). Insofern reduziert sich die nachwirkende Zustandsverantwortlichkeit – anders als die Zustandsverantwortlichkeit des gegenwärtigen Eigentümers – auf den einheitlichen Rechtsgrund der gerechten Lastenverteilung.[370]

(2) Übertragbarkeit der Lastenverteilungskriterien auf die Zustandsverantwortlichkeit des Derelinquenten

Die Fragestellung ist somit dahingehend zu präzisieren, ob die im Hinblick auf die Zustandsverantwortlichkeit genannten Lastenverteilungskrite-

---

[369] Siehe oben sub C.III.2.c).

[370] Siehe bereits oben sub C.III.2.c)cc).

rien (Nutzziehungsmöglichkeit – Ausschlussrecht – Gefährdungshaftung – Sozialpflichtigkeit des Eigentums)[371] ohne weiteres entsprechend auf den Derelinquenten als früheren Eigentümer übertragbar sind. Dies wird im Schrifttum bislang überwiegend bejaht.[372]

In der Tat besteht kein Grund, dem Derelinquenten die willkürliche Beendigung der Zustandsverantwortlichkeit für das Grundstück zu ermöglichen. Sein Verhalten kann unter Umständen sogar als rechtsmissbräuchlich und sittenwidrig qualifiziert werden. Die mutwillige Aufbürdung von Sanierungslasten auf die Allgemeinheit ist ein in der neueren Rechtsprechung und Literatur anerkannter Fall der Sittenwidrigkeit.[373] Die hierfür erforderlichen Voraussetzungen dürften bei der Dereliktion von Altlastengrundstücken im Regelfall erfüllt sein: Wer in dem Wissen um schädliche Bodenbelastungen oder Altlasten das Eigentum an einem Grundstück aufgibt, der nimmt zumindest billigend in Kauf, dass an seiner Stelle die Allgemeinheit für die Sanierungskosten aufkommen wird. Denn anders als bei der Übertragung des Grundstücks auf einen Dritten geht die Zustandsverantwortlichkeit des Derelinquenten unter und entsteht bei keinem anderen Privatrechtssubjekt neu. Diese öffentlich-rechtlichen Folgen der Eigentumsaufgabe sind im Normalfall auch dem Laien klar, dürfte sich aus diesem Bewusstsein doch seine Motivation für die Vornahme der – wirtschaftlich ansonsten unverständlichen – Dereliktion speisen. Auch die Kenntnis des Derelinquenten von den schädlichen Bodenveränderungen bzw. Altlasten kann normalerweise unterstellt werden: Wer das Eigentum an einem Grundstück freiwillig aufgibt, ohne dafür eine Gegenleistung zu erhalten, der muss dafür einen triftigen Grund haben. Eben diesen stellt die Belastung des in seiner Verantwortung stehenden Grundstücks mit Altlasten dar. Es darf somit unterstellt werden, dass mit der Dereliktion eines Grundstücks regelmäßig die Abwälzung der grundstücksbezogenen Risiken und Lasten auf die Allgemeinheit intendiert wird. Die an eine Dereliktion gekoppelte nachwirkende Sanierungsverantwortlichkeit knüpft an diesen Missbrauchsgedanken an und findet in dem Prinzip gerechter Lastenverteilung ihre verfassungsrechtliche Rechtfertigung.

Die nachwirkende Sanierungsverantwortlichkeit des Derelinquenten ist noch aus einem weiteren Grund gerechtfertigt. Dieser besteht darin, dass der frühere Eigentümer *nach wie vor,* d.h. auch nach Aufgabe des Eigentums an seinem Grundstück, den grundstücksbezogenen Risiken näher steht als die Allgemeinheit. Zwar kann der Derelinquent im Unterschied zum gegenwärtigen Eigentümer künftig keine Nutzungen mehr aus dem Grund-

---

371 Vgl. oben sub C.III.4.a)bb)(1)(c).

372 Etwa von *Kahl,* Die Verwaltung, Bd. 33 (2000), S. 29 ff., 53 f.

373 Siehe bereits im Zweiten Teil sub D.II.1., insbesondere die Nachweise in Fn. 133.

stück ziehen und auch andere nicht mehr von der Nutzung des Grundstücks ausschließen. Diese Exklusivrechte standen ihm aber in dem gesamten Zeitraum seines Eigentums bis zu dem Zeitpunkt der Eigentumsaufgabe – zumindest potentiell – zu. Dieser Umstand begründet eine Sonderverantwortung des früheren Eigentümers für grundstücksbezogene Risiken: Denn wer die Nutzungen aus einem Grundstück ziehen konnte, muss gerechterweise auch die mit dieser Nutzziehungsmöglichkeit verbundenen Lasten tragen; wer andere von der Nutzung des Grundstücks ausschließen durfte, muss auch im Nachhinein das Risiko tragen, das sich aufgrund dieses Ausschlussrechts verwirklicht hat. Dies gilt umso mehr, als das Ausschlussrecht des Eigentümers zugleich andere daran hinderte, drohende schädliche Bodenveränderungen zu verhindern bzw. Schäden zu begrenzen und notwendige Sanierungsmaßnahmen vorzunehmen. Diese Einwirkungsmöglichkeiten hatten grundsätzlich nur der (frühere) Eigentümer bzw. von ihm dazu berechtigte Inhaber der tatsächlichen Gewalt. Er steht auch aus diesem Grund wertungsmäßig den Grundstücksrisiken näher als die Allgemeinheit. Insofern lässt sich auch die Stellung des *früheren* Eigentümers als eine *sachbezogene sicherheitsrechtliche Garantenstellung* kennzeichnen.[374] Die frühere Rechtsstellung begründet eine Risikosphäre des ehemaligen Eigentümers, die – anders als die aus der Exklusivstellung folgenden Rechte – nicht zwingend mit der Eigentumsaufgabe endet. Sie endet vielmehr erst dann, wenn sich die frühere Rechtsposition auch im nachhinein als „risikofest" erweist, d.h. wenn bei Beendigung des Eigentums keine öffentlichen Gefahren von dem Grundstück (mehr) ausgehen. Realisieren sich hingegen grundstücksbezogene Gefahren, so bleibt der Eigentümer auch nach Aufgabe des Eigentums für die Abwehr dieser Gefahren verantwortlich.[375] Die Sozialpflichtigkeit des Eigentums setzt sich dann als *nachwirkende Sozialpflichtigkeit* aus Art. 14 Abs. 2 GG fort.[376] Die Annahme einer aus dem früheren Eigentum folgenden nachwirkenden Sozialpflichtigkeit steht nicht im Widerspruch zu der hier vertretenen Auffassung, die Regelungen über die nachwirkenden Zustandsverantwortlichkeit berührten aus Sicht des früheren Eigentümers als handlungsbezogene Pflichten nicht den Schutzbereich von Art. 14 Abs. 1 GG. Die Sozialpflichtigkeit aus Art. 14 Abs. 2 GG ist zwar unzweifelhaft eine auf das Eigentum bezogene verfassungsrechtliche Direktive. Sie setzt aber aufgrund ihres Verhaltensbezugs (des Eigentums*gebrauchs*[377]) nicht zwingend die zeitliche Koinzidenz von Eigentumsrecht

---

[374] Vgl. für den gegenwärtigen Eigentümer oben sub C.III.4.a)bb)(1)(a)(aa).

[375] Ähnlich auch *Taupitz,* in: UTR Bd. 53, S. 203 ff., 229, der den Vorgang der Dereliktion als Eröffnung einer Gefahrenquelle ansieht.

[376] Ebenso *Frenz,* BBodSchG, § 4 Abs. 6 Rn. 38; *Rengeling,* zit. bei *Sobczak,* in: UTR Bd. 53, S. 123 ff., 132; *Rid/Petersen,* NVwZ 1994, 844 ff., 848 (Fn. 43); a. A. *Kahl,* Die Verwaltung, Bd. 33 (2000), S. 29 ff., 67; *Würtenberger/Heckmann/ Riggert,* Rn. 299b.

und Eigentumspflicht voraus. Es ist daher möglich, eine bestimmte Form des Eigentumsgebrauchs – hier die Eigentumsaufgabe – zum Anknüpfungspunkt einer aus Art. 14 Abs. 2 GG folgenden nachwirkenden Sozialverpflichtung zu nehmen und zum Gegenstand einer öffentlich-rechtlichen Sanierungsverantwortlichkeit zu machen, ohne die Inpflichtnahme dem Schutzbereich der Eigentumsgarantie aus Art. 14 Abs. 1 GG zu unterstellen.[378]

Nimmt man somit die weitgehende Übertragbarkeit der die Zustandsverantwortlichkeit auf der Sekundärebene legitimierenden Gesichtspunkte auf die nachwirkende Zustandsverantwortlichkeit des Derelinquenten an, und akzeptiert man insbesondere auch den Grundsatz, dass, wer Nutzungen aus einer Sache gezogen hat oder zumindest ziehen konnte, den Risiken und Lasten aus der Sache näher steht als die Allgemeinheit, dann bedeutet die mit einer Dereliktion verbundene absichtliche Beendigung der Zustandsverantwortlichkeit einen (unter Umständen rechtsmissbräuchlichen) Verstoß gegen den verfassungsrechtlichen Grundsatz der gerechten Lastenverteilung. Ein solches Verhalten durch die Anordnung einer nachwirkenden Zustandsverantwortlichkeit faktisch zu unterbinden, ist daher Ausdruck eines hinreichend gewichtigen, auch verfassungsrechtlich zu akzeptierenden Rechtsgrundes.[379] Die Interessen der Allgemeinheit an einer gerechten Lastenverteilung überwiegen somit die Interessen des Derelinquenten, sich der Zustandsverantwortlichkeit zu entledigen.

dd) Teilergebnis

Die in § 4 Abs. 3 Satz 4 Alt. 2 BBodSchG angeordnete nachwirkende Sanierungsverantwortlichkeit des Derelinquenten eines bodenbelasteten Grundstücks entspricht dem verfassungsrechtlichen Grundsatz der Proportionalität. Sie ist gerechtfertigt aus dem in den Dereliktionsfällen bestehenden Erfordernis der Gewährleistung einer lückenlosen Zustandsverantwortlichkeit: Vor dem Hintergrund, dass die Zustandsverantwortlichkeit selbst verfassungsgemäßer Ausdruck des Prinzips gerechter Lastenverteilung ist, bedeutete zumindest die absichtliche „Flucht" aus dieser Verantwortlichkeit

---

377 Vgl. den Wortlaut von Art. 14 Abs. 2 GG: „Eigentum verpflichtet. Sein *Gebrauch* soll zugleich dem Wohle der Allgemeinheit dienen." Hervorhebung durch den Verfasser.

378 Vgl. zur Unabhängigkeit von Art. 14 Abs. 1 und Abs. 2 GG auch *Frenz,* VerwArch 90 (1999), 208 ff., 220; a. A. *Rengeling,* zit. bei *Sobczak,* in: UTR Bd. 53, S. 123 ff., 132. Allerdings wirkt sich Art. 14 GG bei der Frage nach der Höhe der Kostentragungspflicht des früheren Eigentümers aus, vgl. sub E.III.

379 Ebenso *Kahl,* Die Verwaltung, Bd. 33 (2000), S. 29 ff., 54. Auf die Nähe der Dereliktion zur Verhaltensverantwortlichkeit weist *Kohte,* DÖV 1994, 716 ff., 725, hin.

im Wege der Dereliktion wegen des Fehlens eines neuen Zustandsverantwortlichen eine rechtsmissbräuchliche Risikoverlagerung auf die Allgemeinheit. Hinzu kommt, dass der Derelinquent als ehemaliger Inhaber der grundstücksbezogenen Exklusivrechte den grundstücksbezogenen Risiken *nach wie vor* näher steht als die Allgemeinheit. Die mit seiner Inanspruchnahme einhergehende Belastungswirkung fällt daher gegenüber den Interessen der Allgemeinheit an einer Aufrechterhaltung der Zustandsverantwortlichkeit weniger stark ins Gewicht, so dass die Abwägung im Rahmen der Proportionalität insgesamt zugunsten der nachwirkenden Heranziehung des Derelinquenten ausfällt.

b) Nachhaftung bei Eigentümerwechsel

Die zur verfassungsrechtlichen Rechtfertigung der nachwirkenden Zustandsverantwortlichkeit in den Fällen der Dereliktion angestellten Überlegungen lassen sich teilweise auch auf die Nachhaftungsregelung im Falle der rechtsgeschäftlichen Übertragung eines bodenbelasteten bzw. Altlastengrundstücks auf einen Dritten (§ 4 Abs. 6 BBodSchG) übertragen. Dabei darf aber nicht übersehen werden, dass ein erheblicher Unterschied zwischen beiden Formen nachwirkender Verantwortlichkeit besteht: Im Gegensatz zu der willkürlichen Beendigung der Zustandsverantwortlichkeit durch Dereliktion tritt bei der rechtsgeschäftlichen Übertragung eines Grundstücks an die Stelle des früheren Eigentümers ein neuer Eigentümer und damit zugleich ein neuer Zustandsverantwortlicher. Das zur Rechtfertigung der Dereliktionsnachhaftung angeführte Argument, die Lückenlosigkeit der Zustandsverantwortlichkeit müsse sichergestellt werden, ist daher in den Fällen des Eigentümerwechsels, in denen keine Verantwortlichkeitslücken auftreten, nicht stichhaltig.

Die Begründung der nachwirkenden Zustandsverantwortlichkeit des Veräußerers bereitet vor allem in den Fällen Probleme, in denen die Übertragung des bodenbelasteten Grundstücks sich nicht als Umgehungs- oder Spekulationsgeschäft und damit quasi als „versteckte Dereliktion" darstellt. Gerade die tatbestandliche Erfassung auch der so genannten nicht-abusiven Grundstücksverkehrsgeschäfte durch § 4 Abs. 6 BBodSchG ist in der Literatur kritisiert worden.[380] Zwar gibt es, wie ausführlich dargelegt wurde, kein milderes Mittel, um das mit einer Grundstücksübertragung verbundene Risiko des tatsächlichen oder finanziellen Ausfalls des neuen Zustandsverantwortlichen von der Allgemeinheit auf den früheren Eigentümer zu verlagern.[381] Ob diese weitgehende Verantwortlichkeits- und Kosteninternalisie-

[380] Vgl. *Kahl,* Die Verwaltung, Bd. 33 (2000), S. 29 ff., 62 f.; *Knopp,* DVBl. 1999, 1010 ff., 1013; *Schwartmann,* DStR 1999, 324 ff., 328; *Spieth/Wolfers,* NVwZ 1999, 355 ff., 356; *Würtenberger/Heckmann/Riggert,* Rn. 610 f.

rung aber noch in einem angemessenen Verhältnis zu den mit ihr verbundenen Belastungswirkungen auf Seiten des früheren Eigentümers steht, bleibt im Rahmen der Proportionalitätsprüfung noch zu untersuchen.

aa) Belastungswirkungen von § 4 Abs. 6 BBodSchG

Wie bereits im Zusammenhang mit der Dereliktion erörtert, entfaltet die nachwirkende Sanierungsverantwortlichkeit mehrdimensionale Belastungswirkungen: Neben der mit ihr verbundenen primären Vornahmeverantwortung früherer Grundstückseigentümer und der faktischen Beeinträchtigung der Privatautonomie gegenwärtiger Eigentümer steht vor allem die – potentiell unbegrenzte – Kostentragungspflicht früherer Eigentümer für die Sanierungsmaßnahmen im Vordergrund.[382]

Was die Intensität der Belastungswirkungen von § 4 Abs. 6 BBodSchG angeht, so wird der Regelung im Unterschied zu der Nachhaftung bei Dereliktion teilweise vorgeworfen, unerträgliche Belastungen für den einzelnen Normadressaten zu zeitigen.[383] Sie führe aufgrund ihrer tatbestandlichen Weite bereits bei fahrlässiger Unkenntnis von einer industriellen Vornutzung des Grundstücks zu einer der Höhe nach uneingeschränkten öffentlich-rechtlichen Verantwortlichkeit für Altlasten, und zwar nicht nur für den letzten Eigentümer, sondern für sämtliche früheren Eigentümer, auch für den bloßen „Durchgangseigentümer“. Sie statuiere damit eine zeitlich unbegrenzte, übermäßig strenge „Ewigkeitshaftung“,[384] deren Belastungswirkungen auch durch die Vertrauensschutzregelung in § 4 Abs. 6 Satz 2 BBodSchG nicht hinreichend gemildert werden könnten.[385]

Diesen Einwänden wird zumeist hinzugefügt, durch die Neuregelung werde mittelbar auch der Grundstücksverkehr erheblich belastet.[386] Da nunmehr nach der vollzogenen Übertragung eines (möglicherweise) bodenbelasteten Grundstücks die nachwirkende Sanierungsverantwortlichkeit des Veräußerers gleichsam wie ein Damokles-Schwert über dem Rechtsgeschäft schwebe, werde das Altlastenrisiko für die Vertragsparteien unkalkulierbar

---

381 Siehe oben sub C.III.3.b)bb)(3).

382 Vgl. oben sub C.III.4.a)aa).

383 *Bickel,* § 4 Rn. 56; *Kobes,* NVwZ 1998, 786 ff., 790; *Spieth/Wolfers,* altlasten spektrum 1998, 75 ff., 79; *Turiaux/Knigge,* BB 1999, 377 ff., 379; *Würtenberger/Heckmann/Riggert,* Rn. 610.

384 Vgl. hierzu bereits im Zweiten Teil sub D.III.2.b).

385 *Kahl,* Die Verwaltung, Bd. 33 (2000), S. 29 ff., 70 f.

386 *Dombert,* NJW 2001, 927 ff., 932; *Kahl,* Die Verwaltung, Bd. 33 (2000), S. 29 ff., 72 f.; *Riedel,* ZIP 1999, 94 ff., 98; *Schwartmann,* DStR 1999, 324 ff., 328 f.; *Spieth/Wolfers,* NVwZ 1999, 355 ff., 357; *Turiaux/Knigge,* BB 1999, 377 ff., 384.

und damit zugleich die Verkehrsfähigkeit industriell genutzter Grundstücke ernsthaft erschwert. § 4 Abs. 6 BBodSchG entspreche bezüglich seiner Intensität und Tragweite einem faktischen Veräußerungsverbot.[387]

Dieser Auffassung ist zuzugeben, dass durch die zu der Zustandsverantwortlichkeit des Erwerbers eines bodenbelasteten Grundstücks hinzutretende nachwirkende Zustandsverantwortlichkeit des Veräußerers wesentliche Parameter der privaten Vertragsgestaltung verschoben werden. Im Gegensatz zur alten Rechtslage entbindet die Übertragung des Grundstückseigentums den Verkäufer grundsätzlich nicht mehr von seiner öffentlich-rechtlichen Sanierungsverantwortlichkeit. Eine vertragliche Freizeichnung des Verkäufers von dem Altlastenrisiko ändert hieran aufgrund des Vorrangs des Ordnungsrechts vor dem Privatrecht grundsätzlich nichts.[388] Der einmal begründeten nachwirkenden Zustandsverantwortlichkeit nach dem Bundes-Bodenschutzgesetz kann der Veräußerer eines bodenbelasteten Grundstücks in Zukunft allenfalls durch Abschluss eines öffentlich-rechtlichen Dispensvertrages mit der zuständigen Behörde entgehen. Zu einem solchen Dispensvertrag dürften die Behörden aber regelmäßig kaum bereit sein, da es nicht in ihrem Interesse liegt, einen zusätzlichen Sanierungsverantwortlichen zu verlieren.[389]

Es dürfte also faktisch nur die schuldrechtliche Lösung im Verhältnis des Verkäufers zum Käufer übrig bleiben. Soll nach dem Willen der Vertragsparteien das Altlastenrisiko beim Käufer liegen, so muss sich der Verkäufer im Innenverhältnis durch schuldrechtliche Freistellungs- und Regressklauseln gegen eine nachwirkende Inanspruchnahme absichern. Dabei trägt der Verkäufer allerdings das Risiko der Insolvenz des Käufers, denn bei Zahlungsunfähigkeit des Käufers helfen dem zur Sanierung herangezogenen früheren Eigentümer weder seine vertraglich vereinbarten Rückgriffsansprüche noch ein eventueller Ausgleichsanspruch nach § 24 Abs. 2 BBodSchG.[390] Es empfiehlt sich daher für den Verkäufer, sich einen leistungsstarken Käufer auszusuchen.[391] Um sich wirksam gegen die Insolvenz des Käufers rechtlich abzusichern, müsste der Verkäufer ansonsten auf eine

---

387 *Kahl,* Die Verwaltung, Bd. 33 (2000), S. 29 ff., 72 f.

388 *Schwartmann,* DStR 1999, 324 ff., 329. Es ist aber anerkannt, dass es im Einzelfall ermessensfehlerhaft sein kann, wenn die Behörde bei der Auswahl des von ihr in Anspruch genommenen Störers die zivilrechtliche Letztverantwortlichkeit völlig unberücksichtigt lässt, vgl. BVerwG, Beschl. v. 24.8.1989, NVwZ 1990, 474 f., 475, sowie die weiteren Nachweise in Fn. 621.

389 Vgl. *Kahl,* Die Verwaltung, Bd. 33 (2000), S. 29 ff., 72; *Müggenborg,* NVwZ 2000, 50 ff., 51; *Schwartmann,* DStR 1999, 324 ff., 329; *Spieth/Wolfers,* NVwZ 1999, 355 ff., 357.

390 *Kahl,* Die Verwaltung, Bd. 33 (2000), S. 29 ff., 72. Zum sachlichen Anwendungsbereich von § 24 Abs. 2 BBodSchG siehe unten sub E.II.1.b)bb)(2).

391 Ebenso *Turiaux/Knigge,* BB 1999, 377 ff., 382.

dingliche Sicherung seiner Regressansprüche, etwa auf die Bestellung eines Grundpfandrechts dringen.[392] Solche Vereinbarungen belasten jedoch die Vertragsverhandlungen. Möglicherweise werden leistungsschwächere potentielle Käufer aus diesem Grund von dem Erwerb bodenbelasteter Grundstücke zurückschrecken – womit die behauptete Belastung des Grundstücksverkehrs zumindest nicht ausgeschlossen erscheint. Zu bedenken ist schließlich auch, dass Grundstückskäufer künftig gezwungen sind, eigene Nachforschungen bezüglich schädlicher Bodenveränderungen anzustellen, um im Falle einer späteren Weiterveräußerung des Grundstücks nicht ihrerseits in die bodenschutzrechtliche Nachhaftung zu geraten. Auch dies zählt zu den Belastungswirkungen von § 4 Abs. 6 BBodSchG.

bb) Öffentliches Interesse an der Regelung

Den angeführten Belastungswirkungen steht – wie bereits im Zusammenhang mit der Beschreibung der Zielsetzung der Regelung deutlich wurde[393] – ein erhebliches öffentliches Interesse an der Einführung der nachwirkenden Sanierungsverantwortlichkeit für ehemalige Grundstückseigentümer gegenüber.

Dieses Interesse besteht im Wesentlichen in der Schließung von Lücken bei der adressatenbezogenen Sanierungsverantwortlichkeit für schädliche Bodenveränderungen und Altlasten und der damit verbundenen Entlastung der öffentlichen Haushalte.[394] Es geht um eine im Vergleich zur bisherigen Rechtslage weitergehende Ersetzung des Gemeinlastprinzips[395] durch das – rechtspolitisch vorzugswürdige – Verursacherprinzip.[396]

Ferner liegt auch die durch die drohende Nachhaftung des Grundstücksverkäufers ausgelöste – bislang lediglich einseitig als Belastung des Grundstücksverkehrs dargestellte – offene Auseinandersetzung mit der Altlastenfrage im öffentlichen Interesse.[397] Sowohl der Verkäufer als auch der Käufer haben, wie bereits deutlich wurde, durch die Neuregelung ein ge-

---

392 *Spieth/Wolfers,* NVwZ 1999, 355 ff., 357. Zu den Möglichkeiten vertraglicher Gestaltungsmittel, vgl. *Gärtner,* WiB 1997, 902 ff.; *Wächter,* NJW 1997, 2073 ff.

393 Siehe oben sub C.III.1.

394 Vgl. *Hilger,* in: Holzwarth/Radtke/Hilger, § 4 Rn. 113d f.

395 Kritisch zu diesem Begriff *Schwachheim,* Unternehmenshaftung, S. 125.

396 Vgl. zu diesem erweiterten, auch die Zustandsverantwortlichkeit einbeziehenden Verständnis des Verursacherprinzips, VGH München, Beschl. v. 13.5.1986 – 20 CS 86.00338 –, NVwZ 1986, 942 ff., 944; *Frenz,* Das Verursacherprinzip, S. 253 ff.; *ders.* VerwArch 90 (1999), 208 ff., 211, 219; *R. Schulz,* S. 186 f. Siehe auch die erweiterte Definition des Verursacherprinzips in § 6 Abs. 2 UGB-KomE: „Werden erhebliche nachteilige Einwirkungen oder Gefahren für die Umwelt oder den Menschen durch den Zustand von Sachen verursacht, so sind auch Eigentümer und Besitzer dafür verantwortlich".

steigertes Interesse an einer offenen Verhandlung der Altlastenfrage erlangt: Der Käufer muss sich durch eigene Nachforschungen gegenüber einer möglichen späteren Nachhaftung im Falle der Weiterveräußerung absichern, der Verkäufer ist gezwungen, den Altlastenverdacht auszuräumen, um seiner eigenen Nachhaftung zu entgehen bzw., wenn Altlasten festgestellt werden, für eine Vornahme der Sanierung in eigener Person oder durch einen leistungsfähigen Erwerber Sorge zu tragen. Da der Verkäufer auch dann zur (nachwirkenden) Sanierungsvornahme verpflichtet bleibt, wenn der Käufer das Grundstück weiterveräußert, ist es für den Verkäufer sinnvoll, die Sanierung entweder noch vor der Übereignung selbst vorzunehmen oder die Sanierungsvornahme durch den Käufer als eigenständige Vertragspflicht positiv in den Vertragstext mit aufzunehmen. Im letzteren Fall hat der Verkäufer wegen seiner fortbestehenden Sanierungsverantwortlichkeit ein hohes Interesse daran, das Grundstück nur an einen solventen Käufer zu übertragen. Umgehungs- und Spekulationsgeschäfte lohnen sich für ihn nicht mehr. Die nachwirkende Sanierungsverantwortlichkeit des Verkäufers wird also voraussichtlich – nicht zuletzt auf dessen eigene Initiative hin – dazu führen, dass künftig bodenbelastete Grundstücke nicht mehr ohne genaue vertragliche Abreden hinsichtlich ihrer Sanierung veräußert werden.[398] Dies erspart der Behörde unnötigen Ermittlungsaufwand hinsichtlich des Verantwortlichen, fördert die Akzeptanz einer etwaigen Sanierungsinanspruchnahme und ermöglicht nicht zuletzt eine rasche Sanierung des Grundstücks. Mit der Verlangsamung bzw. Erschwerung des Verkehrs mit Altlastengrundstücken korrespondiert also eine erhöhte Transparenz des Veräußerungsvorgangs und damit verbunden eine Beschleunigung der Sanierungsvornahme. Diese liegt aber wegen der von bodenbelasteten Grundstücken ausgehenden Umwelt- und Gesundheitsgefahren sowohl im öffentlichen Interesse an einem effektiven Umwelt- und Gesundheitsschutz als auch im wirtschaftspolitischen Interesse, alte Industriestandorte dauerhaft einer neuen Nutzungsform zuführen zu können.

cc) Abwägung

Ob die in § 4 Abs. 6 BBodSchG angeordnete nachwirkende Sanierungsverantwortlichkeit früherer Grundstückseigentümer insgesamt als verhältnismäßig anzusehen oder mit dem Verdikt der Verfassungswidrigkeit belegt

[397] Vgl. *Oerder,* in: Oerder/Numberger/Schönfeld, § 4 Rn. 23 mit Hinweis auf BGHZ 117, 363.

[398] *Pützenbacher/Görgen,* NJW 2001, 490 ff., 490 weisen darauf hin, dass heute die notarielle Praxis eine intensivere Auseinandersetzung mit den so genannten „Altlastenklauseln" in Grundstückskaufverträgen vorsieht als noch vor einigen Jahren.

werden muss, kann nur eine Abwägung der Interessen des früheren Eigentümers, nicht nachwirkend zur Sanierung herangezogen zu werden mit den Interessen der Allgemeinheit an seiner Inanspruchnahme ergeben.

Die Hinnahme der Belastungswirkungen, die aufgrund der nachwirkenden Sanierungsverantwortlichkeit für frühere Eigentümer nach Veräußerung von bodenbelasteten Grundstücken zu erwarten sind, ist nur dann gerechtfertigt, wenn ein verfassungsrechtlicher Zurechnungsgrund für die Ausdehnung der Zustandsverantwortlichkeit auf den Adressatenkreis der früheren Eigentümer erkennbar ist.

(1) Abusive Grundstücksverkehrsgeschäfte

Als unproblematisch stellt sich in dieser Hinsicht die Rechtslage bei den so genannten Umgehungs- oder abusiven Grundstücksverkehrsgeschäften dar. Hat der frühere Eigentümer das bodenbelastete Grundstück bewusst auf einen insolventen (in der Regel kollusiv agierenden[399]) Käufer übertragen, so sind die für die Allgemeinheit daraus resultierenden Belastungswirkungen im Ergebnis die gleichen wie bei einer Dereliktion: Die Sanierung der Altlast muss auf Staatskosten erfolgen. Die abusive Grundstücksveräußerung ist daher nichts anderes als eine „versteckte Dereliktion".[400] Die nachwirkende Sanierungsverantwortlichkeit des Veräußerers aus § 4 Abs. 6 BBodSchG ist folglich in solchen Konstellationen in verfassungsrechtlicher Hinsicht aus denselben Rechtsmissbrauchserwägungen gerechtfertigt wie die nachwirkende Sanierungsverantwortlichkeit des Derelinquenten.[401]

Der im zweiten Teil dargestellte Fall[402] der Übertragung eines Altlastengrundstücks auf eine ausländische unterkapitalisierte Gesellschaft ist ein Beispiel für ein solches dereliktionsgleiches Umgehungsgeschäft. Denkbar ist auch folgende Variante:

Die A-AG veräußert ein Altlastengrundstück an die B-GmbH, die – für die A-AG erkennbar – finanziell nicht dazu in der Lage ist, die erforderliche Sanierung des

---

399 Wurde der Käufer hingegen bezüglich der Bodenbelastungen in Unkenntnis gelassen, so berechtigt dies ihn grundsätzlich zur Wandelung oder Minderung, bzw. bei arglistigem Verschweigen seitens des Verkäufers auch zum Schadensersatz wegen Nichterfüllung (§ 463 Satz 2, § 480 Abs. 2 BGB). Der Vollzug der Wandlung umfasst die Rückübereignung des Grundstücks gemäß §§ 467, 346, 873, 925 BGB und befreit den Erwerber zugleich von seiner bis dahin bestehenden Zustandsverantwortlichkeit. Vgl. zu allem *Kothe,* VerwArch 88 (1997), 456 ff., 495 f., sowie die Nachweise im Zweiten Teil, Fn. 219.

400 Siehe hierzu bereits oben sub C.III.1.c).

401 Siehe oben sub C.III.4.a)cc)(2). Ebenso *Jorczyk/Duesmann,* altlasten spektrum 1999, 71 ff., 73; *Kahl,* Die Verwaltung, Bd. 33 (2000), S. 29 ff., 67; *Taupitz,* in: UTR Bd. 53, S. 203 ff., 228.

402 Vgl. dort sub D.III.1.

Grundstücks durchzuführen. Unter der Hand vereinbaren die Vertragsparteien, dass die A-AG nach Durchführung der erforderlichen Maßnahmen durch die Behörde das Grundstück zum ursprünglichen Verkaufspreis von der B-GmbH zurückerwerben kann.

In diesem Fall, der der Regelung in § 348 Abs. 6 Satz 3 UGB-KomE zugrunde liegt,[403] schiebt die A-AG als Verkäuferin die insolvente Käuferin als „Strohmann" vor, um aus der eigenen Zustandsverantwortlichkeit zu fliehen und um sich zudem an der infolge der staatlichen Sanierung eingetretenen Wertsteigerung des Grundstücks auf Kosten der Allgemeinheit zu bereichern, indem sie das Grundstück später zu einem Vorzugspreis zurückerwirbt. Dieses Gebahren der A-AG ist gemeinschädlich und sittenwidrig. Die Interessen der Allgemeinheit an der Inanspruchnahme der früheren Eigentümerin überwiegen daher eindeutig ihr wirtschaftliches Interesse, nicht zur Sanierung herangezogen zu werden.

Verfassungsrechtlicher Zurechnungsgrund für die nachwirkende Sanierungsverantwortlichkeit des früheren Eigentümers bei abusiven Grundstücksverkehrsgeschäften ist somit die Aufrechterhaltung der Lückenlosigkeit der Zustandsverantwortlichkeit zur Vermeidung von Rechtsmissbrauch im Interesse einer angemessenen Risikoverteilung zwischen dem Einzelnen und der Allgemeinheit.[404] Bezogen auf echte Umgehungsgeschäfte verstößt § 4 Abs. 6 BBodSchG daher nicht gegen den Grundsatz der Proportionalität.

(2) Nicht-abusive Grundstücksverkehrsgeschäfte

Der soeben angeführte Zurechnungsgrund scheidet allerdings bei den so genannten nicht-abusiven („gewöhnlichen") Grundstücksverkehrsgeschäften aus. Der Missbrauchsgedanke, also die sittenwidrige Lastenverschiebung auf die Allgemeinheit, ist hier nicht einschlägig.[405] Die nachwirkende Sanierungsverantwortlichkeit bedeutet daher in diesen „Normalfällen" für den Veräußerer des bodenbelasteten Grundstücks eine rechtfertigungsbedürftige Sonderlast.[406]

Einen hinreichenden verfassungsrechtlichen Rechtfertigungs- bzw. Zurechnungsgrund für diese Sonderbelastung vermag ein Teil des Schrifttums nicht zu erkennen:[407] Mangels fortdauernder Nutzungs- und Beherrschungs-

---

403 Zu dieser Regelung näher im Zweiten Teil sub E.II.

404 Vgl. auch *Droese,* UPR 1999, 86 ff., 87; *Kahl,* Die Verwaltung, Bd. 33 (2000), S. 29 ff., 67.

405 Vgl. VGH Mannheim, Beschl. v. 4.8.1995 – 10 S 828/95 –, NVwZ 1996, 1036 ff., 1038; OVG Münster, Urt. v. 30.5.1996 – 20 A 2640/94 –, NVwZ 1997, 507 ff., 508; *Kahl,* Die Verwaltung, Bd. 33 (2000), S. 29 ff., 67.

406 *Spieth/Wolfers,* NVwZ 1999, 355 ff., 357.

möglichkeit des Grundstücks könnten auf die nachwirkende Zustandsverantwortlichkeit des früheren Eigentümers die Zurechnungsgründe der Zustandsverantwortlichkeit des gegenwärtigen Eigentümers nicht übertragen werden. Seine Herrschaftsposition unterscheide sich nicht von derjenigen anderer Personen.[408] Ein verfassungsrechtlicher Zurechnungsgrund liege auch nicht in der Kenntnis des früheren Eigentümers von den Bodenbelastungen begründet, da die subjektiven Komponenten von § 4 Abs. 6 BBodSchG lediglich Haftungsvoraussetzungen aber kein verfassungsrechtlicher Zurechnungsgrund seien.[409] Der ehemalige Eigentümer stehe daher der Altlast wertungsmäßig nicht näher als jeder beliebige Dritte.[410] Die Nachhaftung sei besonders bedenklich, wenn der Pflichtige das Grundstück bereits mit den schädlichen Bodenveränderungen übernommen habe, da es dann an jeder zurechenbaren Beziehung des „Durchgangseigentümers" zu der Umweltbeeinträchtigung fehle.[411]

Zunächst ist der Kritik darin zuzustimmen, dass in der bloßen Kenntnis bzw. in der fahrlässigen Unkenntnis von der Gefahr, die Haftungsvoraussetzung von § 4 Abs. 6 BBodSchG ist, noch kein hinreichender verfassungsrechtlicher Zurechnungsgrund für die nachwirkende Sanierungsverantwortlichkeit des früheren Eigentümers liegt.[412] Kenntnis oder noch häufiger fahrlässige Unkenntnis können einzelne Bürger von den unterschiedlichsten Sachverhalten haben, etwa von einer absehbaren Klimakatastrophe oder von einem drohenden Betriebsunglück, ohne jedoch allein aufgrund dieses Wissens für die Gefahrabwendung *rechtlich* verantwortlich zu sein. Unter Berücksichtigung des Grundsatzes der Proportionalität und des allgemeinen Gleichheitsgebotes aus Art. 3 Abs. 1 GG kann der Gesetzgeber an gefahrenbezogene Sonderkenntnisse einzelner Bürger in der Regel lediglich besondere Mitteilungspflichten knüpfen, es sei denn, es kommt eine beson-

---

[407] *Gerhold,* altlasten spektrum 1998, 107 ff., 110; *Kahl,* Die Verwaltung, Bd. 33 (2000), S. 29 ff., 67; *Kobes,* NVwZ 1998, 786 ff., 790; *Kohte,* DÖV 1994, 716 ff., 725 (bzgl. § 20 Abs. 1 Nr. 5 ThAbfAG); *Schwartmann,* DStR 1999, 324 ff., 328; *Spieth/Wolfers,* altlasten spektrum 1998, 75 ff., 79; *dies.,* NVwZ 1999, 355 ff., 357; *Turiaux/Knigge,* BB 1999, 377 ff., 379; *Würtenberger/Heckmann/Riggert,* Rn. 610; zumindest zweifelnd: *Bender/Sparwasser/Engel,* Kap. 7/VII, Rn. 226; *Wüterich,* in: Landel/Vogg/Wüterich, § 4 Rn. 190.

[408] *Kahl,* Die Verwaltung, Bd. 33 (2000), S. 29 ff., 66 f.

[409] *Dombert,* NJW 2001, 927 ff., 932; *Kahl,* Die Verwaltung, Bd. 33 (2000), S. 29 ff., 69; *Spieth/Wolfers,* NVwZ 1999, 355 ff., 357.

[410] *Gerhold,* altlasten spektrum 1998, 107 ff., 110; *Schwartmann,* DStR 1999, 324 ff., 328; *Spieth/Wolfers,* altlasten spektrum 1998, 75 ff., 79; *dies.,* NVwZ 1999, 355 ff., 356; *Turiaux/Knigge,* BB 1999, 377 ff., 379. Vgl. auch VGH München, Beschl. v. 13.5.1986 – 20 CS 86.00 338 –, NVwZ 1986, 942 ff., 946.

[411] *Bickel,* § 4 Rn. 34; *Taupitz,* in: UTR Bd. 53, S. 203 ff., 227.

[412] Hierauf weisen *Kahl,* Die Verwaltung, Bd. 33 (2000), S. 29 ff., 69 und *Spieth/Wolfers,* NVwZ 1999, 355 ff., 357 hin.

dere Sachnähe des Informationsträgers hinzu, die auch die Auferlegung weiter gehender Pflichten, etwa seine Heranziehung zur Gefahrenabwehr rechtfertigt. Der frühere Eigentümer eines bodenbelasteten Grundstücks steht den Sanierungslasten aber nicht allein deshalb näher als die Allgemeinheit, weil er sie im Zeitraum seines Eigentums kannte oder kennen musste.[413] Diese Kenntnis kann auch jeder beliebige Dritte gehabt haben.

Wie folgende Ausführungen aufzeigen werden, ist hingegen der Einwand unzutreffend, die Zurechnungsgründe der Zustandsverantwortlichkeit des gegenwärtigen Eigentümers könnten nicht auf die nachwirkende Zustandsverantwortlichkeit des früheren Eigentümers übertragen werden.

Die Gleichsetzung des früheren Eigentümers mit einem „beliebigen Dritten", die von Teilen der Literatur vorgenommen wird, ist sachlich nicht gerechtfertigt. Immerhin hatte der frühere Grundstückseigentümer anders als beliebige Dritte – wenn auch möglicherweise nur für eine kurze Zeit (etwa als so genannter „Durchgangseigentümer") – zu einem früheren Zeitpunkt die das Eigentum kennzeichnende Exklusivstellung inne.[414] Diese Sonderposition berechtigte den Eigentümer dazu, während der Zeit seines Eigentums Nutzungen aus dem Grundstück zu ziehen sowie andere von der Einwirkung auf das Grundstück auszuschließen. Grundsätzlich kann daher auch in den Übertragungsfällen auf den bereits im Zusammenhang mit der Rechtfertigung der Nachhaftung des Derelinquenten ausgeführten Gedanken einer *nachwirkenden sicherheitsrechtlichen Garantenstellung* des früheren Eigentümers als Ausdruck seiner aus dem früheren Eigentum abgeleiteten nachwirkenden Sozialpflichtigkeit zurückgegriffen werden.[415]

Dabei ist insbesondere auch zu berücksichtigen, dass der frühere Eigentümer, der als so genannter „Durchgangseigentümer" ein bereits bodenbelastetes Grundstück übernommen hatte, das Grundstück seinerzeit in Kenntnis der Bodenbelastungen, zumindest aber – wegen der Vertrauensschutzregelung in § 4 Abs. 6 Satz 2 BBodSchG – in Kenntnis oder grob fahrlässiger Unkenntnis[416] des Risikos des Vorhandenseins schädlicher Bodenveränderungen erworben haben muss, um in die Nachhaftung nach § 4 Abs. 6 BBodSchG zu geraten. Aufgrund dessen wird er vermutlich seinerseits nur einen Vorzugspreis für das Grundstück bezahlt haben. Seine Pflichtigkeit aus § 4 Abs. 6 BBodSchG ist dann das Korrelat seines – beim „Durchgangseigentümer" möglicherweise rein spekulativen – Eigentumsnutzens in

---

413 So aber *Frenz,* BBodSchG, § 4 Abs. 6 Rn. 38.

414 Vgl. hierzu bereits oben sub C.III.4.a)cc)(2).

415 Vgl. oben sub C.III.4.a)cc)(2). Im Ergebnis wie hier *Trurnit,* VBlBW 2000, 261 ff., 267.

416 Vgl. zu der diesbezüglichen teleologischen Reduktion der Vertrauensschutzregelung gegenüber Alteigentümern sub C.IV.4.b).

Form des von ihm später erlangten Verkaufserlöses.[417] Dies rechtfertigt es im Grundsatz, dem früheren Eigentümer auch die aus dieser Sonderstellung resultierenden (Ausfall-)Lasten zuzuweisen, und zwar – wie bereits im Zusammenhang mit der Dereliktion deutlich gemacht wurde – als Ausfluss seiner eigentumsbezogenen Nachsorgeverantwortung auch über den Zeitpunkt des Eigentumsverlustes hinaus.[418]

(3) Verhaltensverantwortlichkeit des früheren Eigentümers

Möglicherweise lässt sich die nachwirkende Sanierungsverantwortlichkeit des Veräußerers eines kontaminierten Grundstücks zusätzlich noch aus einer weiteren Überlegung rechtfertigen. Es ist zu prüfen, ob der frühere Eigentümer durch die Veräußerung des mit schädlichen Bodenveränderungen belasteten Grundstücks ein pflichtwidriges Verhalten an den Tag gelegt hat, das es rechtfertigt, ihn zumindest in die Nähe eines Verhaltensverantwortlichen zu rücken.[419] Für eine Verhaltensverantwortlichkeit des früheren Eigentümers gibt es zwei denkbare Anknüpfungspunkte: zum einen die Veräußerung des Grundstücks als „positives Tun“, zum anderen die der Veräußerung vorangegangene Nichtvornahme der Sanierung des Grundstücks als „pflichtwidriges Unterlassen“[420].

(a) Kritik der Literatur

Mit beiden Argumentationssträngen hat sich im Anschluss an *Spieth/Wolfers* erstmals *Kahl* systematisch auseinander gesetzt – und im Ergebnis beide verworfen. So könne nach Auffassung von *Kahl* in der Veräußerung

---

[417] Wie hier *Gusy,* Polizeirecht, Rn. 298; *Versteyl,* in: UTR Bd. 53, S. 147 ff., 173; vgl. auch *Koch,* Bodensanierung, S. 48.

[418] Siehe oben sub C.III.4.a)cc)(2). In diesem Sinne ist *Kahl* darin zuzustimmen, dass nicht individueller Wissensstand und Erkennbarkeit der Kontamination die maßgeblichen Kriterien sind, um das Risiko der Sphäre des früheren Eigentümers zuzuschlagen. Er irrt aber, wenn er zur Begründung der nachwirkenden Zustandsverantwortlichkeit einen zeitlichen Konnex zwischen der Zustandsverantwortlichkeit und der gefahrbegründenden Bodenverunreinigung für erforderlich hält. Es ist aus den hier genannten Gründen verfassungsrechtlich nicht zwingend, dass die Bodenverunreinigung während der Zeit des Eigentums des früheren Eigentümers entstanden ist. Vgl. *Kahl,* Die Verwaltung, Bd. 33 (2000), S. 29 ff., 72 f. (Fn. 250).

[419] So *Bender/Sparwasser/Engel,* Kap. 7/VII, Rn. 226; für die Einordnung in die Gruppe der Haftungen für eigenes Verhalten auch *Bickel,* § 4 Rn. 33; *Gerhold,* altlasten spektrum 1998, 107 ff., 110; *Hilger,* in: Holzwarth/Radtke/Hilger/Bachmann, § 4 Rn. 113e; *Kutzschbach/Pohl,* JURA 2000, 225 ff., 228; ähnlich auch *Giesberts,* in: Fluck, Bd. 2, § 4 BBodSchG Rn. 382; *Rehbinder,* in: Meyer/Stolleis (Hrsg.), S. 403 ff., 434; *Schlabach/Heck,* VBlBW 1999, 406 ff., 410 (Fn. 80).

[420] Vgl. hierzu ausführlich im Zweiten Teil sub D.III.2.a)dd)(2)(c).

eines bodenbelasteten Grundstücks kein verantwortungsbegründendes *positives Tun* liegen, da die Weiterveräußerung weder gefahrerhöhend wirke noch gegen abfall- und bodenschutzrechtliche Bestimmungen verstoße und somit keine Störung der öffentlichen Sicherheit begründe.[421] Auch bedeute die bloße Kenntnis von der Altlastenbelastung für sich genommen noch kein verantwortungsbegründendes Verhalten, das einer Verursachung der Gefahr gleichzusetzen wäre.[422]

Die Nichtvornahme der Sanierung könne auch nicht als ein die Verhaltensverantwortlichkeit begründendes *pflichtwidriges Unterlassen* interpretiert werden. Hierfür mangele es an einer Garantenstellung des früheren Eigentümers. Diese lasse sich weder aus einer allgemeinen Verkehrspflicht, noch aus Ingerenz, noch aus dem bloßen Nichterfüllen der sich aus der Zustandsverantwortlichkeit ergebenden materiellen Polizeipflicht herleiten.[423]

(b) Stellungnahme

Die gegen die Konstruktion einer Verhaltensverantwortlichkeit vorgebrachten Argumente wiegen schwer. Betrachtet man die Veräußerung des mit schädlichen Bodenveränderungen oder Altlasten belasteten Grundstücks isoliert, so lässt sich bereits an der Kausalität dieses Vorgangs für die von dem Grundstück ausgehenden Gefahren zweifeln. Zwar könnte auch eine bloße Mitverursachung der Gefahr grundsätzlich ausreichen, um eine Verantwortlichkeit zu begründen.[424] Nach der auch im Polizeirecht maßgeblichen Äquivalenztheorie muss ein Verhalten aber zumindest conditio sine qua non für eine Gefährdung oder Störung der öffentlichen Sicherheit oder Ordnung sein.[425] Dies ist es dann, wenn es nicht hinweggedacht werden kann, ohne dass der eingetretene Erfolg entfiele. Denkt man sich aber die Veräußerung des Grundstücks weg, so würde allein dadurch die von den Bodenbelastungen ausgehende Umweltgefahr bzw. -störung, die ja bereits

---

[421] *Kahl,* Die Verwaltung, Bd. 33 (2000), S. 29 ff., 68 (Fn. 218); ebenso *Bickel,* § 4 Rn. 56; *Eichhorn,* S. 205 f.; *Grzeszick,* NVwZ 2001, 721 ff., 724; *Kohte,* DÖV 1994, 716 ff., 725; *Sparwasser/Geißler,* DVBl. 1995, 1317 ff., 1322; *Wiester,* S. 203. Zum Teil wird auch eingewendet, dass, wenn es für einen Eigentümer zivilrechtlich zulässig sei, sein Eigentum aufzugeben, darin nicht polizeirechtlich eine Störung liegen könne. Aus diesem Grund eine Verhaltensverantwortlichkeit ablehnend, VGH Mannheim, Beschl. v. 4.8.1995 – 10 S 828/95 –, NVwZ 1996, 1036 ff., 1037. Vgl. auch *Schmidt-Jortzig,* in: Festschrift für Scupin, 1983, S. 819 ff., 824 m. w. N.

[422] *Spieth/Wolfers,* NVwZ 1999, 355 ff., 357.

[423] *Kahl,* Die Verwaltung, Bd. 33 (2000), S. 29 ff., 68.

[424] VGH Mannheim, Beschl. v. 11.12.2000 – 10 S 1188/00 –, NuR 2001, 460 f., 460; OVG Lüneburg, Beschl. v. 7.3.1997 – 7 M 3628/96 –, NJW 1998, 97 ff., 98.

[425] *Drews/Wacke/Vogel/Martens,* S. 310 f.

vor der Veräußerung des Grundstücks entstanden ist, nicht entfallen. Die Veräußerung an sich ändert mit anderen Worten nichts an dem Vorhandensein oder Nichtvorhandensein der Bodenkontamination. Betrachtet man den Veräußerungsvorgang isoliert, so scheidet eine Verhaltensverantwortlichkeit des ehemaligen Eigentümers mangels unmittelbarer Kausalität von Handlung und Störung aus.

Auch der zweite Argumentationsstrang, bereits das Unterlassen gebotener Sanierungsmaßnahmen als Verhaltensverantwortlichkeit anzusehen, kann für sich betrachtet nur schwer überzeugen. Zwar kann eine Verhaltensverantwortlichkeit grundsätzlich auch durch Unterlassen des Einsatzes eines geeigneten und zur Verfügung stehenden Gegenmittels durch eine so genannte „passive Störung" begründet werden. Allerdings reicht hierzu die bloße Kenntnis von schädlichen Bodenveränderungen – wie bereits an anderer Stelle deutlich wurde – nicht aus, selbst wenn der frühere Eigentümer durch sein Untätigbleiben gegen die bodenschutzrechtlichen Grundpflichten aus § 4 Abs. 2 und Abs. 3 BBodSchG verstoßen hat.[426] Die Annahme einer Verhaltensverantwortlichkeit durch Unterlassen höbe die in § 4 Abs. 1 und Abs. 3 BBodSchG vorgenommene Differenzierung zwischen Zustandsverantwortlichkeit und Verhaltensverantwortlichkeit auf[427] und führte zu kaum lösbaren Konkretisierungsproblemen.[428] Die der Verantwortlichkeit nach § 4 Abs. 6 BBodSchG implizite Pflichtwidrigkeit durch Unterlassen kann daher – isoliert betrachtet – eine selbständige Verhaltensverantwortlichkeit des früheren Eigentümers ebenfalls nicht begründen.[429]

Lediglich in Ausnahmefällen, in denen die Veräußerung des kontaminierten Grundstücks eine Verzögerung der Sanierungsvornahme zur Folge hat, kann eine Gesamtbetrachtung der beiden dargelegten Argumentationsstränge eine andere Beurteilung rechtfertigen. Dies betrifft jedoch ausschließlich abusive Grundstücksverkehrsgeschäfte, die zum Zwecke der „Flucht aus der Zustandsverantwortlichkeit" vorgenommen wurden. Hier kann die Veräußerung an einen nicht leistungsfähigen Erwerber die Sanierung des Grundstücks verzögern, wenn der Behörde der frühere Eigentümer – etwa aufgrund geschickt gestalteter Übertragungsvorgänge – nicht unmittelbar erkennbar ist und ihr weitere Verantwortliche ebenfalls nicht zur Verfügung stehen.[430]

---

426 Vgl. hierzu ausführlich im Zweiten Teil sub D.III.2.a)dd)(2)(c).

427 *Frenz*, BBodSchG, § 4 Abs. 1 Rn. 45 ff.

428 So VGH Mannheim, Beschl. v. 4.8.1995 – 10 S 828/95 –, NVwZ 1996, 1036 ff., 1037 hinsichtlich der allein aus dem Verstoß gegen die materielle Polizeipflicht abgeleiteten Verhaltensverantwortlichkeit des früheren Eigentümers.

429 A. A. *Bender/Sparwasser/Engel*, Kap. 7/VII, Rn. 226.

430 Ähnlich auch *Grzeszick*, NVwZ 2001, 721 ff., 726 f., der allerdings die Störerverantwortlichkeit des früheren Eigentümers überhaupt nur dann für zumutbar

Die mit dem Wechsel der Person des Zustandsverantwortlichen in solchen Konstellationen ausgelöste Verzögerung der Gefahrbeseitigung ist als ein dem früheren Eigentümer zurechenbares pflichtwidriges Verhalten zu werten, da sie unter bewusster Missachtung der bodenschutzrechtlichen Grundpflichten aus § 4 Abs. 2 und Abs. 3 BBodSchG erfolgte. Der frühere Eigentümer ist daher für die (zeitliche) Perpetuierung des gefahrenträchtigen Zustands verantwortlich.[431] Daraus folgt eine differenzierte Bewertung der für die Annahme einer Verhaltensverantwortlichkeit entscheidenden – und bei isolierter Betrachtung des Veräußerungsvorgangs zu verneinenden – Kausalität: Für den Zeitraum, den die durch die Übertragung des Grundstücks auf einen nicht leistungsfähigen Erwerber ausgelöste Verzögerung ausmacht, hätte bei pflichtgemäßem Alternativverhalten des früheren Grundstückseigentümers (der Sanierung des Grundstücks bzw. der Übertragung an einen solventen Erwerber) keine schädliche Bodenveränderung und damit auch keine Gefahr mehr bestanden.[432] Die Ursächlichkeit für die von dem Grundstück ausgehenden Gefahren bezieht sich somit nicht ausschließlich auf den Zeitpunkt, in dem die Gefahr zum ersten Mal aufgetreten ist bzw. initiiert wurde. Sie kann bei Vorliegen eines andauernden Gefahrenzustandes auch durch spätere, sukzessiv hinzutretende Verhaltensbeiträge begründet werden. Eine Umweltgefahr, die sich weder zum abschließenden Schaden manifestiert noch von alleine erledigt hat noch von außen beseitigt wurde, hat insofern einen dynamischen Charakter: Solange sie sich in einem akuten Stadium befindet, stellt sie eine Art „*Dauergefahr*“ dar, die sich jeden Augenblick aufs neue wieder als solche manifestiert bzw. selbst generiert.[433] Hieraus folgt, dass der Inhaber eines geeigneten Gegenmittels zu jedem Zeitpunkt, in dem sich die Gefahr in einem solchen Dauerzustand befindet, kausale Beiträge auch durch gefahrenperpetuierendes Verhalten zu ihrer Entstehung leisten kann.[434] Eine pflichtwidrige Verzögerung der Beseitigung von schädlichen Bodenveränderungen ist bei wertender Betrach-

---

hält, wenn die Übertragung des belasteten Eigentums die Durchsetzbarkeit der Zustandsverantwortlichkeit gegenüber dem aktuellen Eigentümer unmittelbar herabgesetzt hat.

[431] Ebenso *Stürner,* in: Festschrift für Merz, 1992, S. 562 ff., 576; ähnlich auch *Grzeszick,* NVwZ 2001, 721 ff., 726 f.; wohl a. A. *Pischel,* VBlBW 1999, 166 ff., 167; zweifelnd auch VGH Mannheim, Beschl. v. 4.8.1995 – 10 S 828/95 –, NVwZ 1996, 1036 ff., 1037.

[432] Im Ergebnis auch *Bender/Sparwasser/Engel,* Kap. 7/VII, Rn. 226. Vgl. ferner *Beye,* Zur Dogmatik polizeirechtlicher Verantwortlichkeit, 1969, S. 49 f., der in der Gewalthaberhaftung einen aus Art. 14 Abs. 2 GG legitimierten Sonderfall der Haftung durch Unterlassen sieht.

[433] Ähnlich auch *Frenz,* BBodSchG, § 4 Abs. 2 Rn. 79.

[434] Vgl. auch *Giesberts,* in: Fluck, Bd. 2, § 4 BBodSchG Rn. 170, der hinsichtlich der Verhaltensverantwortlichkeit von Gemeinden für die Überplanung von Altlasten einen Fall der so genannten „additiven Kausalität“ annimmt.

tung somit – bezogen auf den Verzögerungszeitraum – gefahrenabwehrrechtlich der Herbeiführung der Gefahr gleichzusetzen. In Fällen, in denen die Übertragung des Altlastengrundstücks auf einen (nicht leistungsfähigen) Dritten eine nicht unwesentliche Verzögerung der Sanierungsvornahme zur Folge hat, ist der Veräußerungsvorgang vor dem Hintergrund des pflichtwidrigen Unterlassens gebotener Sanierungsmaßnahmen daher äquivalent kausal für eine Verhaltensverantwortlichkeit des früheren Eigentümers.[435]

Allerdings ist die bloße Kausalität eines Verhaltens zur Begründung einer Verhaltensverantwortlichkeit im Polizei- und Ordnungsrecht nicht ausreichend. Genügte hierfür jedes kausale Verhalten, so wäre die öffentlichrechtliche Haftung uferlos. Da das Ordnungsrecht – anders als beispielsweise das Strafrecht – nicht über die notwendigen Korrektive wie Rechtswidrigkeit und Verschulden verfügt,[436] muss eine wertende Einschränkung der Zurechnung vorgenommen werden.[437] Dieser Aufgabe widmen sich die zahlreichen polizeirechtlichen „Zurechnungstheorien".[438] Nach der bereits vom Preußischen OVG entwickelten und nach wie vor herrschenden *Theorie von der unmittelbaren Verursachung*[439] müsste das bloße Übertragen eines bodenbelasteten Grundstücks dazu geeignet sein, die Gefahrenschwelle[440] zu überschreiten. Durch diese Einschränkung sollen entferntere, lediglich mittelbare Bedingungen des eingetretenen oder drohenden Erfolges als polizeirechtlich irrelevant ausgeschieden werden.[441] Als „unmittelbare Verursachung" wird man den lediglich gefahrenverstärkenden bzw.

---

[435] Insofern modifiziert § 4 Abs. 6 BBodSchG die Kausalität der allgemeinen Verursacherhaftung nach § 4 Abs. 1, 3 BBodSchG: Während hier ein aktives „Einwirken" auf den Boden zur Begründung der Verursacherhaftung erforderlich ist (vgl. im Zweiten Teil sub D.III.2.a)dd)(2)(c), genügt im Rahmen der nachwirkenden Sanierungsverantwortlichkeit nach Absatz 6 die Veräußerung eines belasteten Grundstücks nach unterlassener Erfüllung der eigenen Sanierungspflicht und in Kenntnis bzw. fahrlässiger Unkenntnis der Belastung.

[436] *Drews/Wacke/Vogel/Martens,* S. 311; *Hilger,* in: Holzwarth/Radtke/Hilger/Bachmann, § 4 Rn. 51.

[437] *Würtenberger/Heckmann/Riggert,* Rn. 303.

[438] Vgl. hierzu den Überblick bei *Hilger,* in: Holzwarth/Radtke/Hilger, Bundes-Bodenschutzgesetz/Bundes-Bodenschutz- und Altlastenverordnung, 2. Aufl. 2000, § 4 Rn. 48 ff.

[439] Vgl. PrOVGE 31, 409; 103, 139; BVerwG, Urt. v. 4.10.1985 – 4 C 76/82 –, NJW 1986, 1626 ff., 1627; VGH Kassel, Urt. v. 4.9.1985 – 5 UE 178/85 –, DÖV 1986, 441 f., 441; OVG Münster, Urt. v. 16.3.1993 – 5 A 496/92 –, NJW 1993, 2698 f., 2698; *Drews/Wacke/Vogel/Martens,* S. 310 ff. m.w.N.

[440] Zu diesem Begriff *T. Brandner,* Gefahrenerkennbarkeit und polizeirechtliche Verhaltensverantwortlichkeit, 1990, S. 24 f.; *Drews/Wacke/Vogel/Martens,* S. 313 f. Hinsichtlich des Nichtüberschreitens der Gefahrenschwelle durch den Deponieeigentümer, der nicht zugleich Betreiber ist, vgl. *Kloepfer,* in: UTR Bd. 1, S. 17 ff., 38.

[441] *Drews/Wacke/Vogel/Martens,* S. 313 f.

gefahrenperpetuierenden Beitrag des Veräußerers eines Altlastengrundstücks jedoch kaum ansehen können.[442]

Dieser Befund muss aber nicht zwangsläufig zu einer Negierung der Verhaltensverantwortlichkeit des bösgläugigen Grundstücksveräußerers führen. Er verdeutlicht vielmehr die Unzulänglichkeit der Theorie von der unmittelbaren Verursachung. Dass jemand einen Erfolg „unmittelbar“ herbeigeführt hat, ist allein kein sinnvolles Zurechnungskriterium. Es kann lediglich als sekundäres Auswahlkriterium zwischen mehreren, einem Ereignis nach der Erfahrung näher oder ferner stehenden Verhaltensweisen dienen.[443] Geht es hingegen nur um die Beurteilung einer einzigen Verhaltensweise, so ist es sachgerechter darauf abzustellen, in wessen Risikosphäre die Gefahrverursachung fällt.[444]

Nach der durch „Risikozuweisungen“ modifizierten „Lehre von der rechtswidrigen Verursachung“[445] soll dort, wo Rechtsnormen spezielle Verhaltenspflichten vorsehen, ein Verstoß gegen diese Vorschriften die Störereigenschaft begründen.[446] Der Zurechnungsmaßstab ist zunächst den spezialgesetzlichen risikozuweisenden Rechtsnormen zu entnehmen. Die speziellen Verhaltenspflichten aus § 4 Abs. 2 und Abs. 3 BBodSchG weisen das Risiko der Beseitigung von schädlichen Bodenveränderungen dem Eigentümer des Grundstücks zu.[447] Selbst wenn in der bewussten Missachtung dieser Handlungspflichten aus systematischen Gründen kein eine Verhaltensverantwortlichkeit begründendes pflichtwidriges Unterlassen liegt,[448] so ist der Gesetzgeber vor diesem Wertungshintergrund jedenfalls nicht verpflichtet, den Veräußerer eines Grundstücks, der seine Sanierungspflicht nicht erfüllt, durch den Untergang seiner Sanierungspflicht gegenüber einem sich pflichtgemäß verhaltenden Eigentümer zu privilegieren.[449] So wie im Falle der

---

442 VG Kassel, Beschl. v. 28.10.1997 – 2 G 3244/97 –, NVwZ-RR 1998, 648 ff., 650; VGH Mannheim, Beschl. v. 4.8.1995 – 10 S 828/95 –, NVwZ 1996, 1036 ff., 1037. Im Ergebnis ebenso *Grzeszick,* NVwZ 2001, 721 ff., 724; *Spieth/Wolfers,* NVwZ 1999, 355 ff., 356 f.

443 *Ladeur,* UPR 1995, 1 ff., 3.

444 So die sog. „Risikosphärentheorie“, vgl. die Nachweise in Fn. 267.

445 Klassisch *Schnur,* DVBl. 1962, 1 ff., 3 ff.; *Kloepfer,* in: ders. (Hrsg.), Umweltstaat, 1989, S. 39 ff., 25; vgl. auch den Überblick bei *Hoppe/Beckmann/Kauch,* Umweltrecht, 2. Aufl., 2000, § 27 Rn. 47.

446 Vgl. *Bender/Sparwasser/Engel,* Kap. 7/VII, Rn. 193; *Hilger,* in: Holzwarth/Radtke/Hilger/Bachmann, § 4 Rn. 61 m. w. N.; zustimmend auch *Frenz,* BBodSchG, § 4 Abs. 3 Rn. 9, Abs. 1 Rn. 14 ff.

447 *Bender/Sparwasser/Engel,* Kap. 7/VII, Rn. 193.

448 Siehe oben sub C.III.4.b)cc)(3)(b) sowie ausführlich im Zweiten Teil sub D.III.2.a)dd)(2)(c).

449 *Hilger,* in: Holzwarth/Radtke/Hilger/Bachmann, Bundes-Bodenschutzgesetz/Bundes-Bodenschutz- und Altlastenverordnung, 2. Aufl. 2000, § 4 Rn. 113e.

Duldung von Verunreinigungen die Zustandsverantwortlichkeit des Eigentümers gegenüber der Handlungsverantwortlichkeit des Verursachers gewissermaßen „wächst", so dass mit zunehmendem Alter der Altlast die Verantwortlichkeit des Grundstückseigentümers tendenziell zunimmt,[450] so kann sich auch die Zustandsverantwortlichkeit durch einen abusiven Veräußerungsvorgang so weit der Verhaltensverantwortlichkeit annähern, dass allein dieser Gesichtspunkt die Inanspruchnahme des ehemaligen Eigentümers rechtfertigt. Er steht der Altlast, selbst wenn er an ihrer Entstehung schuldlos ist, was die Abgrenzung der Risikosphären angeht, näher als die Allgemeinheit. Da § 4 Abs. 6 BBodSchG Ausdruck dieser Risikozuweisung ist, ist die nachwirkende Inanspruchnahme früherer Grundstückseigentümer in Fällen, in denen die bewusste Übertragung eines kontaminierten Grundstücks auf einen nicht leistungsfähigen Erwerber eine Verzögerung der Sanierung zur Folge hat, auch aus dem Gesichtspunkt einer Verhaltensverantwortlichkeit legitimiert.[451]

dd) Teilergebnis

Die mit der Inanspruchnahme des früheren Eigentümers einhergehenden Belastungswirkungen fallen gegenüber den Interessen der Allgemeinheit an einer Aufrechterhaltung der Zustandsverantwortlichkeit insgesamt weniger stark ins Gewicht, so dass die Abwägung im Rahmen der Proportionalität zugunsten der nachwirkenden Heranziehung des früheren Eigentümers auch in den Übertragungsfällen ausfällt.

Die in § 4 Abs. 6 BBodSchG angeordnete nachwirkende Sanierungsverantwortlichkeit des früheren Eigentümers eines bodenbelasteten Grundstücks ist bei den *abusiven Grundstücksverkehrsgeschäften* – analog zu der nachwirkenden Zustandsverantwortlichkeit bei der Dereliktion – aus dem Erfordernis der Gewährleistung einer lückenlosen Zustandsverantwortlichkeit gerechtfertigt: Die absichtliche „Flucht" aus der Verantwortlichkeit

---

450 So VGH München, Beschl. v. 13.5.1986 – 20 CS 86.00 338 –, BayVBl. 1986, 590 ff., 593.

451 Was künftige Regelungen im Bodenschutzbereich angeht, so ist darauf hinzuweisen, dass auch die besondere Verursacherhaftung in § 348 Abs. 1 Satz 1 Nr. 3 und Nr. 4 UGB-KomE (vgl. hierzu im Zweiten Teil sub E.II.) als „Mischverantwortlichkeit" ausgestaltet ist: Sie erklärt – in Anlehnung an die entsprechende Vorschrift in § 13 Abs. 4 BerlBodSchG – denjenigen für sanierungsverantwortlich, der im Zeitraum des Entstehens der Bodenbelastung Inhaber der tatsächlichen Gewalt über das Grundstück bzw. Eigentümer des Grundstücks gewesen ist, macht die Haftung aber gleichzeitig davon abhängig, dass eine Mitverursachung des Verantwortlichen durch ein Tun, Dulden oder pflichtwidriges Unterlassen nicht auszuschließen ist (§ 346 Abs. 4 UGB-KomE). Dies räumt auch *Kahl,* Die Verwaltung, Bd. 33 (2000), S. 29 ff., 63 (Fn. 191), ein.

durch Übertragung des Grundstückseigentums auf einen nicht leistungsfähigen Dritten bedeutet eine rechtsmissbräuchliche Risikoverlagerung auf die Allgemeinheit.

Verfassungsrechtlicher Zurechnungsgrund der nachwirkenden Sanierungsverantwortlichkeit bei den *nicht-abusiven Grundstücksverkehrsgeschäften* ist die aus der früheren Exklusivstellung resultierende sachbezogene Garantenstellung des früheren Eigentümers.

In Ausnahmefällen, in denen die Veräußerung des kontaminierten Grundstücks aufgrund abusiver Vertragsgestaltungen eine Verzögerung der Gefahrbeseitigung (Grundstückssanierung) zur Folge hat, vermittelt das Verhalten des früheren Eigentümers einen zusätzlichen verfassungsrechtlichen Zurechnungsgrund für die in § 4 Abs. 6 BBodSchG zum Ausdruck kommende gesetzgeberische Lastenverteilungsentscheidung. In seiner Kombination aus dem pflichtwidrigen Unterlassen der rechtlich gebotenen Sanierungsvornahme und dem willkürlichen Austausch der Person des Zustandsverantwortlichen begründet es in der Gesamtbetrachtung eine Verhaltensverantwortlichkeit des früheren Eigentümers.

5. Resümee

Die bodenschutzrechtlichen Regelungen der nachwirkenden Sanierungsverantwortlichkeit früherer Grundstückseigentümer (§ 4 Abs. 3 Satz 4 Alt. 2, Abs. 6 BBodSchG) sind zur gesetzgeberischen Zielerreichung geeignet, erforderlich und angemessen und erweisen sich daher insgesamt als mit dem verfassungsrechtlichen Übermaßverbot vereinbar.[452]

IV. Vereinbarkeit mit dem Rückwirkungsverbot

Die in § 4 Abs. 3 Satz 4 Alt. 2, Abs. 6 BBodSchG enthaltenen Vorschriften über die nachwirkende Sanierungsverantwortlichkeit früherer Grundstückseigentümer könnten mit dem aus dem Rechtsstaatsprinzip (Art. 20 Abs. 3, 28 Abs. 2 GG) und seinen Teilgeboten der Rechtssicherheit und des Vertrauensschutzes abgeleiteten verfassungsrechtlichen Rückwirkungsverbot konfligieren.

---

[452] Damit ist allerdings noch nicht gesagt, dass die konkrete Heranziehung früherer Eigentümer aufgrund von § 4 Abs. 6 BBodSchG auch in jedem Einzelfall vor dem verfassungsrechtlichen Übermaßverbot Bestand hat. Hier sind unter Umständen verfassungskonforme Restriktionen der Norm geboten, vgl. unten sub E. Diese Einzelfallkorrekturen stellen aber die Verhältnismäßigkeit der Vorschrift insgesamt nicht in Frage.

1. Rechtsprechung des Bundesverfassungsgerichts zum Rückwirkungsverbot

Die verfassungsrechtliche Beurteilung rückwirkender Gesetze wird herkömmlicherweise vom ersten Senat des Bundesverfassungsgerichts nach der Unterscheidung zwischen „echter" („retroaktiver") und „unechter" („retrospektiver") Rückwirkung vorgenommen.[453] Echte Rückwirkung liegt vor, „wenn ein Gesetz nachträglich ändernd in bereits abgewickelte, der Vergangenheit angehörende Tatbestände eingreift".[454] Sie wird aus rechtsstaatlichen Gründen – von einigen engen Ausnahmen abgesehen – für grundsätzlich unzulässig erachtet. Das echte Rückwirkungsverbot darf allein aus „zwingenden Gründen des gemeinen Wohls" oder wegen eines „nicht – oder nicht mehr – vorhandenen schutzbedürftigen Vertrauens des Einzelnen" durchbrochen werden.[455] Um unechte Rückwirkung handelt es sich dagegen, wenn eine Rechtsnorm auf gegenwärtige, noch nicht abgeschlossene Sachverhalte und Rechtsbeziehungen mit Wirkung für die Zukunft einwirkt und damit zugleich eine in der Vergangenheit erworbene Rechtsposition im Ganzen entwertet.[456] Die unechte Rückwirkung ist erheblich leichter verfassungsrechtlich zu rechtfertigen. Für sie gilt grundsätzlich als Schranke der durch Grundrechte und das Rechtsstaatsprinzip vermittelte Vertrauensschutz des Normadressaten. Die Zulässigkeit unechter Rückwirkung hängt also im Ergebnis von einer Güterabwägung zwischen den Interessen der Allgemeinheit und dem berechtigten Vertrauensschutzinteresse des Bürgers ab.

Die neuere Rechtsprechung des zweiten Senats des Bundesverfassungsgerichts legt einen formaleren, über den Zeitpunkt des Eintritts der Rechtsfolgen einer Norm definierten Rückwirkungsbegriff zugrunde. Danach liegt eine der ehemals echten Rückwirkung entsprechende, aus rechtsstaatlichen Erwägungen regelmäßig unzulässige Rückwirkung vor, wenn der zeitliche Anwendungsbereich einer Norm dergestalt ausgedehnt wird, dass ihre Rechtsfolgen für einen bestimmten, vor dem Zeitpunkt der Verkündung der Norm liegenden Zeitraum eintreten sollen. Von dieser „Rückbewirkung von Rechtsfolgen" wird die der unechten Rückwirkung entsprechende so genannte „tatbestandliche Rückanknüpfung" abgegrenzt. Diese liege vor,

---

453 Vgl. zur Rechtsprechung des Bundesverfassungsgerichts den Überblick bei *Maurer,* § 17 Rn. 105 ff.

454 St. Rspr., BVerfGE 11, 139 (145 f.); 13, 261 (270 f.); 14, 288 (297); 25, 371 (404); 30, 367 (386); 31, 222 (225); 57, 361 (391); 68, 287 (306); 72, 175 (196).

455 BVerfGE 72, 200 (258); 97, 67 (78 ff.). Zu den besonderen Gründen, die eine echte Rückwirkung rechtfertigen können, vgl. *Kothe,* VerwArch 88 (1997), 456 ff., 469 f.

456 BVerfGE 11, 139 (145 f.); 30, 392 (402 f.); 51, 356 (362); 63, 152 (175); 69, 272 (309).

wenn eine Norm für künftige Rechtsfolgen zwar in ihrem Tatbestand an Gegebenheiten aus der Zeit vor ihrer Verkündung anknüpft, die Rechtsfolgen aber erst nach Verkündung der Norm eintreten sollen. Die Zulässigkeit solcher Rückanknüpfungen beurteilt sich vorrangig nach den Grundrechten.[457]

2. Das Rückwirkungsverbot im Altlastenrecht

Bei Sanierungsvorschriften für Altlasten drängt sich die Frage nach der Vereinbarkeit mit dem Rückwirkungsverbot geradezu auf, denn der Vergangenheitsbezug ist dem Altlastenbegriff immanent.[458] Oftmals sind die Bodenverunreinigungen bereits viele Jahre oder sogar Jahrzehnte vor ihrem Bekanntwerden bzw. vor der behördlichen Sanierungsverfügung verursacht worden. Die Inanspruchnahme privater Rechtssubjekte zur Sanierung von Altlasten wirft daher – besonders bei so genannten „echten Altlasten", deren Herbeiführung bereits vor In-Kraft-Treten des Abfallbeseitigungsgesetzes von 1972 abgeschlossen war, bzw. bei so genannten „Ur-Altlasten"[459] – das Problem der möglichen Rückwirkung der betreffenden Sanierungsvorschriften auf. In diesem Zusammenhang stellen sich zumeist auch Fragen nach der Bedeutung von Veränderungen des wissenschaftlich-technischen Erkenntnis- und Entwicklungsstandes[460] sowie nach der (Reichweite der) Legalisierungswirkung behördlicher Genehmigungen zum Zeitpunkt der Gefahrverursachung.[461]

Sofern in Rechtsprechung und Literatur zum Altlastenrecht das Rückwirkungsverbot problematisiert wird, wird die Dogmatik des Ersten Senats des Bundesverfassungsgerichts zum entscheidenden Maßstab genommen. Es wird überwiegend die Auffassung vertreten, dass die begriffliche Neuorientierung des Zweiten Senats keine sachlichen Änderungen mit sich gebracht habe.[462] Nicht unproblematisch ist es allerdings, im Einzelfall den für die

---

[457] BVerfGE 63, 343 (353); 72, 200 (241 ff.); 72, 302 (322 ff.); 76, 256 (345 f.); 87, 48 (60 f.); 92, 277 (344); 97, 67 (78 ff.).

[458] *Papier,* JZ 1994, 810 ff., 821.

[459] Vgl. zur Differenzierung in „echte", „unechte" und „Ur-"Altlasten *Kloepfer,* NuR 1987, 7 ff., 7; *ders.* Umweltrecht, 2. Aufl. 1998, § 12 Rn. 62.

[460] Vgl. hierzu grundlegend *T. Brandner,* Gefahrenerkennbarkeit und polizeirechtliche Verhaltensverantwortlichkeit, 1990, passim.

[461] Zu allem *Kloepfer,* NuR 1987, 7 ff., 13 f.; *ders.,* Umweltrecht, 2. Aufl. 1998, § 12 Rn. 59 ff.

[462] Vgl. VG Gießen, Beschl. v. 16.12.1991 – VI/2 H 722/90 –, NVwZ 1992, 908 ff., 910; *Gelen,* UPR 1996, 212 ff., 213; *Peine,* NVwZ 1993, 958 ff., 960; *Pohl,* NJW 1995, 1645 ff., 1649 (Fn. 57); *Schink,* VerwArch 82 (1991), 357 ff., 360 (Fn. 10); kritisch gegenüber dem formalen Rückwirkungsbegriff des Zweiten Senats *Papier,* DVBl. 1996, 125 ff., 130.

Qualifikation als echte oder unechte Rückwirkung entscheidenden Tatbestand oder Lebenssachverhalt zu bestimmen.[463] Die Heranziehung von Sanierungsadressaten zur Altlastensanierung aufgrund von neueren Umweltvorschriften wird heute – zumindest für die „unechten Altlasten“ – überwiegend als ein Fall der „unechten Rückwirkung“ angesehen und aufgrund überwiegender öffentlicher Interessen an der privaten Sanierungsverantwortlichkeit für verfassungsrechtlich zulässig gehalten.[464] Diese Qualifikation der betreffenden Vorschriften basiert auf der Annahme, dass hinsichtlich der schädlichen Bodenveränderungen zwar der Verursachungstatbestand abgeschlossen sei, der für die Heranziehung zum heutigen Zeitpunkt maßgebliche *Gefahrentatbestand* aber noch andauere. Auch bei der Zustandsverantwortlichkeit für Altlasten wird allein auf die von dem Grundstück ausgehenden aktuellen Gefahren abgestellt und lediglich unechte Rückwirkung solcher Sanierungsvorschriften angenommen, die erst nach dem Grundstückserwerb bzw. -besitz des Zustandsverantwortlichen in Kraft getreten sind.[465]

3. Rückwirkungsverbot und nachwirkende Zustandsverantwortlichkeit

Diese allgemeinen Überlegungen gelten auch für die Sanierungsverantwortlichkeit des früheren Grundstückseigentümers nach dem Bundes-

---

463 Vgl. *Becker,* DVBl. 1999, 134 ff., 140 ff. m.w.N; *Gelen,* UPR 1996, 212 ff., 213.

464 So VG Darmstadt, Beschl. v. 21.2.1994 – 8 H 2154/92 –, NVwZ-RR 1994, 497 ff., 500; *Breuer,* DVBl. 1994, 890 ff., 898; *Droese,* UPR 1999, 86 ff., 90; *Ewer,* in: Landmann/Rohmer, Bd. III, Vorb. BodSchRecht, Rn. 168 f.; *Frenz,* KrW-/AbfG, § 36 Rn. 18; *Giesberts,* in: Fluck, Bd. 2, § 4 BBodSchG Rn. 366; *Ladeur,* UPR 1995, 1 ff., 4, 6; *Niewerth,* NuR 1999, 558 ff., 561 f.; *Paetow,* NVwZ 1990, 510 ff., 517; *Peine,* NVwZ 1993, 958 ff., 960; *Rid/Petersen,* NVwZ 1994, 844 ff., 849; *Sanden,* in: Sanden/Schoeneck, § 2 Rn. 35; *Schink,* DÖV 1999, 797 ff., 803; *Turnit,* VBlBW 2000, 261 ff., 267; *Wüterich,* in: Landel/Vogg/Wüterich, § 4 Rn. 188. – A.A. *Knopp,* DÖV 1990, 683 ff., 687.

465 Vor allem VG Gießen, Beschl. v. 16.12.1991 – VI/2 H 722/90 –, NVwZ 1992, 908 ff., 910; *Paetow,* NVwZ 1990, 510 ff., 517; *Papier,* JZ 1994, 810 ff., 822; *Peine,* NVwZ 1993, 958 ff., 960; *Wüterich,* in: Landel/Vogg/Wüterich, § 4 Rn. 188. In den achtziger Jahren sah die h.M. hingegen in der altlastenverursachenden Handlung bzw. in der Beendigung der Sachherrschaft den maßgeblichen Sachverhalt, um den es im Sinne der Rückwirkungsdogmatik gehe. War die Altlast bereits vor dem In-Kraft-Treten der Norm verursacht worden, so ging die h.M. von einem abgeschlossenen Sachverhalt und folglich von echter Rückwirkung aus. Vgl. *Papier,* Altlasten, S. 11; *Schink,* DVBl. 1985, 1149 ff., 1157; *Ziehm,* S. 105; aus jüngerer Zeit ebenso *Gelen,* UPR 1996, 212 ff., 215; *Knopp,* DÖV 1990, 683 ff., 687; *Kothe,* DÖV 1994, 716 ff., 722; *ders.* VerwArch 88 (1997), 456 ff., 471; *Papier,* DVBl. 1996, 125 ff., 130 f.; *Pohl,* NJW 1995, 1645 ff., 1649; s. auch die Begründung zu § 348 Abs. 9 UGB-KomE, S. 1039.

Bodenschutzgesetz.[466] Die betreffenden Vorschriften werfen darüber hinaus jedoch zusätzliche Rückwirkungsprobleme auf.[467]

a) Rückwirkungsprobleme bei Dereliktionen und Eigentumsübertragungen vor dem 1. März 1999

Zwar wirken auch im Fall der Heranziehung des ehemaligen Eigentümers die von den schädlichen Bodenveränderungen und Altlasten ausgehenden Gefahren auf Mensch und Umwelt noch fort. Zu bedenken ist aber, dass bei dem früheren Eigentümer – anders als bei dem Inhaber der tatsächlichen Gewalt oder dem gegenwärtigen Eigentümer – die tatsächliche und rechtliche Beziehung zu dem verunreinigten Grundstück bereits in der Vergangenheit beendet worden ist. Die bodenschutzrechtlichen Vorschriften über die nachwirkende Sanierungsverantwortlichkeit des früheren Eigentümers knüpfen ihre Rechtsfolgen also nicht nur an in der Vergangenheit verursachte Bodenbelastungen an, sondern darüber hinaus an einen weiteren in der Vergangenheit liegenden Tatbestand, nämlich an die früheren Rechtsbeziehungen einer Person zu einer Sache (das frühere Grundstückseigentum) bzw. an die willkürliche Beendigung dieser Rechtsbeziehungen (die Eigentumsaufgabe bzw. -übertragung).[468] Eine in zeitlicher Hinsicht unbeschränkte Geltung der bodenschutzrechtlichen Nachhaftungsregelungen auch für sämtliche vor In-Kraft-Treten des Gesetzes bereits abgeschlossenen Dereliktionen und Grundstücksübertragungen hätte daher eine – verfassungsrechtlich grundsätzlich unzulässige – echte Rückwirkung bzw. nach der Terminologie des zweiten Senats des Bundesverfassungsgerichts eine unzulässige „Rückbewirkung von Rechtsfolgen“ bedeutet.[469]

---

[466] Ebenso *Wüterich,* in: Landel/Vogg/Wüterich, § 4 Rn. 188.

[467] So auch die Einschätzung der Unabhängigen Sachverständigenkommission zum Umweltgesetzbuch hinsichtlich der vergleichbaren Regelungen im UGB-KomE, vgl. Begründung zum UGB-KomE, S. 1029, 1039 f.

[468] Vgl. VG Gießen, Beschl. v. 16.12.1991 – VI/2 H 722/90 –, NVwZ 1992, 908 ff., 910.

[469] *Hilger,* in: Holzwarth/Radtke/Hilger/Bachmann, § 4 Rn. 112; *Hipp,* in: Hipp/Rech/Turian, A III, Rn. 323; *Hoppe/Beckmann/Kauch,* § 27 Rn. 66; *Jorczyk/Duesmann,* altlasten spektrum 1999, 71 ff., 75; *Kahl,* Die Verwaltung, Bd. 33 (2000), S. 29 ff., 55; *Papier,* JZ 1994, 810 ff., 822; *Queitsch,* BBodSchG, Rn. 98; *Vierhaus,* NJW 1998, 1262 ff., 1266; *Wiester,* S. 75. Hinsichtlich der Dereliktionsnachhaftungsregelung in § 7 Abs. 3 Satz 1 HessSOG ebenso: VG Kassel, Beschl. v. 28.10.1997 – 2 G 3244/97 –, NVwZ-RR 1998, 648 ff., 649; hinsichtlich § 20 Abs. 1 Nr. 5 ThAbfAG: *Kothe,* DÖV 1994, 716 ff., 725; *Wiester,* S. 75. – A.A. VG Gießen, Beschl. v. 16.12.1991 – VI/2 H 722/90 –, NVwZ 1992, 908 ff., 910, das der Regelung über die Verantwortlichkeit des ehemaligen Grundstückseigentümers in § 21 Abs. 1 Nr. 6 HessAbfAG lediglich unechte Rückwirkung beimisst.

Dieses Problem wurde im Bundes-Bodenschutzgesetz dadurch gelöst, dass die Vorschriften über die nachwirkende Sanierungsverantwortlichkeit früherer Grundstückseigentümer ausschließlich für Dereliktionen bzw. Eigentumsübertragungen nach dem In-Kraft-Treten des Bundes-Bodenschutzgesetzes gelten.[470] Dies ergibt sich bei § 4 Abs. 3 Satz 4 Alt. 2 BBodSchG aus der Formulierung „wer [...] aufgibt“[471] und bei § 4 Abs. 6 Satz 1 BBodSchG aus der Stichtagsregelung („nach dem 1.3.1999 ...“). Auf diese Weise sollen diejenigen ehemaligen Eigentümer geschützt werden, die bereits vor In-Kraft-Treten der Neuregelung ein Altlastengrundstück im Vertrauen auf die mit der Eigentumsaufgabe bzw. -übertragung verbundene Beendigung der Zustandsverantwortlichkeit derelinquiert oder veräußert hatten.[472]

Damit beantwortet sich auch die im ersten Teil aufgeworfene Frage,[473] ob es für die – gemäß § 4 Abs. 6 Satz 1 BBodSchG haftungsbegründende – Eigentumsübertragung nach dem 1. März 1999 ausreicht, wenn die Auflassungserklärung des Veräußerers bereits vor dem Stichtag abgegeben wurde und lediglich die Eintragung des neuen Eigentümers im Grundbuch nach diesem Datum erfolgt ist,[474] oder ob für eine Inanspruchnahme des früheren Eigentümers nach § 4 Abs. 6 Satz 1 BBodSchG verlangt werden muss, dass auch die Auflassungserklärung erst nach dem In-Kraft-Treten des BBodSchG abgegeben wurde.[475] Stellte man allein auf den Zeitpunkt der Eintragung ab, so könnte auch derjenige als früherer Eigentümer zur Sanie-

---

470 Der Rückwirkungsproblematik trägt auch § 4 Abs. 5 BBodSchG Rechnung. Diese Vorschrift statuiert bezüglich des Sanierungsumfangs nur für sogenannte „Neulasten“, also für schädliche Bodenveränderungen oder Altlasten, die nach dem 1.3.1999 eingetreten sind, einen grundsätzlichen Vorrang von Dekontaminations- gegenüber Sicherungsmaßnahmen. § 348 Abs. 9 UGB-KomE enthält zur Vermeidung der Rückwirkungsproblematik eine Übergangsregelung, die für zum Zeitpunkt des In-Kraft-Tretens der Regelung bereits bestehende Bodenbelastungen ein Schlechterstellungsverbot hinsichtlich der Sanierungsverantwortlichen anordnet, vgl. dazu die Begründung zum UGB-KomE, S. 1034, 1039.

471 *Bickel,* § 4 Rn. 33. Vgl. hierzu auch bereits im Zweiten Teil sub D.II.3.

472 Die Rückwirkung der bodenschutzrechtlichen Regelungen über die nachwirkende Zustandsverantwortlichkeit daher verneinend: *Erbguth/Stollmann,* DVBl. 2001, 601 ff., 606; *Trurnit,* VBlBW 2000, 261 ff., 267.

473 Siehe im Zweiten Teil sub D.III.2.a)bb).

474 So *Frenz,* BBodSchG, § 4 Abs. 6 Rn. 10 f.; *Hipp,* in: Hipp/Rech/Turian, A III, Rn. 323; *Oerder,* in: Oerder/Numberger/Schönfeld, § 4 Rn. 25; *Schlabach/Heck,* VBlBW 1999, 406 ff., 409; *Schoeneck,* in: Sanden/Schoeneck, § 4 Rn. 47; *Taupitz,* in: UTR Bd. 53, S. 203 ff., 254.

475 So die wohl inzwischen überwiegende Auffassung *Bickel,* § 4 Rn. 58; *Erbguth/Stollmann,* DVBl. 2001, 601 ff., 606; *Giesberts,* in: Fluck, Bd. 2, § 4 BBodSchG Rn. 367; *Heiermann,* ZG 1999, 215 ff., 222 f.; *Kahl,* Die Verwaltung, Bd. 33 (2000), S. 29 ff., 55; *Knopp,* DVBl. 1999, 1010 ff., 1011; *ders.* ZUR 1999, 210 ff., 213; *ders.* NJW 2000, 905 ff., 906; *Vierhaus,* NJW 1998, 1262 ff., 1266;

rung herangezogen werden, der zwar vor dem 1. März 1999 die Auflassung über sein Grundstück (§§ 873 Abs. 1, 925 Abs. 1 BGB) erklärt und den Eintragungsantrag gemäß § 13 GBO beim Grundbuchamt gestellt hat, dessen Käufer aber erst zu einem späteren Zeitpunkt nach diesem Datum als neuer Eigentümer ins Grundbuch eingetragen wurde. Dies bedeutete, dass es in diesen Fällen von der Eintragungsgeschwindigkeit des Grundbuchamtes abhinge, ob der Haftungstatbestand des § 4 Abs. 6 BBodSchG erfüllt wäre oder nicht.[476] Ein solches Ergebnis widerspräche dem verfassungsrechtlichen Sinn der Datumsklausel, demjenigen Schutz zu gewähren, der vor dem In-Kraft-Treten des Bundes-Bodenschutzgesetzes im Vertrauen auf die Beendigung der Zustandsverantwortlichkeit das dafür Erforderliche und ihm Mögliche getan hat. Da die Stichtagsregelung aus Gründen des verfassungsrechtlichen Verbots echter Rückwirkung – wie festgestellt wurde – zwingend erforderlich ist,[477] ist sie verfassungskonform eng auszulegen. Aus diesem Grund müssen sowohl die Auflassungserklärung als auch die Eintragung nach dem 1. März 1999 erfolgt sein, um dem verfassungsrechtlichen Vertrauensschutzgrundsatz Genüge zu tun.

b) Rückwirkungsprobleme bei Dereliktionen und Eigentumsübertragungen nach dem 1. März 1999

Aber auch bei Dereliktionen und Grundstücksübertragungen nach dem 1. März 1999 ergeben sich unter Umständen Rückwirkungsprobleme.[478] Dies betrifft die nachwirkende Sanierungsverantwortlichkeit früherer Grundstückseigentümer, die ein bodenbelastetes Grundstück zwar erst nach dem In-Kraft-Treten des Bundes-Bodenschutzgesetzes derelinquiert oder weiterveräußert haben, es aber selbst bereits vor dem In-Kraft-Treten des Gesetzes erworben hatten (so genannte „Alteigentümer"). Solche Alteigentümer werden durch die Nachhaftungsregelungen in ihrer zum Zeitpunkt des eigenen Eigentumserwerbs nach alter Rechtslage begründeten Erwartung enttäuscht, mit der Beendigung des Eigentums zugleich auch aus der Zustandsverantwortlichkeit entlassen zu werden.[479] Es stellt sich die Frage, wie die-

---

a. A. *Riedel,* ZIP 1999, 94 ff., 98 (Fn. 43), die auf den Zeitpunkt der Auflassungsvormerkung abstellt.

[476] *Giesberts,* in: Fluck, Bd. 2, § 4 BBodSchG Rn. 367; *Wüterich,* in: Landel/Vogg/Wüterich, § 4 Rn. 178.

[477] Siehe oben sub C.IV.3.

[478] So andeutungsweise auch *Grzeszick,* NVwZ 2001, 721 ff., 725.

[479] Vgl. zu diesem Aspekt bereits oben sub B.I.2.c)bb). Durch die Einfügung des Stichtagtermins kann es auch zu „umgekehrten" Rückwirkungsproblemen kommen, worauf *Bickel,* § 4 Rn. 59, hinweist. Dies gelte namentlich für die Fälle, in denen die Rechtsprechung oder das Landesrecht schon vor In-Kraft-Treten des Bundes-Bodenschutzgesetzes den Verkauf eines kontaminierten Grundstücks an einen mittello-

ser Vertrauensverlust früherer Alteigentümer verfassungsrechtlich zu qualifizieren ist, insbesondere, ob § 4 Abs. 3 Satz 4 Alt. 2 und § 4 Abs. 6 BBodSchG in dieser Hinsicht womöglich eine unzulässige echte Rückwirkung entfalten.

aa) Rückwirkung der Dereliktionsnachhaftung für Alteigentümer

Den beschriebenen Vertrauensverlust können Alteigentümer allerdings nur dann erleiden, wenn sie im Falle der Dereliktion eines bodenbelasteten Grundstücks nicht bereits ohnehin aufgrund von landesrechtlichen Regelungen nachwirkend sanierungsverantwortlich waren. Bestand zum Zeitpunkt ihres Eigentumserwerbs bereits eine nachwirkende Zustandsverantwortlichkeit nach Maßgabe des Landesrechts, so werden die betreffenden Alteigentümer durch die Neuregelung im Bundes-Bodenschutzgesetz (§ 4 Abs. 3 Satz 4 Alt. 2 BBodSchG) nicht in ihrem Vertrauen enttäuscht, sich mit der Dereliktion eines bodenbelasteten Grundstücks zugleich der Zustandsverantwortlichkeit entledigen zu können. Dereliktionsnachhaftungsregelungen fehlten bis dato allein in Baden-Württemberg und Sachsen,[480] so dass sich nur in diesen Bundesländern das beschriebene Rückwirkungsproblem mit der Einführung des Bundes-Bodenschutzgesetzes zum ersten Mal stellt. In den übrigen Bundesländern verschiebt sich der Fokus auf die jeweiligen landesrechtlichen Regelungen, wobei es dann im Einzelfall auf den Zeitpunkt des In-Kraft-Tretens der betreffenden Vorschriften ankommt.[481]

Eine echte Rückwirkung von § 4 Abs. 3 Satz 4 Alt. 2 BBodSchG wäre für Alteigentümer in Baden-Württemberg und Sachsen zu bejahen, wenn die Regelung diesen gegenüber nachträglich einen bereits abgeschlossenen

---

sen Dritten bzw. die Grundstücksdereliktion wegen Rechtsmissbrauchs nicht als haftungsbefreiend angesehen hatte. Hier seien diejenigen früheren Eigentümer benachteiligt, die nach altem Recht nachwirkend zur Sanierung herangezogen wurden bzw. möglicherweise in Zukunft noch herangezogen werden, nach Bundes-Bodenschutzgesetz aber nicht haften müssten, weil die Eigentumsaufgabe bzw. -übertragung vor dem 1.3.1999 stattgefunden hat oder weil Ausschlussgründe des § 4 Abs. 6 BBodSchG eingreifen. Hinsichtlich der nach Maßgabe schärferen Landesrechts bereits vor dem 1.3.1999 abgeschlossenen Altfälle gilt indes der Satz, dass kein schutzwürdiges Vertrauen der Adressaten auf eine künftige günstigere Regelung besteht. Für künftige Fälle entfaltet hingegen das Bundes-Bodenschutzgesetzes Sperrwirkung gegenüber der Anwendung der landesrechtlichen Regeln (vgl. hierzu die Nachweise im Zweiten Teil, Fn. 113), so dass insofern keine „umgekehrten" Rückwirkungsprobleme entstehen.

480 Vgl. im Zweiten Teil sub D.II.2.

481 Die rückwirkende Geltung der für Dereliktionsfälle durch § 7 Abs. 3 HessSOG angeordneten nachwirkenden Zustandsverantwortlichkeit hält etwa das VG Kassel, Beschl. v. 28.10.1997 – 2 G 3244/97 –, NVwZ-RR 1997, 648 ff., 649, für verfassungswidrig.

Tatbestand zu ihren Ungunsten modifizieren würde. Dabei ist wiederum entscheidend, auf welchen Tatbestand man hierbei abstellt. Stellt man auf den vor In-Kraft-Treten des Bundes-Bodenschutzgesetzes aus Sicht der Alteigentümer bereits abgeschlossenen Erwerbstatbestand ab, so muss man eine echte Rückwirkung der Dereliktionsvorschrift zu ihren Lasten wohl bejahen.[482]

Der frühere Grundstückserwerb ist indes kein geeigneter Anknüpfungspunkt für die Beurteilung der Rückwirkung der Vorschrift. Die Neuregelung wirkt auf den Erwerb des Grundstücks überhaupt nicht mehr ein. Ihre Belastungswirkungen knüpfen vielmehr erst an die spätere Eigentumsaufgabe durch den Alteigentümer an. Entscheidend für die Beurteilung der Rückwirkungsfrage ist daher nicht der Eigentums*erwerb,* sondern der Eigentums*verlust* des Derelinquenten. Der Eigentumsverlust wirkt aber erst nach dem In-Kraft-Treten des Bundes-Bodenschutzgesetzes am 1. März 1999 verantwortungsbegründend. Wer nach diesem Zeitpunkt ein Grundstück derelinquiert hat, der konnte und musste sich auf die ihn treffende nachwirkende Sanierungsverantwortlichkeit einstellen. Das Eigentum dieser „Neu-Derelinquenten" an den betreffenden Grundstücken und die damit verbundene Sozialpflichtigkeit bestand zum Zeitpunkt des Normerlasses noch fort, weshalb die Neuregelung aus Sicht dieser Normadressaten nicht nachträglich belastend in einen in der Vergangenheit bereits abgeschlossenen Tatbestand eingegriffen hat. Der „Gesamttatbestand des Eigentums", der mit dem Erwerb des Grundstücks beginnt und erst mit der Aufgabe des Eigentums endet, war auch für Alteigentümer mit In-Kraft-Treten des Bundes-Bodenschutzgesetzes noch nicht abgeschlossen. Echte Rückwirkung kommt § 4 Abs. 3 Satz 4 Alt. 2 BBodSchG daher nicht zu. Die Dereliktionsregelung modifiziert für Grundstückseigentümer lediglich zukunftsbezogen die Reichweite der mit dem Eigentum verbundenen Sozialverpflichtungen. Das dadurch in Mitleidenschaft gezogene, in der Vergangenheit begründete Vertrauen der Normadressaten auf die unbeschränkte Dispositionsmöglichkeit über das Eigentum ist als unechte Rückwirkung zu qualifizieren.[483]

bb) Rückwirkung der Übertragungsnachhaftung für Alteigentümer

Für nachwirkend herangezogene Veräußerer belasteter Grundstücke (§ 4 Abs. 6 BBodSchG) ist zu differenzieren: Alteigentümer, die ihr vor In-Kraft-Treten des Bundes-Bodenschutzgesetzes erworbenes Grundstück nach dem 1. März 1999 in dem Wissen oder fahrlässigen Nichtwissen um vorhandene schädliche Bodenveränderungen weiterveräußert haben oder dies

---

482 In diesem Sinne *Gelen,* UPR 1996, 212 ff., 215 f.

483 Im Ergebnis ebenso bereits zum hessischen Altlastenrecht VG Gießen, Beschl. v. 16.12.1991 – VI/2 H 722/90 –, NVwZ 1992, 908 ff., 910.

in Zukunft tun wollen, werden von der Nachhaftung freigestellt, wenn sie zum Zeitpunkt ihres eigenen Eigentumserwerbs „gutgläubig" waren, also auf das Nichtvorhandensein von schädlichen Bodenveränderungen oder Altlasten vertraut haben und dieses Vertrauen im Einzelfall schutzwürdig ist (§ 4 Abs. 6 Satz 2 BBodSchG).[484] Gesetzlich nicht geschützt werden hingegen diejenigen Alteigentümer, die ihr Grundstück vor In-Kraft-Treten der Neuregelung in Kenntnis oder fahrlässiger Unkenntnis von schädlichen Bodenveränderungen oder Altlasten erworben hatten und es nach dem 1. März 1999 im Vertrauen darauf weiterveräußerten, mit der Grundstücksübertragung aus der Zustandsverantwortlichkeit entlassen zu werden. Hinsichtlich der Verantwortlichkeit solcher „bösgläubigen Durchgangseigentümer" stellt sich ebenfalls die Frage, ob ein Fall echter Rückwirkung vorliegt. Dies hängt davon ab, ob man für den Rückwirkungstatbestand auf den in § 4 Abs. 6 Satz 1 BBodSchG genannten Übertragungszeitpunkt abstellt oder ob man den in § 4 Abs. 6 Satz 2 BBodSchG beschriebenen Zeitpunkt des Grundstückserwerbs durch den früheren Eigentümer zugrunde legt. Entscheidend ist, in welchem Verhältnis die Sätze 1 und 2 des § 4 Abs. 6 BBodSchG zueinander stehen.

Sieht man die *Bösgläubigkeit des früheren Grundstückseigentümers zum Zeitpunkt seines eigenen Grundstückserwerbs* als Bestandteil des verantwortungsbegründenden Tatbestandes von § 4 Abs. 6 BBodSchG an, versteht also die Sätze 1 und 2 des § 4 Abs. 6 BBodSchG als einheitlichen Haftungstatbestand,[485] so sind Anknüpfungspunkte der nachwirkenden Sanierungsverantwortlichkeit – und zugleich Bestandteile des Rückwirkungstatbestandes – sowohl der Übertragungsvorgang als auch der („bösgläubige") Erwerb durch den ehemaligen Eigentümer selbst. Da der Grundstückserwerb des früheren Eigentümers bereits vor In-Kraft-Treten der gesetzlichen Regelung abgeschlossen war, eine dem § 4 Abs. 6 Satz 1 BBodSchG entsprechende Stichtagsregelung in § 4 Abs. 6 Satz 2 BBodSchG aber fehlt, könnte man bei einer solchen Lesart die Voraussetzungen der echten Rückwirkung als erfüllt ansehen.

Versteht man § 4 Abs. 6 Satz 2 BBodSchG hingegen als ein *Haftungsprivileg*, das nicht die Verantwortlichkeit des früheren Eigentümers begründet, sondern diese im Einzelfall ausnahmsweise ausschließt, so entfaltet die Regelung insgesamt nur unechte Rückwirkung. Maßgeblicher Anknüpfungspunkt der Verantwortlichkeit und damit des Rückwirkungstatbestandes ist

---

[484] Siehe hierzu ausführlich im Zweiten Teil sub D.III.2.a)dd).

[485] § 4 Abs. 6 BBodSchG wäre dann etwa so zu lesen: „Der frühere Eigentümer eines Grundstücks ist zur Sanierung verpflichtet, wenn er bei Erwerb des Grundstücks nicht schutzwürdig darauf vertraut hat, dass schädliche Bodenveränderungen oder Altlasten nicht vorhanden sind und gleichwohl sein Eigentum nach dem 1. März 1999 übertragen hat".

dann – wie bei § 4 Abs. 3 Satz 4 Alt. 2 BBodSchG – der Verlust des Grundstückseigentums, nicht aber der frühere Grundstückserwerb durch den Pflichtigen. Da sich der Eigentumsverlust gemäß § 4 Abs. 6 Satz 1 BBodSchG nur auf Grundstücksübertragungen nach dem 1. März 1999 bezieht, wäre der Vorwurf der verfassungswidrigen echten Rückwirkung der Regelung damit entkräftet.

Für die zuletzt angeführte Auffassung, die § 4 Abs. 6 Satz 2 BBodSchG als ein nicht zum verantwortungsbegründenden Tatbestand zugehöriges Haftungsprivileg versteht, spricht zunächst der Wortlaut der Vorschrift, der als Ausnahmetatbestand formuliert ist („Dies gilt für denjenigen nicht [...]").

Auch die Normsystematik von § 4 Abs. 6 BBodSchG lässt darauf schließen, dass der Satz 2 der Vorschrift einen Ausschlusstatbestand regelt. Verstünde man den § 4 Abs. 6 Satz 2 BBodSchG nämlich als negative Tatbestandsvoraussetzung von § 4 Abs. 6 Satz 1 BBodSchG,[486] so hätte man Schwierigkeiten, diejenigen Fälle zu erfassen, in denen die schädlichen Bodenveränderungen oder Altlasten erst nach dem Erwerb des Grundstücks durch den nachwirkend verantwortlichen früheren Eigentümer, also in dem Zeitraum, als dieser bereits Eigentümer des Grundstücks war, entstanden sind. War ein Grundstück nämlich zu dem Zeitpunkt, als der frühere Eigentümer es erwarb, noch frei von Bodenbelastungen, so kann man weder davon sprechen, er habe damals auf das Nichtvorhandensein von schädlichen Bodenveränderungen oder Altlasten schutzwürdig vertraut noch davon, dass er dies nicht getan habe. Das den Normadressaten gemäß § 4 Abs. 6 Satz 2 BBodSchG entlastende Vertrauen auf die Abwesenheit von Bodenbelastungen setzt voraus, dass schädliche Bodenveränderungen oder Altlasten im Erwerbszeitpunkt tatsächlich vorhanden waren. Ansonsten bedürfte es keiner zusätzlichen Prüfung der *Schutzwürdigkeit* dieses Vertrauens. Hat der frühere Eigentümer das Grundstück hingegen ursprünglich unbelastet erworben, so kommt es auf § 4 Abs. 6 Satz 2 BBodSchG überhaupt nicht an. Entscheidend ist in diesen Fällen allein die Einschlägigkeit des verantwortungsbegründenden Tatbestandes des § 4 Abs. 6 Satz 1 BBodSchG, denn es wäre sinnwidrig, einen früheren Eigentümer, dessen Grundstück erst im Zeitraum seiner Eigentumsstellung belastet wurden, von der nachwirkenden Sanierungsverantwortlichkeit auszunehmen: Er ist weniger schutzwürdig als derjenige, der ein bereits belastetes Grundstück in Unkenntnis der Belastung erworben hatte.

Die Selbständigkeit der Sätze 1 und 2 des § 4 Abs. 6 BBodSchG wird durch eine weitere systematische Überlegung gestützt: Hielte man grundsätzlich nur denjenigen für nachwirkend sanierungsverantwortlich, der bei Erwerb des Grundstücks nicht schutzwürdig auf die fehlende Bodenbelas-

---

486 Vgl. den Formulierungsvorschlag in Fn. 485.

tung vertraut hat, so wären die subjektiven Tatbestandsmerkmale in § 4 Abs. 6 Satz 1 BBodSchG („kannte oder kennen musste") überflüssig: Denn wer bereits bei Erwerb des Grundstücks nicht schutzwürdig auf das Nichtvorhandensein von schädlichen Bodenveränderungen oder Altlasten vertraut hat, der kann auch zum Zeitpunkt der Veräußerung des Grundstücks nicht gutgläubig hinsichtlich des Vorhandenseins der Belastungen sein. Er wird sie zumindest „kennen müssen".[487] § 4 Abs. 6 Satz 1 BBodSchG käme dann in dieser Hinsicht keine eigene Bedeutung mehr zu. Gerade in den Fällen, in denen der Eigentümer ein zunächst unbelastetes Grundstück erworben hatte, das er später in Kenntnis oder fahrlässiger Unkenntnis von inzwischen eingetretenen schädlichen Bodenveränderungen oder Altlasten veräußert hat, kommt es aber auf die subjektiven Elemente in § 4 Abs. 6 Satz 1 BBodSchG an.

Die Struktur des § 4 Abs. 6 BBodSchG gestaltet sich somit als ein Regel-Ausnahmeverhältnis: Danach ist grundsätzlich der frühere Eigentümer verantwortlich, der zum Zeitpunkt der Eigentumsübertragung die schädlichen Bodenveränderungen oder Altlasten kannte oder kennen musste (Satz 1). Ausnahmsweise wird derjenige frühere Eigentümer von der Haftung freigestellt, der das Wissen bzw. die fahrlässige Unkenntnis von bereits vorhandenen schädlichen Bodenveränderungen erst nach dem Zeitpunkt des eigenen Erwerbs erlangt hat (Satz 2). Maßgeblicher Anknüpfungspunkt des Haftungs- und damit auch Rückwirkungstatbestandes ist also die Übertragung des Eigentums, nicht der Erwerb des Grundstücks durch den früheren Eigentümer. Es lässt sich daher die im Hinblick auf die Dereliktionsnachhaftung geltend gemachte Argumentation auf die nachwirkende Sanierungsverantwortlichkeit bei einem Eigentümerwechsel übertragen: § 4 Abs. 6 BBodSchG gilt wegen der in Satz 1 enthaltenen Stichtagsregelung ebenfalls nur für „Neu-Veräußerer", die sich ab dem 1. März 1999 auf die nachwirkende Sanierungsverantwortlichkeit einstellen konnten und mussten. Ihr Eigentum und die damit verbundenen Sozialverpflichtungen waren zum Zeitpunkt des In-Kraft-Tretens der Norm noch nicht beendet. Daher wirkt auch § 4 Abs. 6 BBodSchG nicht nachträglich ändernd auf das frühere Eigentum ein, sondern verlängert lediglich die Sozialpflichtigkeit des (Alt-)Eigentümers in die Zukunft hinein. Echte Rückwirkung kommt § 4 Abs. 6 BBodSchG aufgrund der auf die Übertragung abstellenden Stichtagsregelung somit nicht zu. Die Norm entfaltet – aufgrund ihres Rückbezugs auf das frühere Eigentum – wie die Dereliktionsregelung auch für „bösgläubige Durchgangseigentümer" lediglich unechte Rückwirkung.[488]

---

[487] Vgl. die entsprechend verkürzte Formulierung in Fn. 485.

[488] Ebenso *Wüterich,* in: Landel/Vogg/Wüterich, § 4 Rn. 188; kritisch hingegen *Würtenberger/Heckmann/Riggert,* Rn. 611.

4. Vereinbarkeit der Regelungen über die nachwirkende Sanierungsverantwortlichkeit mit dem Grundsatz des Vertrauensschutzes

Im Gegensatz zur echten Rückwirkung ist die unechte Rückwirkung nach der Rechtsprechung des Bundesverfassungsgerichts verfassungsrechtlich grundsätzlich zulässig.[489] Grenzen ergeben sich aber aus dem rechtsstaatlichen Gebot der Rechtssicherheit und dem aus ihm abgeleiteten Grundsatz des Vertrauensschutzes, der ebenfalls verfassungsmäßigen Rang genießt.[490]

a) Vorliegen schutzwürdigen Vertrauens

aa) Vertrauenstatbestand

Vertrauensschutz erfordert das Vorliegen eines Vertrauenstatbestandes, d.h. einer schutzwürdigen Position des Betroffenen. Zunächst gilt, dass bloßes Vertrauen in die Beibehaltung der jeweils bestehenden Rechtslage als solches nicht geschützt wird.[491] Niemand darf damit rechnen, dass ihm günstige Regelungen auch künftig erhalten bleiben. Grundsätzlich schützt die Rechtsordnung insofern auch kein Vertrauen darauf, niemals als Störer haften zu müssen.[492] Dies gilt aber nicht uneingeschränkt. Der Staatsbürger soll dem Bundesverfassungsgericht zufolge die ihm gegenüber möglichen staatlichen Eingriffe voraussehen und sich dementsprechend einrichten können. Er muss darauf vertrauen können, dass sein dem geltenden Recht entsprechendes Handeln von der Rechtsordnung mit allen ursprünglich damit verbundenen Rechtsfolgen anerkannt bleibt.[493] Hat der Betroffene Dispositionen im Vertrauen auf das Bestehenbleiben der Rechtslage getroffen, so ist er daher grundsätzlich davor zu schützen, dass dieser Vertrauenstatbestand nicht im Wege rückanknüpfender bzw. rückwirkender Gesetze angetastet wird.[494]

Die einzig hier in Betracht kommende Disposition früherer Grundstückseigentümer ist der ursprüngliche Erwerb des Grundstücks. Frühere Grundstückseigentümer könnten folglich geltend machen, zum Zeitpunkt des Eigentumserwerbs darauf vertraut zu haben, später frei über das Eigentum disponieren und die mit dem Eigentum verbundene Zustandsverantwortlichkeit willkürlich durch Dereliktion oder Veräußerung wieder beenden zu

---

489 BVerfGE 63, 152 (175); 72, 141 (154).

490 BVerfGE 13, 261 (271); 30, 392, (403); 88, 384 (403).

491 BVerfGE 38, 61 (83); 68, 193 (221 ff.).

492 *Peine,* NVwZ 1993, 958 ff., 961.

493 BVerfGE 13, 261 (271).

494 Vgl. BVerfGE 13, 261 (271); 68, 287 (307).

können. Da die Inanspruchnahme aufgrund der nachwirkenden Zustandsverantwortlichkeit erhebliche finanzielle Nachteile für die Betroffenen zur Folge hat,[495] können sich die Pflichtenadressaten im Einzelfall darauf berufen, dass sie in dem Wissen um die fortwirkende Verantwortlichkeit niemals Eigentum an dem betreffenden bodenbelasteten Grundstück erworben, sondern über ihr Vermögen anderweitig disponiert hätten.

bb) Entfallen des Vertrauensschutzes

Das Rückwirkungsverbot findet allerdings im rechtsstaatlichen Vertrauensschutzgrundsatz nicht nur seinen Grund, sondern auch seine Grenze.[496] So kann der Vertrauensschutz bei Vorhersehbarkeit der Rechtsänderung entfallen. Ist eine Rechtsänderung für den Betroffenen absehbar, so ist es ihm möglich, sich darauf einzustellen und in wirtschaftlicher Hinsicht umzudisponieren. Es kommt somit darauf an, ob bzw. wann Grundstückseigentümer damit rechnen mussten, trotz Aufgabe des Eigentums weiterhin nachwirkend zustandsverantwortlich zu sein.

Der spätest denkbare Zeitpunkt für ein Entfallen des Vertrauensschutzes ist der des In-Kraft-Tretens des Bundes-Bodenschutzgesetzes. Möglicherweise ist der Vertrauenstatbestand aber schon vorher, mit Erlass durch die Bundesregierung oder mit der Zustimmung von Bundesrat und Bundestag oder sogar schon bei Vorlage des Gesetzesentwurfs durch die Bundesregierung entfallen. Dies würde dazu führen, dass schon lange vor In-Kraft-Treten des Bundes-Bodenschutzgesetzes nicht mehr darauf vertraut werden durfte, die Sanierungsverantwortlichkeit des Eigentümers ende mit der Aufgabe bzw. mit der Übertragung des Eigentums an Altlastengrundstücken. Theoretisch denkbar ist es sogar, schutzwürdiges Vertrauen bereits durch die bloße Existenz von ausdrücklichen Gesetzgebungskompetenzvorschriften entfallen zu lassen.[497] Die Annahme einer so weit gehenden Zerstörung von Vertrauensschutz kann im Fall des Bundes-Bodenschutzgesetzes aber nicht überzeugen, da es eine ausdrückliche Kompetenzvorschrift für den Erlass eines bundeseinheitlichen Bodenschutzgesetzes nicht gibt.[498] Da der Erlass des Bundes-Bodenschutzgesetzes selbst nach Vorlage des Referentenentwurfs der Bundesregierung[499] keineswegs sicher war, blieb das Vertrauen der früheren Eigentümer zumindest bis zur Verkündung des Gesetzes am 24.3.1998[500] eingeschränkt schutzwürdig.

---

495 Siehe hierzu oben sub C.III.4.a)aa) und C.III.4.b)aa).

496 BVerfGE 88, 384 (404).

497 Vgl. bereits *Kloepfer,* Vorwirkung von Gesetzen, 1974, S. 110 ff.; *ders.* Produktverantwortung für Elektroaltgeräte, 2001, S. 106.

498 Vgl. zu dem nicht unumstrittenen „Kompetenzmix“ im Bodenschutzbereich bereits oben sub C.II.

Darüber hinaus kann Vertrauensschutz früherer Eigentümer von vornherein für den Zeitraum ausgeschlossen werden, in dem in einzelnen Bundesländern bereits den bundes-bodenschutzgesetzlichen Normen vergleichbare Vorschriften einer nachwirkenden Zustandsverantwortlichkeit in Kraft waren.[501] In den Fällen kommt den bundesrechtlichen Vorschriften keine Belastungswirkung zu.[502] Insofern muss hier landesspezifisch noch näher differenziert werden.[503] Wie bereits mehrfach erwähnt wurde, bestanden vor In-Kraft-Treten des Bundes-Bodenschutzgesetzes in sämtlichen Bundesländern mit Ausnahme von Baden-Württemberg und Sachsen Dereliktionsnachhaftungsregelungen.[504] Vorschriften über eine nachwirkende Inanspruchnahme im Falle eines rechtsgeschäftlichen Eigentümerwechsels waren hingegen vor In-Kraft-Treten des Bundes-Bodenschutzgesetzes auf Länderebene die Ausnahme. So waren in Berlin frühere Grundstückseigentümer seit dem 21. 10. 1995 nachwirkend sanierungsverantwortlich[505], in Thüringen seit dem 31. 7. 1991[506] und in Hessen bereits seit dem 26. 2. 1991[507]. Da die neueren Altlasten- und Bodenschutzgesetze dieser Länder jedoch erst zu Beginn der neunziger Jahre erlassen wurden, bleibt für alle zeitlich vorausliegenden Altfälle das Problem der Rückwirkung erhalten. Für die Länder, deren allgemeine Polizei- oder Bodenschutzgesetze keine den § 4 Abs. 3 Satz 4 Alt. 2 und § 4 Abs. 6 BBodSchG entsprechenden Regelungen enthielten, verschärfen die Sanierungsregelungen des Bundes-Bodenschutzgesetzes das bis dahin geltende Recht, indem sie den Kreis der Sanierungspflichtigen auf den früheren Eigentümer erweitern. Da sich auch vor In-Kraft-Treten des Bundes-Bodenschutzgesetzes im allgemeinen Polizei- und Ordnungsrecht keine gefestigte (richterrechtlich geprägte) Ansicht herausgebildet hatte, dass frühere Eigentümer – zumal nach Veräußerung eines Altlastengrundstücks – bereits nach allgemeinen Grundsätzen stets nachwirkend zur Sanierung heranzuziehen seien,[508] erfolgte eine Zerstörung des

---

[499] Referentenentwurf eines Gesetzes zum Schutz vor schädlichen Bodenveränderungen und Sanierung von Altlasten – Bundes-Bodenschutzgesetz – in der Fassung vom 7.2.1994, abgedruckt in: Verh. des 60. DJT, Bd. 1, Teil B, 1994, B 5 ff.

[500] *Kahl,* Die Verwaltung, Bd. 33 (2000), S. 29 ff., 47, sieht als maßgeblichen Zeitpunkt den Beschluss des Bundestages über ein Bodenschutzgesetz vom 5. Februar 1998 an.

[501] Vgl. zu den landesrechtlichen Vorbildern im Zweiten Teil sub D.II.2 und D.III.2.

[502] *Kahl,* Die Verwaltung, Bd. 33 (2000), S. 29 ff., 42; *Papier,* DVBl. 1996, 125 ff., 126.

[503] Ebenso *Bender/Sparwasser/Engel,* Kap. 7/VII, Rn. 223.

[504] Siehe im Zweiten Teil sub D.II.2 (Fn. 122).

[505] § 13 Abs. 4 und Abs. 5 i.V.m. § 28 BlnBodSchG.

[506] § 20 Abs. 1 Nr. 5, Abs. 2 ThAbfG.

[507] § 21 Abs. 1 Ziff. 6 Hessisches Abfallwirtschafts- und Altlastengesetz (HAbfAG).

Vertrauensschutzes früherer Eigentümer bundeseinheitlich erst mit der Verkündung des Bundes-Bodenschutzgesetzes am 24.3.1998.

b) Abwägung mit dem öffentlichen Interesse an der Neuregelung

Soweit nach dem oben Gesagten schutzwürdiges Vertrauen der Normadressaten vor diesem Hintergrund überhaupt noch besteht, ist eine Güterabwägung mit den entgegenstehenden öffentlichen Interessen an der Neuregelung durchzuführen.[509] Für die Einführung der nachwirkenden Sanierungsverantwortlichkeit auch von Alteigentümern spricht neben dem überragend wichtigen öffentlichen Interesse an einer Beseitigung der von belasteten Grundstücken ausgehenden Umwelt- und Gesundheitsgefahren vor allem das Prinzip gerechter Lastenverteilung, das die grundsätzliche Internalisierung grundstücksbezogener Kostenrisiken fordert.[510] Das schutzwürdige Vertrauen früherer Eigentümer, nicht nachwirkend zur Sanierung herangezogen zu werden, muss dahinter zurücktreten.[511] Insofern ist die im Rahmen des Übermaßverbotes ausführlich geführte Diskussion[512] auf die hier vorzunehmende Abwägung übertragbar.[513] Der Vorrang dieser öffentlichen Interessen vor den Vertrauensschutzinteressen der Alteigentümer ist bei den Umgehungs- und Spekulationsgeschäften eindeutig.[514] Bei der Dereliktion eines Grundstücks kann die Rechtsmissbräuchlichkeit der Eigentumsaufgabe vermutet werden.[515] Auch Grundstücksübertragungen können „versteckte Dereliktionen" sein.[516] Soweit es sich allerdings um „nicht-abusive"

---

508 Hinsichtlich der nachwirkenden Zustandsverantwortlichkeit des Derelinquenten waren die Auffassungen in Rechtsprechung und Schrifttum geteilt, vgl. im Zweiten Teil sub D.II.2. Die nachwirkende Zustandsverantwortlichkeit der Veräußerer bodenbelasteter Grundstücke wurde nur in wenigen Einzelfällen, die jeweils Umgehungsgeschäfte betrafen, von der Rechtsprechung bejaht. Vgl. im Zweiten Teil sub D.III.1.

509 Vgl. BVerfGE 25, 142 (154); 48, 403 (416); 50, 386 (395); 63, 312 (329).

510 Was das Gewicht und die Bedeutung der öffentlichen Interessen an den bodenschutzrechtlichen Nachhaftungsregelungen angeht, so kann im Wesentlichen auf die obigen Ausführungen im Rahmen der Prüfung des Übermaßverbotes zu verwiesen werden, vgl. oben sub C.III.1.

511 Im Ergebnis wie hier *Becker,* DVBl. 1999, 134 ff., 142; für die Sanierungsbestimmungen des BBodSchG insgesamt ebenso *Ewer,* in: Landmann/Rohmer, Bd. III, Vorb. BodSchRecht, Rn. 169. *Pohl,* NJW 1995, 1645 ff., 1650, hält die Gemeinwohlbelange sogar für so überragend, dass sie eine *echte* Rückwirkung der betreffenden Normen ausnahmsweise rechtfertigen könnten; hiergegen allerdings *Papier,* DVBl. 1996, 125 ff., 131.

512 Vgl. oben sub C.III.4.

513 Zur materiellen Bedeutung der Grundrechtsordnung für die Rückwirkungsproblematik, vgl. *Möller/Rührmair,* NJW 1999, 908 ff., 910 f.

514 So im Ergebnis auch *Enders,* DVBl. 1993, 82 ff., 88.

515 Vgl. oben sub C.III.4.a)cc)(2).

Grundstücksverkehrsgeschäfte handelt, ist den berechtigten Vertrauensschutzinteressen der Alteigentümer, die bereits ein belastetes Grundstück „bösgläubig“ erworben hatten, in zweierlei Hinsicht Rechnung zu tragen: Zum einen ist ihre Verantwortlichkeit aus § 4 Abs. 6 BBodSchG auf der Rechtsfolgenseite der Vorschrift auf eine nachrangige „Ausfallverantwortlichkeit“ zu reduzieren.[517] Zum anderen ist die Vertrauensschutzregelung in § 4 Abs. 6 Satz 2 BBodSchG großzügig auszulegen, um den Kreis der nachwirkend sanierungsverantwortlichen „Durchgangseigentümer“ auf diejenigen zu begrenzen, deren Vertrauensschutzinteressen besonders gemindert sind.

Man wird von einem früheren Alteigentümer daher nicht verlangen können, dass er bei dem eigenen – zeitlich vor In-Kraft-Treten des Bundes-Bodenschutzgesetzes liegenden – Erwerb des verunreinigten Grundstücks vergleichbar umfangreiche Erkundigungen eingeholt hat, die notwendig sind, um ihn zum Zeitpunkt der Veräußerung des Grundstücks vor einer umweltrechtlichen Nachhaftung und vor zivilrechtlichen Schadensersatzforderungen zu schützen. Es dürfen an die Nachforschungspflichten eines solchen Erwerbers aus Gründen des Vertrauensschutzes nur geringere Anforderungen gestellt werden. Ein gangbarer Weg besteht darin, wegen der Vergleichbarkeit der Situation mit dem gutgläubigen Erwerb, den Vertrauensmaßstab des § 932 Abs. 2 BGB auf § 4 Abs. 6 Satz 2 BBodSchG zu übertragen, und die Versagung des Haftungsprivilegs teleologisch auf die Fälle zu reduzieren, in denen der frühere Grundstücks(alt)eigentümer grob fahrlässige Unkenntnis von den Bodenbelastungen hatte.[518]

Die durch § 4 Abs. 6 Satz 2 BBodSchG verlangte „Berücksichtigung der Umstände des Einzelfalles“ fordert zwar eine individuelle Beurteilung, aber es lassen sich Fallgruppen bilden, die die Schutzwürdigkeit des Vertrauens indizieren.[519] Ein gutgläubiger Erwerb wird jedenfalls dann vorliegen, wenn die Frage von Verunreinigungen Gegenstand behördlicher Prüfungen in Gestattungsverfahren war oder aufgrund von Anhaltspunkten hätte sein müssen, die Fläche zuvor ordnungsgemäß saniert bzw. die Sanierungsbedürftigkeit aufgrund eines nicht erkennbar fehlerhaften Gutachtens oder aufgrund arglistiger Täuschung des Verkäufers verneint wurde oder bei einer Prüfung nach § 9 BBodSchG der Verdacht ausgeräumt werden konnte.[520] Bloße Kenntnis von einer früheren gewerblichen Nutzung – ohne besondere

---

[516] Vgl. oben sub C.III.1.c).

[517] Hierzu unten sub E.II.1.

[518] Ebenso *Becker,* BBodSchG, § 4 Rn. 71; *Jorczyk/Duesmann,* altlasten spektrum 1999, 71 ff., 75.

[519] *Bickel,* § 4 Rn. 66.

[520] *Bickel,* § 4 Rn. 66; *Hipp,* in: Hipp/Rech/Turian, A III, Rn. 325; *Müggenborg,* NVwZ 2000, 50 ff., 50; *Turiaux/Knigge,* BB 1999, 377 ff., 383.

altlastenrechtliche Relevanz – kann die Gutgläubigkeit im Allgemeinen nicht ausschließen.[521] Zu berücksichtigen ist hier insbesondere, dass dem Erwerber in der Regel geringere Informationsmöglichkeiten über ein Grundstück zur Verfügung stehen als dem Verkäufer, so dass an sein Verhalten geringere Anforderungen zu stellen sind.[522] Auch sind zugunsten des früheren Erwerbers Veränderungen des naturwissenschaftlich-technischen Erkenntnisstandes zu berücksichtigen.[523]

Nicht schutzwürdig dürfte hingegen das leichtfertige („blinde") Vertrauen des Erwerbers sein, das etwa dann vorliegt, wenn aus der bereits bekannten Vorgeschichte des Grundstücks eine (auch nach damaligem Erkenntnisstand als gefährlich angesehene) Verunreinigung sich geradezu aufdrängte, gleichwohl aber dieser Frage in den Erwerbsverhandlungen nicht nachgegangen wurde.[524] Aus einem solchen Wissen kann sich eine Obliegenheit zu weiteren Nachforschungen ergeben.[525] So wurde Grundstückseigentümern in den USA aufgrund „besonderer Kenntnisse" in einer Reihe von Fällen die Unschuldseinrede[526] versagt. In dem Fall *Sterling Steel Treating, Inc.*[527] entschied das zuständige Gericht, dass aufgrund der früheren Geschäftsbeziehungen zwischen Grundstücksverkäufer und Grundstückserwerber dem Erwerber die gewerbliche Nutzung des Grundstücks bewusst war, und dass ihn dieser Umstand hätte veranlassen müssen, einen auf dem Grundstück abgestellten Anhänger näher zu untersuchen, der gefährliche Abfälle enthielt. Zudem hatte der Erwerber eine Einladung zur Grundstücksinspektion ausgeschlagen.

Grobe Fahrlässigkeit wird man ferner annehmen müssen, wenn ein Erwerber auf einfache Weise, etwa durch Nachfrage bei einer Behörde, konkrete Hinweise auf einen Altlastenverdacht hätte erlangen können, dies aber leichtfertig unterlassen hat.[528] In einem entsprechenden Fall aus den USA,

---

521 *Knorr,* VBlBW 1996, 447 ff., 450; *Schlabach/Heck,* VBlBW 1999, 406 ff., 410.

522 *Bickel,* § 4 Rn. 65; *Frenz,* BBodSchG, § 4 Abs. 6 Rn. 24.

523 *Wüterich,* in: Landel/Vogg/Wüterich, § 4 Rn. 182.

524 *Bickel,* § 4 Rn. 67; *Erbguth/Stollmann,* DVBl. 2001, 601 ff., 607; *Frenz,* BBodSchG, § 4 Abs. 6 Rn. 29; *Giesberts,* in: Fluck, Bd. 2, § 4 BBodSchG Rn. 376; *Hipp,* in: Hipp/Rech/Turian, A III, Rn. 325; *Knopp,* DVBl. 1999, 1010 ff., 1012; *ders.* NJW 2000, 905 ff., 907; *Schoeneck,* in: Sanden/Schoeneck, § 4 Rn. 47.

525 *Schlabach/Heck,* VBlBW 1999, 406 ff., 410. Das OLG Frankfurt, Urt. v. 1.10.1991 – 22 U 222/89 –, NVwZ-RR 1992, 129 f., 130, hat hingegen – allerdings in einem anderen Zusammenhang – eine Verpflichtung des Erwerbers zur Durchführung von Bodenuntersuchungen verneint.

526 Vgl. zur Unschuldseinrede im US-amerikanischen Sanierungsrecht im Zweiten Teil sub D.III.2.a)cc)(3).

527 Nachweis bei *Spießhofer,* in: Ress/Stein (Hrsg.), S. 29 ff., 67 f.

528 *Schlabach/Heck,* VBlBW 1999, 406 ff., 410 (Fn. 76).

in *Wickland Oil Terminals v. Asarco, Inc.,*[529] wusste der Erwerber bei Kaufabschluss, dass sich ein Berg von Metallschlacke auf dem Grundstück befand und dass der Verkäufer mit den Behörden verhandelte, weil die Schlacke Stoffe in die Gewässer entließ. Der Erwerber hätte zusätzliche Informationen durch Probeentnahmen und durch das Studium der behördlichen Akten erlangen können, weshalb ein „Kennenmüssen" des Grundstückserwerbers bejaht wurde. Als möglicherweise für Alteigentümer zu weit gehend wird man allerdings die von der nationalen Umweltbehörde der Vereinigten Staaten EPA und der Industrie entwickelten Richtlinien zur „Angemessenheit" von Untersuchungsmaßnahmen ansehen müssen. Danach sollte ein Grundstückserwerber folgende Schritte unternehmen:

1. Die Entwicklungsgeschichte des Grundstücks gründlich untersuchen,
2. die das Grundstück betreffenden Bundes-, Landes- und örtlichen Akten durchsehen,
3. auf die vorgehend genannten Untersuchungen gestützt eine Bodenuntersuchung durchführen.[530]

Untersuchungsmaßnahmen solchen Umfangs dürfen aus Gründen des verfassungsrechtlichen Rückwirkungsverbotes von früheren Grundstückseigentümern, die das Grundstück bereits vor In-Kraft-Treten des Bundes-Bodenschutzgesetzes erworben hatten, nicht verlangt werden. Diese Einschränkung gilt aber nicht für Erwerber nach dem 1. März 1999. Ihnen obliegt, die von der US-Umweltbehörde vorgeschlagenen Prüfungsschritte – gegebenenfalls mit Hilfe des Veräußerers – zu vollziehen. Um der drohenden Nachhaftung aus § 4 Abs. 6 BBodSchG sicher zu entgehen, sollte der Erwerber eine sorgfältige Grundstücksrecherche vornehmen bzw. vornehmen lassen, die – entsprechend eines US-amerikanischen Gesetzgebungsvorschlags von 1989[531] – folgende Informationsquellen zu berücksichtigen hat:

1. Die Grundbucheintragungen für die zurückliegenden 50 Jahre;
2. Luftaufnahmen, die die früheren Nutzungen des Grundstücks widerspiegeln und die mit vernünftigem Aufwand bei Landes- oder Ortsbehörden beschafft werden können;
3. die Feststellung, ob Grundstücksbelastungen für Sanierungsmaßnahmen eingetragen sind;

---

[529] Nachweis bei *Spießhofer,* in: Ress/Stein (Hrsg.), S. 29 ff., 68.

[530] Vgl. *Spießhofer,* in: Ress/Stein (Hrsg.), S. 29 ff., 69 m. w. N.

[531] „The Innocent Landowner Defense Amendment of 1989", H.R. 2787, 101st Cong., 1st Sess., June 28, 1989, vgl. *Spießhofer,* in: Ress/Stein (Hrsg.), S. 29 ff., 69 f. Dieser Gesetzentwurf ist mit dem Ende des 101sten Congress am 28.10.1990 hinfällig geworden und – soweit ersichtlich – bislang nicht wieder eingebracht worden.

4. die mit vernünftigem Aufwand beschaffbaren behördlichen Akten betreffend Grundstücke, auf denen eine Verunreinigung eingetreten ist, die voraussichtlich zu einer Kontamination des fraglichen Grundstücks führt;
5. eine Inaugenscheinnahme des fraglichen Grundstücks und der unmittelbar benachbarten Grundstücke.

Ergänzend sei noch darauf hingewiesen, dass der amerikanische Kongress in diesem Zusammenhang einen nach Art des Grundstückserwerbs differenzierenden Sorgfaltsmaßstab entwickelt hat.[532] Danach sollen an gewerbliche Grundstücksgeschäfte die höchsten Anforderungen gestellt werden, an private etwas geringere, und die geringsten Anforderungen sollen an einen Grundstückserwerb im Wege des Erbgangs oder durch Vermächtnis gestellt werden.[533] Diese Abstufung ist Ausfluss des Verhältnismäßigkeitsprinzips und auch von deutschen Bodenschutzbehörden zu berücksichtigen.

Um den Sinn und Zweck des Haftungsprivilegs zu wahren, muss ferner der für den Kenntnisstand maßgebliche Erwerbszeitpunkt vor der Eintragung des früheren Eigentümers in das Grundbuch liegen.[534] Stellte man erst auf den Eintragungszeitpunkt ab, so könnte die Gutgläubigkeit des Erwerbers in der bisweilen sehr langen Phase, in der die Eintragung der Rechtsänderung durch das Grundbuchamt noch aussteht, durch Kenntniserlangung von der Verunreinigung des Grundstücks zerstört werden, ohne dass es ihm möglich wäre, den Eigentumserwerb – und damit zugleich seine spätere Verantwortlichkeit aus § 4 Abs. 6 BBodSchG – noch zu verhindern. Das Ziel des Satzes 2, dem gutgläubigen Erwerber eine Privilegierung aus Billigkeitsgründen zukommen zu lassen, könnte dann nicht mehr erreicht werden. Will man Härten im Einzelfall vermeiden, so ist der für die Gutgläubigkeit entscheidende Zeitpunkt dahingehend vorzuverlegen, dass der Erwerber auf die Vollendung des Rechtserwerbs noch Einfluss nehmen kann. Entscheidend ist der Zeitpunkt, in dem die nach § 873 Abs. 2 BGB mit der Auflassung bindend erklärte Einigung nicht mehr beseitigt werden kann.[535] Danach liegt es nicht mehr in der Hand des Erwerbers, ob sich die Eigentumsübertragung tatsächlich vollzieht, da der diesbezügliche Antrag beim Grundbuchamt auch durch den Veräußerer gestellt werden kann. Auf eine

[532] Vgl. *Spießhofer,* in: Ress/Stein (Hrsg.), S. 29 ff., 66 ff.

[533] Vgl. 1986 U.S. Code Congressional & Administrative News 3279–3280.

[534] So *Kahl,* Die Verwaltung, Bd. 33 (2000), S. 29 ff., 71 (Fn. 237); *Taupitz,* in: UTR Bd. 53, S. 203 ff., 254.

[535] *Frenz,* BBodSchG, § 4 Abs. 6 Rn. 27. Für eine vergleichbare Regelung in § 21 Abs. 2 Nr. 5 Satz 1 des Hessischen Abfallwirtschafts- und Altlastengesetzes – HAbfAG bereits ebenso VGH Kassel, Urteil v. 19.10.1992 – 14 TH 1154/92 –, NJW 1993, 611 f., 611.

später erlangte Kenntnis kann es im Rahmen des Privilegs des § 4 Abs. 6 Satz 2 BBodSchG daher nicht mehr ankommen.

Legt man § 4 Abs. 6 Satz 2 BBodSchG in dem hier dargelegten Sinne weit aus, so wird den berechtigten Vertrauensschutzinteressen von Alteigentümern hinreichend Rechnung getragen, so dass die Abwägung insgesamt zugunsten der bodenschutzrechtlichen Nachhaftungsvorschriften ausfällt.

5. Zwischenergebnis

Die Regelungen über die nachwirkende Sanierungsverantwortlichkeit früherer Eigentümer im Bundes-Bodenschutzgesetz sind mit dem verfassungsrechtlichen Rückwirkungsverbot vereinbar. Die Regelungen entfalten keine echte Rückwirkung, sondern lediglich unechte Rückwirkung. Das grundsätzlich schutzwürdige Vertrauen früherer Alteigentümer, im Wege der Dereliktion oder der Eigentumsübertragung von der Zustandsverantwortlichkeit befreit zu werden, tritt hinter den Gründen des öffentlichen Interesses an den Neuregelungen zurück. Dabei ist zugunsten von Alteigentümern der Vertrauensmaßstab in § 4 Abs. 6 Satz 2 BBodSchG großzügig auszulegen und die Versagung des Haftungsprivilegs teleologisch auf die Fälle zu reduzieren, in denen der Alteigentümer grob fahrlässige Unkenntnis von den Bodenbelastungen hatte.

V. Vereinbarkeit mit der Institutsgarantie des Eigentumsgrundrechts

Wie bereits ausgeführt, müssen die bodenschutzrechtlichen Vorschriften über die nachwirkende Sanierungsverantwortlichkeit früherer Eigentümer auch die Instituts- oder Einrichtungsgarantie[536] aus Art. 14 Abs. 1 Satz 1 GG wahren.[537]

Art. 14 Abs. 1 Satz 1 GG enthält neben einer das konkrete Eigentum umfassenden Bestandsgarantie auch eine Schutzgarantie hinsichtlich des abstrakten Instituts Eigentum als materieller Basis der persönlichen Freiheit und als Voraussetzung eigenverantwortlicher Lebensgestaltung.[538] Sie setzt einer ansonsten verfassungsrechtlich gerechtfertigten Inhalts- und Schrankenbestimmung letzte Grenzen.[539] Die Institutsgarantie sichert dem Bundes-

---

[536] Die Unterscheidung von Instituts- und institutionellen Garantien geht vor allem auf *Carl Schmitt* zurück. Grundlegend *ders.,* Verfassungsrechtliche Aufsätze, 1958, S. 140 ff.

[537] Vgl. oben sub B.I.1.b)bb).

[538] BVerfGE 24, 367 (389); instruktiv hierzu *Bryde,* in: v. Münch/Kunig, Art. 14 Rn. 32 ff.; *Eschenbach,* S. 477 ff.

verfassungsgericht zufolge einen „Grundbestand von Normen“, die ein Rechtsinstitut ausformen, das „den Namen des Eigentums verdient“.[540] Hierfür müsse das Rechtsinstitut die grundsätzliche „Privatnützigkeit“, d.h. die Zuordnung zu einem Rechtsträger, der zugleich Nutznießer ist, und dessen grundsätzliche Verfügungsbefugnis über den Eigentumsgegenstand gewährleisten.[541]

Die Bedeutung der Institutsgarantie in der Rechtsprechung des Bundesverfassungsgerichts ist gering, was nicht zuletzt auf ihren unter der Geltung des Grundgesetzes reduzierten Anwendungsbereich[542] sowie auf ihre inhaltliche Unbestimmtheit zurückzuführen sein dürfte. Nach Auffassung des Bundesverfassungsgerichts verwehrt die Institutsgarantie dem Gesetzgeber lediglich, „dass solche Sachbereiche der Privatrechtsordnung entzogen werden, die zum elementaren Bestand grundrechtlich geschützter Betätigung im vermögensrechtlichen Bereich gehören“.[543]

Vor diesem Hintergrund erscheint es höchst zweifelhaft, ob das Eigentum als Rechtsinstitut, insbesondere seine Aspekte der Privatnützigkeit und der Verfügungsbefugnis durch die neuen Bestimmungen des Bundes-Bodenschutzgesetzes über die nachwirkende Sanierungsverantwortlichkeit früherer Grundeigentümer beeinträchtigt werden.

Dies behauptet indessen *Kahl* hinsichtlich der durch § 4 Abs. 6 BBodSchG statuierten nachwirkenden Sanierungsverantwortlichkeit. Zur Begründung verweist er darauf, dass die Vorschrift den Verkehr mit Altlastengrundstücken erheblich belaste.[544] Die Nachhaftung im Fall des Eigentümerwechsels entspreche bezüglich ihrer Intensität und Tragweite einem faktischen Veräußerungsverbot für Eigentümer von Altlastengrundstücken.[545] Vergegenwärtigt man sich die Rechtsprechung des Bundesverfas-

---

539 *Pieroth/Schlink,* Rn. 952.

540 BVerfGE 24, 367 (389). Der gegenüber dem Gesetzgeber aus dieser Institutsgarantie fließende Normenbestandsschutz bezieht sich damit sinnvollerweise auf den gesamten Bereich aller das Eigentum konstituierenden Normen. Vgl. *Lübbe-Wolff,* Die Grundrechte als Eingriffsabwehrrechte, 1989, S. 135.

541 BVerfGE 91, 294 (308).

542 Die Rechtsfigur der Institutsgarantie ist nur vor ihrem Weimarer Hintergrund verständlich. Sie sollte einen Kernbestand von Eigentumsnormen gegenüber einem Gesetzgeber sichern, der nach seinerzeit h.L. nicht an die Grundrechte gebunden war. Heute ist die Grundrechtsbindung des Gesetzgebers in Art. 1 Abs. 3 GG eindeutig und der üblicherweise unter der Institutsgarantie subsumierte „Kernbestand“ wird ohnehin durch die Wesensgehaltsgarantie des Art. 19 Abs. 2 GG geschützt. Vgl. zu allem *Bryde,* in: v. Münch/Kunig, Art. 14 Rn. 32.

543 BVerfGE 24, 367 (389).

544 So *Kahl,* Die Verwaltung, Bd. 33 (2000), S. 29 ff., 71 f.; einen Verstoß gegen die Institutsgarantie des Eigentums andeutend auch *Dombert,* NJW 2001, 927 ff., 930 f.

sungsgerichts zu Veräußerungsverboten, so wiegt dieser Vorwurf schwer. Das Gericht geht davon aus, dass das Eigentum hinsichtlich seiner Funktion der Sicherung der persönlichen Freiheit des Einzelnen einen besonders ausgeprägten Schutz genießt.[546] Hieraus folgert das Bundesverfassungsgericht, dass der Gesetzgeber beim Verbot der Veräußerung von Eigentum, die ein elementarer Bestandteil der Eigentumsfreiheit sei, einen eingeschränkteren Gestaltungsspielraum habe.[547]

Zu dem Einwand der Beeinträchtigung des Grundstücksverkehrs wurde bereits Stellung genommen.[548] Erinnert sei an dieser Stelle nur daran, dass die – nicht von der Hand zu weisende – Beschränkung des Verkehrs mit bodenbelasteten Grundstücken im hohen Maße im öffentlichen Interesse liegt, weil dies die behördliche Sanierungsplanung erheblich beschleunigt.[549] Auch muss den zuvor erwähnten restriktiven Aussagen des Bundesverfassungsgerichts zu Veräußerungsverboten eine relativierende Aussage desselben Gerichts hinzugefügt werden. Das Bundesverfassungsgericht vertritt in ständiger Rechtsprechung die Auffassung, dass die Befugnis des Gesetzgebers zur Inhalts- und Schrankenbestimmung um so weiter reicht, je mehr das Eigentumsobjekt in einem sozialen Bezug und in einer sozialen Funktion steht.[550] Grundstücke weisen angesichts der Unvermehrbarkeit von Grund und Boden in besonders hohem Maße einen sozialen Bezug auf, insbesondere gilt dies für Grundstücke, von denen Gefahren für die Allgemeinheit ausgehen.[551] Entsprechend weit reicht die Regelungsbefugnis des Gesetzgebers für Vorschriften zur Abwehr grundstücksbezogener Gefahren.[552] Das Institut Eigentum bleibt von solchen Vorschriften daher regelmäßig unangetastet.

Der gegenteiligen Auffassung, die § 4 Abs. 6 BBodSchG *generell* die Wirkung eines faktischen Veräußerungsverbots zuspricht, kann daher nicht gefolgt werden. Die Vorschrift lässt Verfügungen über Altlastengrundstücke weiterhin zu. Sie knüpft lediglich an die frühere Eigentumsposition an, indem sie den früheren Eigentümer unter engen Voraussetzungen mit der nachwirkenden Sanierungsverantwortlichkeit belegt. Der Kernbereich der Eigentumsgarantie wird dadurch nicht (auch nicht schleichend) ausgehöhlt.

---

545 Vgl. hierzu bereits oben sub C.III.4.b)aa).

546 St. Rspr., BVerfGE 50, 290 (340 f.) ; 53, 257 (292); 100, 226 (241).

547 BVerfGE 21, 87 (90 f.); 21, 306 (310 f.); 26, 215 (222); vgl. auch *Pieroth/Schlink,* Rn. 933.

548 Siehe oben sub C.III.4.b)aa).

549 Siehe oben sub C.III.4.b)bb).

550 BVerfGE 21, 73 (83); 31, 229 (242); 36, 281 (292); 37, 132 (140); 42, 263 (294); 50, 290 (340 f.); 53, 257 (292); 100, 226 (241).

551 Vgl. BVerfGE 102, 1 (20).

552 Ebenso *Ewer,* in: Landmann/Rohmer, Bd. III, Vorb. BodSchRecht, Rn. 169.

Sowohl der Aspekt der Privatnützigkeit, also die Zuordnung des Eigentumsobjekts zu dem Rechtsträger, als auch die grundsätzliche Verfügungsbefugnis über den Eigentumsgegenstand bleiben weiterhin erhalten, so dass das Eigentum an Altlastengrundstücken durchaus noch „den Namen Eigentum verdient".

Die Institutsgarantie bleibt als solche von § 4 Abs. 6 BBodSchG somit unberührt. Dies gilt auch hinsichtlich der grundsätzlich unbegrenzten Kostentragungspflicht.[553] Verbleibende Härtefälle können durch eine verfassungskonforme Beschränkung der Höhe der Inanspruchnahme im Einzelfall nach Maßgabe des Übermaßverbots korrigiert werden.[554]

VI. Ergebnis

Es liegt weder ein Verstoß gegen das verfassungsrechtliche Übermaßverbot noch gegen das Rückwirkungsverbot noch gegen die Institutsgarantie des Eigentums aus Art. 14 Abs. 1 Satz 1 GG vor. Die mit den Regelungen im Bundes-Bodenschutzgesetz über die nachwirkende Sanierungsverantwortlichkeit früherer Grundstückseigentümer (§ 4 Abs. 3 Satz 4 Alt. 2, Abs. 6 BBodSchG) verbundenen mehrdimensionalen Eingriffe in die Schutzbereiche der allgemeinen Handlungsfreiheit aus Art. 2 Abs. 1 GG und die Eigentumsgarantie aus Art. 14 Abs. 1 GG sind insoweit verfassungsrechtlich gerechtfertigt.

D. Vereinbarkeit mit dem allgemeinen Gleichheitssatz (Art. 3 Abs. 1 GG)

In der Ausweitung der Sanierungsverantwortung auf den Adressatenkreis der früheren Grundstückseigentümer durch § 4 Abs. 3 Satz 4 Alt. 2 BBodSchG und § 4 Abs. 6 BBodSchG könnte aber möglicherweise ein Verstoß gegen den allgemeinen Gleichheitssatz aus Art. 3 Abs. 1 GG liegen.[555]

Der allgemeine Gleichheitssatz aus Art. 3 Abs. 1 GG verbietet, „wesentlich Gleiches willkürlich ungleich und wesentlich Ungleiches willkürlich gleich zu behandeln".[556] Welche Sachverhaltselemente so wesentlich sind,

---

[553] Vgl. zu diesem Aspekt bereits oben sub B.I.1.b)bb).

[554] Siehe unten sub E.III. Hinsichtlich der Begrenzung der Zustandsverantwortlichkeit ebenso: *Oerder,* NVwZ 1992, 1031 ff., 1037.

[555] Vgl. *Hilger,* in: Holzwarth/Radtke/Hilger/Bachmann, § 4 Rn. 113b; *Gerhold,* altlasten spektrum 1998, 107 ff., 110; *Kahl,* Die Verwaltung, Bd. 33 (2000), S. 29 ff., 73 f.; *Knopp,* DVBl. 1999, 1010 ff., 1013; *Schwartmann,* DStR 1999, 324 ff., 328.

dass eine Ungleichbehandlung gerechtfertigt ist, hat zunächst der Gesetzgeber zu entscheiden. Diesem ist nach ständiger Rechtsprechung weitgehende Gestaltungsfreiheit zuzuerkennen. Ein Verstoß gegen das Willkürverbot liegt erst dann vor, wenn sich ein vernünftiger, sich aus der Natur der Sache ergebender oder sonst wie einleuchtender Grund nicht finden lässt.[557] Dieser recht grobe Maßstab des Gleichheitsurteils ist inzwischen allerdings durch die so genannte „neue Formel" des Bundesverfassungsgerichts präzisiert worden. Danach ist bei einer Ungleichbehandlung von Personengruppen der Gleichheitssatz bereits dann verletzt, „wenn eine Gruppe von Normadressaten im Vergleich zu anderen Normadressaten anders behandelt wird, obwohl zwischen beiden Gruppen keine Unterschiede von solcher Art und von solchem Gewicht bestehen, dass sie die ungleiche Behandlung rechtfertigen könnten."[558] Bei Ungleichbehandlungen größerer Intensität verlangt das Gericht nunmehr eine Prüfung des Übermaßverbots.[559]

Der bereits mehrfach erwähnte Grundsatz der gerechten Lastenverteilung ist die abgabenrechtliche Ausprägung des so umrissenen allgemeinen Gleichheitssatzes.[560] Er gebietet die willkürfreie bzw. verhältnismäßige Gleichbehandlung aller Abgabenschuldner sowohl im Verhältnis der Abgabenschuldner untereinander als auch im Verhältnis des Einzelnen zur Allgemeinheit. Zusätzliche Belastungen Einzelner sind danach nur ausnahmsweise zulässig, wenn sie sich auf einen spezifischen Zurechnungsgrund stützen lassen, der es rechtfertigt, die in Betracht kommende Aufgabe nicht als Last der Allgemeinheit zu betrachten, sondern als eine besondere Verantwortlichkeit des in Anspruch genommenen Bürgers bzw. der betreffenden Gruppe.[561] Bei der durch das Bundes-Bodenschutzgesetz begründeten nachwirkenden Sanierungsverantwortlichkeit früherer Grundstückseigentümer geht es zwar nicht unmittelbar um die Auferlegung einer Abgabe, sondern zunächst um die Auferlegung einer Handlungspflicht.[562] Der Grundsatz der Lastengleichheit ist jedoch nicht auf den Abgabenbereich beschränkt, sondern auch im Bereich der Auferlegung von Sach- und Dienstleistungen anwendbar. Hier wie dort werden von dem Einzelnen besondere Vermögens-

---

556 St. Rspr., BVerfGE 4, 144 (155); 13, 225 (228); 78, 104 (121); siehe im Einzelnen auch *Gubelt,* in: v. Münch/Kunig, Art. 3 Rn. 11 ff.

557 BVerfGE 65, 141 (148); 74, 182 (200); 78, 104 (121).

558 St. Rspr., BVerfGE 55, 72 (88); 82, 126 (146); 87, 1 (36); 92, 53 (68 f.); 95, 39 (45); 95, 143 (154 f.); 96, 315 (325).

559 *Gubelt,* in: v. Münch/Kunig, Art. 3 Rn. 14; *Pieroth/Schlink,* Rn. 440.

560 Vgl. BVerfGE 11, 105 (119); 93, 121 (134). Ausführlich zum Grundsatz der Lastengleichheit *Friauf,* in: Festschrift für Jahrreiß, 1974, S. 45 ff.; *Giesberts,* passim, insbesondere S. 197; *Griesbeck,* S. 137 ff.; *Lindner,* S. 112 ff. und 114 ff.; *Spannowsky,* DVBl. 1994, 560 ff., 561 ff.

561 *Friauf,* in: Festschrift für Jahrreiß, 1974, S. 45 ff., 50.

562 Vgl. oben sub C.III.1.a).

opfer gefordert, die andere nicht zu tragen haben.[563] Die Statuierung der nachwirkenden Sanierungsverantwortlichkeit durch § 4 Abs. 3 Satz 4 Alt. 2 und § 4 Abs. 6 BBodSchG ist aus diesem Grund am Grundsatz gerechter Lastenverteilung zu messen.[564]

Für einen Verstoß gegen das Gebot gerechter Lastenverteilung kommen verschiedene Bezugspunkte in Betracht. Die Auferlegung der nachwirkenden Sanierungsverantwortlichkeit zu Lasten des früheren Grundstückseigentümers könnte sowohl im Verhältnis des früheren Eigentümers zu nicht nachwirkend sanierungsverantwortlichen beliebigen Dritten (I.) sowie im Verhältnis zu dem nicht in die Nachhaftung miteinbezogenen früheren Inhaber der tatsächlichen Gewalt (III.) eine verfassungsrechtlich nicht zu rechtfertigende Ungleichbehandlung bedeuten. Im Verhältnis zu gegenwärtigen Eigentümern könnte hingegen eine willkürliche bzw. unverhältnismäßige Gleichbehandlung vorliegen: Insofern ist zu fragen, ob von früheren Grundstückseigentümern ebenso wie von aktuellen Eigentümern eines Grundstücks Sanierungsmaßnahmen verlangt werden dürfen oder ob aus verfassungsrechtlichen Gründen eine Differenzierung zwischen diesen beiden Personengruppen geboten ist (II.).

I. Ungleichbehandlung von früheren Eigentümern und beliebigen Dritten

Hinsichtlich der Frage, ob den früheren Eigentümer im Verhältnis zur Allgemeinheit bzw. im Verhältnis zu beliebigen Dritten eine Sonderverantwortung trifft, die es rechtfertigt, ihm die (Vornahme- und Kosten-)Last der Sanierung seines früheren Grundstücks aufzuerlegen, kann im Wesentlichen auf die hierzu im Rahmen von Art. 2 Abs. 1 GG bei der Prüfung des Übermaßverbots erlangten Ergebnisse verwiesen werden: Der frühere Eigentümer ist hinsichtlich seines früheren Grundstücks Inhaber einer *sachbezogenen Garantenstellung*, die es nach Abwägung der verschiedenen Interessen rechtfertigt, ihm im Verhältnis zur Allgemeinheit und zu beliebigen Dritten die Sonderlast der Sanierung des Grundstücks aufzuerlegen.[565] Das Individuallastprinzip setzt sich aus diesen Gründen, wie festgestellt wurde, – zumindest im Grundsatz[566] – gegenüber dem Gemeinlastprinzip durch. Daher besteht kein Verstoß gegen den Grundsatz der gerechten Lastenver-

---

563 *Friauf,* in: Festschrift für Jahrreiß, 1974, S. 45 ff., 56 ff.; *Griesbeck,* S. 138.

564 Zum Teil wird demgegenüber die Anwendbarkeit des Grundsatzes der Lastengleichheit auf den Störer mit der Begründung abgelehnt, er sei für die Gefahr stets verantwortlich und erbringe nie ein Sonderopfer, vgl. *Drews/Wacke/Vogel/Martens,* S. 668; *Friauf,* in: Festschrift für Jahrreiß, 1974, S. 45 ff., 61. Dagegen mit überzeugenden Gründen *Griesbeck,* S. 140.

565 Siehe oben sub C.III.4.a)cc)(2).

teilung. Art. 3 Abs. 1 GG wird im Verhältnis des früheren Eigentümers zur Allgemeinheit nicht verletzt.[567]

II. Gleichbehandlung von früheren und gegenwärtigen Eigentümern

Dieses Ergebnis leitet unmittelbar zu der Frage über, ob die gesetzliche Gleichbehandlung des früheren mit dem gegenwärtigen Eigentümer, der ebenfalls zum Kreis der Sanierungsverantwortlichen zählt, willkürlich ist. Nach ständiger Rechtsprechung des Bundesverfassungsgerichts verbietet der Gleichheitssatz nicht nur, „wesentlich Gleiches willkürlich ungleich", sondern auch, „wesentlich Ungleiches willkürlich gleich zu behandeln."[568] Bei der Gleichbehandlung ungleicher Sachverhalte steht dem Gesetzgeber allerdings regelmäßig ein weiter Gestaltungsspielraum zu; er ist nicht verpflichtet, unter allen Umständen Ungleiches ungleich zu behandeln.[569] Das Bundesverfassungsgericht korrigiert bei gesetzlichen Gleichbehandlungen nur äußerste Grenzüberschreitungen in Fällen, in denen sich die Ungerechtigkeit geradezu aufdrängt.[570] Maßgeblich ist, ob für eine am Gerechtigkeitsgedanken orientierte Betrachtungsweise die tatsächlichen Ungleichheiten so bedeutsam sind, dass der Gesetzgeber sie bei seiner Regelung beachten muss.[571] Hiervon kann aber im Falle der Einbeziehung der früheren Grundstückseigentümer in die Sanierungsverantwortung keine Rede sein. Ein vernünftiger Grund für die Gleichbehandlung liegt darin, dass der frühere Eigentümer, der sein Eigentum an dem bodenbelasteten Grundstück in dem Wissen bzw. fahrlässigen Nichtwissen um die schädlichen Bodenveränderungen willkürlich aufgegeben hat, bei wertender Betrachtung seines Verhaltens und seiner früheren Stellung als Nutzziehungsberechtigter den grundstücksbezogenen Risiken nach wie vor ebenso nahe steht, als hätte er

---

[566] Zu möglichen Ausnahmefällen, in denen der frühere Eigentümer sich in einer Opferposition befindet, siehe unten sub E.III.

[567] A. A. *Gerhold,* altlasten spektrum 1998, 107 ff., 110, der einen Verstoß gegen Art. 3 Abs. 1 GG bejaht, allerdings zugleich einräumt, dass sich eine andere Beurteilung rechtfertige, wenn – wie bei der Eigentumsaufgabe – die Gefahr gerade durch die Veräußerung geschaffen werde. Dies könne ausnahmsweise bei einer Veräußerung an einen nicht leistungsfähigen Dritten der Fall sein. Ihm folgend *Knopp,* DVBl. 1999, 1010 ff., 1013; *Schwartmann,* DStR 1999, 324 ff., 328; ähnlich auch *Spieth/Wolfers,* NVwZ 1999, 355 ff., 356 f.

[568] St. Rspr., BVerfGE 1, 14 (52); 4, 144 (155); 13, 46 (53); 23, 98 (106 f.); 42, 64 (72); 49, 148 (165); 52, 256 (263); 55, 261 (269); 67, 65 (85); 86, 81 (87).

[569] BVerfGE 86, 81 (87); 90, 226 (239).

[570] BVerfGE 55, 261 (270).

[571] St. Rspr., BVerfGE 1, 264 (275 f.); 9, 124 (129 f.); 25, 269 (293); 52, 256 (263); 55, 261 (269 f.); 67, 65 (85 f.); 86, 81 (87).

sein Eigentum und mit ihr die Zustandsverantwortlichkeit nicht aufgegeben.[572] Auch in dieser Hinsicht ist daher ein Verstoß gegen Art. 3 Abs. 1 GG zu verneinen.[573]

III. Ungleichbehandlung von früheren Eigentümern und früheren Inhabern der tatsächlichen Gewalt

Als letzter Bezugspunkt bleibt zu prüfen, ob in der Nichteinbeziehung des früheren Inhabers der tatsächlichen Gewalt in die bodenschutzrechtliche nachwirkende Sanierungsverantwortlichkeit[574] im Verhältnis zum früheren Grundstückseigentümer eine verfassungswidrige Ungleichbehandlung von wesentlich Gleichem liegt.[575] Anders als beliebige Dritte stand auch der frühere Inhaber der tatsächlichen Gewalt als Mieter oder Pächter des Grundstücks in einer besonderen Beziehung zu der störenden Sache. Vor dem Hintergrund des Art. 3 Abs. 1 GG fragt sich daher, warum das Bundes-Bodenschutzgesetz allein dem früheren Eigentümer, nicht aber dem früheren Inhaber der tatsächlichen Gewalt die nachwirkende Sanierungsverantwortlichkeit auferlegt.

Hierfür gibt es einen sachlichen Differenzierungsgrund. Es ist höchst zweifelhaft, ob der Inhaber der tatsächlichen Gewalt überhaupt Adressat der Sozialpflichten aus Art. 14 Abs. 2 GG ist.[576] Zwar kann sich nach der Rechtsprechung des Bundesverfassungsgerichts auch der Mieter auf das Eigentumsgrundrecht aus Art. 14 Abs. 1 Satz 1 GG berufen.[577] Gleichwohl ist fraglich, ob das verfassungsrechtliche Eigentum des Mieters auch der Sozialpflichtigkeit des Art. 14 Abs. 2 GG unterliegt.[578] Angesichts der nur relativen Exklusivität des „Besitzereigentums“, das hinsichtlich seines Umfangs und seines (Nutzziehungs-)Wertes vom vertraglichen Innenverhältnis zum Eigentümer abhängt, ist diese Annahme erheblich zu bezweifeln. Die Eigentümerstellung unterscheidet sich maßgeblich von der Stellung des Inhabers der tatsächlichen Gewalt. Wenn aber schon die Geltung der Sozialpflichtigkeit aus Art. 14 Abs. 2 GG für den Inhaber der tatsächlichen Gewalt unsicher ist, wäre es umso fragwürdiger, ihm sogar eine nachwirkende

---

572 Vgl. oben sub C.III.4.a)cc)(2).

573 Ebenso *Hilger,* in: Holzwarth/Radtke/Hilger/Bachmann, § 4 Rn. 113b.

574 Zu den Möglichkeiten der Konstruktion einer nachwirkenden Sanierungsverantwortlichkeit des – nicht verhaltensverantwortlichen – ehemaligen Inhabers der tatsächlichen Gewalt, der bewusst die tatsächliche Sachherrschaft aufgegeben hat, siehe bereits im Zweiten Teil sub D.IV.1.

575 So der Vorwurf von *Kahl,* Die Verwaltung, Bd. 33 (2000), S. 29 ff., 73 f.

576 Insofern zweifelnd auch *Wiester,* S. 65.

577 BVerfGE 89, 1 (6).

578 Dies bejaht für den Landpächter *Frenz,* VerwArch 90 (1999), 208 ff., 229.

Sozialpflichtigkeit aufzuerlegen. Die Nichteinbeziehung des früheren Inhabers der tatsächlichen Gewalt in die nachwirkende Sanierungsverantwortlichkeit bedeutet im Ergebnis somit weder eine willkürliche noch eine unverhältnismäßige Ungleichbehandlung wesentlich gleicher Personengruppen.[579]

IV. Ergebnis

Der aus Art. 3 Abs. 1 GG abgeleitete Grundsatz der gerechten Lastenverteilung wird durch die Einführung einer bodenschutzrechtlichen nachwirkenden Sanierungsverantwortlichkeit für frühere Grundstückseigentümer in keiner Hinsicht verletzt.[580] Eine unverhältnismäßige Ungleichbehandlung der sanierungsverantwortlichen früheren Eigentümer besteht weder im Verhältnis zu nicht sanierungspflichtigen beliebigen Dritten noch im Verhältnis zu nicht sanierungsverantwortlichen früheren Inhabern der tatsächlichen Gewalt. Auch die gesetzliche Gleichbehandlung gegenwärtiger und früherer Eigentümer bodenbelasteter Grundstücke ist bei wertender Betrachtungsweise verfassungsrechtlich gerechtfertigt.

E. Verfassungskonforme Restriktionen von § 4 Abs. 6 BBodSchG

Nach dem bisher Ausgeführten sind die bodenschutzrechtlichen Vorschriften über die nachwirkende Sanierungsverantwortlichkeit insgesamt verfassungsrechtlich zu rechtfertigen. Gleichwohl sind Grundstücksverkehrsgeschäfte denkbar, bei denen die (uneingeschränkte) Anwendung von § 4 Abs. 6 BBodSchG zu besonderen Härten führte. Dies sind insbesondere Konstellationen, in denen der zur Sanierung herangezogene frühere Grundstückseigentümer weder Verursacher der schädlichen Bodenveränderungen war, noch die Herbeiführung der Bodenbelastungen durch einen Dritten geduldet oder mittelbar von ihr profitiert hat. In Einzelfällen, in denen der frühere Eigentümer gewissermaßen selbst als „Opfer" der Bodenbelastungen erscheint, mag durch seine nachwirkende Heranziehung zur Sanierungs-

---

579 Eine über die Zeit der Sachherrschaft hinausreichende Verantwortlichkeit des Inhabers der tatsächlichen Gewalt kann allerdings selbstverständlich wegen der Verursachung schädlicher Bodenveränderungen bzw. Altlasten als Verhaltensverantwortlichkeit bestehen.

580 Die von *Bickel,* § 4 Rn. 56, im Zusammenhang mit Art. 3 Abs. 1 GG aufgeworfene Frage, warum bei Anwendbarkeit des Bundes-Bodenschutzgesetzes eine „Ewigkeitshaftung" des Eigentümers normiert wird, die bei gleichem Sachverhalt unter den nach § 3 Abs. 1 BBodSchG anzuwendenden Vorschriften nicht gilt, ist weniger eine Frage des Art. 3 Abs. 1 GG als ein Problem der Widerspruchsfreiheit der Rechtsordnung. Vgl. zu dieser Frage zuletzt *Kloepfer/Bröcker,* DÖV 2001, 1 ff.

planung und zur Tragung der Sanierungskosten – insbesondere vor dem Hintergrund der neueren Rechtsprechung des Bundesverfassungsgerichts zu den Grenzen der Zustandsverantwortlichkeit für Altlasten[581] – die Grenze des verfassungsrechtlich Hinnehmbaren überschritten werden. Da das Bundes-Bodenschutzgesetz zur Vermeidung unbilliger Härten im Einzelfall bis auf die Vertrauensschutzregelung in § 4 Abs. 6 Satz 2 BBodSchG keine weiteren Korrekturmöglichkeiten enthält – insbesondere sieht es weder eine Begrenzung der Höhe der Inanspruchnahme des früheren Zustandsverantwortlichen, noch eine zeitliche Begrenzung seiner Verantwortlichkeit, noch einen Vorrang der Verantwortlichkeit des Verursachers oder des gegenwärtigen Eigentümers vor –, muss, wie bereits angedeutet wurde, möglicherweise die *Anwendung* von § 4 Abs. 6 BBodSchG durch die Exekutive bzw. Judikative in verfassungsrechtliche Bahnen gelenkt werden.

Zu untersuchen sind daher abschließend die Erfordernisse und Möglichkeiten einer verfassungskonformen Restriktion von § 4 Abs. 6 BBodSchG auf der Rechtsfolgenseite der Norm. Dies betrifft im Wesentlichen drei Gesichtspunkte: Erstens die zeitliche Unbeschränktheit der Verantwortlichkeit (I.), zweitens das Störerauswahlermessen (II.) und drittens die kostenmäßige Höhe der Inanspruchnahme früherer Eigentümer (III.).

I. Zeitliche Begrenzung der Inanspruchnahme

In zeitlicher Hinsicht ist die nachwirkende Sanierungsverantwortlichkeit früherer Eigentümer nach dem Bundes-Bodenschutzgesetz unbegrenzt. Es fehlt – anders als etwa im Sachverständigenentwurf für ein Umweltgesetzbuch[582] – eine ausdrückliche Bestimmung zu einer möglichen Heranziehungsverjährung.[583] Auch die im allgemeinen Polizei- und Ordnungsrecht diskutierten Instrumente des behördlichen Verzichts und der Verwirkung sind im Bundes-Bodenschutzgesetz keiner ausdrücklichen Regelung zugeführt worden.

Daher kann sich insbesondere bei der Nachhaftung nach § 4 Abs. 6 BBodSchG – zumindest theoretisch – eine endlos lange Reihe früherer Grundstückseigentümer ergeben, von denen jeder Einzelne, soweit in seiner Person die Tatbestandsvoraussetzungen erfüllt sind, zu irgendeinem späte-

[581] BVerfGE 102, 1.

[582] Vgl. § 348 Abs. 4 Satz 2, Abs. 6 Satz 1 Halbs. 2 UGB-KomE; vgl. auch die entsprechende Regelung im Professorenentwurf, § 303 Abs. 3 Satz 2 UGB-BT.

[583] Vgl. zu diesem Problem *Becker,* DVBl. 1999, 134 ff., 142, Fn. 61; *Bender/Sparwasser/Engel,* Kap. 7/VII, Rn. 226; *Frenz,* BBodSchG, § 4 Abs. 6 Rn. 38; *Gerhold,* altlasten spektrum 1998, 107 ff., 110; *Giesberts,* in: Fluck, Bd. 2, § 4 BBodSchG Rn. 370; *Knopp,* DVBl. 1999, 1010 ff., 1013 m.w.N. in Fn. 39; *Versteyl,* in: UTR Bd. 53, S. 147 ff., 173 f.

ren Zeitpunkt nachwirkend zur Sanierung eines Grundstücks herangezogen werden könnte. Vor diesem Hintergrund ist kritisiert worden, § 4 Abs. 6 BBodSchG statuiere eine unverhältnismäßige Ewigkeitshaftung.[584]

Zunächst sei darauf hingewiesen, dass grundsätzlich auch die Heranziehung früherer Eigentümer aus einer langen Kette von Voreigentümern möglich sein muss. Nur so kann vermieden werden, dass eine Verantwortungsbefreiung durch mehrfache Übertragung auf verschiedene vermögenslose Erwerber erfolgen kann.[585] Es lässt sich aber diskutieren, ob das Rechtsstaatsprinzip eine *zeitliche Begrenzung* der nachfolgenden Transaktionskette in Form von Verjährungsregeln oder durch die Instrumente des behördlichen Verzichts und der Verwirkung erfordert.[586]

1. Verjährung

In Betracht kommt zunächst eine Verjährung der bodenschutzrechtlichen nachwirkenden Sanierungsverantwortlichkeit bzw. der hierauf bezogenen behördlichen Eingriffsbefugnis.[587] Da im Bundes-Bodenschutzgesetz eine ausdrückliche Verjährungsregelung fehlt, kommt nur eine verfassungskonforme Restriktion des zeitlichen Anwendungsbereichs von § 4 Abs. 3 Satz 4 Alt. 2 und § 4 Abs. 6 BBodSchG in Form einer analogen Anwendung der zivilrechtlichen Verjährungsregeln (§ 195 BGB) in Betracht.

a) Meinungsstand

Eine Verjährung der Sanierungsverantwortlichkeit bzw. der auf sie gestützten behördlichen Eingriffsbefugnis bzw. des behördlichen Gefahrenbeseitigungsanspruchs[588] nach Ablauf von 30 Jahren wird in letzter Zeit wieder verstärkt diskutiert.[589] Während ein Teil der Literatur sich für eine Verjährung der Sanierungsverantwortlichkeit in entsprechender Anwendung

---

584 *Becker,* BBodSchG, § 4 Rn. 23a; *Bender/Sparwasser/Engel,* Kap. 7/VII, Rn. 226; *Bickel,* § 4 Rn. 56; *Giesberts,* in: Fluck, Bd. 2, § 4 BBodSchG Rn. 370; *Knopp,* DVBl. 1999, 1010 ff., 1013; *Müggenborg,* NVwZ 2000, 50 ff., 51; *Spieth/Wolfers,* altlasten spektrum 1998, 75 ff., 79; *Turiaux/Knigge,* BB 1999, 377 ff., 379; *Würtenberger/Heckmann/Riggert,* Rn. 610.

585 *Frenz,* BBodSchG, § 4 Abs. 6 Rn. 8.

586 *Würtenberger/Heckmann/Riggert,* Rn. 610.

587 Es darf als geklärt vorausgesetzt werden, dass das Rechtsinstitut der Verjährung prinzipiell auch im öffentlichen Recht Anwendung findet. Vgl. nur BVerwGE 28, 336 (338); 34, 97 (98); *Martensen,* NVwZ 1997, 442 ff., 443; *Ossenbühl,* NVwZ 1995, 547 ff., 548, sowie grundlegend *Lange,* Die verwaltungsrechtliche Verjährung, 1984, S. 11.

588 Vgl. zu diesen Differenzierungen *Martensen,* NVwZ 1997, 442 ff., 444; *Ossenbühl,* NVwZ 1995, 547 ff., 548.

von § 195 BGB ausspricht,[590] unterliegt sie nach der überwiegenden Rechtsprechung[591] und der herrschenden Meinung im Schrifttum[592] ohne gesetzliche Regelung keiner Verjährung. Lediglich in Extremfällen soll eine zeitliche Einschränkung unter dem Gesichtspunkt der Verhältnismäßigkeit in Betracht kommen.[593]

b) Stellungnahme

Die herrschende Auffassung wendet gegen die Verjährung der Sanierungsverantwortlichkeit vor allem ein, dass es sich dabei nicht um vermögensrechtliche Ansprüche des Staates, sondern um Handlungspflichten des Einzelnen handele, für die § 195 BGB nicht gelte.[594] Dieser Einwand ist indes hinsichtlich der *nachwirkenden* Sanierungsverantwortlichkeit des frü-

---

589 Vgl. OVG Köln, Urt. v. 12.4.1994 – 14 K 6068/92 –, NVwZ 1994, 927 ff.; *Bender/Sparwasser/Engel,* Kap. 7/VII, Rn. 231; *Gärtner,* UPR 1997, 452 f.; *Kothe,* VerwArch 88 (1997), 456 ff., 484 ff.; *Martensen,* NVwZ 1997, 442 ff.; *Ossenbühl,* NVwZ 1995, 547 ff.; *Schink,* DÖV 1999, 797 ff., 804 m.w.N.; *Versteyl,* in: UTR Bd. 53, S. 147 ff., 173 ff. m.w.N.

590 *Kothe,* VerwArch. 88 (1997), 456 ff., 487; *Gaertner,* UPR 1997, 452 f.; *Ossenbühl,* NVwZ 1995, 547 ff., 548; *ders.,* Zur Haftung des Gesamtrechtsnachfolgers für Altlasten, 1995, S. 74 ff.; *Martensen,* NVwZ 1997, 442 ff., 444 f. plädiert lediglich für eine Verjährung der Kostenerstattungsansprüche der Behörde für Maßnahmen der Gefahrenabwehr nach unmittelbarer Ausführung oder Ersatzvornahme; ebenso *Reichert/*Ruder/*Fröhler,* Polizeirecht, 5. Aufl. 1997, Rn. 251. Für eine Verjährung auch unter der Rechtslage nach In-Kraft-Treten des Bundes-Bodenschutzgesetzes tritt ein *Kahl,* Die Verwaltung, Bd. 33 (2000), S. 29 ff., 39.

591 OVG Münster, Urt. v. 30.5.1996 – 20 A 2640/94 –, NVwZ 1997, 507 ff., 511; VGH Mannheim, Beschl. v. 4.3.1996 – 10 S 2687/95 –, NVwZ-RR 1996, 387 ff., 390; offen gelassen von VGH München, Urt. v. 10.12.1996 – 20 B 96.521 –, NVwZ 1997, 1023 ff., 1024; a.A. VG Köln, Urt. v. 12.4.1994 – 14 K 6068/92, NVwZ 1994, 927 ff., 930.

592 *Bender/Sparwasser/Engel,* Kap. 7/VII, Rn. 231; *Frenz,* BBodSchG, § 4 Abs. 3 Rn. 180 ff.; *Kloepfer,* NuR 1987, 7 ff., 17; *Schenke,* in: Steiner (Hrsg.), 173 ff., Abschn. II, Rn. 181; *Schink,* in: Erbguth (Hrsg.), S. 83 ff., 118; *ders.,* DÖV 1999, 797 ff., 804; *Schoeneck,* in: Sanden/Schoeneck, § 10 Rn. 15; *Versteyl,* in: UTR Bd. 53, S. 147 ff., 178 ff.

593 OVG Münster, Urt. v. 30.5.1996 – 20 A 2640/94 –, NVwZ 1997, 507 ff., 511; *Gerhold,* altlasten spektrum 1998, 107 ff., 110.

594 *Queitsch,* BBodSchG, Rn. 102; *Schink,* DÖV 1999, 797 ff., 804. Das OVG Münster, Urt. v. 30.5.1996 – 20 A 2640/94 –, NVwZ 1997, 507, 511, spricht sich gegen eine Verjährung der Polizeipflicht aus, da die polizeirechtliche Generalklausel mit dem bürgerlich-rechtlichen Gleichordnungsverhältnis nicht vergleichbar sei. Gleichwohl will es den Umstand, dass eine polizeirechtlich relevante Gefahr vor vielen Jahren geschaffen wurde, unter dem Gesichtspunkt der Verhältnismäßigkeit berücksichtigen – in dem Sinne, dass ein mehrere Jahrzehnte zurück liegendes, die Gefahr begründendes Verhalten und eine gleichfalls lange zurück liegende Gesamtrechtsnachfolge eine Haftung des Handlungsstörers ausschließen kann. Vgl. dazu

heren Eigentümers nicht überzeugend. Die Nähe dieser Primärverantwortlichkeit zu der mit ihr unmittelbar verbundenen Kostentragungspflicht wurde schon an anderer Stelle hervorgehoben.[595] Wie deutlich wurde, rückt die Vornahmeverantwortlichkeit des früheren Eigentümers aufgrund von dessen fehlender rechtlicher und tatsächlicher Sachherrschaft fast vollkommen in den Hintergrund. Es bleibt als Handlungsverpflichtung des in Anspruch genommenen früheren Eigentümers in der Regel allein seine Organisationsverantwortung übrig. Die nachwirkende Zustandsverantwortlichkeit ist somit wertungsmäßig stärker der Sekundärebene zuzuordnen, denn sie ist vornehmlich Ausdruck einer finanziellen Lastenverteilungsentscheidung. Insofern gilt das gegen die herrschende Meinung bereits vor In-Kraft-Treten des Bundes-Bodenschutzgesetzes angeführte Argument, der Gefahrenbeseitigungsanspruch sei bei wertender Betrachtung nur eine Vorstufe des unstreitig der Verjährung unterliegenden Kostenerstattungsanspruchs,[596] hinsichtlich der im Bundes-Bodenschutzgesetz geregelten nachwirkenden Zustandsverantwortlichkeit in noch stärkerem Maße.

Für eine Verjährung lassen sich auch materiell-rechtliche Argumente anführen. Den Verjährungsregeln liegt das Rechtsstaatsprinzip mit seinem Auftrag an die Rechtsordnung, Rechtssicherheit und Rechtsfrieden zu stiften, zugrunde: Nach Ablauf von dreißig Jahren soll der Schuldner nicht mehr mit Ansprüchen aus längst vergangener Zeit überzogen werden, damit Rechtsfrieden einkehren kann.[597] Die Verjährung hat schließlich auch eine prozessökonomische Funktion, denn sie befreit die Gerichte von der Beschäftigung mit kaum mehr aufzuklärenden Sachverhalten.[598]

Gegen die analoge Anwendung von § 195 BGB hinsichtlich der Adressatenvorschriften des Bundes-Bodenschutzgesetzes spricht allerdings, dass die Verjährungsproblematik vom Gesetzgeber gesehen worden ist, aber nur hinsichtlich des störerinternen Ausgleichsanspruchs einer Regelung zugeführt wurde (§ 24 Abs. 2 Satz 2 BBodSchG).[599] Der Gesetzgeber hat damit bei

---

Kügel, NJW 2000, 107 ff., 115; ebenfalls zweifelnd *v. Mutius/Nolte,* DÖV 2000, 1 ff., 5.

595 Vgl. oben sub C.III.2.c)cc).

596 *Kahl,* Die Verwaltung, Bd. 33 (2000), S. 29 ff., 39 (Fn. 54); ähnlich auch VG Köln, Urt. v. 12.4.1994 – 14 K 6068/92 –, NVwZ 1994, 927 ff., 930; *Gärtner,* UPR 1997, 452 f., 453; *Kothe,* VerwArch 88 (1997), 456 ff., 484 f., 486; *Martensen,* NVwZ 1997, 442 ff., 444; *Ossenbühl,* NVwZ 1995, 547 ff., 549.

597 *Gärtner,* UPR 1997, 452 f., 453; *Kothe,* VerwArch 88 (1997), 456 ff., 486 f.; *Ossenbühl,* NVwZ 1995, 547 ff., 549; *Würtenberger/Heckmann/Riggert,* Rn. 621. Ausdruck dieser Wertung sind auch die zivilrechtlichen und strafrechtlichen Verjährungsregeln.

598 *Würtenberger/Heckmann/Riggert,* Rn. 621.

599 *Frenz,* BBodSchG, § 4 Abs. 6 Rn. 38; *Schink,* DÖV 1999, 797 ff., 804; *Versteyl,* in: UTR Bd. 53, S. 147 ff.,180 f.

vermögensrechtlichen Ansprüchen zumindest teilweise Verjährungsfragen geregelt, während hinsichtlich der öffentlich-rechtlichen Adressatenpflichten eine solche Regelung gerade nicht erfolgt ist. Wegen dieses selektiven gesetzgeberischen Regelungsverzichts läuft die Analogiebildung Gefahr, die Normaussage zu verfälschen. Es ist davon auszugehen, dass der Gesetzgeber bewusst auf eine Verjährung der Sanierungsverantwortlichkeit verzichtet hat, obwohl die Perpetuierung der Haftung ad infinitum erkennbar vorprogrammiert war. Der Analogieschluss ist daher mangels planwidriger Regelungslücke ausgeschlossen.[600] Die Verjährung der nachwirkenden Zustandsverantwortlichkeit analog § 195 BGB scheidet daher aus.

2. Verzicht

Es ist aber nicht davon auszugehen, dass der Gesetzgeber mit seiner Entscheidung, die Verjährung der Verantwortlichkeit nicht ausdrücklich zu regeln, den gesetzesanwendenden Stellen auch die Möglichkeit nehmen wollte, in Extremfällen die Verantwortlichkeit früherer Grundstückseigentümer unter Anwendung des Übermaßverbotes auszuschließen.

Nach verbreiteter Auffassung soll allerdings der grundsätzliche Verzicht auf die Ausübung behördlicher Kompetenzen nicht möglich sein, da die polizei- und sicherheitsrechtlichen Befugnisse im Interesse der Allgemeinheit an einer effektiven Gefahrenabwehr bestünden.[601] Nach anderer Ansicht bestehen hiergegen keine Bedenken, solange die Behörde nicht über die Pflicht zur Gefahrbeseitigung als solche bzw. über die ihr per legem zustehenden Eingriffsbefugnisse, sondern nur über die Inanspruchnahme einer bestimmten Person disponiere.[602]

Letzterer Auffassung ist zuzustimmen, zumal, wie bereits ausgeführt wurde, der Grundsatz der effektiven Gefahrenabwehr bei der nachwirkenden Zustandsverantwortlichkeit fast vollkommen in den Hintergrund tritt. Die Möglichkeit des Verzichts einer Heranziehung früherer Eigentümer, die

---

600 Ebenso *Becker,* DVBl. 1999, 134 ff., 142 (Fn. 61); *Erbguth/Stollmann,* DVBl. 2001, 601 ff., 607; *Frenz,* BBodSchG, § 4 Abs. 6 Rn. 38; *Würtenberger/Heckmann/Riggert,* Rn. 621.

601 *Kloepfer,* Umweltrecht, 2. Aufl. 1998, § 12 Rn. 73; *Papier,* Altlasten, S. 45; *Schoeneck,* in: Sanden/Schoeneck, § 10 Rn. 13; *Stelkens,* in: Stelkens/Bonk/Sachs, Verwaltungsverfahrensgesetz, 5. Aufl., 1998, § 53 Rn. 12.

602 VG Köln, Urt. v. 12.4.1994 – 14 K 6068/92 –, NVwZ 1994, 927 ff., 930 f.; Die Verwirkung behördlicher Befugnisse unter besonderer Berücksichtigung des Gefahrenabwehrrechts; *Blechschmidt,* Die Verwirkung behördlicher Befugnisse unter besonderer Berücksichtigung des Gefahrenabwehrrechts, 1999, S. 130 ff.; *Gerhold,* altlasten spektrum 1998, 107 ff., 110; *v. Mutius/Nolte,* DÖV 2000, 1 ff., 5; *Ossenbühl,* Zur Haftung des Gesamtrechtsnachfolgers für Altlasten, 1995, S. 76 f.; *ders.,* NVwZ 1995, 547 ff., 548.

bereits vor vielen Jahren das Eigentum an dem Altlastengrundstück aufgegeben haben, bleibt der Behörde daher im Rahmen ihrer Ermessensentscheidung im Einzelfall unbenommen.[603] Dies gilt auch hinsichtlich der nachwirkenden Inanspruchnahme des Erben eines Altlastengrundstücks.

3. Verwirkung

Wenn zu der bloßen Nichtheranziehung früherer Eigentümer über einen längeren Zeitraum besondere Umstände hinzutreten, die die verspätete Inanspruchnahme als Verstoß gegen Treu und Glauben erscheinen lassen, so kommt – entgegen der bislang herrschenden Auffassung[604] – folgerichtig auch eine Verwirkung der behördlichen Eingriffsbefugnisse in Betracht.[605] Dabei wird es nach allgemeinen Grundsätzen im Einzelfall darauf ankommen, ob sich die Behörde dem Verantwortlichen gegenüber so verhielt, dass dieser – etwa aufgrund eines öffentlich-rechtlichen Vertrages – darauf vertrauen durfte, nicht mehr in Anspruch genommen zu werden.[606]

4. Zwischenergebnis

Somit bleibt als Zwischenergebnis festzuhalten, dass zwar die nachwirkende Sanierungsverantwortlichkeit früherer Grundstückseigentümer nicht der Verjährung unterliegt, dass aber der Behörde in Extremfällen die Möglichkeit verbleibt, im Rahmen ihres Ermessens auf die Inanspruchnahme eines früheren Grundstückseigentümers, der das Eigentum bereits vor sehr langer Zeit verloren hat, aus Gründen der Verhältnismäßigkeit zu verzichten. Im Einzelfall sind im Rahmen des Ermessens auch die Voraussetzungen einer Verwirkung zu prüfen.

---

[603] Siehe zur Lozierung der Verzichtserwägungen im Rahmen des behördlichen Ermessens auch VG Köln, Urt. v. 12.4.1994 – 14 K 6068/92 –, NVwZ 1994, 927 ff., 930; *Blechschmidt,* Die Verwirkung behördlicher Befugnisse unter besonderer Berücksichtigung des Gefahrenabwehrrechts, 1999, S. 132 ff.; *Kothe,* VerwArch 88 (1997), 456 ff., 485; *Ossenbühl,* NVwZ 1995, 547 ff., 548.

[604] Vgl. etwa *Kloepfer,* Umweltrecht, 2. Aufl. 1998, § 12 Rn. 73; *Papier,* Altlasten und polizeiliche Störerhaftung, 1985, S. 45.

[605] VG Köln, Urt. v. 12.4.1994 – 14 K 6068/92 –, NVwZ 1994, 927 ff., 930; grundlegend *Blechschmidt,* Die Verwirkung behördlicher Befugnisse unter besonderer Berücksichtigung des Gefahrenabwehrrechts, 1999, S. 115 ff.; *Gerhold,* altlasten spektrum 1998, 107 ff., 110; *Kothe,* VerwArch 88 (1997), 456 ff., 487.

[606] Vgl. hierzu *v. Mutius/Nolte,* DÖV 2000, 1 ff., 5 m.w.N.; *Ossenbühl,* NVwZ 1995, 547 ff., 549 mit Hinweis auf BVerwGE 44, 339 (343 f.); 52, 16 (25) und BVerwG, NVwZ 1991, 182 ff., 183.

II. Verfassungskonforme Reduktion des Störerauswahlermessens

Sind mehrere Personen verantwortlich, so muss die Behörde eine Auswahlentscheidung treffen, wen sie zur Sanierung heranzieht. Im Rahmen ihres Störerauswahlermessens entscheidet die Behörde nach pflichtgemäßem Ermessen, ob nur ein einzelner Störer oder mehrere Störer nebeneinander in Anspruch genommen werden sollen. Das behördliche Auswahlermessen ist dabei nicht schrankenlos, sondern in bestimmten Grenzen rechtlich gebunden und insofern auch gerichtlich nachprüfbar.[607] Daher kommt es für das Auswahlermessen der Ordnungsbehörde entscheidend auf ermessensleitende Gesichtspunkte an. Solche sind beispielsweise die Fähigkeit eines Störers, die Gefahr schnell und effektiv zu beseitigen, seine persönliche, sachliche und finanzielle Leistungsfähigkeit, die zivilrechtliche Verfügungs- und Nutzungsbefugnis des Störers sowie seine größere Sachnähe aufgrund eines eigenen Verursachungsbeitrages.[608]

Das Störerauswahlermessen ist auf der Primärebene vorrangig an dem Prinzip effektiver Gefahrenabwehr zu orientieren.[609] Es gilt daneben aber auch das „Gebot der frühzeitigen gerechten Lastenverteilung".[610] Damit ist gemeint, dass die Behörde, soweit Gründe der effektiven Gefahrenabwehr nicht entgegenstehen, z. B. weil kein Zeitdruck besteht, die Grundsätze der gerechten Lastenverteilung bereits auf der Primärebene zu beachten hat. Da die Adressatenvorschriften der nachwirkenden Sanierungsverantwortlichkeit im Bundes-Bodenschutzgesetz nur formal der Primärebene, wertungsmäßig aber der Sekundärebene zuzuordnen sind, stellt sich hier verstärkt die Frage, ob das Prinzip gerechter Lastenverteilung nicht eine Reihung der potentiellen Adressaten verlangt.[611] Diese würde das Störerauswahlermessen der Bodenschutzbehörden auf die Inanspruchnahme solcher Adressaten lenken, die wegen geringerer Schutzwürdigkeit vorrangig vor dem früheren

---

607 Allgemein besteht das Gebot, das Ermessen entsprechend dem Zweck der gesetzlichen Ermächtigung und unter Einhaltung der gesetzlichen Grenzen auszuüben (§ 40 VwVfG, § 114 Satz 1 VwGO). Vgl. zum Auswahlermessen ausführlich *Giesberts,* S. 31 ff.; ferner *Drews/Wacke/Vogel/Martens,* S. 301 ff.; *Götz,* Allg. POR, Rn. 252; *Habermehl,* Rn. 205 ff.; enger *Knemeyer,* Polizei- und Ordnungsrecht, Rn. 337 ff.

608 *Kothe,* VerwArch 88 (1997), 456 ff., 490 f.; *Niewerth,* NuR 1999, 558 ff., 559.

609 VGH Mannheim, Beschl. v. 4.3.1996 – 10 S 2687/95 –, NVwZ-RR 1996, 387 ff., 390; *Denninger,* in: Lisken/Denninger, Abschn. E Rn. 107; *Drews/Wacke/Vogel/Martens,* S. 305 m. w. N.; *Griesbeck,* S. 107; *Niewerth,* NuR 1999, 558 ff., 559.

610 Vgl. die Nachweise in Fn. 308.

611 Vgl. *Habermehl,* Rn. 206; *Knemeyer,* Polizei- und Ordnungsrecht, Rn. 339 f.

Eigentümer in Anspruch zu nehmen wären. In Betracht kommen insbesondere der Verursacher der Bodenbelastungen sowie der gegenwärtige Eigentümer des kontaminierten Grundstücks. Verfassungsrechtlich gründete sich eine solche Beschränkung des behördlichen Auswahlermessens teils auf den Gerechtigkeitsgrundsatz und den in Art. 3 Abs. 1 GG verankerten Grundsatz der Gleichbehandlung, insbesondere, soweit eine anteilige Kostentragung bei „gleichrangigen" Störern in Frage kommt, teils auf das Übermaßverbot, das letztendlich die Belastung eines der Beteiligten über das Maß seiner Mitverantwortlichkeit hinaus verbietet.[612]

Existiert neben dem früheren Eigentümer auch ein gegenwärtiger Eigentümer, so muss die Behörde wissen, ob sie den früheren Eigentümer als gleichberechtigten Verantwortlichen heranziehen kann, oder ob sie ihn nur nachrangig, d.h. nur ausfalls- bzw. ersatzweise in Anspruch nehmen darf (1.). Die gleiche Frage stellt sich auch im Verhältnis des früheren Eigentümers zu einem der Behörde als Verantwortlicher zur Verfügung stehenden Verursacher (2.). Gibt es mehrere nachwirkend sanierungsverantwortliche frühere Eigentümer, so hat die Behörde zudem eine Auswahlentscheidung zu treffen, wen sie aus dieser Kette von Voreigentümern konkret zur Verantwortung zieht. Möglicherweise ist es ermessensfehlerhaft, nur einen Eigentümer aus der Kette herauszugreifen und die anderen zu verschonen (3.).[613]

1. Störermehrheit von gegenwärtigem Eigentümer und Voreigentümer

Bei einer Störermehrheit, bestehend aus dem gegenwärtigem Grundstückseigentümer (Erwerber) und dem Voreigentümer (Veräußerer), könnte die gleichrangige Inanspruchnahme beider Störer unter Umständen zu einer ungerechten Lastenverteilung führen.[614] Daher ist zu prüfen, ob die Be-

---

[612] *Denninger,* in: Lisken/Denninger, Abschn. E Rn. 111; vgl. hierzu auch *Garbe,* DÖV 1998, 632 ff., 634; *Giesberts,* S. 45 ff. m.w.N.; *Götz,* Allg. POR, Rn. 257; *Schenke,* in: Steiner (Hrsg.), Abschn. II, Rn. 183. – Das Übermaßverbot ist ausdrücklich in der bodenschutzrechtlichen Heranziehungsgrundlage (§ 10 Abs. 1 Satz 4 BBodSchG) verankert. Es hat darüber hinaus insbesondere Niederschlag gefunden in dem bodenschutzrechtlichen Stufenkonzept möglicher Maßnahmen, § 4 Abs. 3 Sätze 1–3 BBodSchG, und in der Nutzungsbezogenheit bei Erfüllung der boden- und altlastenbezogenen Pflichten, § 4 Abs. 4 BBodSchG, vgl. *Schlabach/Heck,* VBlBW 1999, 406 ff., 413.

[613] *Müggenborg,* NVwZ 2000, 50 ff., 51.

[614] *Schlette,* VerwArch 91 (2000), 41 ff., 58 (Fn. 84), weist zu Recht darauf hin, dass dies überwiegend die Störermehrheit von gegenwärtigem Eigentümer und dem Veräußerer des Grundstücks (§ 4 Abs. 6 BBodSchG) betrifft. Im Falle der Dereliktion (§ 4 Abs. 3 Satz 4 Alt. 2 BBodSchG) wird i.d.R. eine Mehrheit von Zustands-

hörde im Rahmen ihres Auswahlermessens einen Vorrang des gegenwärtigen Eigentümers vor dem früheren Eigentümer zu beachten hat. Hierbei ist in mehrfacher Hinsicht zu differenzieren.

a) Umgehungsgeschäfte

Ein solcher Vorrang gilt von vornherein nicht in den Fällen, in denen der frühere Eigentümer das betreffende Grundstück bewusst auf einen nichtleistungsfähigen Dritten übertragen hat. Bei solchen *abusiven* Grundstücksverkehrsgeschäften ist der frühere Eigentümer nicht schutzwürdig.[615] Er kann hier sogar vorrangig vor dem gegenwärtigen Eigentümer herangezogen werden.

b) Nicht-abusive Grundstücksverkehrsgeschäfte

Etwas anderes gilt für die so genannten *nicht-abusiven* Grundstücksverkehrsgeschäfte. Innerhalb dieser Gruppe ist, was die Ausübung des behördlichen Störerauswahlermessens betrifft, noch einmal zwischen zwei Fallgruppen zu unterscheiden. Die eine Gruppe betrifft die Fälle, in denen der Erwerber des Altlastengrundstücks – für den Veräußerer nicht erkennbar – zur Sanierung finanziell nicht oder nicht vollständig in der Lage ist (aa), die andere umfasst jene Fälle, in denen der Erwerber uneingeschränkt leistungsfähig ist (bb).

aa) Fallgruppe 1: Erwerber ist nicht uneingeschränkt leistungsfähig

Ist der Grundstückserwerber und neue Zustandsverantwortliche finanziell nicht uneingeschränkt leistungsfähig, so ist es nicht unbillig, wenn sich die Behörde an den früheren Grundstückseigentümer als nachwirkend Zustandsverantwortlichen hält. Die Nichtheranziehung des früheren Eigentümers hätte ansonsten, soweit auch kein Verhaltensverantwortlicher zur Verfügung steht, wegen des Ausfalls des gegenwärtigen Eigentümers das Aufleben der staatlichen Reserveverantwortung[616] für die umwelt- und gesundheitsbezogene Gefahrenabwehr zur Folge. Verzichtete die Behörde auf die Inanspruchnahme des früheren Eigentümers, so bliebe ihr als Alternative nur

---

störern nicht vorliegen, weil das Grundstück durch die Dereliktion herrenlos wird, ein aktueller Eigentümer also nicht vorhanden ist. Wenn das Grundstück später von einem Dritten in Besitz genommen wird, haftet dieser allerdings neben dem Derelinquenten als Inhaber der tatsächlichen Gewalt.

615 Vgl. oben sub C.III.4.b)cc)(1).

616 Vgl. zu diesem Gedanken oben sub C.III.1.a).

die Selbstvornahme. Damit wäre aber automatisch das Lastenverteilungsverhältnis des früheren Eigentümers zur Allgemeinheit gestört, da dem früheren Eigentümer im Verhältnis zur Allgemeinheit – wie deutlich gemacht wurde – zumindest in Fällen, in denen er sich nicht in einer „Opferposition" befindet,[617] aufgrund seiner *nachwirkenden sachbezogenen Garantenstellung* eine Sonderverantwortung für die Grundstückssanierung zukommt.[618] Das Prinzip gerechter Lastenverteilung fordert daher die Heranziehung des früheren Eigentümers, wenn der gegenwärtige Zustandsverantwortliche nicht leistungsfähig ist.[619]

Fraglich ist, ob die Inanspruchnahme des früheren Eigentümers auch dann zulässig ist, wenn aufgrund einer vertraglichen Vereinbarung der Erwerber im Innenverhältnis die Sanierungskosten tragen sollte. Obwohl Teile der Obergerichte es grundsätzlich ablehnen, die zivilrechtliche Haftungsverteilung als Maßstab für die Bewertung der polizeirechtlichen Verantwortlichkeit heranzuziehen,[620] ist anerkannt, dass es im Einzelfall ermessensfehlerhaft sein kann, wenn die Behörde bei der Auswahl des von ihr in Anspruch genommenen Störers „die ihr bekannten und unstreitigen Regelungen des internen Ausgleichs völlig unberücksichtigt lässt."[621] Die Berücksichtigungspflicht gilt jedoch nur unter dem Vorbehalt, dass zum einen die zivilrechtliche Letztverantwortlichkeit evident ist und zum anderen die Effektivität der Gefahrenabwehr nicht unter der Berücksichtigung der zivilrechtlichen Binnenverhältnisse leidet.[622] Da im Falle der vollständigen oder teilweisen Leistungsunfähigkeit des gegenwärtigen Grundstückseigentümers die Finanzierung der erforderlichen Sanierungsmaßnahmen nicht gesichert ist, darf die Behörde die zivilrechtliche Letztverantwortlichkeit des Erwerbers aus Effizienzgründen außer Acht lassen und (auch) den früheren Eigentümer zur Sanierungsvornahme verpflichten.

---

617 Vgl. zu diesem Aspekt bereits oben sub C.III.4.a)bb)(2)(b) sowie unten sub E.III.

618 Siehe oben sub C.III.4.b)cc)(2).

619 Vgl. oben sub C.III.3.b)bb)(3).

620 VGH Kassel, Beschl. v. 24.8.1994 – 14 TH 1406/94 –, UPR 1995, 198 f., 198; OVG Lüneburg, Urt. v. 10.6.1989 – 12 A 234/86 –, NVwZ 1990, 786 ff., 787 f.; VGH Mannheim, Urt. v. 8.2.1993 – 8 S 515/92 –, VBlBW 1993, 298 ff., 301 f.; VGH München, Beschl. v. 6.6.1997 – 20 CS 95.3693 –, NVwZ 1998, 1195 ff., 1196; Beschl. v. 15.9.2000 – 22 ZS 00.1994 –, NuR 2001, 409 f., 410.

621 BVerwG, Beschl. v. 24.8.1989, NVwZ 1990, 474 f., 475; ebenso VGH München, Beschl. v. 13.5.1986 – 20 CS 86.00 338 –, NVwZ 1986, 942 ff., 945; Beschl. v. 21.11.1988 – 20 CS 88.2324 –, NVwZ 1989, 681 ff., 684; vgl. auch *Kothe,* VerwArch 88 (1997), 456 ff., 492; *Schlabach,* VBlBW 1996, 41 ff., 43 f.; *Würtenberger/Heckmann/Riggert,* Rn. 329.

622 Vgl. VGH München, Beschl. v. 15.9.2000 – 22 ZS 00.1994 –, NuR 2001, 409 f., 410 m. w. N.; VGH Mannheim, Urt. v. 30.4.1996 – 10 S 2163/95 –, NVwZ-RR 1997, 267 ff., 269.

Der Ausgleich zwischen dem gegenwärtigen Eigentümer, der im Ergebnis auf Kosten des früheren Eigentümers ein saniertes Grundstück erhält, und dem früheren Eigentümer kann dann nur auf einer nachgelagerten zivilrechtlichen Ebene nach Maßgabe der zwischen den Parteien getroffenen Vereinbarungen, also störerintern erfolgen. Dabei ist es nicht unbillig, wenn der frühere Eigentümer das Risiko der Insolvenz des gegenwärtigen Eigentümers zu tragen hat, auch wenn die Leistungsunfähigkeit des Erwerbers nicht stets im unmittelbaren Zusammenhang mit der Eigentumsübertragung steht.[623] Zum einen dürfte der Behörde der Nachweis eines Kausalzusammenhangs zwischen der Eigentumsübertragung und der Insolvenz des Erwerbers praktisch kaum gelingen.[624] Zum anderen spricht gegen den früheren Eigentümer immerhin die Tatsache, dass er sich den (insolventen) Käufer als seinen Vertragspartner ausgesucht hat. Auch im allgemeinen Zivilrecht trägt der Verkäufer daher stets das Risiko der Insolvenz des Käufers. Dieses Risiko darf nicht durch einen zivilrechtlichen Übertragungsvorgang auf die Allgemeinheit verlagert werden.

bb) Fallgruppe 2: Erwerber ist leistungsfähig

Ist der neue Eigentümer hingegen zur Sanierungsvornahme finanziell in der Lage, so tritt an die Stelle des früheren Zustandsverantwortlichen ein neuer leistungsfähiger Zustandsverantwortlicher. Ein erhöhtes Realisierungsrisiko hinsichtlich der Zustandsverantwortlichkeit des Erwerbers entsteht in dieser Situation durch den Übertragungsvorgang nicht.[625] Entsprechend gering ist daher im Normalfall das Interesse der Allgemeinheit an der ordnungsrechtlichen Inanspruchnahme des früheren Eigentümers zu veranschlagen. Hier zeigt sich der qualitative Unterschied zwischen einem Eigentümerwechsel und der Dereliktion bodenbelasteter Grundstücke: Während die Eigentumsaufgabe das ordnungsrechtliche Problem der Überwälzung des Sachrisikos auf die Allgemeinheit aufwirft,[626] wird das Sachrisiko im Normalfall der rechtsgeschäftlichen Übertragung des Eigentums nur von einem Privatrechtssubjekt auf ein (solventes) anderes Privatrechtssubjekt verlagert.[627] Daher drängt sich die Frage auf, ob nicht der gegenwärtige Eigentümer, der immerhin zum Zeitpunkt des behördlichen Tätigwerdens die Nutzungsvorteile des Grundstücks genießt, als sachnäherer Störer vor-

---

[623] So der Einwand von *Grzeszick,* NVwZ 2001, 721 ff., 727.

[624] Vgl. hierzu bereits oben sub C.III.3.b)bb)(3).

[625] Vgl. *Grzeszick,* NVwZ 2001, 721 ff., 727.

[626] Vgl. OVG Münster, Urt. v. 30.5.1996 – 20 A 2640/94 –, NVwZ 1997, 507 ff., 508.

[627] Vgl. VGH Mannheim, Beschl. v. 4.8.1995 – 10 S 828/95 –, NVwZ 1996, 1036 ff., 1038; *Spieth/Wolfers,* altlasten spektrum 1998, 75 ff., 79.

rangig vor dem früheren Eigentümer heranzuziehen ist. Es kommt eine verfassungsrechtlich gebotene Reduktion des behördlichen Auswahlermessens in Richtung auf eine vorrangige Inanspruchnahme des gegenwärtigen Eigentümers in Betracht.

Zur Beantwortung dieser schwierigen Frage ist auf einer weiteren Stufe danach zu differenzieren, ob eine vertragliche Abrede hinsichtlich der Tragung der Sanierungskosten getroffen wurde (1) oder nicht (2).

(1) Vorliegen einer vertraglichen Sanierungsvereinbarung

Falls die Parteien eine vertragliche Vereinbarung über die Tragung der (möglichen) Sanierungskosten getroffen haben, kann der Ausgleich im zivilrechtlichen Innenverhältnis, also störerintern erfolgen.

Wurde vertraglich vereinbart, dass der Grundstücks*veräußerer* etwaig anfallende Sanierungskosten tragen soll, so entspricht seine nachwirkende Heranziehung zur Sanierungsvornahme ohnehin der zivilrechtlich vereinbarten Lastenverteilung.

Ist hingegen im Grundstückskaufvertrag explizit vereinbart worden, dass der Grundstücks*erwerber* für die Sanierung von Bodenbelastungen aufkommen soll, so kann der Veräußerer im Falle seiner behördlichen Inanspruchnahme aufgrund dieser vertraglichen Abrede zivilrechtlichen Regress beim Erwerber nehmen. Obgleich die zivilrechtliche Letztverantwortlichkeit des Erwerbers in diesen Fällen evident ist, bedarf es auch in diesem Fall keiner Reduktion des behördlichen Auswahlermessens auf Null.[628] Dem Bundes-Bodenschutzgesetz liegt eine klare Trennung der Regelungen über externe und interne Verantwortlichkeiten zugrunde, wie aus § 24 Abs. 1 und Abs. 2 BBodSchG hervorgeht.[629] Die gesetzgeberische Entscheidung, den Ausgleich zwischen mehreren Verantwortlichen störerintern vorzunehmen, ist aus diesem Grund jedenfalls dann verfassungsrechtlich nicht zu beanstanden, wenn ein solcher störererinterner Ausgleich möglich ist. Dies ist bei einer vertraglichen Sanierungsvereinbarung der Fall. Dass der Veräußerer hierbei das Insolvenzrisiko des Erwerbers trägt, ist ihm angesichts seiner nachwirkenden sachbezogenen Garantenstellung – wie festgestellt – zumutbar.[630]

---

[628] Gleichwohl wird die Behörde in ihrem Auswahlermessen hier in der Regel die zivilrechtliche Letztverantwortlichkeit berücksichtigen müssen, um nicht Gefahr zu laufen, ermessensfehlerhaft zu handeln. Vgl. die Nachweise in Fn. 621.

[629] VGH München, Beschl. v. 15.9.2000 – 22 ZS 00.1994 –, NuR 2001, 409 f., 410.

[630] Siehe oben sub E.II.1.b)aa).

(2) Fehlen einer vertraglichen Sanierungsvereinbarung

Fehlt eine ausdrückliche vertragliche Sanierungsvereinbarung, so ist die behördliche Inanspruchnahme des früheren Eigentümers zumindest dann unproblematisch, wenn dieser das Grundstück in fahrlässiger Unkenntnis schädlicher Bodenveränderungen oder Altlasten veräußert hat. Hier stehen dem Erwerber, der aufgrund der Unkenntnis der Bodenkontaminationen einen zu hohen Preis für das Grundstück gezahlt hat, die kaufrechtlichen Gewährleistungsansprüche nach §§ 459 ff. BGB zu. Der Erwerber kann entweder den Kaufpreis in Höhe der Sanierungskosten mindern oder den Kaufvertrag wandeln (§ 463 BGB), da Bodenkontaminationen regelmäßig als Fehler i. S. v. § 459 BGB zu qualifizieren sind.[631] Die behördliche Inanspruchnahme des früheren Eigentümers entspricht somit auch in diesem Fall seiner zivilrechtlichen Letztverantwortlichkeit. Allerdings unterliegen die Gewährleistungsansprüche des Erwerbers der kurzen Verjährungsfrist von einem Jahr (§ 477 Abs. 1 Satz 1 BGB).[632] Erfolgt die öffentlich-rechtliche Inanspruchnahme des früheren Eigentümers erst nach einem Jahr ab Grundstücksübergabe, so wird die kurze zivilrechtliche Verjährung damit faktisch unterlaufen. Dies ist aber als gesetzgeberische Neuentscheidung in dem Spezialbereich der Veräußerung von Altlastengrundstücken hinzunehmen, zumal die kurze Verjährung der Gewährleistungsansprüche des Käufers verfassungsrechtlich nicht gefordert wird, sondern im Gegenteil seit jeher Kritik ausgelöst hat.[633]

Problematisch ist demgegenüber die Konstellation, in der der Grundstücksveräußerer von den schädlichen Bodenveränderungen oder Altlasten wusste, den Erwerber aber über die Kontaminationen aufgeklärt hat und möglicherweise sogar einen sanierungsbezogenen Gewährleistungsausschluss mit ihm vereinbart hat.[634] Das Vorhandensein der Bodenkontaminationen ist in diesem Fall bereits in die Preisbildung mit eingeflossen, d.h. der Erwerber dürfte aufgrund der ihm bekannten Sanierungsrisiken nur einen verminderten Kaufpreis an den Veräußerer gezahlt haben. Wird der frühere Eigentümer in dieser Situation aufgrund seiner nachwirkenden Zustandsverantwortlichkeit gemäß § 4 Abs. 6 BBodSchG zur Sanierung herangezogen, so führt dies dazu, dass der gegenwärtige Eigentümer, der das Grundstück bereits zu einem Vorzugspreis erwerben konnte, dieses vom Veräußerer zusätzlich noch auf dessen Kosten wertsteigernd saniert be-

---

631 *R. Schulz*, S. 129.

632 Diese wird von der Rechtsprechung im Einklang mit den Vorstellungen des historischen Gesetzgebers auch auf verdeckte Mängel erstreckt. Vgl. *R. Schulz*, S. 130 f.

633 Vgl. *R. Schulz*, S. 131.

634 Siehe zu diesem Problem bereits oben sub C.III.3.b)bb)(3).

kommt.[635] Der nicht mehr nutzungsberechtigte frühere Eigentümer wäre dann doppelt belastet, der aktuelle Eigentümer hingegen ungerechtfertigterweise begünstigt.

Dieses Ergebnis ist unbefriedigend und bedarf aus Gründen der gerechten Lastenverteilung einer Korrektur. Diese muss allerdings nicht zwingend im Verhältnis der Störer zum Staat in einer Reduktion des behördlichen Auswahlermessens bestehen.[636] Angesichts der bereits hervorgehobenen gesetzgeberischen Entscheidung für einen störerinternen Ausgleich (vgl. § 24 Abs. 2 BBodSchG) ist zu prüfen, ob die Korrektur – wie im Falle einer ausdrücklichen Sanierungsvereinbarung[637] – auch durch einen zivilrechtlichen Rückgriff des öffentlich-rechtlich in Anspruch genommenen früheren Eigentümers gegen den gegenwärtigen Eigentümer erfolgen kann.

Vor In-Kraft-Treten des Bundes-Bodenschutzgesetzes waren die Möglichkeiten eines nicht-vertraglichen zivilrechtlichen Rückgriffs mehrerer Störer untereinander höchst umstritten. Die Rechtsprechung verneinte bislang solche Ausgleichsansprüche nach allgemeinem Zivilrecht und forderte bei Fehlen einer öffentlich-rechtlichen Rückgriffsregelung einen Ausgleich im Verhältnis der Störer zum Staat.[638] Die herrschende Lehre im Schrifttum wollte demgegenüber grundsätzlich bei Fehlen einer öffentlich-rechtlichen Rückgriffsregelung den lastengerechten Ausgleich „intern", d.h. zwischen den Störern auf zivilrechtlicher Ebene (in entsprechender Anwendung des § 426 BGB bzw. der Regelungen über die Geschäftsführung ohne Auftrag) abwickeln.[639] Dieser Auffassung haben sich mittlerweile viele Bundesländer angeschlossen und in ihre Landesabfall- und Bodenschutzgesetze einen entsprechenden Ausgleichsanspruch ausdrücklich aufgenommen.[640]

---

635 Vgl. *Garbe-Emden,* VA 2000, 57 ff., 61; *Müggenborg,* NVwZ 2000, 50 ff., 51; *Spieth/Wolfers,* altlasten spektrum 1998, 75 ff., 79; *dies.* NVwZ 1999, 355 ff., 357.

636 So aber *Müggenborg,* NVwZ 2000, 50 ff., 51; im Ergebnis auch *Turiaux/ Knigge,* BB 1999, 377 ff., 379.

637 Vgl. oben sub E.II.1.b)bb)(1).

638 Vgl. BGH, Urt. v. 11.6.1981 – III ZR 39/80 –, NJW 1981, 2457 f.; Urt. v. 18.9.1986 – III ZR 227/84 –, NJW 1987, 187, 188; Urt. v. 8.3.1990 – III ZR 81/88 –, NJW 1990, 2058 ff.; aus der Literatur ebenso: *Giesberts,* S. 215 ff.; *Papier,* NVwZ 1986, 256 ff., 263; *ders.,* Altlasten und polizeiliche Störerhaftung, 1985, S. 73 f.; *Schmidt-Jortzig,* DÖV 1991, 753 ff., 758 f.; *R. Schulz,* S. 224 ff.; *Schwachheim,* NVwZ 1988, 225 ff., 226 f.; *Schwerdtner,* NVwZ 1992, 141 ff., 143; *Würtenberger/Heckmann/Riggert,* Rn. 329, 334 ff. (pro-rata Haftung).

639 Vgl. *Breuer,* NVwZ 1987, 751 ff., 756; *Götz,* Allg. POR, Rn. 259; *Kloepfer/ Thull,* DVBl. 1989, 1121 ff., 1126 f.; *Kormann,* UPR 1983, 281 ff., 285 ff.; *Pohl,* NJW 1995, 1645 ff., 1648 f.; *Schenke,* in: Steiner (Hrsg.), Abschn. II, Rn. 184 ff.; *R. Schulz,* Lastentragung, S. 191 ff.; *Schoch,* JuS 1994, 1026 ff., 1029; *Schwabe,* UPR 1984, 7 ff., 9 ff.; *Seibert,* DÖV 1983, 964 ff.; *Spannowsky,* DVBl. 1994, 560 ff., 563; *Ziehm,* S. 73 ff.

Dieser Streit dürfte mit In-Kraft-Treten des Bundes-Bodenschutzgesetzes erledigt sein. In § 24 Abs. 2 BBodSchG sieht das Bundes-Bodenschutzgesetz ausdrücklich einen störerinternen Rückgriffsanspruch vor, der das allgemeine dispositive Zivilrecht – mit Ausnahme vertraglicher Rückgriffsansprüche –, verdrängt. Im Einzelnen wirft dieser Ausgleichsanspruch, der § 21 Abs. 1 Satz 3 und 4 HAbfAG und § 20 Abs. 1 Satz 4 und 5 ThAbfAG nachgebildet wurde, aber eine Reihe von schwierigen Rechtsfragen auf.[641] Problematisch in dem hier interessierenden Zusammenhang ist vor allem, ob überhaupt der Eigentümer, der keinen Verursachungsbeitrag geleistet hat, Schuldner des Ausgleichsanspruchs sein kann.

Der Wortlaut des § 24 Abs. 2 Satz 1 BBodSchG ließe einen Rückgriffsanspruch des früheren Eigentümers gegen den Neueigentümer zu, denn dort ist nur die Rede von einem Ausgleichsanspruch mehrerer Verpflichteter untereinander, nicht aber *bestimmter* Verpflichteter untereinander.[642] Allerdings hängen gemäß § 24 Abs. 2 Satz 2 BBodSchG die Verpflichtung zum Ausgleich sowie der Umfang des zu leistenden Ausgleichs davon ab, „inwieweit die Gefahr oder der Schaden vorwiegend von dem einen oder dem anderen Teil verursacht worden ist“. Da also die Ausgleichspflicht vom Grade der Verursachung abhängt, ist davon auszugehen, dass nur derjenige Schuldner des Anspruchs sein kann, der auch einen Verursachungsbeitrag geleistet hat und daher Handlungsstörer ist.[643] Die Ausgleichspflicht des § 24 Abs. 2 BBodSchG begründet daher einen Anspruch des Eigentümers

---

[640] § 10 Abs. 3 Satz 3 BodSchG BW; §§ 33, 24 Abs. 4 Satz 2 BbgAbfG; § 13 Abs. 3 Satz 2 BremAGAbfG; § 12 Abs. 2 HAltlastG; § 28 Abs. 3 Satz 2 und 3 RhPfAbfWAG; § 10 Abs. 5 Satz 2 SächsEGAB; § 20 Abs. 1 Satz 4 und 5 ThürAbfAG. Die landesrechtlichen Ausgleichsansprüche waren allerdings dem Vorwurf ausgesetzt, auf Grund mangelnder Gesetzgebungskompetenz für den zivilrechtlichen Ausgleich (vgl. Art. 74 Abs. 1 Nr. 1 GG) zwischen Privaten verfassungswidrig zu sein. Vgl. *Frenz,* NVwZ 2000, 647 f.; *Pützenbacher,* NJW 1999, 1137 ff., 1139; *Schlette,* VerwArch 91 (2000), 41 ff.; *R. Schulz,* Lastentragung, S. 259 ff. Der Kommissionsentwurf für ein Umweltgesetzbuch (UGB-KomE) enthält in §§ 344 Abs. 3, 345 ebenfalls eine – sogar sehr ausführliche – Regelung über den internen Störerausgleich; ebenso der zuvor veröffentlichte Professorenentwurf (UGB-ProfE) in § 304 Abs. 1 Satz 5.

[641] Siehe hierzu insbesondere *Becker,* BBodSchG, § 24 Rn. 7; *Fluck,* UPR 2001, 253 ff.; *Frenz,* NVwZ 2000, 647 f.; *Giesberts,* in: Fluck, Bd. 2, § 24 Rn. 81 ff.; *Knoche,* NVwZ 1999, 1198 ff.; *ders.,* GewArch 2000, 448 ff., 454 f.; *Kothe,* UPR 1999, 96 ff., 98 f.; *Mohr,* UPR 2001, 258 f.; *Niewerth,* NuR 1999, 558 ff.; *Pützenbacher,* NJW 1999, 1137 ff.; *Pützenbacher/Görgen,* NJW 2001, 490 ff.; *Sandner,* NJW 2001, 2045 ff.; *Schlabach/Heck,* BayVBl. 2001, 262 ff., 265 ff.; *Schönfeld,* NVwZ 2000, 648 ff.; *Schwartmann,* DStR 1999, 324 ff., 329; *Wagner,* BB 2000, 417 ff.; *Würtenberger/Heckmann/Riggert,* Rn. 618 f.

[642] Ebenso *Fluck,* UPR 2001, 253 ff., 254; *Sandner,* NJW 2001, 2045 ff., 2048. Anders war dies etwa bei § 12 Abs. 2 Satz 4 HessAltlastG, der explizit nur Verhaltensstörern untereinander einen Rückgriffsanspruch einräumte.

gegen den Verursacher[644] sowie auch einen Anspruch eines Verursachers gegen einen anderen (Mit-)verursacher von schädlichen Bodenveränderungen,[645] umgekehrt aber weder einen Anspruch des Verursachers gegen den (früheren) Eigentümer[646] noch einen Anspruch mehrerer (früherer) Eigentümer untereinander.[647]

Denkbar wäre allenfalls eine analoge Anwendung der §§ 24 Abs. 2, 25 BBodSchG auf das Verhältnis mehrerer (früherer) Eigentümer untereinander.[648] Damit könnte entsprechend dem Rechtsgedanken des § 25 BBodSchG, der im Falle des Einsatzes öffentlicher Mittel bei Sanierungsmaßnahmen eine Wertausgleichspflicht des Eigentümers statuiert, auch im Verhältnis des früheren Eigentümers zum jetzigen Eigentümer ein privatrechtlicher Wertausgleich stattfinden.[649] Das Vorhandensein einer für die Analogiebildung erforderlichen planwidrigen Regelungslücke ist angesichts der differenzierten, von den landesrechtlichen Vorgängerregelungen zum Teil bewusst abweichenden bundesgesetzlichen Normierungen allerdings

---

643 In diesem Sinne auch die Begründung zum Gesetzentwurf der Bundesregierung für ein Bodenschutzgesetz, BT-Drs. 13/6701, S. 46; *Fluck,* UPR 2001, 253 ff., 257; *Knopp/Albrecht,* BB 1998, 1853 ff., 1857; *Kobes,* NVwZ 1998, 786 ff., 796; *Müggenborg,* NVwZ 2000, 50 ff., 51; *Pützenbacher,* NJW 1999, 1137 ff., 1140; *Schlette,* VerwArch 91 (2000), 41 ff., 54; *Turiaux/Knigge,* BB 1999, 377 ff., 384; *Vierhaus,* NJW 1998, 1262 ff., 1267; a. A. *Niewerth,* NuR 1999, 558 ff., 559; *Sandner,* NJW 2001, 2045 ff., 2048 ff.

644 Unbestrittene allgemeine Auffassung. Einschränkend für Fälle der vertraglichen Risikoübernahme, lange zurückliegender Schädigungshandlungen, ausgeweiteter Kontaminationen und Überlassungen zur gefährlichen Nutzung allerdings *Fluck,* UPR 2001, 253 ff., 255 ff., sowie *Wagner,* BB 2000, 417 ff., 423.

645 Ausführlich hierzu *Sandner,* NJW 2001, 2045 ff., 2046 f.

646 *Becker,* BBodSchG, § 24 Rn. 7; *Bender/Sparwasser/Engel,* Kap. 7/VII, Rn. 232 (Fn. 202); *Frenz,* BBodSchG, § 24 Rn. 21; *Heiermann,* ZG 1999, 215 ff., 225; *Pützenbacher,* NJW 1999, 1137 ff., 1140; *Pützenbacher/Görgen,* NJW 2001, 490 ff., 491; *Sandner,* NJW 2001, 2045 ff., 2050; *Schoeneck,* in: Sanden/Schoeneck, § 24 Rn. 29; *Vierhaus,* NJW 1998, 1262 ff., 1267; *Würtenberger/Heckmann/Riggert,* Rn. 614; a. A. *Giesberts,* in: Fluck, Bd. 2, § 24 Rn. 86.

647 VG Trier, Urt. v. 20.1.2000 – 4 K 1108/99 –, NJW 2001, 531; *Frenz,* BBodSchG, § 24 Rn. 22; *Müggenborg,* NVwZ 2000, 50 ff., 51; *Pützenbacher/Görgen,* NJW 2001, 490 ff., 491; *Schönfeld,* in: Oerder/Numberger/Schönfeld, § 24 Rn. 13. – A. A. *Niewerth,* NuR 1999, 558 ff., 559; *Sandner,* NJW 2001, 2045 ff., 2048 f.; *Wagner,* BB 2000, 417 ff., 423. *Bickel,* § 24 Rn. 9, will in diesem Fall § 426 Abs. 1 Satz 1 BGB unmittelbar anwenden.

648 Eine analoge Anwendung von § 24 Abs. 2 BBodSchG favorisieren *Becker,* BBodSchG, § 24 Rn. 7 und *Frenz,* BBodSchG, § 4 Abs. 6 Rn. 33, § 24 Rn. 22; auf das Vorhandensein einer Regelungslücke weist auch *Niewerth,* NuR 1999, 558 ff., 560 (Fn. 36), hin.

649 Einen solchen Wertzuwachsausgleich im Verhältnis mehrerer privater Verantwortlicher sah § 22 ThAbfAG vor. Kritisch hierzu *Kothe,* DÖV 1994, 716 ff., 726 f.

höchst zweifelhaft.[650] Selbst wenn man eine Analogie bejahte, stieße man auf erhebliche Schwierigkeiten hinsichtlich der angemessenen Kostenverteilung: Gewährt man dem früheren Eigentümer einen Ausgleichsanspruch gegen den jetzigen Eigentümer, so stellt sich mangels Verursachungsbeitrags des Anspruchsschuldners das Folgeproblem der Höhe des Anspruchs.[651] In Fällen, in denen die Gefahr weder von dem früheren noch von dem jetzigen Eigentümer verursacht wurde, könnte der frühere Eigentümer bei analoger Anwendung von § 24 Abs. 2 Satz 2 BBodSchG i. V. m. § 426 Abs. 1 Satz 1 BGB wohl nur zur Hälfte bei dem jetzigen Eigentümer Regress nehmen.[652] Dies führte dazu, dass der gegenwärtige Eigentümer im Verhältnis zum Voreigentümer dann immer noch in Höhe der hälftigen Sanierungskosten „bereichert" wäre.

Einen Ausweg aus dem Dilemma bietet das aus § 157 BGB abgeleitete zivilrechtliche Institut der ergänzenden Vertragsauslegung.[653] Aus § 24 Abs. 2 Satz 2 Halbsatz 1 BBodSchG geht hervor, dass der bodenschutzrechtliche Ausgleichsanspruch nach § 24 Abs. 2 Satz 1 BBodSchG unter dem Vorbehalt einer anderweitigen vertraglichen Regelung steht. Zwar haben der Veräußerer und der Erwerber in der hier in Rede stehenden Konstellation gerade nicht ausdrücklich vereinbart, wer im Innenverhältnis die Sanierungskosten tragen soll. Daran ändert auch ein Gewährleistungsausschluss für Bodenkontaminationen nichts, da eine solche Vereinbarung lediglich die Gewährleistungsansprüche des Erwerbers ausschließt, hingegen nicht zugleich einen Regressanspruch des Veräußerers im Falle seiner behördlichen Inanspruchnahme gegen den Erwerber begründet. Es besteht daher auch bei Vorliegen eines Gewährleistungsausschlusses die für die Anwendung des Instituts der ergänzenden Vertragsauslegung erforderliche vertragliche Regelungslücke.

Die ergänzende Vertragsauslegung hat den Zweck, Lücken in der rechtsgeschäftlichen Regelung zu schließen. Diese Lücken sind entsprechend dem hypothetischen Parteiwillen zu ergänzen.[654] Es ist also danach zu fragen, was die Parteien vereinbart hätten, wenn sie in der hier problematisierten Konstellation an die mögliche Heranziehung des Veräußerers als nachwirkend Sanierungsverantwortlichem gedacht hätten. Dafür, dass im Innenverhältnis der Grundstückserwerber die Sanierungskosten tragen sollte, sprechen zunächst wirtschaftliche Gesichtspunkte. Da der Veräußerer den Erwerber über das Risiko bzw. das Vorliegen von Bodenkontaminationen

650 Aus diesem Grund die Analogie verneinend: VG Trier, Urt. v. 20.1.2000 – 4 K 1108/99 –, NJW 2001, 531; *Pützenbacher/Görgen,* NJW 2001, 490 ff., 491 f.

651 Hierzu kritisch *Schlette,* VerwArch 91 (2000), 41 ff., 59.

652 So andeutungsweise auch *Sandner,* NJW 2001, 2045 ff., 2048 f.

653 Vgl. hierzu *Heinrichs,* in: Palandt, § 157 Rn. 2 ff.

654 *Heinrichs,* in: Palandt, § 157 Rn. 2 ff.

aufgeklärt hat, wird der Kaufpreis für das Grundstück entsprechend gering veranschlagt worden sein. In die Preisbildung sind also die künftigen Sanierungskosten bereits eingeflossen, was dafür spricht, dass das Risiko einer behördlichen Inanspruchnahme beim Erwerber liegen sollte. Es entspricht auch dem hypothetischen Parteiwillen, dass die mit der erfolgten Grundstückssanierung verbundene Wertsteigerung, die ausschließlich dem Erwerber zugute kommt, nicht auf Kosten des Veräußerers erfolgen sollte. Auch rechtliche Gesichtspunkte legen die zivilrechtliche Letztverantwortlichkeit des Erwerbers nahe. Dem Erwerber stehen aufgrund seiner Kenntnis von den Bodenbelastungen keine Gewährleistungsansprüche aus Kaufvertragsrecht zu (§ 460 BGB). Würde er selbst als gegenwärtiger Eigentümer aufgrund von § 4 Abs. 3 Satz 1 BBodSchG zur Sanierung herangezogen, so könnte er seinerseits keinen Regress beim Voreigentümer nehmen. Es ist nicht einzusehen, warum ihm der Zufall zugute kommen soll, dass die Behörde nicht ihn, sondern den Voreigentümer zur Sanierung in Anspruch nimmt. Billigerweise muss er daher einen Regressanspruch des Voreigentümers akzeptieren.

Die ergänzende Vertragsauslegung ergibt somit, dass in einer Situation, in der der Veräußerer den Erwerber über das Risiko bzw. das Vorliegen von Bodenkontaminationen aufgeklärt hat, dem Veräußerer ein zivilrechtlicher Rückgriffsanspruch gegen den Erwerber zusteht, wenn die Behörde ihn als nachwirkend Zustandsverantwortlichen in Anspruch nimmt. Eine verfassungskonforme Reduktion des behördlichen Auswahlermessens in Richtung auf eine vorrangige Inanspruchnahme des gegenwärtigen Eigentümers vor dem früheren Eigentümer ist aufgrund dieser störerinternen Ausgleichsmöglichkeit somit nicht erforderlich.

c) Ergebnis

Im Ergebnis ist die nachwirkende Zustandsverantwortlichkeit des Voreigentümers verfassungsrechtlich keineswegs nur als Ausfallhaftung zu rechtfertigen.[655] Die Verantwortlichkeit des Voreigentümers und des jetzigen Eigentümers stehen grundsätzlich gleichrangig nebeneinander.[656] Etwaige Unbilligkeiten, die im Störerinnenverhältnis durch die Inanspruchnahme des früheren Eigentümers entstehen, können im Wege des zivilrechtlichen Regresses, also störerintern, ausgeglichen werden.

---

[655] So aber *Turiaux/Knigge,* BB 1999, 377 ff., 379; im Ergebnis auch *Taupitz,* in: UTR Bd. 53, S. 203 ff., 227 (Fn. 92), 257: Inanspruchnahme des früheren Eigentümers nur „zur Not“ bzw. als „ultima ratio“.

[656] Ebenso *Wüterich,* in: Landel/Vogg/Wüterich, § 4 Rn. 184.

2. Störermehrheit von früherem Eigentümer und Verursacher

Das Problem der Auswahl zwischen dem gegenwärtigen und dem früheren Eigentümer stellte sich überhaupt nicht, wenn die Behörde gehalten wäre, in Fällen, in denen neben den Zustandsverantwortlichen der Verursacher der schädlichen Bodenveränderungen bekannt und greifbar ist, den Verursacher als Verhaltensverantwortlichen vorrangig vor dem früheren und gegenwärtigen Eigentümer in Anspruch zu nehmen.

Damit ist ein klassisches Problem des allgemeinen Polizei- und Ordnungsrechts angesprochen. Für einen grundsätzlichen Vorrang der Inanspruchnahme des Verhaltensverantwortlichen vor dem Zustandsverantwortlichen sprechen das umweltrechtliche Verursacherprinzip und allgemeine Gerechtigkeitsüberlegungen.[657] Gleichwohl konnte bisher keineswegs die Rede von einem generellen Vorrang der Inanspruchnahme des Verhaltensverantwortlichen sein,[658] auch wenn – im Rahmen des Auswahlermessens ebenfalls zu berücksichtigende – Billigkeitsgesichtspunkte eine Inanspruchnahme des Verhaltensstörers und insbesondere des sog. Doppelstörers[659] (d.h. des Verhaltens- und Zustandsstörers) vielfach nahe legten.[660]

Hieran hat sich nach überwiegender Auffassung auch nach In-Kraft-Treten des Bundes-Bodenschutzgesetzes nichts geändert. Die in § 4 Abs. 3 Satz 1 BBodSchG festgelegte Reihenfolge der Verantwortlichen bestimmt nicht zugleich auch die Rangfolge der Verpflichtung.[661] Nach wie vor trifft

---

657 Für eine grundsätzlich vorrangige Inanspruchnahme des Verhaltensverantwortlichen vor dem Zustandsverantwortlichen: VGH München, Beschl. v. 13.5.1986 – 20 CS 86.00338 –, NVwZ 1986, 942 ff., 945; VGH Kassel, Beschl. v. 5.10.1989 – 3 TH 1774/89 –, NVwZ 1990, 381 ff., 382; OVG Lüneburg, Beschl. v. 7.3.1997 – 7 M 3628/96 –, NJW 1998, 97 ff., 99; *Schwerdtner,* NVwZ 1992, 141 ff., 142.

658 Zuletzt BVerfGE 102, 1 (19). Gegen einen Vorrang auch: VGH Mannheim, Beschl. v. 11.12.2000 – 10 S 1188/00 –, NuR 2001, 460 f., 461; Beschl. v. 25.10.1999 – 8 S 2407/99 –, UPR 2000, 313 ff.; Urt. v. 30.1.1990 – 5 S 1806/89 –, NVwZ-RR 1991, 27 f., 28; OVG Münster, Urt. v. 7.3.1996 – 20 A 657/95 –, NVwZ 1997, 804 ff., 805; *Giesberts,* S. 37 ff.; *Kloepfer/Thull,* DVBl. 1989, 1121 ff.; *Kothe,* VerwArch 88 (1997), 456 ff., 490, *ders.* UPR 1999, 96 ff., 97; *Lindner,* S. 142; *Papier,* Altlasten, S. 71 f.; *Schink,* DVBl. 1986, 161 ff., 168; *R. Schulz,* Lastentragung, S. 191 ff.; *Würtenberger/Heckmann/Riggert,* Rn. 327 ff.

659 Vgl. *Drews/Wacke/Vogel/Martens,* S. 305; *Papier,* Altlasten, S. 72.

660 Der VGH Kassel, Beschl. v. 21.5.1997 – 7 TG 2293/95 –, NVwZ-RR 1998, 747 ff., 749, hält einen abgestuften Zugriff für ermessensfehlerfrei, bei dem der Handlungsstörer zunächst bis zur Grenze seiner Leistungsfähigkeit und danach der Zustandsstörer in Anspruch genommen wird.

661 VGH Mannheim, Beschl. v. 11.12.2000 – 10 S 1188/00 –, NuR 2001, 460 f., 461; *Buck,* NVwZ 2001, 51 f., 52; *Dombert,* NJW 2001, 927 ff., 931; *Erbguth/Stollmann,* NuR 1999, 127 ff., 131; *dies.* DVBl. 2001, 601 ff., 608; *Hilger,* in: Holzwarth/Radtke/Hilger/Bachmann, § 4 Rn. 93; *Knopp,* DÖV 2001, 441 ff., 447;

die Behörde die Auswahl zwischen mehreren Pflichtigen gemäß § 10 BBodSchG nach pflichtgemäßem Ermessen. Zwar wird dem aus Art. 3 Abs. 1 GG und dem Übermaßverbot abgeleiteten Grundsatz einer gerechten Kostenverteilung in der Regel eine Störerrangfolge nach Maßgabe der in § 4 Abs. 3 BBodSchG aufgeführten Reihenfolge der Sanierungsverantwortlichen entsprechen.[662] Im Einzelfall kann aber auch die Inanspruchnahme des gegenwärtigen oder des früheren Eigentümers vor dem Verursacher geboten sein. So können für eine vorrangige Inanspruchnahme des *gegenwärtigen* Zustandsstörers neben Effizienzerwägungen[663] auch die mangelhafte Sicherung des Grundstücks gegen Ablagerungen sowie der lange zurückliegende Zeitpunkt oder ungeklärte Umstände der Ablagerungen sprechen.[664] Für eine vorrangige Inanspruchnahme des *früheren* Eigentümers können bis auf die Effizienzerwägungen dieselben Gesichtspunkte sprechen. Insbesondere kann es geboten sein, einen früheren Eigentümer, der das Grundstück ohne jede Beaufsichtigung einem gefährlichen Pachtbetrieb gegen einen hohen Pachtzins zur Verfügung gestellt hat, vorrangig zur Sanierung heranzuziehen, wenn der Pächter nicht leistungsfähig ist.[665]

Entscheidend spricht gegen die vorrangige Inanspruchnahme des Verursachers vor dem (früheren) Eigentümer aber, dass nunmehr § 24 Abs. 2 BBodSchG die Schärfe einer Inanspruchnahme des Eigentümers durch die Möglichkeit des zivilrechtlichen Rückgriffs beim Verhaltensverantwortlichen relativiert. Da dieser Rückgriffsanspruch unproblematisch auch dem früheren Eigentümer gegenüber dem Verursacher zusteht,[666] ist auch in diesem Verhältnis keine verfassungsrechtliche Korrektur des Störerauswahlermessens erforderlich.[667] Der Gesetzgeber hat sich bewusst gegen eine Vorrangregelung auf der Primärebene im Verhältnis des (früheren) Eigentümers

---

Kothe, UPR 1999, 96 ff., 97; *Queitsch,* BBodSchG, Rn. 100; *Schink,* DÖV 1999, 797 ff., 801; *Rehbinder,* in: Meyer/Stolleis (Hrsg.), S. 441 ff., 473; *Schoeneck,* in: Sanden/Schoeneck, § 4 Rn. 50; *Vierhaus,* NJW 1998, 1262 ff., 1266 („abwegig"); *Würtenberger/Heckmann/Riggert,* Rn. 605; a. A. die Begründung zum Gesetzentwurf der Bundesregierung für ein Bodenschutzgesetz, BT-Drs. 13/6701, S. 35 („im Regelfall"); *Heiermann,* ZG 1999, 215 ff., 223; *Turiaux/Knigge,* BB 1999, 377 ff., 379.

662 *Würtenberger/Heckmann/Riggert,* Rn. 605.

663 So auch die Begründung zum Gesetzentwurf der Bundesregierung für ein Bodenschutzgesetz BT-Drs. 13/6701, S. 35; *Turiaux/Knigge,* BB 1999, 377 ff., 379.

664 OVG Schleswig, Urt. v. 29.5.2001 – 4 L 2/01 (bislang unveröffentlicht); VGH München, Beschl. v. 13.5.1986 – Nr. 20 CS 86.00338 –, DVBl. 1986, 1283 ff., 1285 f.; *Kloepfer/Thull,* DVBl. 1989, 1121 ff., 1126 f.; a. A. *R. Schulz,* Lastentragung, S. 224 ff.

665 Vgl. BVerfGE 102, 1.

666 Vgl. nur *Becker,* BBodSchG, § 24 Rn. 7.

667 Ebenso VGH München, Beschl. v. 15.9.2000 – 22 ZS 00.1994 –, NuR 2001, 409 f., 410; a. A. *Knoche,* GewArch 2000, 448 ff., 454.

zum Verursacher entschieden, sondern den Lastenausgleich auf die privatrechtliche Sekundärebene verlagert. Die Entscheidung des Gesetzgebers, das bei der Geltendmachung des Rückgriffsanspruchs bestehende Prozess- und Insolvenzrisiko auf den (früheren) Eigentümer zu verlagern, ist aus verfassungsrechtlichen Gründen nicht zu beanstanden.[668] Einen generellen Vorrang der Verantwortlichkeit des Verursachers gegenüber dem früheren Eigentümer muss die Behörde bei ihrer Entscheidung, wen sie zur Sanierung heranziehen soll, somit nicht beachten.[669]

3. Handhabung des Störerauswahlermessens bei „Veräußerungsketten"

In der Literatur wird im Zusammenhang mit § 4 Abs. 6 BBodSchG des Öfteren die Handhabung des behördlichen Störerauswahlermessens bei so genannten „Kettenverkäufen" problematisiert. Es sei unklar, wer aus einer langen Kette früherer Eigentümer als Sanierungsverantwortlicher heranzuziehen sei.[670]

Keinesfalls kann die Lösung darin liegen, generell auf die Inanspruchnahme des bloßen „Durchgangseigentümers" zu verzichten. Ansonsten könnte sich ein nachwirkend Zustandsverantwortlicher durch rasches Weiterübertragen des kontaminierten Grundstücks aus der Verantwortlichkeit stehlen und auf diese Weise spekulative Gewinne erzielen. Dies widerspricht der erklärten Zielsetzung des Bundes-Bodenschutzgesetzes.[671]

Allerdings dürfte die Bildung einer langen Reihe von Voreigentümern eher theoretisch bleiben. Zum einen ist zu bedenken, dass jedem der Voreigentümer „doppelte Bösgläubigkeit", also Kenntnis bzw. fahrlässige Unkenntnis von den schädlichen Bodenveränderungen oder Altlasten sowohl im Erwerbs- als auch im Veräußerungszeitpunkt, nachgewiesen werden muss. Zum anderen entfaltet § 4 Abs. 6 BBodSchG, wie beschrieben, eine nicht zu unterschätzende Präventivwirkung:[672] Wer heute ein Grundstück kauft oder verkauft, muss sich nach bestem Wissen und Gewissen über die Bodenverhältnisse informieren, um seine spätere Nachhaftung auszuschließen. Der leichtfertige Verkauf von Altlastengrundstücken entspricht, wie deutlich wurde, nicht mehr den Interessen der Vertragsparteien. Ist aber bei-

---

668 Allerdings bestehen unter Umständen Grenzen der kostenmäßigen Inanspruchnahme des früheren Eigentümers in Fällen, in denen er sich in einer so genanten „Opfersituation" befindet. Vgl. hierzu unten sub E.III.

669 *Müggenborg,* NVwZ 2000, 50 ff., 51; *Schink,* DÖV 1999, 797 ff., 805.

670 *Müggenborg,* NVwZ 2000, 50 ff., 51; *Würtenberger/Heckmann/Riggert,* Rn. 610.

671 Vgl. oben sub C.III.1.d).

672 Vgl. hierzu bereits oben sub B.I.2.a) und C.III.4.b)bb).

den Vertragsparteien das Vorliegen von schädlichen Bodenveränderungen oder Altlasten bekannt oder erkennbar, so wird angesichts der drohenden Nachhaftung des Veräußerers die Sanierungsfrage zwangsläufig Gegenstand der Vertragsverhandlungen sein. Angesichts dieser offenen Verhandlung der Altlastenfrage wird im Regelfall die Sanierung des Grundstücks zügig vorgenommen werden können. Das Entstehen langer Ketten von sanierungsverantwortlichen Voreigentümern wird dadurch von vornherein verhindert.

Wird allerdings die Sanierungsfrage im Zuge der Veräußerung eines bodenbelasteten Grundstücks von den Vertragsparteien nicht befriedigend gelöst, so entsteht im Falle der Weiterveräußerung des Grundstücks an einen Dritten in der Tat eine Kette mehrerer nachwirkend sanierungsverantwortlicher Voreigentümer. Dies veranschaulicht folgendes Beispiel:

> V veräußert ein in seinem Eigentum befindliches Altlastengrundstück zu einem Vorzugspreis an K, wobei vereinbart wird, dass K auf eigene Kosten die Sanierung des Grundstücks vornehmen soll. Ohne sich an die Abmachung zu halten, veräußert K das unsanierte Grundstück weiter an die B-GmbH, die allerdings kurze Zeit später in Konkurs fällt. Da der Verursacher der Altlasten nicht mehr auffindbar ist, fragt sich die inzwischen von den Vorgängen informierte und ersatzweise tätig gewordene Behörde, ob sie von V oder von K als früheren Eigentümern die Kosten der von ihr inzwischen ersatzweise vorgenommenen Sanierung verlangen kann.

Bei der Auswahlentscheidung, welcher von mehreren früheren Eigentümern letztlich die Sanierungskosten zu tragen hat, hat die Behörde die allgemeinen Ermessensleitlinien zu berücksichtigen. Ein generelles Vorrangverhältnis besteht nicht. Sie ist auch nicht gehalten, die Kosten der Sanierung gleichmäßig auf alle Voreigentümer zu verteilen, was verwaltungstechnische Probleme verursachen dürfte.[673] Auch bei einer Veräußerungskette gilt, dass frühere Grundstückseigentümer als ordnungsrechtlich Verantwortliche zivilrechtlichen Rückgriff bei ihren jeweiligen Vertragspartnern nehmen müssen.

4. Zwischenergebnis

Im Falle einer Mehrheit von Verantwortlichen hat die Behörde ein weites Störerauswahlermessen. Ein genereller Vorrang der Inanspruchnahme des gegenwärtigen Eigentümers vor dem früheren Eigentümer lässt sich ebenso wenig begründen wie ein Vorrang der Inanspruchnahme des Verursachers vor dem früheren Eigentümer, wenngleich Gerechtigkeitserwägungen in der Regel die Heranziehung des Verursachers nahe legen. Bei einer Kette früherer Grundstückseigentümer unterliegt die Behörde in ihrem Auswahlermes-

---

[673] So aber *Müggenborg,* NVwZ 2000, 50 ff., 51.

sen ebenfalls keinen Beschränkungen. Keinesfalls ist die Heranziehung bloßer „Durchgangseigentümer" generell ausgeschlossen.

III. Begrenzung der Höhe der Kostentragungspflicht des ehemaligen Eigentümers

Wie bereits erwähnt, stellt sich auch bei der nachwirkenden Zustandsverantwortlichkeit die Frage nach einer Grenze der Inanspruchnahme.[674] Es erscheint auf den ersten Blick unbillig, den früheren Eigentümer für die Sanierung seines ehemaligen Grundstücks unbeschränkt haften zu lassen, wenn die Gefahr, die von dem Grundstück ausgeht, aus Naturereignissen, aus der Allgemeinheit zuzurechnenden Ursachen oder von nicht nutzungsberechtigten Dritten herrührt, der frühere Eigentümer sich also in einer „Opferposition" befindet.

Zwar scheidet Art. 14 Abs. 1 Satz 1 GG mangels fortbestehenden Eigentums des nachwirkend Inanspruchgenommenen als dogmatischer Anknüpfungspunkt für eine Höchstgrenze seiner Inanspruchnahme aus.[675] Wenn aber die nachwirkende Zustandsverantwortlichkeit im Wesentlichen nur eine Verlängerung der „gegenwärtigen" Zustandsverantwortlichkeit bedeutet, dann darf der frühere Grundstückseigentümer zumindest nicht wesentlich schärfer haften als der gegenwärtige Eigentümer.[676] Man muss sich daher fragen, wie der frühere Eigentümer stünde, wenn er das Grundstück nicht an einen Dritten übertragen hätte. Er wäre dann nach wie vor Zustandsverantwortlicher und haftete entsprechend den Vorgaben des Bundesverfassungsgerichts[677] auf der Sekundärebene grundsätzlich nur bis zur Höhe des Verkehrswertes des sanierten Grundstücks.[678]

---

674 Vgl. oben sub C.III.4.a)bb)(2); siehe zu dieser Frage auch *Grzeszick,* NVwZ 2001, 721 ff., 728 f.

675 Vgl. oben sub B.I.1.b).

676 Ebenso *Frenz,* BBodSchG, § 4 Abs. 6 Rn. 34, der folgenden dogmatischen Lösungsvorschlag unterbreitet: „Die Wertungen des Art. 14 Abs. 1 GG werden insofern in die Verhältnismäßigkeit der Inanspruchnahme hineinprojiziert. Eine Quasigrenze beschränkt die Inanspruchnahme des früheren Eigentümers qua Verhältnismäßigkeitsgrundsatz.". Im Ergebnis auch *Grzeszick,* NVwZ 2001, 721 ff., 728, der § 4 Abs. 6 BBodSchG allerdings unmittelbar an Art. 14 Abs. 1 GG misst. Für eine Übertragung der Entscheidung des Bundesverfassungsgerichts auf die Inanspruchnahme des früheren Grundstückseigentümers auch *Knopp,* DÖV 2001, 441 ff., 452.

677 Vgl. BVerfGE 102, 1 (20); BVerfG, Beschl. v. 24.8.2000 – 1 BvR 83/97 –, NVwZ 2001, 65 f., 66; hierzu bereits eingehend oben sub C.III.4.a)bb)(2)(a).

678 Vorsichtig dafür Partei ergreifend *Müggenborg,* NVwZ 2000, 50 ff., 51; *Taupitz,* in: UTR Bd. 53, S. 203 ff., 226.

1. Bemessungsprobleme

Allerdings begegnet man bei dem Versuch, die Vorgaben des Bundesverfassungsgerichts zu den Grenzen der Zustandsverantwortlichkeit unmittelbar auf die *nachwirkende* Zustandsverantwortlichkeit zu übertragen, besonderen Bemessungsproblemen.[679]

a) Beschränkung auf den Verkehrswert des sanierten Grundstücks

Die Beschränkung der Kostenlast auf den Verkehrswert des sanierten Grundstücks, wie vom Bundesverfassungsgericht grundsätzlich für den gegenwärtigen Eigentümer aus Gründen der Verhältnismäßigkeit vorgenommen,[680] ist für den früheren Eigentümer nicht sinnvoll.[681] Dem früheren Eigentümer kommt die Grundstückssanierung nicht unmittelbar zugute, da sein Eigentum und damit zugleich sein Privatnutzen an dem Grundstück bereits beendet sind. Ob die Sanierungskosten daher den Verkehrswert des Grundstücks überschreiten oder nicht, spielt für den früheren Eigentümer zunächst keine Rolle, denn er kann die Sanierungskosten nicht aus einem künftigen Grundstückserlös bestreiten, sondern muss sie ohnehin aus seinem Gesamtvermögen aufbringen. Der Verkehrswert ist daher für ihn kein geeigneter Anknüpfungspunkt einer etwaigen Kostenbeschränkung.[682]

b) Beschränkung auf den erzielten Verkaufserlös

Teil des Vermögens des früheren Eigentümers ist aber auch der Erlös, den er mit dem Grundstücksverkauf erzielt hat. Daher ist es nahe liegend, als Grenze der Kostenbelastung den vom früheren Eigentümer erzielten Verkaufserlös aus dem Grundstück als Surrogat anzusehen.[683] Aber auch diese Vorgehensweise ist problematisch, wenn der Erlös nicht mehr im Vermögen des früheren Eigentümers vorhanden ist. In diesem Fall besteht die Gefahr der Schlechterstellung des früheren Eigentümers im Vergleich zum gegenwärtigen Eigentümer, dessen Haftung nach der Rechsprechung des Bundesverfassungsgerichts grundsätzlich auf den Ist-Ertrag des Grundstücks, also seinen aktuellen Verkehrswert, zu beschränken ist. Ein Ist-Er-

---

679 Vgl. *Frenz,* BBodSchG, § 4 Abs. 6 Rn. 34; *Taupitz,* in: UTR Bd. 53, S. 203 ff., 226.

680 BVerfGE 102, 1 (20).

681 Vorsichtig dafür Partei ergreifend *Müggenborg,* NVwZ 2000, 50 ff., 51; *Taupitz,* in: UTR Bd. 53, S. 203 ff., 226.

682 Vgl. *Frenz,* BBodSchG, § 4 Abs. 6 Rn. 34; *Taupitz,* in: UTR Bd. 53, S. 203 ff., 226.

683 *Frenz,* BBodSchG, § 4 Abs. 6 Rn. 34.

trag aus dem Verkaufserlös, den der frühere Eigentümer erzielt hat, besteht aber nur dann, wenn das Geld investiert oder wieder angelegt worden ist, nicht aber, wenn es verbraucht wurde.[684] Umgekehrt ist das Abstellen auf den Verkaufserlös in den Fällen unergiebig, in denen er in Anbetracht der Altlasten bewusst niedrig angesetzt wurde, beispielsweise bei dem Verkauf eines Altlastengrundstücks zum symbolischen Preis von einem Euro. Beschränkte man in solchen Fällen den zu leistenden Sanierungsbeitrag auf den erzielten Verkaufserlös, so ermutigte man Eigentümer von Altlastengrundstücken entgegen der gesetzgeberischen Zielsetzung geradezu zu solchen Umgehungsgeschäften. Eine kostenmäßige Begrenzung der Inanspruchnahme des früheren Eigentümers auf die Höhe des von ihm erlangten Verkaufserlöses ist daher ebenfalls abzulehnen.

2. Unbeschränkte Haftung bei freiwillig übernommenem Risiko

Nach den Vorgaben des Bundesverfassungsgerichts kann die Haftungsobergrenze des Verkehrswertes des sanierten Grundstücks allerdings überschritten werden, wenn der Eigentümer das Risiko der entstandenen Gefahr bewusst in Kauf genommen hat.[685] Namentlich gilt dies, wenn er das Grundstück in Kenntnis oder erheblich fahrlässiger Unkenntnis von Altlasten, die von früheren Eigentümern oder ehemaligen Nutzungsberechtigten verursacht worden sind, erworben hatte, oder wenn er später zugelassen hat, dass das Grundstück in einer risikoreichen Weise genutzt wird. Wer ein solches Risiko bewusst eingegangen ist, kann seiner Inanspruchnahme als Zustandsverantwortlicher nicht entgegenhalten, seine Haftung müsse aus Gründen des grundrechtlichen Eigentumsschutzes begrenzt sein. Das freiwillig übernommene Risiko mindert also die Schutzwürdigkeit des Eigentümers.[686] Legt man diese Kriterien des Bundesverfassungsgerichts zugrunde, so zeigt sich, dass auch der nach § 4 Abs. 6 BBodSchG nachwirkend sanierungsverantwortliche frühere Eigentümer unter Umständen in vielen Fällen nur eingeschränkt schutzwürdig ist.

Hatte der frühere Eigentümer das kontaminierte Grundstück bereits mit schädlichen Bodenveränderungen oder Altlasten übernommen, so konnte er überhaupt nur in die bodenschutzrechtliche Nachhaftung geraten, wenn er zum Erwerbszeitpunkt nicht schutzwürdig auf die Abwesenheit der Belastungen vertraut hatte (vgl. § 4 Abs. 6 Satz 2 BBodSchG). Dann hätte er aufgrund seiner auf diese Weise geminderten Schutzwürdigkeit aber auch

---

684 *Frenz,* BBodSchG, § 4 Abs. 6 Rn. 34.

685 BVerfGE 102, 1 (22).

686 BVerfGE 102, 1 (22); BVerfG, Beschl. v. 24.8.2000 – 1 BvR 83/97 –, NVwZ 2001, 65 f., 66; in der Literatur ebenso *Breuer,* NVwZ 1987, 751 ff., 756; *Dombert,* S. 58; *Griesbeck,* S. 142 f.; *Koch,* Bodensanierung, S. 23, 48.

bereits während seiner Zeit als gegenwärtiger Eigentümer über die Höhe des Verkehrswertes des Grundstücks hinaus in Anspruch genommen werden können. Es besteht kein Grund, ihn nach Übertragung des Grundstücks besser zu stellen als er stünde, wenn er das Grundstück behalten hätte. Daher ist es grundsätzlich gerechtfertigt, ihn wie diesen unbeschränkt mit den Sanierungskosten zu belasten.

Waren die schädlichen Bodenveränderungen oder Altlasten hingegen erst nach Erwerb des Grundstücks durch den früheren Eigentümer, also im Zeitraum seines Eigentums, entstanden, so kommt es – entsprechend der Kriterien des Bundesverfassungsgerichts – darauf an, ob er die Verursachung der Bodenbelastungen in irgendeiner Weise gefördert oder zumindest geduldet hat. Kann ihm dies bewiesen werden, so ist seine kostenmäßige Inanspruchnahme der Höhe nach ebenfalls grundsätzlich unbeschränkt. Von diesem Grundsatz mag in einzelnen Fällen abgewichen werden, in denen sich die volle Inanspruchnahme des früheren Eigentümers aus anderen Gründen als unzumutbar erweist. Unter Umständen mag selbst die Grenze des Verkehrswertes des sanierten Grundstücks für den früheren Eigentümer zu hoch sein. Da es um die Begrenzung der Inanspruchnahme aus Gründen der Verhältnismäßigkeit geht, kommt es bei dieser Beurteilung entscheidend auf die individuellen Vermögensverhältnisse des früheren Eigentümers an.[687]

In den übrigen Fällen, in denen der nach § 4 Abs. 6 Satz 1 BBodSchG nachwirkend sanierungsverantwortliche frühere Eigentümer selbst lediglich als Opfer der Bodenbelastungen dasteht, weil die schädlichen Bodenveränderungen auf dem Grundstück zu Zeiten seines Eigentums hieran durch Naturereignisse, Manöverschäden oder durch Verursachungsbeiträge nicht nutzungsberechtigter Dritter hervorgerufen wurden, ist er auf der Sekundärebene überhaupt nicht zur Tragung der Sanierungskosten verantwortlich. Soweit das schädigende Ereignis der Risikosphäre der Allgemeinheit zuzurechnen ist, muss der Staat eintreten und nötigenfalls, soweit der frühere Eigentümer bereits in Vorleistung getreten war, diesen in Analogie zu den Regelungen des Nichtstörerausgleichs entschädigen.[688] Insofern ist der frühere Eigentümer eines bodenbelasteten Grundstücks nicht anders zu behandeln als nach der hier vertretenen Auffassung der gegenwärtige Grundstückseigentümer.

---

[687] Vgl. *Frenz*, BBodSchG, § 4 Abs. 6 Rn. 35 f., der die Höchstgrenze der Inanspruchnahme dann als erreicht ansieht, wenn alle noch vorhandenen Vorteile aus dem ehemaligen Grundeigentum durch die Inanspruchnahme aufgezehrt werden.

[688] Vgl. hinsichtlich des öffentlich-rechtlichen Lastenausgleichs zugunsten des gegenwärtigen Eigentümers oben sub C.III.4.a)bb)(2)(b).

IV. Ergebnis

Eine verfassungskonforme Restriktion von § 4 Abs. 6 BBodSchG ist auf der Rechtsfolgenseite der Norm nur in Ausnahmefällen geboten.

Die nachwirkende Sanierungsverantwortlichkeit früherer Grundstückseigentümer unterliegt nicht der Verjährung, allerdings kann die Behörde im Einzelfall im Rahmen ihres Störerauswahlermessens auf die Inanspruchnahme zeitlich weit entfernter früherer Eigentümer verzichten, wozu sie bei entsprechenden Zusagen sogar verpflichtet sein kann.

Weder bei einer Störermehrheit bestehend aus dem gegenwärtigem Eigentümer und dem Voreigentümer noch bei einer Störermehrheit aus einem früheren Eigentümer und dem Verursacher der schädlichen Bodenveränderungen ist aus verfassungsrechtlichen Gründen eine Reduktion des behördlichen Störerauswahlermessens geboten. Der frühere Eigentümer kann entsprechend der Wertung des Bundes-Bodenschutzgesetzes auf den zivilrechtlichen Regress verwiesen werden. Dies gilt auch hinsichtlich der Auswahl des Verantwortlichen in „Übertragungsketten".

Die Kostenbelastung des nachwirkend zustandsverantwortlichen früheren Eigentümers besteht der Höhe nach unbeschränkt, wenn das Grundstück bereits zum Zeitpunkt seines Erwerbs kontaminiert war oder wenn die Bodenkontaminationen im Zeitraum seines Eigentums mit seiner Unterstützung oder Duldung verursacht wurden. Die Kostentragungspflicht des früheren Eigentümers entfällt hingegen, wenn schädliche Bodenveränderungen oder Altlasten zur Zeit seines Eigentums an dem Grundstück ohne sein Verschulden von nicht zur Nutzung des Grundstücks berechtigten Dritten hervorgerufen wurden.

F. Gesamtergebnis der Verfassungsmäßigkeitsprüfung

Die Regelungen im Bundes-Bodenschutzgesetz über die nachwirkende Sanierungsverantwortlichkeit früherer Grundstückseigentümer (§ 4 Abs. 3 Satz 4 Alt. 2, Abs. 6 BBodSchG) entsprechen insgesamt den verfassungsrechtlichen Erfordernissen.

Der mehrdimensionale Eingriff in die Schutzbereiche von Art. 2 Abs. 1 und 14 Abs. 1 GG ist formell und materiell verfassungsrechtlich gerechtfertigt. Insbesondere verletzen die Vorschriften weder das verfassungsrechtliche Übermaßverbot, noch das Rückwirkungsverbot, noch die Institutsgarantie des Eigentums aus Art. 14 Abs. 1 Satz 1 GG. Sie sind ferner mit dem allgemeinen Gleichheitssatz aus Art. 3 Abs. 1 GG vereinbar.

Durch eine verfassungskonforme Restriktion von § 4 Abs. 6 BBodSchG auf der Rechtsfolgenseite können etwaige Unbilligkeiten, welche die Anwendung der Norm im Einzelfall hervorrufen kann, vermieden werden. Dies betrifft im Ergebnis jedoch nur die Begrenzung der Kostentragungspflicht des früheren Grundstückseigentümers in von ihm unverschuldeten Opfersituationen.

Vierter Teil

Zusammenfassende Thesen

Nachwirkende Zustandsverantwortlichkeit als neue Form öffentlich-rechtlicher Umwelthaftung

1. Der Begriff der *nachwirkenden Zustandsverantwortlichkeit* bezeichnet eine neue Form der öffentlich-rechtlichen Handlungs- und Kostentragungspflicht des Bürgers für die Beseitigung von Gefahren für die öffentliche Sicherheit und Ordnung. Nachwirkend ist die Verantwortlichkeit insofern, als sie zum Zeitpunkt der zivilrechtlichen oder tatsächlichen Loslösung des Pflichtenadressaten von der störenden Sache die bis dahin bestehende Zustandsverantwortlichkeit ablöst. Die nachwirkende Zustandsverantwortlichkeit trifft also *ehemalige* Zustandsverantwortliche (vgl. S. 25 ff.).
2. Im Umweltrecht ist die nachwirkende Zustandsverantwortlichkeit Ausdruck des *umweltrechtlichen Nachsorgeprinzips* und stellt einen Unterfall der *umweltrechtlichen Nachsorgeverantwortlichkeit* dar. Letztere bezeichnet die umweltrechtliche Pflichtigkeit, die erst zu einem Zeitpunkt nach Beendigung einer umweltgefährdenden Tätigkeit oder zur Beendigung eines umweltgefährdenden Zustands – quasi nachgeschaltet – zur Wirkung gelangt (vgl. S. 19 ff.).

Erscheinungsformen nachwirkender Zustandsverantwortlichkeit im nationalen Umweltrecht

3. Eine Bestandsaufnahme des geltenden nationalen Umweltrechts ergibt, dass Regelungen, die eine nachwirkende Zustandsverantwortlichkeit statuieren, bislang Ausnahmephänomene sind. Die anlagebezogenen Nachbetriebspflichten des Immissionsschutz-, Kreislaufwirtschafts- und Abfall- sowie des Bergrechts, die auch frühere Betreiber bereits stillgelegter Anlagen nachwirkend zur Beseitigung betriebsbedingter Umweltbeeinträchtigungen verpflichten, sind in erster Linie betreiber-, nicht aber eigentümerorientiert und daher (erweiterte) Verhaltensverantwortlichkeiten (vgl. S. 27 ff.) Auch die auf der Grundlage des Kreislaufwirtschafts- und Abfallgesetzes erlassenen abfallrechtlichen Rücknahmepflichten sind als Verhaltensverantwortlichkeiten zu qualifizieren (vgl. S. 48 f.).

4. Das Bundes-Bodenschutzgesetz enthält zwei Regelungen einer nachwirkenden Zustandsverantwortlichkeit. Zur Sanierung schädlicher Bodenveränderungen und Altlasten sind seit dem 1. März 1999 frühere Grundstückseigentümer verpflichtet, die ihr Eigentum an dem bodenbelasteten Grundstück nach diesem Zeitpunkt aufgegeben (§ 4 Abs. 3 Satz 4 Alt. 2 BBodSchG, vgl. S. 54 ff.) oder an eine dritte Person übertragen haben (§ 4 Abs. 6 BBodSchG, vgl. S. 60 ff.).

   a) § 4 Abs. 6 BBodSchG verpflichtet den früheren Eigentümer, der ein mit schädlichen Bodenveränderungen oder Altlasten kontaminiertes Grundstück an einen Dritten veräußert hat, obwohl er zum Zeitpunkt der Veräußerung die Bodenbelastungen kannte oder „kennen musste". Hinweise für die Auslegung des unbestimmten Rechtsbegriffs des „Kennenmüssens" lassen sich dem US-amerikanischen Altlastensanierungsrecht entnehmen. So wird gemäß § 4 Abs. 6 Satz 1 BBodSchG dem Veräußerer eines verunreinigten Grundstücks eine verantwortungsbegründende fahrlässige Unkenntnis von schädlichen Bodenveränderungen jedenfalls dann anzulasten sein, wenn dieser zum Zeitpunkt der Grundstücksübertragung Kenntnis von einer bodengefährdenden Vornutzung des Grundstücks hatte und gleichwohl die Möglichkeit ungenutzt ließ, die Kontamination durch eine angemessene Bodenuntersuchung aufzudecken. Dasselbe gilt, wenn der Veräußerer allgemein bekannte oder mit vernünftigem Aufwand erreichbare Informationen über den Grundstückszustand nicht zur Kenntnis genommen hat (vgl. S. 68 ff.).

   b) Hat der frühere Eigentümer allerdings zum Zeitpunkt des eigenen Grundstückserwerbs schutzwürdig darauf vertraut, dass schädliche Bodenveränderungen oder Altlasten nicht vorhanden sind, so kommt er in den Genuss des Haftungsprivilegs nach § 4 Abs. 6 Satz 2 BBodSchG und wird von der nachwirkenden Sanierungsverantwortlichkeit freigestellt.

   Die Anwendung des § 4 Abs. 6 Satz 2 BBodSchG bereitet Probleme, wenn der frühere Eigentümer das sanierungsbedürftige Grundstück nicht durch Rechtsgeschäft, sondern aufgrund Gesetzes, etwa im Wege der erbrechtlichen Universalsukzession, erworben hatte. Hier darf nicht etwa auf den Kenntnisstand des Erblassers abgestellt werden. Vielmehr kommt es für die Frage, ob das Haftungsprivileg des § 4 Abs. 6 Satz 2 BBodSchG eingreift, auf das eigene schutzwürdige Vertrauen des Erben an. Allerdings ist zur Beurteilung seiner „Gut-" oder „Bösgläubigkeit" nicht der Zeitpunkt des Erbschaftsanfalls zugrunde zu legen, sondern der Zeitraum des gesamten Erwerbsvorgangs, der erst mit Ablauf der erbrechtlichen Ausschlagungsfrist seinen Abschluss findet. In diesem Zeitraum trifft den Erben eine Nachforschungspflicht hinsichtlich des Bodenzustands des geerbten Grundstücks (vgl. S. 77 ff.).

5. Eine nachwirkende Zustandsverantwortlichkeit bei gesetzlichem Eigentumsverlust (§§ 946–950 BGB) besteht nur, soweit diese (landes-)gesetzlich ausdrücklich vorgeschrieben ist (vgl. S. 93). Dasselbe gilt grundsätzlich auch für eine nachwirkende Zustandsverantwortlichkeit bei Aufgabe der tatsächlichen Sachherrschaft. Eine Ausnahme ist allerdings hinsichtlich der Zustandsverantwortlichkeit des Insolvenzverwalters für konkursbefangene Altlastengrundstücke im Insolvenzverfahren zuzulassen. Die Freigabe dieser Grundstücke durch den Verwalter aus dem Konkursbeschlag (sog. „Konkurs im Konkurs") käme einer „Flucht aus der Zustandsverantwortlichkeit" gleich. Die diesbezügliche planwidrige Regelungslücke im Bundes-Bodenschutzgesetz ist daher durch eine entsprechende Anwendung der bodenschutzrechtlichen Nachhaftungsregelungen (§ 4 Abs. 3 Satz 4 Alt. 1, Abs. 6 BBodSchG) zu schließen (vgl. S. 95 ff.).

Die verfassungsrechtliche Dimension der nachwirkenden Sanierungsverantwortlichkeit ehemaliger Grundstückseigentümer nach dem Bundes-Bodenschutzgesetz

6. Die bodenschutzrechtlichen Regelungen der nachwirkenden Zustandsverantwortlichkeit berühren die Bestandsgarantie des Eigentumsgrundrechts aus Art. 14 Abs. 1 GG aus Sicht *früherer* Grundstückseigentümer nicht, da diese gerade nicht mehr Eigentümer des sanierungspflichtigen Grundstücks sind. Art. 14 Abs. 1 Satz 1 GG schützt nur den vorhandenen Bestand an Eigentumsgegenständen (vgl. S. 114). Die mit der nachwirkenden Zustandsverantwortlichkeit verbundene Kostenbelastung früherer Grundstückseigentümer stellt ebenfalls keinen Eingriff in die Eigentumsgarantie dar. Art. 14 Abs. 1 Satz 1 GG schützt nicht das Vermögen als Ganzes sondern nur einzelne Vermögensobjekte (vgl. S. 115 ff.). Die bodenschutzrechtlichen Nachhaftungsvorschriften berühren aber wegen der Auferlegung einer weit reichenden Handlungs- und Kostentragungspflicht aus Sicht früherer Grundstückseigentümer deren durch Art. 2 Abs. 1 GG gewährleistete allgemeine Handlungsfreiheit.

   Gegenwärtige Eigentümer, die ein kontaminiertes Grundstück bereits vor In-Kraft-Treten des Bundes-Bodenschutzgesetzes erworben hatten (sog. „Alteigentümer"), werden durch die Neuregelungen in ihrer Erwartung enttäuscht, mit der Aufgabe des Eigentums zugleich aus der Zustandsverantwortlichkeit entlassen zu werden. Die damit verbundene Einschränkung ihrer grundstücksbezogenen Dispositionsmöglichkeiten bedeutet einen influenzierenden Eingriff in den Nutzungsaspekt ihres Eigentumsgrundrecht aus Art. 14 Abs. 1 GG (vgl. S. 120 ff.).

7. Der Eingriff in die Schutzbereiche von Art. 2 Abs. 1 und Art. 14 Abs. 1 GG ist verfassungsrechtlich formell und materiell rechtfertigungsbedürftig.

a) Das Bundes-Bodenschutzgesetz wurde in formeller Hinsicht entsprechend der grundgesetzlichen Kompetenzverteilung erlassen. Die Vorschriften der nachwirkenden Sanierungsverantwortlichkeit stützen sich als Adressatenregelungen mit ordnungsrechtlichem Charakter auf eine ungeschriebene Kompetenz kraft Sachzusammenhangs zur Kompetenzmaterie des „Bodenrechts" im Sinne von Art. 74 Abs. 1 Nr. 18 GG (vgl. S. 128 ff.).

b) Die auf dem Prüfstand stehenden Nachhaftungsvorschriften sind in materieller Hinsicht mit dem verfassungsrechtlichen Übermaßverbot vereinbar.

aa) *Ziel* der bodenschutzrechtlichen Nachhaftungsregelungen ist die Verantwortungszuweisung hinsichtlich der Sanierung kontaminierter Grundstücke an frühere Eigentümer, die willentlich das Eigentum an dem betreffenden Grundstück aufgegeben haben. Teilziele der nachwirkenden Zustandsverantwortlichkeit sind die Auferlegung der Vornahme- bzw. Mitwirkungslast sowie der Zuweisung der Kostenlast für die betreffenden Sanierungsmaßnahmen. Hinzu kommt in rechtspolitischer Hinsicht das Ziel der Verhinderung von Umgehungs- und Spekulationsgeschäften mit Altlastengrundstücken (vgl. S. 132 ff.)

bb) Hinsichtlich der Teilziele der Verhinderung von Umgehungs- und Spekulationsgeschäften sowie der Zuweisung der Kostenlast an frühere Grundeigentümer besteht kein Zweifel an der *Geeignetheit* der Nachhaftungsvorschriften (vgl. S. 140). Problematischer ist ihre Eignung als Gefahrenabwehrnormen. Die tatsächliche und rechtliche Fähigkeit des früheren Eigentümers zur Gefahrenabwehr lässt sich aber wie folgt begründen: Die Vornahmeverantwortung des früheren Eigentümers wandelt sich in eine Organisationsverantwortung, wenn dieser keinen tatsächlichen Zugriff mehr auf das Grundstück hat (vgl. S. 141 ff.). Erhebt der gegenwärtige Eigentümer gegen die Sanierung Einwände, so kann die Behörde ihm gegenüber eine Duldungsverfügung erlassen und dem früheren Eigentümer damit die Sanierungsvornahme rechtlich ermöglichen (vgl. S. 143 f.). Die zweifelhafte Effektivität von § 4 Abs. 6 BBodSchG im behördlichen Vollzug wird durch ihre subjektiven Tatbestandsvoraussetzungen nicht entscheidend gemindert, da sie ihrer Natur nach eine der Sekundärebene zuzuordnende Lastenverteilungsnorm ist. Dort spielt der Gesichtspunkt effektiver Gefahrenabwehr höchstens noch eine untergeordnete Rolle (vgl. S. 145 ff.).

cc) Hinsichtlich der *Erforderlichkeit* der Dereliktionsnachhaftungsregelung bestehen keine Bedenken. Ein gleich geeignete aber mildere Regelung als § 4 Abs. 3 Satz 4 Alt. 2 BBodSchG ist zur Aufrechterhaltung der Zustandsverantwortlichkeit in den Fällen der Dereliktion bodenbelasteter Grundstücke nicht vorstellbar (vgl. S. 148 f.).

Die Erforderlichkeit von § 4 Abs. 6 BBodSchG wird weder durch die Existenz der „Durchgriffshaftung“ in § 4 Abs. 3 Satz 4 Alt. 1 BBodSchG, noch durch den von der Rechtsprechung in Missbrauchsfällen wegen „ökologischer Sittenwidrigkeit“ zunehmend zur Anwendung gebrachten § 138 BGB in Frage gestellt. Unschädlich sind zunächst Überschneidungen im Anwendungsbereich der genannten Vorschriften, da eine teilweise Doppelnormierung dem Gesetzgeber nicht verboten ist (vgl. S. 151). § 4 Abs. 3 Satz 4 Alt. 1 BBodSchG ist zudem kein Mittel gleicher Eignung, da die Voraussetzungen einer Durchgriffshaftung im Gesellschaftsrecht hochumstritten sind, weshalb die daran anknüpfende bodenschutzrechtliche Durchgriffsverantwortlichkeit kaum praktikabel ist (vgl. S. 151 f.). Auch § 138 BGB ist keine gleich geeignete Alternativregelung. Die Anwendbarkeit von § 138 BGB beschränkt sich auf Missbrauchsfälle. Ziel von § 4 Abs. 6 BBodSchG ist aber auch die grundsätzliche Zuweisung des „Ausfallrisikos“ hinsichtlich der Leistungsfähigkeit des Grundstückserwerbers an den früheren Eigentümer, was durch § 138 BGB, der bei nicht-abusiven Grundstücksverkehrsgeschäften unanwendbar ist, nicht erreicht werden kann (vgl. S. 154 ff.).

dd) Die bodenschutzrechtlichen Vorschriften der nachwirkenden Sanierungsverantwortlichkeit entsprechen auch dem Grundsatz der *Proportionalität.*

(1) Die Dereliktionsnachhaftung (§ 4 Abs. 3 Satz 4 Alt. 2 BBodSchG) ist aus dem Erfordernis der Gewährleistung einer *lückenlosen Zustandsverantwortlichkeit* gerechtfertigt.

Die Zustandsverantwortlichkeit wird bislang unter Zugrundelegung des tradierten polizeirechtlichen Konnexitätsprinzips entweder isoliert mit der rechtlichen oder mit der tatsächlichen Sonderbeziehung des Eigentümers zu der störenden Sache oder mit einer Kombination beider Gesichtspunkte gerechtfertigt (vgl. S. 161 ff.). Richtigerweise gibt es aber keinen einheitlichen Rechtsgrund der Zustandsverantwortlichkeit. Die Zustandsverantwortlichkeit ist nach der hier entwickelten *Konkordanzlehre* vielmehr als Ergebnis einer auf der polizeirechtlichen Primärebene und Sekundärebene jeweils separat vorzunehmenden Güterabwägung gerechtfertigt: Auf der *Primärebene* legitimiert die Gewährleistung effektiver Gefahrenabwehr die Heranziehung des Zustandsverantwortlichen, weil dieser – beurteilt aus einer ex-ante-Perspektive – dazu in der Lage ist, vermittelt durch seine rechtliche und tatsächliche Sachherrschaft auf die Gefahrenursache effektiv einzuwirken. Auf der *Sekundärebene* bedeutet die Kostenbelastung des Zustandsverantwortlichen das wirtschaftliche Pendant zu seiner durch das Eigentum bzw. die Sachherrschaft vermittelten rechtlichen Ausschluss- und Nutzziehungsmöglichkeit. Sie ist, soweit bei einer ex-post-Betrachtung diese Eigentumsfunktionen noch gewährleistet sind, Ausfluss des aus Art. 3 Abs. 1 GG abgeleiteten Prinzips gerechter Lastenverteilung (vgl. S. 168 ff.). Befindet sich der Zustandsverantwortliche selbst in einer „Opferposition", so bleibt die Rechtmäßigkeit seiner Heranziehung auf der Primärebene davon unberührt. Auf der Sekundärebene ist allerdings seine Inanspruchnahme nach Maßgabe des Verhältnismäßigkeitsgrundsatzes in der Regel kostenmäßig auf die Höhe des Verkehrswertes des sanierten Grundstücks zu begrenzen. Soweit er in solchen Opfersituationen bereits selbst tätig geworden ist, steht dem Zustandsverantwortlichen ein öffentlich-rechtlicher Entschädigungsanspruch in Analogie zu den gesetzlichen Regelungen des Nichtstörerausgleichs zu (vgl. S. 174 ff.)

Vor dem Hintergrund, dass die Zustandsverantwortlichkeit selbst verfassungsgemäßer Ausdruck des Prinzips gerechter Lastenverteilung ist, bedeutete zumindest die absichtliche „Flucht" aus dieser Verantwortlichkeit im Wege der Dereliktion wegen des Fehlens eines neuen Zustandsverantwortlichen eine rechtsmissbräuchliche Risikoverlagerung auf die Allgemeinheit (vgl. S. 182 ff.). Hinzu kommt, dass der Derelinquent als ehemaliger Eigentümer und Inhaber der grundstücksbezogenen Exklusivrechte *nach wie vor* den grundstücksbezogenen Risiken näher steht als die Allgemeinheit. Die Eigentumsstellung begründet als Pendant zu der durch sie vermittelten rechtlichen Ausschluss- und Nutzziehungsmöglichkeit eine *sachbezogene Garantenstellung* des Eigentümers für den Eigentumsgegenstand, die sich aufgrund der aus Art. 14 Abs. 2 GG folgenden „nachwirkenden Sozialpflichtigkeit" auch nach Aufgabe des Eigentums fortsetzt (vgl. S. 184 ff.). Die mit der nachwirkenden Zustandsverantwortlichkeit des Derelinquenten einhergehende Belastungswirkung fällt daher in der Abwägung gegenüber den Interessen der Allgemeinheit an einer Aufrechterhaltung der Zustandsverantwortlichkeit weniger stark ins Gewicht.

(2) Die verfassungsrechtliche Rechtfertigung der nachwirkenden Zustandsverantwortlichkeit in den Übertragungsfällen (§ 4 Abs. 6 BBodSchG) gestaltet sich problematischer, da, anders als bei der Dereliktion, nach der Übertragung eines Altlastengrundstücks auf einen Dritten dieser grundsätzlich als neuer Zustandsverantwortlicher zur Verfügung steht. Den legitimen öffentlichen Interessen an der Ausweitung des Adressatenkreises auf die Gruppe der früheren Grundstückseigentümer stehen beachtliche Interessen der Privatwirtschaft an einem unbehin-

derten Grundstücksverkehr gegenüber (vgl. S. 187 ff.). Es ist hierbei zwischen rechtsmissbräuchlichen („abusiven“) und regulären („nicht-abusiven“) Grundstücksverkehrsgeschäften zu differenzieren:

Verfassungsrechtlicher Zurechnungsgrund für die nachwirkende Sanierungsverantwortlichkeit des früheren Eigentümers bei *abusiven* Grundstücksverkehrsgeschäften, die nichts anderes als „versteckte Dereliktionen“ sind, ist die Aufrechterhaltung der Lückenlosigkeit der Zustandsverantwortlichkeit zur Vermeidung von Rechtsmissbrauch im Interesse einer angemessenen Risikoverteilung zwischen dem Einzelnen und der Allgemeinheit (vgl. S. 191 ff.).

In Fällen, in denen das abusive Übertragungsgeschäft eine Verzögerung der Sanierung des Grundstücks zur Folge hat, rechtfertigt sich die nachwirkende Sanierungsverantwortlichkeit des Veräußerers zusätzlich auch aus dem Gesichtspunkt der Verhaltensverantwortlichkeit. Die mit der Veräußerung des kontaminierten Grundstücks verbundene pflichtwidrige *Perpetuierung des gefahrenträchtigen Grundstückszustands* ist wertungsmäßig nicht anders zu beurteilen als die (aktive) Herbeiführung der Gefahr (vgl. S. 195 ff.).

Bei nicht-abusiven Grundstücksverkehrsgeschäften ist die nachwirkende Sanierungsverantwortlichkeit des früheren Eigentümers aus seiner *nachwirkenden sachbezogenen Garantenstellung* bezüglich seines ehemaligen Grundstücks (vgl. S. 192 ff.) legitimiert.

8. Die Regelungen über die nachwirkende Sanierungsverantwortlichkeit früherer Eigentümer im Bundes-Bodenschutzgesetz sind mit dem verfassungsrechtlichen *Rückwirkungsverbot* vereinbar (vgl. S. 202 ff.). Die Regelungen entfalten keine echte Rückwirkung, sondern lediglich unechte Rückwirkung, da es zur Beurteilung der Rückwirkungsfrage nicht auf den bereits abgeschlossenen, möglicherweise bereits vor dem In-Kraft-Treten der Vorschriften liegenden Erwerb des Grundstücks durch den früheren Eigentümer ankommt, sondern auf die von ihm initiierte Eigentumsaufgabe bzw. -übertragung, die nach dem In-Kraft-Treten der Neuregelung stattgefunden haben muss. Das grundsätzlich schutzwürdige Vertrauen früherer Eigentümer, die das Grundstück bereits vor In-Kraft-Treten des Bundes-Bodenschutzgesetzes „bösgläubig“ erworben hatten, darauf, im Wege der Dereliktion oder der Eigentumsübertragung von der Zustandsverantwortlichkeit befreit zu werden, tritt hinter den überwiegenden Gründen des öffentlichen Interesses an den Neuregelungen zurück. Dabei ist zugunsten von Alteigentümern der Vertrauensmaßstab in § 4 Abs. 6 Satz 2 BBodSchG großzügig auszulegen und die Versagung des Haftungsprivilegs teleologisch auf die Fälle zu reduzieren, in denen der Alteigentümer grob fahrlässige Unkenntnis von den Bodenbelastungen hatte (vgl. S. 217 ff.).

9. Die Institutsgarantie des Eigentumsgrundrechts aus Art. 14 Abs. 1 Satz 1 GG wird durch § 4 Abs. 6 BBodSchG nicht verletzt. Die grundsätzliche Verfügungsbefugnis über das Eigentum bleibt trotz der Nachhaftungsvorschriften auch hinsichtlich bodenbelasteter Grundstücke weiterhin erhalten (vgl. S. 222 ff.).

10. Der allgemeine Gleichheitssatz aus Art. 3 Abs. 1 GG wird durch die Einführung einer bodenschutzrechtlichen nachwirkenden Sanierungsverantwortlichkeit in keiner Hinsicht verletzt (vgl. S. 225 ff.).

    a) Eine unverhältnismäßige Ungleichbehandlung der sanierungsverantwortlichen früheren Eigentümer besteht weder im Verhältnis zu nicht sanierungsverantwortlichen beliebigen Dritten noch im Verhältnis zu nicht sanierungsverantwortlichen früheren Inhabern der tatsächlichen Gewalt. Der frühere Eigentümer befindet sich im Unterschied zu beliebigen Dritten hinsichtlich des Grundstücks in einer sachbezogenen Garantenstellung, die es – unter Berücksichtigung seines gefahrenperpetuierenden Verhaltens – rechtfertigt, ihm die Sonderlast der Grundstückssanierung aufzuerlegen (vgl. S. 227). Im Gegensatz zum ehemaligen Inhaber der tatsächlichen Gewalt unterliegt der frühere Eigentümer der nachwirkenden Sozialpflichtigkeit aus Art. 14 Abs. 2 GG (vgl. S. 229 ff.).

    b) Folgerichtig ist auch die gesetzliche Gleichbehandlung gegenwärtiger und früherer Eigentümer bodenbelasteter Grundstücke verfassungsrechtlich gerechtfertigt. Ein vernünftiger Grund für die Gleichbehandlung liegt darin, dass der frühere Eigentümer, der sein Eigentum an dem bodenbelasteten Grundstück in dem Wissen bzw. in dem fahrlässigen Nichtwissen um die schädlichen Bodenveränderungen willkürlich aufgegeben hat, bei wertender Betrachtung seines Verhaltens und seiner früheren Stellung als Nutzziehungsberechtigter den grundstücksbezogenen Risiken nach wie vor ebenso nahe steht, als hätte er sein Eigentum nicht aufgegeben (vgl. S. 228 f.).

Verfassungskonforme Restriktionen von § 4 Abs. 6 BBodSchG

11. Die nachwirkende Sanierungsverantwortlichkeit früherer Grundstückseigentümer unterliegt nicht der *Verjährung*, allerdings kann die Behörde im Einzelfall im Rahmen ihres Störerauswahlermessens auf die Inanspruchnahme zeitlich weit entfernter früherer Eigentümer verzichten. Bei ausdrücklichen Verzichtserklärungen seitens der Behörde kommt auch eine *Verwirkung* ihrer Eingriffsbefugnisse in Betracht (vgl. S. 231 ff.).

12. Bei einer Störermehrheit bestehend aus dem gegenwärtigem Grundstückseigentümer und dem Voreigentümer kann die Inanspruchnahme des früheren Eigentümers unter Umständen zu einer ungerechten Lastenverteilung führen. Daher ist fraglich, ob die Behörde im Rahmen ihres Auswahlermessens einen Vorrang der Inanspruchnahme des gegenwärtigen Eigentümers vor der des früheren Eigentümers zu beachten hat (vgl. S. 238 ff.).

a) Ein solcher Vorrang gilt von vornherein nicht in den Fällen, in denen der frühere Eigentümer das betreffende Grundstück bewusst auf einen nicht-leistungsfähigen Dritten übertragen hat. Bei solchen *abusiven* Grundstücksverkehrsgeschäften ist der frühere Eigentümer nicht schutzwürdig (vgl. S. 239).

b) Bei *nicht*-abusiven Grundstücksübertragungen kommt es darauf an, ob und wie im vertraglichen Innenverhältnis der Störer die Lastenverteilung hinsichtlich der Sanierungskosten vereinbart wurde.

aa) Sollte aufgrund einer ausdrücklichen Regelung im Kaufvertrag der Veräußerer die Sanierungskosten tragen, so entspricht seine öffentlichrechtliche Inanspruchnahme gemäß § 4 Abs. 6 BBodSchG ohnehin der zivilrechtlichen Lastenverteilung. Wurde hingegen vereinbart, dass der Grundstückserwerber die Sanierungskosten zu tragen hat, so kann der von der Behörde auf Sanierung in Anspruch genommene frühere Eigentümer zivilrechtlichen Regress beim gegenwärtigen Eigentümer nehmen. Dass der frühere Eigentümer hierbei das Risiko der Durchsetzbarkeit des Anspruchs, insbesondere das Insolvenzrisiko trägt, ist ihm zuzumuten, da er sich den Erwerber als seinen Vertragspartner ausgesucht hat. Einer verfassungskonformen Reduktion des behördlichen Auswahlermessens in Richtung auf eine vorrangige Inanspruchnahme des gegenwärtigen Eigentümer bedarf es daher nicht (vgl. S. 242 f.).

bb) Fehlt eine ausdrückliche vertragliche Vereinbarung hinsichtlich der Tragung der Sanierungskosten, so kann die Anwendung von § 4 Abs. 6 BBodSchG zu einer Doppelbelastung des früheren Eigentümers führen, wenn er den Grundstückserwerber über das Risiko von Bodenkontaminationen aufgeklärt hatte. Diese Doppelbelastung ist im Falle der nicht vollständigen Leistungsfähigkeit des gegenwärtigen Eigentümers hinzunehmen. Ist der neue Eigentümer hingegen uneingeschränkt leistungsfähig, so ist eine Doppelbelastung des früheren Eigentümers aus Gründen der gerechten Lastenverteilung inakzeptabel. Eine verfassungskonforme Reduktion des behördlichen Auswahlermessens auf Null wäre aber nur dann erforderlich, wenn kein zivilrechtlicher Ausgleich erfolgen könnte. Ein Ausgleichsanspruch des früheren Eigentümers ist mangels ausdrücklicher vertraglicher Vereinbarung problematisch. Ein Rückgriff des früheren Eigentümers gegen den gegenwärtigen Eigentümer aus § 24 Abs. 2 Satz 2 BBodSchG kommt nicht in Betracht. Auch eine analoge Anwendung von §§ 24 Abs. 2, 25 BBodSchG scheidet mangels einer planwidrigen Regelungslücke im Bundes-Bodenschutzgesetz aus. Ein Regressanspruch des früheren Eigentümers gegen den Erwerber ergibt sich aber aus einer ergänzenden Vertragsauslegung des Kaufvertrages. Insofern ist die Behörde auch in dieser Konstellation in ihrem Störerauswahlermessen frei (vgl. S. 243 ff.).

13. Bei einer Störermehrheit bestehend aus einem oder mehreren früheren Eigentümern und dem Verursacher der schädlichen Bodenveränderungen, ist das Störerauswahlermessen nicht zwingend auf die vorrangige Inanspruchnahme des Verursachers reduziert. Der frühere Eigentümer kann im Fall seiner Inanspruchnahme auf den zivilrechtlichen Regress im Wege des § 24 Abs. 2 BBodSchG verwiesen werden (vgl. S. 249 ff.).

14. Auch bei einer Störermehrheit aus mehreren früheren Eigentümern ist die Behörde in ihrem Auswahlermessen nicht eingeschränkt. Ein Ausgleich etwaiger Lastenverschiebungen in solchen „Übertragungsketten" erfolgt störerintern im Verhältnis der jeweiligen Vertragspartner (vgl. S. 251 ff.).

15. Der frühere Eigentümer haftet grundsätzlich der Höhe nach unbegrenzt für die Sanierung seines ehemaligen Grundstücks, wenn er das Grundstück seinerseits bereits „bösgläubig" erworben hatte. Waren die schädlichen Bodenveränderungen oder Altlasten hingegen erst im Zeitraum seines Eigentums entstanden, so kommt es darauf an, ob er die Verursachung der Bodenbelastungen in irgendeiner Weise gefördert oder zumindest geduldet hat. Kann ihm dies bewiesen werden, so ist seine kostenmäßige Verantwortlichkeit der Höhe nach ebenfalls grundsätzlich unbeschränkt. In den übrigen Fällen, in denen der nach § 4 Abs. 6 Satz 1 BBodSchG nachwirkend sanierungsverantwortliche frühere Eigentümer selbst lediglich als „Opfer" der Bodenbelastungen dasteht, ist er auf der Sekundärebene nicht zur Tragung der Sanierungskosten heranzuziehen. Soweit das schädigende Ereignis der Risikosphäre der Allgemeinheit zuzurechnen ist, muss der Staat eintreten und nötigenfalls den in Vorleistung getretenen früheren Eigentümer in Analogie zu den Regelungen des Nichtstörerausgleichs entschädigen (vgl. S. 253 ff.).

Literaturverzeichnis

Alexy, Robert: Theorie der Grundrechte, Frankfurt a.M. 1986.

Battis, Ulrich: Denkmalschutz und Eigentumsgarantie, NuR 2000, 421 ff.

Bauer, Hartmut: Privatisierung von Verwaltungsaufgaben, VVDStRL, Bd. 54, 1995, 243 ff.

Bauernfeind, Stefan: Rücknahme- und Rückgabepflichten im Umweltrecht, Diss., Berlin 1999.

Baumann, Petra: Der Störer im Umweltrecht, dargestellt am Beispiel der Altlasten, Pfaffenweiler 1991.

Becker, Bernd: Bundes-Bodenschutzgesetz, Kommentar zum BBodSchG (Loseblatt), Starnberg, 2. Lfg., Stand: Januar 2000.

– Überblick über die öffentlich-rechtlichen und privatrechtlichen Folgen des Verkaufs und Kaufs eines kontaminierten Grundstücks unter dem neuen Bundes-Bodenschutzgesetz (BBodSchG), DVBl. 2000, 595 ff.

– Die neue öffentlich-rechtliche Haftung für die Sanierung schädlicher Bodenveränderungen und Altlasten nach § 4 III BBodSchG, DVBl. 1999, 134 ff.

– Zur intertemporalen Verwirklichung der Handlungsstörerhaftung bei Rüstungsaltlasten, DVBl. 1991, 346 ff.

Belz, Reiner/*Mußmann,* Eike: Polizeigesetz für Baden-Württemberg, 5. Aufl., Stuttgart u.a. 1996.

Bender, Bernd/*Sparwasser,* Reinhard/*Engel,* Rüdiger: Umweltrecht, 4. Aufl., Heidelberg 2000.

Benz, Angelika: Privatisierung und Deregulierung – Abbau von Staatsaufgaben?, Die Verwaltung, Bd. 28, 1995, 337 ff.

Berner, Georg/*Köhler,* Gerd Michael: Polizeiaufgabengesetz, 15. Aufl., München, Berlin 1998.

Bettermann, Karl August: Die verfassungskonforme Auslegung – Grenzen und Gefahren, Heidelberg 1986.

Beye, Friedrich Wilhelm: Zur Dogmatik polizeirechtlicher Verantwortlichkeit, Diss., Mainz 1969.

Bickel, Christian: Bundes-Bodenschutzgesetz, Kommentar, 2. Aufl., Köln u.a. 2000.

– Grenzen der Zustandshaftung des Eigentümers für die Grundstückssanierung bei Altlasten, Anmerkung zu BVerfG, Beschl. v. 16.2.2000 – 1 BvR 242/91 u.a., NJW 2000, 2562 f.

Bielfeldt, Carsten: Rechtliche Probleme der Bebauung von Altlasten – Ordnungs- und sanierungsrechtliche Maßnahmen der Gemeinden, DÖV 1989, 441 ff.

Binder, Markus: Die polizeirechtliche Zustandshaftung als Gefährdungshaftungstatbestand, Konstanz 1991.

Blechschmidt, Rolf: Die Verwirkung behördlicher Befugnisse unter besonderer Berücksichtigung des Gefahrenabwehrrechts, Diss., Frankfurt a.M. 1999.

Bork, Reinhard: Einführung in das neue Insolvenzrecht, 2. Aufl., Tübingen 1998.

Bott, Pia: Die Verantwortlichkeit wegen des Verhaltens Dritter im allgemeinen Sicherheits- und Polizeirecht, Diss., Würzburg 1986.

Brandner, Thilo: Gefahrenerkennbarkeit und polizeirechtliche Verhaltensverantwortlichkeit, Diss., Berlin 1990.

Brandt, Edmund: Bodenschutzrecht, Vorschriftensammlung, 1. Aufl., Baden-Baden 1996.

– Gesetzgebungskompetenz des Bundes für ein Bundes-Bodenschutzgesetz, DÖV 1996, 675 ff.

Brandt, Edmund/*Ruchay,* Dietrich/*Weidemann,* Clemens: Kreislaufwirtschafts- und Abfallgesetz (KrW-/AbfG), Kommentar (Loseblatt), Bd. II, München, Stand: August 2000.

Breuer, Rüdiger: Umweltschutzrecht, in: Besonderes Verwaltungsrecht, hrsg. v. Eberhard Schmidt-Aßmann, 11. Aufl., Berlin 1999, 461 ff.

– Empfehlen sich ergänzende gesetzliche oder untergesetzliche Regelungen der Altlasten, und welchen Inhalt sollen sie haben ?, DVBl. 1994, 890 ff.

– Rechtsprobleme der Altlasten, NVwZ 1987, 751 ff.

– „Altlasten" als Bewährungsprobe der polizeilichen Gefahrenabwehr und des Umweltschutzes – OVG Münster, NVwZ 1985, 355; JuS 1986, 359 ff.

Buch, Ulrich: Die Gesetzgebungskompetenz für das Bundes-Bodenschutzgesetz, NVwZ 1998, 822 f.

Buck, Carsten: Die Störerhaftung nach dem Bundes-Bodenschutzgesetz, NVwZ 2001, 51 ff.

Bull, Hans Peter: Privatisierung öffentlicher Aufgaben, VerwArch., Bd. 86, 1995, 621 ff.

Bumke, Christian: Eigentum und Grundrechtseingriff, NJ 1999, 235 ff.

BUND (Hrsg.): Risiken beim Grundstückskauf, Bodenbelastungen und Nutzungsbeschränkungen, Bonn 1999.

Bundesministerium für Umwelt, Naturschutz und Reaktorsicherheit (Hrsg.): Umweltgesetzbuch (UGB-KomE), Entwurf der Unabhängigen Sachverständigenkommission zum Umweltgesetzbuch beim Bundesministerium für Umwelt, Naturschutz und Reaktorsicherheit, Berlin 1998.

Callies, Christian: Rechtsstaat und Umweltrecht, Habil.-Schr., Tübingen 2001.

Czybulka, Detlef: Kompetenzverteilung im Bodenschutz- und Altlastenrecht, in: Erbguth (Hrsg.), Aktuelle Fragen des Altlasten- und Bodenschutzrechts, Rostocker Umweltrechtstage 1996, Baden-Baden 1997, 43 ff.

– Kompetenzverteilung im Bodenschutz- und Altlastenrecht, UPR 1997, 15 ff.

Czychowski, Manfred: Ordnungsbehördliche Maßnahmen nach Ölunfällen, DVBl. 1970, 379 ff.

Dechsling, Rainer: Das Verhältnismäßigkeitsgebot: eine Bestandsaufnahme der Literatur zu Verhältnismäßigkeit staatlichen Handelns, München 1989.

Depenheuer, Otto/*Grzeszick,* Bernd: Eigentum und Rechtsstaat, NJW 2000, 385 ff.

Di Fabio, Udo: Das Kooperationsprinzip – ein allgemeiner Rechtsgrundsatz des Umweltrechts, NVwZ 1999, 1153 ff.

– Die Verfassungskontrolle indirekter Umweltpolitik am Beispiel der Verpackungsverordnung, NVwZ 1995, 1 ff.

Dienes, Karsten: Die 3. Novelle zum Bundes-Immissionsschutzgesetz, NWVBl. 1990, 404 ff.

Dierkes, Christoph: Die Grundpflichten bei der Einstellung des Betriebes genehmigungsbedürftiger Anlagen nach § 5 Abs. 3 BImSchG, Schriften zum Umweltrecht, Bd. 41, Berlin 1994.

Dietlein, Johannes: Nachfolge im öffentlichen Recht, Schriften zum Öffentlichen Recht, Bd. 791, Habil.-Schr., Berlin 1999.

Dombert, Matthias: Streben nach effektiverem Bodenschutz an den Grenzen des Grundgesetzes – Zur Verfassungsmäßigkeit des § 4 VI BBodSchG im Hinblick auf Art. 14 GG, NJW 2001, 927 ff.

– Altlastensanierung in der Rechtspraxis: rechtliche und technische Aspekte der Sanierung schadstoffbelasteter Betriebsflächen, Berlin 1990.

Dreier, Horst (Hrsg.): Grundgesetz Kommentar, Bd. I, Artikel 1–19, Tübingen 1996.

Drews, Bill/*Wacke,* Gerhard/*Vogel,* Klaus/*Martens,* Wolfgang: Gefahrenabwehr, 9. Aufl., Köln u.a. 1986.

Droese, Julia: Die Erweiterung des Kreises der Zustandsverantwortlichen nach dem Bundes-Bodenschutzgesetz, UPR 1999, 86 ff.

Dürig, Günter: Art. 2 des Grundgesetzes und die Generalermächtigung zu allgemeinpolizeilichen Maßnahmen, AöR, Bd. 79, 1953/1954, 57 ff.

Eckert, Rainer: Die Entwicklung des Abfallrechts, NVwZ 1987, 951 ff.

Eichhorn, Christoph: Altlasten im Konkurs, Diss., Frankfurt a.M. 1996.

Eickmann, Dieter/*Flessner,* Axel/*Irschlinger,* Friedrich/*Kirchhof,* Peter/*Kreft,* Gerhart/*Landfermann,* Hans-Georg/*Marotzke,* Wolfgang: Heidelberger Kommentar zur Insolvenzordnung, 2. Aufl., Heidelberg 2001.

Enders, Rainald: Rechtsprobleme der Behandlung von Abfallaltanlagen und Altlasten in den neuen Bundesländern, DVBl. 1993, 82 ff.

Erbel, Günter: Die Unmöglichkeit von Verwaltungsakten, Frankfurt a.M. 1972.

Erbguth, Wilfried/*Rapsch,* Arnulf: Gesetzgebungskompetenzen und Bodenschutz – am Beispiel der Grünvolumen- und Bodenfunktionszahl, NuR 1990, 433 ff.

Erbguth, Wilfried/*Stollmann,* Frank: Verantwortlichkeit im Bodenschutzrecht, DVBl. 2001, 601 ff.

– Einzelfragen der Sanierung und des Altlastenmanagements im Bundes-Bodenschutzgesetz, NuR 1999, 127 ff.

– Zum Stand des Bodenschutzrechts – dargestellt unter Berücksichtigung der Altlastenproblematik, NuR 1994, 319 ff.

Erichsen, Hans-Uwe: Der Schutz der Allgemeinheit und der individuellen Rechte durch die polizei- und ordnungsrechtlichen Handlungsvollmachten der Exekutive, VVDStRL, Bd. 35, 1977, 171 ff.

Eschenbach, Jürgen: Der verfassungsrechtliche Schutz des Eigentums, Diss., Berlin 1996.

Feldhaus, Gerhard (Hrsg.): Bundes-Immissionsschutzgesetz, Kommentar (Loseblatt), Bd. 1, Teil 1: Umwelt-Verfassungsrecht, Einigungsvertrag, VwVfG, BImSchG §§ 1–21, 2. Aufl., Heidelberg, Stand: Mai 2000.

Fluck, Jürgen: § 24 Abs. 2 BBodSchG: Ist stets allein der Handlungsstörer ausgleichspflichtig?, UPR 2001, 253 ff.

– Kreislaufwirtschafts-, Abfall- und Bodenschutzrecht, Kommentar (Loseblatt), Bände 1 und 2, Heidelberg, Stand: August 2001.

– Die immissionsschutzrechtliche Nachsorgepflicht als neues Instrument zur Verhinderung und Beseitigung von Altlasten, BB 1991, 1797 ff.

Forsthoff, Ernst: Begriff und Wesen des sozialen Rechtsstaates, VVDStRL, Bd. 12, 1954, 8 ff.

Franz, Georg: Die rechtliche Einordnung von Umweltpflichten im Insolvenzverfahren, Anmerkung zum Urteil des BVerwG v. 10.2.1999, altlasten spektrum 2000, 245 f.

– Die umweltrechtliche Ordnungspflicht als Insolvenzforderung, NuR 2000, 496 ff.

Franzius, Claudio: Die Herausbildung der Instrumente indirekter Verhaltenssteuerung im Umweltrecht der Bundesrepublik Deutschland, Berlin 2000.

Freisburger, Anke: Gesetzgeberische Reaktionen der Länder auf das Bundes-Bodenschutzgesetz, UPR 1999, 381 ff.

Frenz, Walter: Bundes-Bodenschutzgesetz (BBodSchG), Kommentar, München 2000.

– Die antizipierte Mitwirkung im Rahmen des Ausgleichsanspruchs nach § 24 II BBodSchG, NVwZ 2000, 647 f.

– Grenzen öffentlich-rechtlich begründeter privater Verantwortung ohne eigenes Zutun, VerwArch., Bd. 90, 1999, 208 ff.

– Kreislaufwirtschafts- und Abfallgesetz, Kommentar, 2. Aufl., Köln u.a. 1998.

– Das Verursacherprinzip im Öffentlichen Recht, Berlin 1997.

Friauf, Karl-Heinrich: Polizei- und Ordnungsrecht, in: Besonderes Verwaltungsrecht, hrsg. v. Eberhard Schmidt-Aßmann, 11. Aufl., Berlin 1999, 2. Abschnitt, 105 ff.

– Eigentumsgarantie und Steuerrecht, DÖV 1980, 480 ff.

– Öffentliche Sonderlasten und Gleichheit der Steuerbürger, in: Festschrift für Hermann Jahrreiß zum 80. Geburtstag, hrsg. vom Institut für Völkerrecht und ausländisches öffentliches Recht der Universität zu Köln, Köln u. a. 1974, 45 ff.

– Zur Problematik des Rechtsgrundes und der Grenzen der polizeilichen Zustandshaftung, in: Festschrift für Gerhard Wacke zum 70. Geburtstag, Köln-Marienborn 1972, 293 ff.

Führ, Martin: Ökologische Grundpflichten als verfassungsrechtliche Dimension, NuR 1998, 6 ff.

Gallwas, Hans-Ullrich/*Mößle,* Wilhelm: Bayerisches Polizei- und Sicherheitsrecht, 2. Aufl., Stuttgart u. a. 1996.

Gantner, Volker: Verursachung und Zurechnung im Recht der Gefahrenabwehr, Diss., Tübingen 1983.

Garbe, Thorsten: Die Störerauswahl und das Gebot der gerechten Lastenverteilung, DÖV 1998, 632 ff.

Garbe-Emden, Joachim: 1 Jahr Bundes-Bodenschutzgesetz: Altlastensanierung auf neuer Rechtsgrundlage – Risiken im Grundstückshandel, VA 2000, 57 ff.

Gärtner, Bertolt-Dietrich: Einwirkungsmöglichkeiten des Handlungsstörers auf eine spätere Sanierung nach dem Verkauf eines Altlastengrundstücks, WiB 1997, 902 ff.

– Kann die Sanierungsverantwortlichkeit bei Altlasten verjähren?, UPR 1997, 452 ff.

Gelen, Timur: Das Rückwirkungsverbot im Altlastenrecht, UPR 1996, 212 ff.

Gerhold, Thomas: Die Behandlung streitiger Rechtsfragen der Sanierungsverantwortlichkeit durch das Bundes-Bodenschutzgesetz, altlasten spektrum 1998, 107 ff.

Giesberts, Ludger: Die gerechte Lastenverteilung unter mehreren Störern, Schriften zum Umweltrecht, Bd. 17, Diss., Berlin 1990.

Giesberts, Ludger/*Frank,* Oliver: Sanierungsverantwortlichkeit nach BBodSchG bei Erwerb, Veräußerung und Umwandlung von Unternehmen bei Grundstückstransaktionen, DB 2000, 505 ff.

Götz, Volkmar: Allgemeines Polizei- und Ordnungsrecht, 12. Aufl., Göttingen 1995.

– Grundpflichten als verfassungsrechtliche Dimension, VVDStRL, Bd. 41, 1983, 7 ff.

Griesbeck, Michael: Die materielle Polizeipflicht des Zustandsstörers und die Kostentragungspflicht nach unmittelbarer Ausführung und Ersatzvornahme – Dargestellt am Beispiel der Altlasten-Problematik, Diss., Berlin 1991.

Grochtmann, Ansgar: Art. 14 GG – Rechtsfragen der Eigentumsdogmatik, Münster u. a. 2000.

Grünert, Jürgen: Altlastenhaftung in der Insolvenz, Aachen 1998.

Grzeszick, Bernd: Eigentum verpflichtet – auf ewig?, NVwZ 2001, 721 ff.

Gusy, Christoph: Kooperation als staatlicher Steuerungsmodus, ZUR 2001, 1 ff.

– Polizeirecht, 4. Aufl., Tübingen 2000.

Habermehl, Kai: Polizei- und Ordnungsrecht, 2. Aufl., Baden-Baden 1993.

Hammer, Felix: Verfassungsrechtliche Grenzen des Denkmalschutzes, NVwZ 2000, 46 f.

Hansmann, Klaus: Bundes-Immissionsschutzgesetz und ergänzende Vorschriften, Textausgabe mit Einführung und Anmerkungen, 18. Aufl., Baden-Baden, Stand: 15. Januar 1999.

– Die Nachsorgepflichten im Immissionsschutzrecht, NVwZ 1993, 921 ff.

Hasche, Frank: Die Pflichten des Bundes-Bodenschutzgesetzes, DVBl. 2000, 91 ff.

Häsemeyer, Ludwig: Insolvenzrecht, 2. Aufl., Köln u. a. 1998.

Heiermann, Ralph: Bundes-Bodenschutzgesetz überwindet Rechtszersplitterung, Zeitschrift für Gesetzgebung (ZG) 1999, 215 ff.

– Der Schutz des Bodens vor Schadstoffeintrag, Schriften zum Umweltrecht, Bd. 26, Diss., Berlin 1992.

Hendler, Reinhard: Raumordnungsziele und Eigentumsgrundrecht, DVBl. 2001, 1233 ff.

– Das Bodenschutzrecht im System des Umweltrechts, in: Bodenschutz und Umweltrecht, 15. Trierer Kolloquium zum Umwelt- und Technikrecht vom 19. bis 21. September 1999 (UTR Bd. 53), hrsg. von Reinhard Hendler, Peter Marburger, Michael Reinhardt und Meinhard Schröder, Berlin 2000, 87 ff.

Hengstschläger, Johannes: Privatisierung von Verwaltungsaufgaben, VVDStRL, Bd. 54, 1995, 165 ff.

Hermes, Georg: Die Wirkung behördlicher Genehmigungen: Privates Risiko oder staatliche (Mit-)Verantwortung bei veränderter Sachlage?, in: Becker-Schwarze/Köck/Kupka/v. Schwanenflügel (Hrsg.), Wandel der Handlungsformen im Öffentlichen Recht, Bremen 1991, 187 ff.

Herrmann, Nikolaus: Flächensanierung als Rechtsproblem, Baden-Baden 1989.

– Verantwortlichkeit im allgemeinen Polizei- und Ordnungsrecht, DÖV 1987, 666 ff.

Hess, Harald: Kommentar zur Insolvenzordnung mit EGInsO, Band 1: Insolvenzordnung, Heidelberg 1999.

Hesse, Konrad: Grundzüge des Verfassungsrechts der Bundesrepublik Deutschland, Neudr. der 20. Aufl., Heidelberg 1999.

Heun, Werner: Funktionell-rechtliche Schranken der Verfassungsgerichtsbarkeit, Baden-Baden 1992.

Heuvels, Klaus: Zur Verantwortlichkeit des Bergbauunternehmers für die Behandlung belasteter Grubenwässer nach Betriebsstillegung, NVwZ 1995, 972 ff.

Hipp, Ludwig/*Rech,* Burghard/*Turian,* Günther: Das Bundes-Bodenschutzgesetz mit Bodenschutz- und Altlastenverordnung: Leitfaden, 1. Aufl., München, Berlin 2000.

Hirschberg, Lothar: Der Grundsatz der Verhältnismäßigkeit, Habil.-Schr., Göttingen 1981.

Hoffmann-Riem, Wolfgang/*Schneider,* Jens-Peter: Verfahrensprivatisierung als Modernisierung, in: Hoffmann-Riem/Schneider (Hrsg.), Verfahrensprivatisierung im Umweltrecht, Baden-Baden 1996, 9 ff.

Hofmann, Hasso: Grundpflichten und Grundrecht (§ 114), in: Handbuch des Staatsrechts der Bundesrepublik Deutschland, hrsg. von Josef Isensee und Paul Kirchhof, Bd. V: Allgemeine Grundrechtslehren, 2. Aufl., Heidelberg 2000, 321 ff.

Hohmann, Harald: Nochmals: Zur Unterlassungstäterschaft im Abfallstrafrecht bei „wilden" Müllablagerungen, NJW 1989, 1254 ff.

– Einschränkungen der Kostentragungspflicht des Grundstückseigentümers beim Ablagern von Giftfässern, DVBl. 1984, 997 ff.

Holzwarth, Fritz/*Radtke,* Hansjörg/*Hilger,* Bernd/*Bachmann,* Günther: Bundes-Bodenschutzgesetz, Handkommentar, 2. Aufl., Berlin 2000.

Honsell, Heinrich: Einige Bemerkungen zum Diskussionsentwurf eines Schuldrechtsmodernisierungsgesetzes, JZ 2001, 18 ff.

Hoppe, Werner/*Beckmann,* Martin/*Kauch,* Petra: Umweltrecht, 2. Aufl., München 2000.

Hösch, Ulrich: Eigentum und Freiheit, Habil.-Schr., Tübingen 2000.

Hösel, Gottfried/*v. Lersner,* Heinrich Freiherr (Hrsg.): Recht der Abfallbeseitigung des Bundes, der Länder und der Europäischen Union, Kommentar zum Kreislaufwirtschafts- und Abfallgesetz, Nebengesetze und sonstige Vorschriften (Loseblatt), Bd. 1, Berlin, Stand: Juni 2001.

Ipsen, Jörn: Niedersächsisches Gefahrenabwehrrecht, 2. Aufl., Stuttgart u. a. 2001.

Jaeger, Ernst: Konkursordnung, Großkommentar, §§ 1–42, 9. Aufl, Berlin, New York 1997.

Jaeschke, Lars: Das neue Bundes-Bodenschutzgesetz, Ein Wegweiser für die Praxis, Berlin 1999.

Jakobs, Michael Ch.: Der Grundsatz der Verhältnismäßigkeit: mit einer exemplarischen Darstellung seiner Geltung im Atomrecht, Diss., Köln u. a. 1985.

Jarass, Hans D.: Inhalts- und Schrankenbestimmung oder Enteignung?, Grundfragen der Struktur der Eigentumsgarantie, NJW 2000, 2841 ff.

– Bundes-Immissionsschutzgesetz (BImSchG), 4. Aufl., München 1999.

Jarass, Hans D./*Kloepfer,* Michael/*Kunig,* Philip/*Papier,* Hans-Jürgen/*Peine,* Franz-Joseph/*Rehbinder,* Eckard/*Salzwedel,* Jürgen/*Schmidt-Aßmann,* Eberhard: Umweltgesetzbuch – Besonderer Teil – (UGB-BT), Forschungsbericht im Auftrag des Umweltbundesamtes, Berlin 1994.

Jarass, Hans D./*Pieroth,* Bodo: Grundgesetz für die Bundesrepublik Deutschland, Kommentar, 5. Aufl., München 2000.

Jellinek, Walter: Verwaltungsrecht, 3. Aufl., Berlin 1931.

Jorczyk, Volker/*Duesmann,* Lars: Die Beendigung der Zustandshaftung bei Altlasten, altlasten spektrum 1999, 71 ff.

Kahl, Wolfgang: Die Sanierungsverantwortlichkeit nach dem Bundes-Bodenschutzgesetz, Die Verwaltung, Bd. 33, 2000, 29 ff.

Kallmeyer, Harald: Gesellschaftsrecht, in: GmbH-Handbuch, hrsg. von der Centrale für GmbH Dr. Otto Schmidt (Loseblatt), Band I, Stand: Juli 2001, 15. Aufl., 1998.

Kilger, Joachim: Rechtsanwendung im Konkurs, in: Festschrift für Franz Merz zum 65. Geburtstag am 3. Februar 1992, hrsg. von Walter Gerhardt, Wolfram Henckel, Joachim Kilger und Gerhart Kreft, Köln 1992, 253 ff.

Kilger, Joachim/*Schmidt,* Karsten: Insolvenzgesetze KO/VglO/GesO, Kommentar, 17. Aufl., München 1997.

Kimminich, Otto: Bonner Kommentar zum Grundgesetz (Loseblatt), hrsg. v. Rudolf Dolzer und Klaus Vogel, Heidelberg, Stand: Mai 2001.

Kirchhof, Paul: Gleichmaß und Übermaß, in: Wege und Verfahren des Verfassungslebens, Festschrift für Peter Lerche zum 65. Geburtstag, hrsg. von Peter Badura und Rupert Scholz, München 1993, 133 ff.

– Besteuerung und Eigentum, VVDStRL, Bd. 39, 1981, 213 ff.

– Sicherungsauftrag und Handlungsvollmachten der Polizei, DÖV 1976, 449 ff.

Klass, Jürgen: Zum Stand der Umwelthaftung in Deutschland, UPR 1997, 134 ff.

Kloepfer, Michael: Produktverantwortung für Elektroaltgeräte, Berlin 2001.

– Umweltrecht, 2. Aufl., München 1998.

– Zur Geschichte des deutschen Umweltrechts, Schriften zum Umweltrecht, Bd. 50, unter Mitarbeit von Claudio Franzius, Berlin 1994.

– Auf dem Weg zum Umweltstaat?, in: Kloepfer (Hrsg.), Umweltstaat, Berlin u.a. 1989, 39 ff.

– Die Verantwortlichkeit für Altlasten im öffentlichen Recht, NuR 1987, 7 ff.

– Die Verantwortlichkeit für Altlasten im öffentlichen Recht, in: Altlasten und Umweltrecht (UTR Bd. 1), 1. Trierer Kolloquium zum Umwelt- und Technikrecht vom 20. bis 22. November 1985, hrsg. von Rüdiger Breuer, Michael Kloepfer, Peter Marburger und Meinhard Schröder, Düsseldorf 1986, 17 ff.

– Vorwirkung von Gesetzen, Habil.-Schr., München 1974.

– Die lenkende Gebühr, AöR, Bd. 97, 1972, 232 ff.

– Grundrechte als Entstehenssicherung und Bestandsschutz, Diss., München 1970.

Kloepfer, Michael/*Bröcker,* Klaus T.: Das Gebot der Widerspruchsfreiheit als Schranke der Ausübung einer Steuergesetzgebungskompetenz nach Art. 105 GG, DÖV 2001, 1 ff.

Kloepfer, Michael/*Kohls,* Malte: Abfallrechtliche Produktverantwortung für Fremdgeräte, DVBl. 2000, 1013 ff.

Kloepfer, Michael/*Rehbinder,* Eckard/*Schmidt-Aßmann,* Eberhard/*Kunig,* Philip: Umweltgesetzbuch – Allgemeiner Teil, Forschungsbericht im Auftrag des Umweltbundesamtes, Berlin 1990.

Kloepfer, Michael/*Thull,* Rüdiger: Der Lastenausgleich unter mehreren polizei- und ordnungsrechtlich Verantwortlichen, DVBl. 1989, 1121 ff.

Knemeyer, Franz-Ludwig: Polizei- und Ordnungsrecht, 8. Aufl., München 2000.

Kniesel, Michael: Verantwortlichkeit für Altlasten und ihre Grenzen, BB 1997, 2009 ff.

Knoche, Joachim P.: Der Anfang vom Ende der privaten Sanierungsverantwortlichkeit für Altlasten – Öffentlich-rechtliche und zivilrechtliche Konsequenzen des BVerfG-Beschlusses vom 16.2.2000, GewArch 2000, 448 ff.

– Ausgleichsansprüche nach § 24 II BBodSchG ohne behördliche Verpflichtung eines Sanierungsverantwortlichen ?, NVwZ 1999, 1198 ff.

Knopp, Lothar: Bundes-Bodenschutzgesetz und erste Rechtsprechung, DÖV 2001, 441 ff.

– Vertragliche Altlastenregelungen zwischen Sanierungsverantwortlichen i. S. des § 4 III BBodSchG, NJW 2000, 905 ff.

– „Flucht aus der Zustandsverantwortung?" und neues Bundes-Bodenschutzgesetz, DVBl. 1999, 1010 ff.

– Bundes-Bodenschutzgesetz: Katalog der Sanierungsverantwortlichen und Wertausgleichsregelung, ZUR 1999, 210 ff.

– Aktuelles aus der „Altlasten-Szene": Freiwerden des Grundstückseigentümers von der Zustandsverantwortung. Zugleich eine Besprechung von VGH Mannheim, Beschluß v. 4.8.1995 – 10 S 828/95 –, BB 1996 S. 392, BB 1996, 389 ff.

– Die „radioaktive" Altlast, NVwZ 1991, 42 ff.

– „Altlasten"-Regelungen im hessischen Abfallrecht, DÖV 1990, 683 ff.

– Grenzen der Kostentragung durch den Grundstückseigentümer bei Altlasten, BB 1989, 1425 ff.

Knopp, Lothar/*Albrecht,* Eike: Das neue Bundes-Bodenschutzgesetz und Altlasten, BB 1998, 1853 ff.

Knorr, Peter: Ausgewählte Fragen zur Polizeipflicht im Altlastensanierungsrecht, VBlBW 1996, 447 ff.

Kobes, Stefan: Das Bundes-Bodenschutzgesetz, NVwZ 1998, 786 ff.

Koch, Hans-Joachim: Der Atomausstieg und der verfassungsrechtliche Schutz des Eigentums, NJW 2000, 1529 ff.

– Bodensanierung nach dem Verursacherprinzip, Heidelberg 1985.

Koch, Hans-Joachim/*Scheuing,* Dieter H. (Hrsg.): Gemeinschaftskommentar zum Bundes-Immissionsschutzgesetz (Loseblatt), Düsseldorf, Stand: April 1998.

Köck, Wolfgang: Die Sonderabgabe als Instrument des Umweltschutzes, Umweltrechtliche Studien, Bd. 11, Düsseldorf 1991.

Kohls, Malte: Vertrauensschutz für Erben von Altlastengrundstücken?, ZUR 2001, 183 ff.

– Anmerkung zum BVerwG, Urteil v. 10.2.1999 – 11 C 9/97, ZUR 2000, 151 ff.

König, Ruth: Landwirtschaftliche Bodennutzung zwischen Eigentumsgarantie und Umweltschutz, Beschränkungen der freien Wahl der landwirtschaftlichen Nutzung und ihr Ausgleich, Baden-Baden 1999.

Kormann, Joachim: Lastenverteilung bei Mehrheit von Umweltstörern, UPR 1983, 281 ff.

Köster, Kristina: Vollzug der immissionsschutzrechtlichen Nachsorgepflichten. Zur praktischen Umsetzung der §§ 5 Abs. 3 und 16 Abs. 2 BImSchG, ZUR 1995, 298 ff.

Kothe, Peter: Altlasten in der Insolvenz, Köln 1999.

– Was ändert sich im Umgang mit Altlasten und Verdachtsflächen? – Ausgewählte Probleme im Lichte des neuen Bundes-Bodenschutzgesetzes, UPR 1999, 96 ff.

– Die Verantwortlichkeit bei der Altlastensanierung – Ein Beitrag aus anwaltlicher Sicht, VerwArch., Bd. 88, 1997, 456 ff.

– Altlastenrecht in den neuen Bundesländern, Stuttgart u. a. 1996.

– Altlastenbehandlung in Thüringen als bundesdeutsches Modell?, DÖV 1994, 716 ff.

Krämer, Gerd: Bernsteinzimmer-Mosaik: Ersitzung durch den gutgläubigen Erben des bösgläubigen Besitzers?, NJW 1997, 2580 f.

Kränz, Joachim: Zustandsverantwortlichkeit im Recht der Gefahrenabwehr, München 1990.

Krauss, Ruprecht v.: Der Grundsatz der Verhältnismäßigkeit, Hamburg 1955.

Kügel, Wilfried: Die Entwicklung des Altlasten- und Bodenschutzrechts, NJW 2000, 107 ff.

Kühling, Jürgen/*Röckinghausen,* Marc: Legislative Umsetzungsdefizite und exekutive Schadensbegrenzung, DVBl. 1999, 1614 ff.

Kunig, Philip/*Paetow,* Stefan/*Versteyl,* Ludger-Anselm: Kreislaufwirtschafts- und Abfallgesetz (KrW-/AbfG), Kommentar, München 1998.

Kutzschbach, Gregor/*Pohl,* Felix: Das Bundes-Bodenschutzgesetz, JURA 1999, 225 ff.

Ladeur, Karl-Heinz: Öffentlich-rechtliche Haftung für „Altlasten" – retrospektive Zurechnung unerkannter Risiken?, UPR 1995, 1 ff.

Landel, Christoph/*Vogg,* Reiner/*Wüterich,* Christoph: Bundes-Bodenschutzgesetz, Kommentar, 2000.

Landmann, Robert/*Rohmer,* Gustav: Umweltrecht, Kommentar (Loseblatt). Bd. III, Sonstiges Umweltrecht, hrsg. von Klaus Hansmann, München, Stand: März 2001.

Lange, Hans-Friedrich: Die verwaltungsrechtliche Verjährung – Begriff, Zweck, Wirkung sowie prozessuale Behandlung, Berlin 1984.

Lange, Heinrich/*Kuchinke,* Kurt: Lehrbuch des Erbrechts, 4. Aufl., München 1995.

Lege, Joachim: Zwangskontrakt und Güterdefinition, Berlin 1995.

Leisner, Walter: Eigentum in engen Rechtsschranken des Umweltschutzes, in: Eigentum, Schriften zu Eigentumsgrundrecht und Wirtschaftsverfassung 1970–1996, hrsg. von Josef Isensee, Berlin 1996, 414 ff.

– Verfassungsrechtliche Grenzen der Erbschaftsbesteuerung, Berlin 1970.

Lepsius, Oliver: Zu den Grenzen der Zustandshaftung des Grundeigentümers, Anmerkung zu BVerfG, Beschl. v. 16.2.2000, JZ 2001, 22 ff.

Lerche, Peter: Grundrechtsschranken (§ 122), in: Handbuch des Staatsrechts der Bundesrepublik Deutschland, hrsg. von Josef Isensee und Paul Kirchhof, Bd. V: Allgemeine Grundrechtslehren, 2. Aufl., Heidelberg 2000, 775 ff.

– Übermaß und Verfassungsrecht, Habil.-Schr., 2. Aufl., Heidelberg 1999.

Lindner, Josef Franz: Die verfassungsrechtliche Dimension der allgemeinen polizeirechtlichen Adressatenpflichten, Diss., München 1997.

Lisken, Hans/*Denninger,* Erhard: Handbuch des Polizeirechts, 2. Aufl., München 1996.

Löwer, Wolfgng: Zuständigkeiten und Verfahren des Bundesverfassungsgerichts (§ 56), in: Handbuch des Staatsrechts der Bundesrepublik Deutschland, hrsg. von Josef Isensee und Paul Kirchhof, Bd. II: Demokratische Willensbildung – Die Staatsorgane des Bundes, Heidelberg 1987, 737 ff.

Lubberger, Andreas: Eigentumsdogmatik, Diss., Baden-Baden 1995.

Lübbe-Wolff, Gertrude: Die Grundrechte als Eingriffsabwehrrechte, Habil.-Schr., Baden-Baden 1988.

Luchterhand, Otto: Grundpflichten als Verfassungsproblem in Deutschland – Geschichtliche Entwicklung und Grundpflichten unter dem Grundgesetz, Berlin 1988.

Lüke, Wolfgang: Umweltrecht und Insolvenz, in: Kölner Schrift zur Insolvenzordnung, 2. Aufl., Köln 2000, 859 ff.

Lutter, Marcus/*Hommelhoff,* Peter: GmbH-Gesetz, Kommentar, 15. Aufl., Köln 2000.

Mangoldt, Hermann v./*Klein,* Friedrich: Das Bonner Grundgesetz, Kommentar, Bd. II: Artikel 70–78, 2. Aufl., Berlin, Frankfurt a. M. 1964.

Mangoldt, Hermann v./*Klein,* Friedrich/*Pestalozza,* Christian: Das Bonner Grundgesetz, Kommentar, Bd. 1: Präambel, Artikel 1 bis 19, 4. Aufl., München 1999; Bd. 8: Artikel 70 bis Artikel 75, 3. Aufl., München 1996.

Martens, Claus-Peter: Das Bundes-Bodenschutzgesetz, ZfIR 1998, 667 ff.

Martens, Wolfgang: Grundrechte im Leistungsstaat, VVDStRL, Bd. 30, 1972, 7 ff.

Martensen, Jürgen: Die Verjährung als Grenze polizeilicher Verantwortlichkeit, NVwZ 1997, 442 ff.

– Die Kostentragungslast des Störers nach unmittelbarer Ausführung – illustriert am Beispiel der „Abschleppfälle", VBlBW. 1996, 81 ff.

Maunz, Theodor/*Dürig,* Günter (Hrsg.): Grundgesetz, Kommentar (Loseblatt), Bd. II, Art. 12–21; Bd. IV, Art. 53a–88, München, Stand: März 2001.

Maurer, Hartmut: Staatsrecht, München 1999.

Mayer, Otto: Deutsches Verwaltungsrecht, Bände 1 und 2, 3. Aufl., Berlin 1924.

Medicus, Dieter: Bürgerliches Recht, 18. Aufl., Köln u.a. 1999.

Merten, Detlef: Das Recht auf freie Entfaltung der Persönlichkeit, JuS 1976, 345 ff.

Meyer, Thomas: Verjährung und Verursacherprinzip. Die Anwendung kurzer Verjährungsfristen bei umweltbezogenen Vertrags- und Rechtsverletzungen, Diss., Berlin 1999.

Michel, Helmut: Die verfassungskonforme Auslegung, JuS 1961, 274 ff.

Moench, Christoph/*Otting,* Olaf: Die Entwicklung des Denkmalschutzrechts (Teil 1) – Voraussetzungen der Denkmaleigenschaft, NVwZ 2000, 146 ff.

Mohr, Hellmuth: Nochmals: Zur Begrenzung der Zustandshaftung im Altlastenrecht, NVwZ 2001, 540.

– Zum zeitlichen Geltungsbereich des Ausgleichsanspruchs nach § 24 Abs. 2 BBodSchG, UPR 2001, 258 f.

Mohrbutter, Harro (Hrsg.): Handbuch der Insolvenzverwaltung, 7. Aufl., Köln u.a. 1996.

Möller, Johannes/*Rührmair,* Alfred: Die Bedeutung der Grundrechte für die verfassungsrechtlichen Anforderungen an rückwirkende Gesetze, NJW 1999, 908 ff.

Müggenborg, Hans-Jürgen: Zur Begrenzung der Zustandshaftung bei Altlasten, NVwZ 2001, 39 ff.

– Die Haftung des früheren Eigentümers nach § 4 VI BBodSchG, NVwZ 2000, 50 ff.

Münch, Ingo v./*Kunig,* Philip: Grundgesetz-Kommentar, Bd. 1 (Präambel bis Art. 19), 5. Aufl., München 2000; Bd. 3 (Art. 70 bis Art. 146 und Gesamtregister), 3. Aufl., München 1996.

Murswiek, Dietrich: Privater Nutzen und Gemeinwohl im Umweltrecht, DVBl. 1994, 77 ff.

Mußgnung, Reinhard: Verfassungsrechtlicher und gesetzlicher Schutz vor konfiskatorischen Steuern, JZ 1991, 993 ff.

Mussmann, Eike: Allgemeines Polizeirecht in Baden-Württemberg, 4. Aufl., Stuttgart u. a. 1994.

Mutius, Albert v.: Der „Störer" im Polizei- und Ordnungsrecht, JURA 1983, 298.

Mutius, Albert v./*Nolte,* Martin: Die Rechtsnachfolge im Bundes-Bodenschutzgesetz, DÖV 2000, 1 ff.

Nauschütt, Jürgen: Altlasten, Recht und Technologie der Umweltsanierung, Baden-Baden 1990.

Nerlich, Jörg/*Römermann,* Volker: Insolvenzordnung, Kommentar (Loseblatt), München, Stand: November 2000.

Neun, Andreas: Bundes-Bodenschutzgesetz, NJ 1999, 123 ff.

Niemuth, Bettina: Die Sanierung von Altlasten nach dem Verursacherprinzip, DÖV 1988, 291 ff.

Niewerth, Johannes: Kostenumlegung bei der Altlastensanierung, NuR 1999, 558 ff.

Nolte, Alexander: Diskussionsbericht zu den Referaten von Prof. Dr. Ludger-Anselm Versteyl und Prof. Dr. Jochen Taupitz, in: Bodenschutz und Umweltrecht, 15. Trierer Kolloquium zum Umwelt- und Technikrecht vom 19. bis 21. September 1999 (UTR Bd. 53), hrsg. von Reinhard Hendler, Peter Marburger, Michael Reinhardt und Meinhard Schröder, Berlin 2000, 259 ff.

Nolte, Martin: Erste Rechtsprechung zum Bundes-Bodenschutzgesetz, Anmerkung zum Beschluss des VG Frankfurt v. 23.7.1999, NuR 2000, 258 ff.

Ochsenfeld, Frank: Direkthaftung von Konzernobergesellschaften in den USA. Die Rechtsprechung zum Altlasten-Superfund als Modell für das deutsche Konzernhaftungsrecht?, Schriften zum Wirtschaftsrecht, Bd. 109, Diss., Berlin 1998.

Oerder, Michael: Empfiehlt sich eine eigenständige bundesgesetzliche Regelung der Altlasten, und welchen Inhalt sollte sie haben?, NJW 1994, 2181 ff.

– Ordnungspflichten und Altlasten, NVwZ 1992, 1031 ff.

Oerder, Michael/*Numberger,* Ulrich/*Schönfeld,* Thomas: Bundes-Bodenschutzgesetz, Kommentar, Stuttgart u. a. 1999.

Ossenbühl, Fritz: Entsorgung von Elektrogeräten: Verfassungsrechtliche Zulässigkeit von Rücknahmepflichten, Recht – Technik – Wirtschaft, Bd. 82, Köln u. a. 2000.

– Anmerkung zu BVerfGE 100, 226, JZ 1999, 895 ff.

– Verfassungsrechtliche Fragen eines Ausstiegs aus der friedlichen Nutzung der Kernenergie, AöR, Bd. 124, 1999, 1 ff.

– Zur Haftung des Gesamtrechtsnachfolgers für Altlasten, Baden-Baden 1995.

– Verzicht, Verwirkung und Verjährung als Korrektive einer polizeilichen Ewigkeitshaftung, NVwZ 1995, 547 ff.

– Rechtsverordnung (§ 64), in: Handbuch des Staatsrechts der Bundesrepublik Deutschland, Bd. III: Das Handeln des Staates, hrsg. von Josef Isensee und Paul Kirchhof, Heidelberg 1988, 387 ff.

– Vorrang und Vorbehalt des Gesetzes (§ 62), in: Handbuch des Staatsrechts der Bundesrepublik Deutschland, Bd. III: Das Handeln des Staates, hrsg. von Josef Isensee und Paul Kirchhof, Heidelberg 1988, 315 ff.

– Redebeitrag zur Aussprache hinsichtlich des Zweiten Beratungsgegenstandes, Der Schutz der Allgemeinheit und der individuellen Rechte durch die polizei- und ordnungsrechtlichen Handlungsvollmachten der Exekutive, VVDStRL, Bd. 35, 1977 345 ff.

Osterloh, Lerke: Privatisierung von Verwaltungsaufgaben, VVDStRL, Bd. 54, 1995, 204 ff.

Ott, Wolfgang: Der Entwurf der Bundesregierung für ein Bodenschutzgesetz, ZUR 1994, 53 ff.

Paetow, Stefan: Das Abfallrecht als Grundlage der Altlastensanierung, NVwZ 1990, 510 ff.

Painter, Edith: Polizeirecht: Störerhaftung und Dereliktion, Anmerkung zu OVG Bremen, Beschl. v. 16.8.1988 – OVG 1 BA 25/88, JA 1990, 133 ff.

Palandt, Otto: Bürgerliches Gesetzbuch, 60. Aufl., München 2001.

Pape, Gerhard: Die Altlastenproblematik im Konkurs, KTS 1993, 551 ff.

– Zum Freigaberecht des Konkursverwalters bei Grundstücken mit Altlasten, ZIP 1991, 1544 ff.

Papier, Hans-Jürgen: Die Weiterentwicklung der Rechtsprechung zur Eigentumsgarantie des Art. 14 GG, DVBl. 2000, 1398 ff.

– Zur rückwirkenden Haftung des Rechtsnachfolgers für Altlasten, DVBl. 1996, 125 ff.

– Empfehlen sich ergänzende gesetzliche oder untergesetzliche Regelungen der Altlasten, und welchen Inhalt sollten sie haben?, JZ 1994, 810 ff.

– Die Verantwortlichkeit für Altlasten im öffentlichen Recht, in: Altlasten und Umweltrecht (UTR Bd. 1), 1. Trierer Kolloquium zum Umwelt- und Technikrecht vom 20. bis 22. November 1985, hrsg. von Rüdiger Breuer, Michael Kloepfer, Peter Marburger und Meinhard Schröder, Düsseldorf 1986, 59 ff.

– Die Verantwortlichkeit für Altlasten im öffentlichen Recht, NVwZ 1986, 256 ff.

– Altlasten und polizeirechtliche Störerhaftung, Köln u. a. 1985.

– Altlasten und polizeirechtliche Störerhaftung, DVBl. 1985, 873 ff.

– Die Beeinträchtigungen der Eigentums- und Berufsfreiheit durch Steuern vom Einkommen und Vermögen, Der Staat, Bd. 11, 1972, 483 ff.

Park, Zin-Wan: Die verfassungskonforme Auslegung als richterliche Verfassungskonkretisierung, Diss., Berlin 2000.

Peine, Franz-Joseph: Umfassender Bodenschutz in einem Landesbodenschutzgesetz und die Kompetenz des Landesgesetzgebers, in: Breuer (Hrsg.), Konkretisierung von Umweltanforderungen, Tagungsband der Umweltrechtstage 1998, Bonn 1998, 163 ff.

– Zur Problematik „rückwirkender Gesetze“ im Altlastensanierungsrecht, NVwZ 1993, 959 ff.

– Die Gesetzgebungskompetenz des Bundes für den Bodenschutz, NuR 1992, 353 ff.

Pestalozza, Christian: Verfassungsprozeßrecht, 3. Aufl., München 1991.

Peters, Wilfried: Die Adressaten der Nachsorgepflicht gemäß § 5 III BImSchG, NVwZ 1994, 879 f.

Petersen, Jan: Ordnungsrechtliche Verantwortlichkeit und Insolvenz, NJW 1992, 1202 ff.

Picot, Gerhard/*Aleth,* Franz:: Insolvenzrecht, in: Unternehmenskauf und Restrukturierung, hrsg. von Gerhard Picot, 2. Aufl., München 1998, 1083 ff.

Piens, Reinhart/*Schulte,* Hans-Wolfgang/*Graf Vitzthum,* Stephan: Bundesberggesetz (BBergG), Kommentar, Stuttgart u. a. 1983.

Pieroth, Bodo/*Schlink,* Bernhard: Grundrechte, Staatsrecht II/1, 6. Aufl., Heidelberg 2000.

Pietrzak, Alexandra: Umweltrechtliche Grundpflichten – Möglichkeiten und Grenzen, Diss., Frankfurt a. M. 1999.

Pietzcker, Jost: Zur Entwicklung des öffentlichrechtlichen Entschädigungsrechts – insbesondere am Beispiel der Entschädigung von Beschränkungen der landwirtschaftlichen Produktion, NVwZ 1991, 418 ff.

– Polizeirechtliche Störerbestimmung nach Pflichtwidrigkeit und Risikosphäre, DVBl. 1984, 457 ff.

Pischel, Gerhard: Dereliktion und Haftung des Zustandsstörers, VBlBW 1999, 166 ff.

Pohl, Andreas: Die Altlastenregelungen der Länder, NJW 1995, 1645 ff.

– Abfallrechtliche Sicherungs- und Rekultivierungspflichten, Schriften zum Umweltrecht, Bd. 34, Diss., Berlin 1993.

Poscher, Ralf: Gefahrenabwehr, Schriften zum Öffentlichen Recht, Bd. 802, Diss., Berlin 1999.

Purps, Thorsten/*Schumann,* Gunda: Die Freigabe in der Insolvenz im Falle getrennten Boden- sowie Gebäudeeigentums, NJW 1999, 2476 ff.

Pützenbacher, Stefan: Der Ausgleichsanspruch nach § 24 II BBodSchG, NJW 1999, 1137 ff.

Pützenbacher, Stefan/*Görgen,* Kilian: Keine analoge Anwendung von § 24 II BBodSchG, NJW 2001, 490 ff.

Queitsch, Peter: Bundes-Bodenschutzgesetz, Umfassende Kommentierung des BBodSchG, 2. Aufl., 1999, Köln, Stand: Juli 1999.

Ramsauer, Ulrich: Die faktischen Beeinträchtigungen des Eigentums, Berlin 1980.

Rebentisch, Manfred: Überlegungen zu atomrechtlichen Nachsorgepflichten, DVBl. 1992, 1255 ff.

Rebmann Kurt/*Säcker,* Franz Jürgen/*Rixecker,* Roland (Hrsg.): Münchener Kommentar zum Bürgerlichen Gesetzbuch, Band 6: Sachenrecht (§§ 854–1296); Band 9: Erbrecht (§§ 1922–2385, §§ 27–35 BeurkG), 3. Aufl., München 1997.

Rehbinder, Eckhardt: Umweltrecht, in: Staats- und Verwaltungsrecht für Hessen, hrsg. von Hans Meyer und Michael Stolleis, 5. Aufl., Baden-Baden 2000, 441 ff.

– Umweltrecht, in: Staats- und Verwaltungsrecht für Hessen, hrsg. von Hans Meyer und Michael Stolleis, 4. Aufl., Baden-Baden 1996, 403 ff.

– Politische und rechtliche Probleme des Verursacherprinzips, Berlin 1973.

Reichert, Bernd/*Ruder,* Karl-Heinz/*Fröhler,* Oliver: Polizeirecht, 5. Aufl., Baden-Baden 1997.

Rengeling, Hans-Werner: Das neue Bodenschutzrecht: Regelungsschwerpunkte, dogmatische Strukturen, Prinzipien, in: Bodenschutz und Umweltrecht, 15. Trierer Kolloquium zum Umwelt- und Technikrecht vom 19. bis 21. September 1999 (UTR Bd. 53), hrsg. von Reinhard Hendler, Peter Marburger, Michael Reinhardt und Meinhard Schröder, Berlin 2000, 43 ff.

Rid, Urban/*Froeschle,* Frank: Gesetzgebungskompetenz für ein Bundes-Bodenschutzgesetz, UPR 1994, 321 ff.

Rid, Urban/*Petersen,* Frank: Konzeption für ein Bundes-Bodenschutzgesetz, NVwZ 1994, 844 ff.

Riedel, Ulrike: Das Bundes-Bodenschutzgesetz und die Sanierungsverantwortlichkeit, ZIP 1999, 94 ff.

Ritgen, Klaus: Gefahrenabwehr im Konkurs, GewArch 1998, 393 ff.

Rothe, Karl-Heinz: Gedanken über die Novellierung des Bundesbaugesetzes, DVBl. 1974, 737 ff.

Rüfner, Wolfgang: Die Eigentumsgarantie als Grenze der Besteuerung, DVBl. 1970, 881 ff.

Sachs, Michael (Hrsg.): Grundgesetz, Kommentar, 2. Aufl., München 1999.

Salzwedel, Jürgen (Hrsg.): Grundzüge des Umweltrechts, 2. Aufl., (Loseblatt), Berlin, 1. Lfg. 1998.

Sanden, Joachim/*Schoeneck,* Stefan: Bundes-Bodenschutzgesetz, Kurzkommentar, Schriftenreihe zum Handbuch der Altlastensanierung, Bd. 1, Heidelberg 1998.

Sandner, Wolfram: Wer sind die Beteiligten des Anspruchs auf Ausgleich der Sanierungskosten nach § 24 Abs. 2 BBodSchG?, NJW 2001, 2045 ff.

Schenk, Rainer: Bodenerkundungsmaßnahmen zum Schutz des Grundwassers, BayVBl. 1997, 33 ff.

Schenke, Wolf-Rüdiger: Polizei- und Ordnungsrecht, in: Steiner (Hrsg.), Besonderes Verwaltungsrecht, 6. Aufl., Heidelberg 1999, Abschnitt II, 173 ff.

– Besteuerung und Eigentumsgarantie, in: Rechtsfragen im Spektrum des Öffentlichen, Mainzer Festschrift für Hubert Armbruster, hrsg. von Franz Burkei und Dirk-Meints Polter, Berlin 1976, 177 ff.

Schimikowski, Peter: BBodSchG, Umwelthaftpflichtversicherung und Bodenkaskodeckungen, VersR 1998, 1452 ff.

Schink, Alexander: Verantwortlichkeit für die Gefahrenabwehr und die Sanierung schädlicher Bodenveränderungen nach dem Bundesbodenschutzgesetz, DÖV 1999, 797 ff.

– Verantwortlichkeit im Bodenschutz- und Altlastenrecht, in: Erbguth (Hrsg.), Aktuelle Fragen des Altlasten- und Bodenschutzrechts, Rostocker Umweltrechtstage 1996, Baden-Baden 1997, 83 ff.

– Rechtsfragen der Altlasten, GewArch 1996, 6 ff.

– Die Altlastenregelungen des Entwurfs des Bundesbodenschutzgesetzes, DÖV 1995, 213 ff.

– Grenzen der Störerhaftung bei der Sanierung von Altlasten, VerwArch., Bd. 82, 1991, 357 ff.

– Wasserrechtliche Probleme der Sanierung von Altlasten, DVBl. 1986, 161 ff.

– Abfallrechtliche Probleme der Sanierung von Altlasten, DVBl. 1985, 1149 ff.

Schlabach, Erhard: Wer haftet für die Sanierung von Deponien?, VBlBW 1996, 41 ff.

Schlabach, Erhard/*Heck,* Matthias: Erkundung von Verdachtsflächen im Weg der Amtsermittlung nach § 9 Abs. 1 BBodSchG – Generelle Kostenfreiheit für den ermittelten Störer?, BayVBl. 2001, 262 ff.

– Die Verantwortlichkeit des Zustandsstörers für schädliche Bodenveränderungen und Altlasten nach dem BBodSchG, VBlBW 1999, 406 ff.

Schlaich, Klaus: Das Bundesverfassungsgericht, 5. Aufl., München 2001.

Schlette, Volker: Ausgleichsansprüche zwischen mehreren Umweltstörern gemäß § 24 Abs. 2 Bundes-Bodenschutzgesetz, VerwArch., Bd. 91, 2000, 41 ff.

Schmidt, Karsten: „Altlasten in der Insolvenz“: unendliche Geschichte oder ausgeschriebenes Drama?, ZIP 2000, 1913 ff.

– Gesellschaftsrecht, 3. Aufl., Köln u. a. 1997.

– Ordnungsrechtliche Haftung der Insolvenzmasse für die Altlastenbeseitigung, ZIP 1997, 1441 ff.

– Altlasten, Ordnungspflicht und Beseitigungskosten im Konkurs, NJW 1993, 2833 ff.

– Bodensanierung, Ordnungspflicht und Ersatzvornahme im Konkurs einer Handelsgesellschaft, BB 1991, 1273 ff.

Schmidt, Thorsten Ingo: Grundpflichten, Diss., Baden-Baden 1999.

Schmidt, Walter: Die Aufopferung vermögenswerter Rechte, NJW 1999, 2847 ff.

Schmidt-Aßmann, Eberhard: Zur Reform des Allgemeinen Verwaltungsrechts – Reformbedarf und Reformansätze, in: Hoffmann-Riem/Schmidt-Aßmann/Schuppert (Hrsg.), Reform des Allgemeinen Verwaltungsrechts, Baden-Baden 1993, 11 ff.

– Probleme des modernen Städtebaus in verfassungsrechtlicher Sicht, DVBl. 1972, 627 ff.

Schmidt-Bleibtreu, Bruno/*Klein,* Franz: Kommentar zum Grundgesetz, 9. Aufl., Neuwied 1999.

Schmidt-Bleibtreu, Bruno/*Schäfer,* Hans-Jürgen: Besteuerung und Eigentum, DÖV 1980, 489 ff.

Schmidt-Jortzig, Edzard: Aktuelle Aspekte der kommunalen Haftung für Altlasten – Unter besonderer Berücksichtigung der Lage in den neuen Bundesländern –, DÖV 1991, 753 ff.

– Beendigung polizeilicher Zustandsverantwortlichkeit durch Dereliktion?, in: Recht und Staat im sozialen Wandel, Festschrift für Hans Ulrich Scupin zum 80. Geburtstag, 1983, 819 ff.

Schmidt-Preuß, Matthias: Verwaltung und Verwaltungsrecht zwischen gesellschaftlicher Selbstregulierung und staatlicher Steuerung, VVDStRL, Bd. 56, 1997, 160 ff.

Schmitt, Carl: Verfassungsrechtliche Aufsätze aus den Jahren 1924–1954: Materialien zu einer Verfassungslehre, 3. Aufl., unveränd. Nachdr. der 1958 erschienen 1. Aufl., Berlin 1985, 140 ff.

Schnur, Roman: Probleme um den Störerbegriff im Polizeirecht, DVBl. 1962, 1 ff.

Schoch, Friedrich: Privatisierung von Verwaltungsaufgaben, DVBl. 1994, 962 ff.

Schoeneck, Stefan: Anmerkung zu VG Gera, Urteil v. 20.3.1996, ZUR 1997, 97 ff.

Scholler, Heinrich/*Broß,* Siegfried: Grundzüge des Polizei- und Ordnungsrechts in der Bundesrepublik Deutschland, 3. Aufl., Heidelberg 1981.

Schönfeld, Thomas: Nochmals: Ausgleichsansprüche nach § 24 II BBodSchG ohne behördliche Verpflichtung eines Sanierungsverantwortlichen?, NVwZ 2000, 648 ff.

Schrader, Christian: Altlastensanierung nach dem Verursacherprinzip? – Rechtsfragen der Kostenübernahme vor dem Hintergrund der Legalisierungswirkung von Genehmigungen, Berlin 1988.

Schulte-Kaubrügger, Christoph: Die Erfüllung der Polizeipflicht nach Eröffnung des Konkursverfahrens, Aachen 1998.

Schulz, Paul-Martin: Altlastenhaftung im Konkurs, NVwZ 1997, 530 ff.

Schulz, Ronald: Die Lastentragung bei der Sanierung von Bodenkontaminationen, Schriften zum Umweltrecht, Bd. 61, Diss., Berlin 1995.

Schulz, Wolf: Anmerkung zu BVerwG, Urt. v. 20.1.1984 – 4 C 37/80 –, NJW 1984, 2428 f.

Schwabe, Jürgen: Lastenverteilung bei einer Mehrheit von Umweltstörern, UPR 1984, 7 ff.

Schwachheim, Jürgen f.: Unternehmenshaftung für Altlasten: die polizeirechtliche Verantwortlichkeit der Industrie unter besonderer Berücksichtigung des Verfassungsrechts, Köln u. a. 1991.

– Zum Gesamtschuldnerausgleich unter mehreren Störern, NVwZ 1988, 225 ff.

Schwartmann, Rolf: Das neue Bundes-Bodenschutzgesetz: Altlastenrisiko, Konzernhaftung und Gesamtschuldnerausgleich, DStR 1999, 324 ff.

Schwartmann, Rolf/*Maus,* Moritz: Die Richtlinie 96/61/EG des Rates vom 24.9.1996 (IVU-Richtlinie) und Konsequenzen ihrer fehlenden Umsetzung in das innerstaatliche Recht, EuZW 2000, 74 ff.

Schwerdtner, Eberhard: Die Lastenverteilung unter mehreren Störern, NVwZ 1992, 141 ff.

Seibert, Max-Jürgen: Zum Zusammenhang von Ordnungs- und Kostentragungspflicht, DVBl. 1985, 328 ff.

– Gesamtschuld und Gesamtschuldnerausgleich im Polizei- und Ordnungsrecht, DÖV 1983, 964 ff.

Sellner, Dieter: Änderungen des Bundes-Immissionsschutzgesetzes – Allgemeine und anlagenbezogene Neuerungen, NVwZ 1991, 305 ff.

Selmer, Peter: Gedanken zur polizeirechtlichen Verhaltensverantwortlichkeit, – zugleich ein Beitrag zur angeblichen Dichotomie Störer/Nichtstörer, in: Gedächtnisschrift für Wolfgang Martens, Berlin, New York 1987, 483 ff.

Skouris, Wassilios: Teilnichtigkeit von Gesetzen, Diss., Hamburg 1973.

Sobczak, Christian: Diskussionsbericht zu den Referaten von Prof. Dr. Karl Stahr, Prof. Dr. Hans-Werner Rengeling und Prof. Dr. Reinhard Hendler, in: Bodenschutz und Umweltrecht, 15. Trierer Kolloquium zum Umwelt- und Technikrecht vom 19. bis 21. September 1999 (UTR Bd. 53), hrsg. von Reinhard Hendler, Peter Marburger, Michael Reinhardt und Meinhard Schröder, Berlin 2000, 123 ff.

Sodan, Helge: Vorrang der Privatheit als Prinzip der Wirtschaftsverfassung, DÖV 2000, 361 ff.

Spannowsky, Willy: Das Prinzip gerechter Lastenverteilung und die Kostentragungspflicht des Zustandsstörers, DVBl. 1994, 560 ff.

– Altlastensanierung und Störerhaftung im Spannungsfeld von Gerechtigkeit und Effizienz, UPR 1988, 376 ff.

Sparwasser, Reinhard/*Geißler,* Birgit: Grenzen der Zustandsstörerhaftung am Beispiel des Altlastenrechts, DVBl. 1995, 1317 ff.

Spießhofer, Birgit: Grundlegende Änderungen im deutschen Altlastenrecht und US-Superfund-Gesetzgebung – Analyse der Veränderungen und Prognose der zu erwartenden Probleme anhand der amerikanischen Vorerfahrungen, in: Vorträge, Reden und Berichte aus dem Europa-Institut – Sektion Rechtswissenschaft, Nr. 291, hrsg. von Prof. Dr. Dr. Dr. h.c. Georg Ress und Prof. Dr. Torsten Stein, Europa-Institut, Eigenpublikation der Universität des Saarlandes, Saarbrücken 1992.

– Der Störer im allgemeinen und im Sonderpolizeirecht, Frankfurt a.M. 1989.

Spieth, Wolf Friedrich/*Laitenberger,* Johannes: Umfang und Grenzen der Nachsorgepflicht des Anlagenbetreibers, BB 1996, 1893 ff.

Spieth, Wolf Friedrich/*Wolfers,* Benedikt: Die neuen Störer: Zur Ausdehnung der Altlastenhaftung in § 4 BBodSchG, NVwZ 1999, 355 ff.

– Haftung ohne Grenzen? Zur Erweiterung der Altlastenhaftung im Bundes-Bodenschutzgesetz, altlasten spektrum 1998, 75 ff.

Spindler, Gerald: Der Betreiberbegriff im Umweltrecht: gesellschafts- und zivilrechtliche Einflüsse, in: Immissionsschutzrecht in der Bewährung – 25 Jahre Bundes-Immissionsschutzgesetz, Festschrift für Gerhard Feldhaus zum 70. Geburtstag, Heidelberg 1999, 25 ff.

SRU: Der Rat von Sachverständigen für Umweltfragen (Hrsg.), Altasten II – Sondergutachten, Stuttgart 1995

– Der Rat von Sachverständigen für Umweltfragen, Umweltgutachten 2000, BT-Drs. 14/3363.

Starck, Christian: Die Verfassungsauslegung (§ 164), in: Handbuch des Staatsrechts der Bundesrepublik Deutschland, Bd. VII: Normativität und Schutz der Verfassung – Internationale Beziehungen, hrsg. von Josef Isensee und Paul Kirchhof, Heidelberg 1992, 189 ff.

Staudinger, J. v. (Hrsg.): Kommentar zum Bürgerlichen Gesetzbuch mit Einführungsgesetz und Nebengesetzen, 3. Buch: Sachenrecht (§§ 925–984), 13. Bearb., Berlin 1995, 5. Buch: Erbrecht (§§ 1922–1966), Neubearb., Berlin 2000.

Stelkens, Paul/*Bonk,* Heinz-Joachim/*Sachs,* Michael: Verwaltungsverfahrensgesetz, Kommentar, 6. Aufl., München 2001.

Stern, Klaus: Das Staatsrecht der Bundesrepublik Deutschland, Bd. I: Grundbegriffe und Grundlagen des Staatsrechts, Strukturprinzipien der Verfassung, 2. Aufl., München 1984; Bd. III/1: Allgemeine Lehren der Grundrechte, München 1988; Bd. III/2: Allgemeine Lehren der Grundrechte, München 1994.

Stober, Rolf: Grundpflichten und Grundgesetz, Berlin 1979.

Stöckle, Claudia/*Röckseisen,* Susana: Auswirkungen der Dereliktion auf die Zustandshaftung, NJ 1993, 67 ff.

Stoll, Tonio: Insolvenz und hoheitliche Aufgabenerfüllung, Diss., Göttingen 1992.

Stüer, Bernhard/*Rude,* Stefan: 23. Umweltrechtliche Fachtagung – Europäisches Umweltrecht, Abschied vom UGB und Lärmschutz, DVBl. 2000, 250 ff.

Stürner, Rolf: Umwelthaftung und Insolvenz, in: Festschrift für Franz Merz zum 65. Geburtstag am 3. Februar 1992, hrsg. von Walter Gerhardt, Wolfram Henckel, Joachim Kilger und Gerhart Kreft, Köln 1992, 563 ff.

Taupitz, Jochen: Das Bundesbodenschutzgesetz aus dem Blickwinkel des Zivilrechts, in: Bodenschutz und Umweltrecht, 15. Trierer Kolloquium zum Umwelt- und Technikrecht vom 19. bis 21. September 1999 (UTR Bd. 53), hrsg. von Reinhard Hendler, Peter Marburger, Michael Reinhardt und Meinhard Schröder, Berlin 2000, 203 ff.

Tettinger, Peter J.: Besonderes Verwaltungsrecht, 5. Aufl., Heidelberg 1998.

Tomerius, Stephan: Bundes-Bodenschutzgesetz und kommunales Flächenrecycling, ZUR 1999, 78 ff.

Turnit, Christoph: Sanierungsverantwortlichkeit nach § 4 Abs. 3 und Abs. 6 Bundes-Bodenschutzgesetz (BBodSchG), VBlBW 2000, 261 ff.

– Die Altlastenhaftung des Rechtsnachfolgers, Diss., Baden-Baden 1998.

Turiaux, André/*Knigge,* Dagmar: Bundes-Bodenschutzgesetz – Altlastensanierung und Konzernhaftung, BB 1999, 377 ff.

Ule, Carl Herrmann/*Laubinger,* Hans-Werner: Bundes-Immissionsschutzgesetz, Kommentar (Loseblatt), Neuwied, Stand: März 1998.

Vallendar, Willi: Die Betriebseinstellung – ein neuer Regelungstatbestand des BImSchG, UPR 1991, 91 ff.

Versteyl, Ludger-Anselm: Das Lizenzmodell NRW – vom Ende einer Einzellösung, Anmerkungen zum Beschluss des BVerfG vom 29.3.2000 – 2 BvL 3/96 –, UPR 2000, 297 ff.

– Die Sanierung kontaminierter Flächen nach dem Bundes-Bodenschutzgesetz, in: Bodenschutz und Umweltrecht, 15. Trierer Kolloquium zum Umwelt- und Technikrecht vom 19. bis 21. September 1999 (UTR Bd. 53), hrsg. von Reinhard Hendler, Peter Marburger, Michael Reinhardt und Meinhard Schröder, Berlin 2000, 147 ff.

Vierhaus, Hans-Peter: Das Bundes-Bodenschutzgesetz, NJW 1998, 1262 ff.

Voßkuhle, Andreas: Das Kompensationsprinzip, Habil.-Schr., Tübingen 1999.

Wächter, Gerd H.: Praktische Fragen der Gestaltung und Auslegung von Altlastenklauseln in Grundstücks- und Unternehmenskaufverträgen, NJW 1997, 2073 ff.

Wacke, Gerhard: Der Begriff der Verursachung im Polizeirecht (Bedingungslehre), DÖV 1960, 93 ff.

Waechter, Kay: Polizeiliches Ermessen zwischen Planungsermessen und Auswahlermessen, VerwArch., Bd. 88, 1997, 298 ff.

Wagner, Erwin/*Ruder,* Karl-Heinz: Polizeirecht, Baden-Baden 1999.

Wagner, Gerhard: Ausgleichsansprüche unter mehreren Verantwortlichen nach dem Bundes-Bodenschutzgesetz, BB 2000, 417 ff.

Wallerath, Maximilian/*Strätker,* Georg: Zustandshaftung von Hoheitsträgern und zivilrechtlicher Eigentumsbegriff im Ordnungsrecht – VGH Mannheim, VBLBW 1996, 351, JuS 1999, 127 ff.

Wasielewski, Andreas: Stand der Umsetzung der UVP-Änderungs- und der IVU-Richtlinie, NVwZ 2000, 15 ff.

Weitemeyer, Birgit: Insolvenz und Umweltschutz, NVwZ 1997, 533 ff.

– Ordnungsrechtliche Maßnahmen im Konkursverfahren, Baden-Baden 1995.

Wendt, Rudolf: Eigentum und Gesetzgebung, Habil.-Schr., Hamburg 1985.

Wiester, Roland: Altlastensanierung im Konkurs, Diss., Frankfurt a.M. 1996.

Wilmowsky, Peter v.: Altlasten in der Insolvenz: Verwaltungsakt – Vollstreckung – Freigabe, ZIP 1997, 389 ff.

– Die Verantwortlichkeit für Altlasten im Konkursrecht, ZIP 1997, 1445 ff.

Wimmer, Klaus: Frankfurter Kommentar zur Insolvenzordnung, Neuwied/Kriftel 1999.

Wittig, Peter: Der Erwerb von Eigentum und das Grundgesetz, NJW 1967, 2185 ff.

Wolf, Heinz/*Stephan,* Ulrich: Polizeigesetz für Baden-Württemberg, Kommentar, 5. Aufl., Stuttgart u.a. 1999.

Wolf, Rainer: Bodenfunktionen, Bodenschutz und Naturschutz, NuR 1999, 545 ff.

Würtenberger, Thomas: Polizei- und Ordnungsrecht (§ 21), in: Besonderes Verwaltungsrecht, hrsg. von Norbert Achterberg, Günter Püttner und Thomas Würtenberger, Band II: Kommunal-, Haushalts-, Abgaben-, Ordnungs-, Sozial-, Dienstrecht, 2. Aufl., Heidelberg 2000, 381 ff.

Würtenberger, Thomas/*Heckmann,* Dirk/*Riggert,* Rainer: Polizeirecht in Baden-Württemberg, 4. Aufl., Heidelberg 1999.

Ziehm, Hanno: Die Störerverantwortlichkeit für Boden- und Wasserverunreinigungen, Schriften zum Umweltrecht, Bd. 12, Diss., Berlin 1989.

Sachverzeichnis